D1641234

Rainer Kalwait, Ralf Meyer, Frank Romeike, Oliver Schellenberger
und Roland Franz Erben

Risikomanagement in der Unternehmensführung

Rainer Kalwait ist Professor für Controlling und Internationales Management an der Fachhochschule Coburg. Darüber hinaus übt er Gutachter- und Beratungstätigkeiten aus als Leiter des Steinbeis-Transferzentrums, Controlling. Er ist Mitglied in Aufsichtsgremien verschiedener Unternehmen.

Ralf Meyer ist Unternehmensberater bei Oliver Wyman und berät Unternehmen in Fragen des Risikomanagements. Zuvor war er als Unternehmensberater bei A.T. Kearney, als Prokurist bei der Commerzbank AG in New York und in der Abteilung Bankenaufsicht der Deutschen Bundesbank tätig

Frank Romeike ist Geschäftsführer und Eigentümer der RiskNET GmbH. RiskNET ist das führende Internetportal rund um die Themen Risikomanagement und Compliance. Außerdem hat er mehrere Lehraufträge an verschiedenen Hochschulen und ist verantwortlicher Chefredakteur der Zeitschrift *Risiko Manager* sowie der Zeitschrift für *Risk, Fraud & Governance* (ZRFG).

Oliver Schellenberger ist wissenschaftlicher Mitarbeiter am Lehrstuhl »Corporate Finance and Risk Management« an der Johann Wolfgang Goethe-Universität, Frankfurt. Sein Studium der Betriebswirtschaftslehre absolvierte er in Frankfurt und an der Wharton Business School, Philadelphia.

Roland Franz Erben ist Chefredakteur der Zeitschriften Risikomanager sowie Risk Fraud & Governance (ZRFG). Außerdem ist er Vorsitzender des Vorstands der Risk Management Association e. V. Zudem hält Roland Franz Erben Lehraufträge zum Thema Risikomanagement an der Steinbeis-Hochschule Berlin (Institute Risk & Fraud Management) und der Universität Würzburg (Lehrstuhl für Wirtschaftsinformatik).

Rainer Kalwait, Ralf Meyer, Frank Romeike,
Oliver Schellenberger und Roland Franz Erben

Risikomanagement
in der Unternehmensführung

Wertgenerierung durch chancen-
und kompetenzorientiertes
Management

WILEY-VCH Verlag GmbH & Co. KGaA

1. Auflage 2008

Alle Bücher von Wiley-VCH werden sorgfältig erarbeitet. Dennoch übernehmen Autoren, Herausgeber und Verlag in keinem Fall, einschließlich des vorliegenden Werkes, für die Richtigkeit von Angaben, Hinweisen und Ratschlägen sowie für eventuelle Druckfehler irgendeine Haftung

Bibliografische Information der Deutschen Nationalbibliothek
Die Deutsche Nationalbibliothek verzeichnet diese Publikation in der Deutschen Nationalbibliografie; detaillierte bibliografische Daten sind im Internet über http://dnb.d-nb.de abrufbar.

© 2008 WILEY-VCH Verlag GmbH & Co. KGaA, Weinheim

Printed in the Federal Republic of Germany

Gedruckt auf säurefreiem Papier.

Satz   TypoDesign Hecker GmbH, Leimen
Druck   Strauss GmbH, Mörlenbach
Bindung   Litges & Dopf Buchbinderei GmbH, Heppenheim
Umschlaggestaltung   Christian Kalkert, Birken-Honigsessen

ISBN: 978-3-527-50302-5

Inhaltsverzeichnis

Abkürzungsverzeichnis

Abb.	Abbildung
ABl.	Amtsblatt
Abs.	Absatz
AktG	Aktiengesetz
Bd.	Band
BGB	Bürgerliches Gesetzbuch
BilKoG	Bilanzkontrollgesetz
BilMoG	Bilanzrechtsmodernisierungsgesetz
BörsZulV	Börsenzulassungsverordnung
BSC	Balanced Scorecard
bspw.	Beispielsweise
bzw.	Beziehungsweise
ca.	circa
CAPM	Capital Asset Pricing Modell
COSO	Committee of Sponsoring Organizations of the Treadway Commission
CRM	Chancen- und Risikomanagement
d.h.	das heißt
DM	Default Modelle
ED	Exposure at Default
EGAktG	Ergänzungsgesetz zum Aktiengesetz
EKQ	Eigenkaptalquote
ERM	Enterprise Risk Management
EU	Europäische Union
EVA-Ansatz	Economic Value Added-Ansatz
evtl.	eventuell
f.	folgende
ff.	fortfolgende
GenG	Genossenschaftsgesetz
ggf.	gegebenenfalls
ggf.	gegebenenfalls

Risikomanagement in der Unternehmensführung. Rainer Kalwait, Ralf Meyer, Frank Romeike,
Oliver Schellenberger und Roland Franz Erben
Copyright © 2008 WILEY-VCH Verlag GmbH & Co. KGaA, Weinheim
ISBN 978-3-527-50302-5

GmbH	Gesellschaft mit beschränkter Haftung
HGB	Handelsgesetzbuch
i.d.F.v.	in der Fassung vom
i.d.R.	in der Regel
i.d.S.	in diesem Sinne
i.S.d.	im Sinne des
IAS	International Accounting Standard
ICRM	Intergriertes Chancen- und Risikomanagement
IDW	Institut der Wirtschaftsprüfer
IFRS	International Financial Accounting Standards
inkl.	inklusive
KapAnlG	Kapitalanlagegesetz
KapInHaG	Kapitalmarktinformations-Haftungsgesetz
KKP	Kaufkraftparität
KonTraG	Gesetz zur Kontrolle und Transparenz im Unternehmensbereich
LGD	Loss Given Default
MaRisk	Mindestanforderungen an das Risikomanagement
Mio.	Millionen
Mrd.	Milliarden
MTM-Modelle	Marking-to-market-Modelle
n.F.	neue Fassung
NM-Analyse	Near Miss-Analyse
o.g.	oben genannt
o.V.	ohne Verfasser
OpRisk	Operational Risk
p.a.	per annum
PD	Probability of Default
PublG	Publizitätsgesetz
RAC	Risk Adjusted Capital
RM	Risikomanagement
RMIS	Risikomanagementinformationssysteme
RMIS	Risk Management Information System
RR	Recovery Rate
Rz.	Randziffer
S.	Satz
S.	Seite
s.	siehe
SIC	Standard Industrial Classification
SML	Securities-Market-Line

Sp.	Spalte
TH	Technische Hochschule
Tz.	Teilziffer
u.a.	unter anderem
u.v.a.	und viele andere
UMAG	Gesetz zur Unternehmensintegrität und Modernisierung des Anfechtungsrechts
ursprgl.	ursprünglich
US-GAAP	US General Accepted Accounting Standards
usw.	und so weiter
vgl.	Vergleiche
vgl.	vergleiche
WACC	Weighted Average Cost of Sale
WPHG	Wertpapierhandelsgesetz
WPHG	Wertpapierhandelsgesetz
WPO	Wirtschaftsprüferverordnung
z.B.	zum Beispiel
ZRFG	Zeitschrift für Risk, Fraud and Governance

Vorwort

Die Änderungen im unternehmerischen Umfeld vollziehen sich schneller und umfassender als je zuvor. Das Steuern des Unternehmens gehört seit jeher zu den Kernaufgaben des Managements und wird häufig verglichen mit der Aufgabe eines Schiffs- oder Flugkapitäns. Allen ist gemeinsam, dass die Chancen (günstige Winde, Auftrieb, Nachfrage) genutzt und die Risiken (Tsunamis, Gewitter, Nachfragerückgang und andere unbeliebte Ereignisse) vermieden werden wollen, um dieses Ziel zu erreichen. Dabei bieten sich Chancen und Risiken einerseits im Umfeld des Unternehmens (Märkte) bzw. des Schiffs/Flugzeugs (Hohe See, Luftraum) und andererseits in gleicher Weise im Schiff/Flugzeug selbst (Maschine, Getriebe, Ladung, Crew, Verpflegung, Treibstoff) bzw. im Unternehmen (etwa Organisation, Betriebsmittel, Personal oder Prozesse) selbst. Dabei spielen sich die Chancen- und Risikomanagementprozesse auf unterschiedlichen Ebenen des Unternehmensumfeldes und Verantwortungsebenen des Unternehmens ab. Erschwerend kommt hinzu, dass die modernen Unternehmen in gleicher Weise wie Schiffs- und Fluggerät in vielfältiger und oft mehrfach überlagerter Weise durch physikalische und informelle Wertschöpfungsketten (Zuliefererketten und Abnehmerketten) miteinander vernetzt sind und sich die Chancen und Risiken damit nicht ganz so einfach wie früher lokalisieren lassen. Vielmehr können sie sich durch diese Abhängigkeiten zum Teil aufheben, oft aber auch vervielfachen oder gar potenzieren.

Während die Wahrnehmung der Chancen des Unternehmens traditionell im Vertriebs- bzw. Absatzbereich des Unternehmens angesiedelt und vergleichsweise sehr gut strukturiert ist, hat man den Risiken erst in jüngster Zeit deutlich mehr systematische Aufmerksamkeit gewidmet als bisher. Während mit der Markt- und Absatzforschung seit langer Zeit ein eigener wissenschaftlicher Bereich zur Unterstützung der unternehmerischen Chancenwahrnehmung bereitsteht, sind derzeit entsprechende Bereiche zur betriebswirtschaftlichen Risikoforschung erst im Aufbau begriffen.

Mit Ausnahme von Finanzdienstleistungsunternehmen, bei denen finanzielle Risiken einen erheblichen Umfang des (Tages-)Geschäftes ausma-

Risikomanagement in der Unternehmensführung. Rainer Kalwait, Ralf Meyer, Frank Romeike, Oliver Schellenberger und Roland Franz Erben
Copyright © 2008 WILEY-VCH Verlag GmbH & Co. KGaA, Weinheim
ISBN 978-3-527-50302-5

chen, sind die Unternehmen in anderen Branchen noch auf weitgehend isolierte Erkenntnisse bzw. ganz auf sich selbst gestellt. Daher hat schon die Darstellung von »Best Practices« für Praktiker einen hohen Gebrauchswert, um Anregungen zu einer verbesserten Umsetzung des Risikomanagements im eigenen Unternehmen zu geben und die Übertragung von Erkenntnissen einer Branche auf eine andere zu ermöglichen. Ansätzen einer Vernetzung von Risikomanagementstrukturen und -prozessen kommt daher eine noch größere Bedeutung zu.

Das vorliegende Buch richtet sich an Vorstände, Aufsichtsratsmitglieder, Abteilungsleiter, Unternehmensberater, Wirtschaftsprüfer und Revisoren, Controller, Compliance-Verantwortliche und Risikomanager, die an einer umfassenden Darstellung eines ganzheitlichen Risiko- und Chancenmanagementsystems interessiert sind. Die Darstellung erfolgt praxisorientiert und basiert auf den umfangreichen praktischen Erfahrungen der Autoren.

Ralf Meyer skizziert in seinem Einführungsbeitrag in Kapitel 1 die Herkunft der Begriffe Risiko und Chance und setzt sich mit den unterschiedlichen Inhalten der Begriffe Chance, Risiko, Chancenmanagement und Risikomanagement sowie Chancen- und Risikocontrolling auseinander. Er diskutiert das Chancen- und Risikoverständnis in der Betriebswirtschaft, in der Volkswirtschaft und in anderen Wissenschaftsbereichen. Schließlich liefert er einen gut strukturierten Überblick anhand von Meilensteinen und Jahreszahlen, wie sich das Risikomanagement vom Jahr 1900 bis heute entwickelt hat. Zum Schluss stellt er dar, wie sich das Risikoumfeld des Unternehmens in den vergangenen Jahren verändert hat und wie sich dies auf das Gebiet des Chancen- und Risikomanagements auswirkt.

Walter Schmidt und Herwig R. Friedag greifen im Kapitel 2 die Idee von Chancen- und Risikomanagement als den zwei Seiten einer Medaille auf und erläutern, wie das Nutzenpotential untrennbar mit Risikopotential verbunden ist. Sie klassifizieren die Chancen und Risiken, grenzen beide von der Ungewissheit ab und präsentieren die unterschiedlichen Varianten des Umgangs Chancen und Risiken. Sie leiten systematisch ab, dass nicht jede mit einem Ereignis verbundene Gefahr ein unternehmerisches Risiko ist, sondern dass erst die mit einem Nutzen(potential) für das Unternehmen verbundenen Risiken ein Risikopotential für das Unternehmen darstellen. Sie ermitteln drei Gruppen der Chancen und Risiken: aus Leistungsprozessen, aus Kapitalprozessen und schließlich aus Zukunftsprozessen. Zusätzlich wird mit einigen praktischen Beispielen erläutert, dass die Balanced Scorecard ein hervorragendes Instrument ist, das Geschäftsmodell mit dem Chancen- und Risikomanagement auf der Basis ihres ermittelten ZAK-Prinzips zu verbinden.

Rainer Kalwait erläutert im Kapitel 3 die Hintergründe für die verstärkte, weltweite Erweiterung der Rechnungslegung um Risikogesichtspunkte und die beiden großen Reformschritte in der Entwicklung der gesetzlichen Grundlagen zum Risikomanagement in Deutschland. Die zahlreichen, an unterschiedlichsten Stellen zu findenden Gesetzesnormen nach HGB, AktG bzw. GmbHG und IFRS werden im Originaltext vorgestellt und kommentiert. Ergänzend wird auch die US-amerikanische Gesetzgebung auf der Basis des Sarbanes-Oxley-Acts vorgestellt, für das Risikomanagement kommentiert und seine zum Teil sehr weit reichenden Folgen für die betroffenen deutschen Unternehmen dargelegt. Die Umsetzung der EU-Abschlussprüfungsrichtlinie und ihre Bezeichnung Euro-SOX werden kritisch hinterfragt. Ergänzend werden die Straf- und Bußgeldvorschriften sowie die Haftpflicht dargelegt.

Dieser Aspekt wird von *Herbert Palmberger* im Kapitel 4 vertieft, der damit zugleich das unternehmerische Risikomanagement auf die betroffenen Personen in den Organen der Unternehmen ausdehnt. Er zeigt zunächst die beträchtliche Ausweitung der Haftung für die Personen in Führungsfunktionen der Unternehmen an ausgewählten Haftungsszenarien auf und erläutert, welche Maßnahmen zum persönlichen Risikomanagement von Aufsichtsratsmitgliedern, Vorständen, Geschäftsführern und ähnlichen Mandatsträgern von Unternehmen und ähnlichen Organisationen gehören sollten. In diesem Zusammenhang werden die Möglichkeiten und Grenzen einer D&O-Versicherung für den oben genannten Personenkreis vorgestellt und kommentiert, die in zahlreichen Großunternehmen für die obersten Führungsebenen häufig abgeschlossen wird, in mittelgroßen und kleinen Unternehmen dagegen noch weitgehend unbekannt ist.

Ralf Kimpel beschäftigt sich im Kapitel 5 mit einer der wesentlichen Voraussetzungen zu einem erfolgreichen Chancen- und Risikomanagement, nämlich dem Chancen- und Risikoreporting. Er erklärt zunächst die gesetzlichen Grundlagen in Bezug auf das Reporting und analysiert die externen und die internen Adressaten des Risikoberichts. Dann zeigt er exemplarisch und an zahlreichen praktischen Beispielen, in welcher Form das Risikoreporting mit modernen Werkzeugen heutzutage erfolgen kann (etwa Kennzahlencockpit, Ampelsysteme oder Risiko-Map). Den Abschluss seines Beitrages stellen die kommentierten Vorschriften über die Prüfung des Risikoberichts durch den Abschlussprüfer dar.

Die oben angesprochene komplexe Vernetzung von Chancen- und Risiken durch die vielfältigen Wertschöpfungsketten innerhalb und außerhalb des Unternehmens sind das Thema des Beitrages von *Werner Gleißner und Frank Romeike*. Sie zeigen im Kapitel 6, dass Chancen- und Risikomanagement einerseits und Controlling andererseits als weitgehend deckungsgleich verstanden werden können und Bestandteil einer wertorientierten Unternehmensführung sein sollten. Sie kommen zu dem Ergebnis, dass die unternehmerischen Funktionen Planung, Controlling und Risiko- bzw. Chancenmanagement inhaltlich sehr eng miteinander verbunden sind und zeigen eine Möglichkeit auf, die Integration der Prozesse von Controlling und Risikomanagement vorzunehmen, die kaum zusätzlichen Arbeitsaufwand auslöst.

Wie komplex die Chancen und Risiken im Unternehmen vernetzt sind, konnte bereits in vorigen Kapiteln dargelegt werden. Eine überraschend klare und einfache Folgerung aus dieser Tatsache zieht *Roland Franz Erben* in Kapitel 7. Er zeigt am Beispiel der beiden Fluggesellschaften Swissair und Ryanair unter anderem, dass die unternehmerischen Chancen- und Risiken umso leichter zu managen sind, je transparenter sich die jeweiligen Strukturen der Unternehmen darstellen lassen. Nach seiner Auffassung werden die Chancen und Risiken auf operationaler Ebene dabei durch folgende Faktoren beeinflusst, für die er konkrete Beispiele nennt: Unternehmensstrategie, Interne Kontrollsysteme und Rolle von Aufsichtsgremien und Banken, (In)Transparenz des Geschäftsmodells und der Unternehmensstrukturen, Risikokultur sowie politische Einflussnahme.

Falls die von Erben postulierten Erfordernisse nicht erfüllt werden können, muss man auf integrierte Ansätze des Risikomanagements zurückgreifen. Im Rahmen von empirischen Untersuchungen kann festgestellt werden, dass in vielen Unternehmen das Versicherungswesen oder Versicherungsmanagement als autonomes Subsystem in Form von Insellösungen betrieben wird. Mit einem integrierten Ansatz für wertorientierte Risikosteuerung und -finanzierung versuchen *Hendrik F. Löffler und Frank Romeike* im Kapitel 8 mit Hilfe des Risikomanagements, die Schwankungsbreite des Gewinns oder Cashflows wegen der zahlreichen Vorteile für das Unternehmen zu reduzieren. Die aggregierten Risiken werden dann einer Beurteilung unterzogen, ob sie transferiert, vermieden, reduziert, finanziert oder intelligent selber getragen werden sollen. Dabei besteht die sicherlich größte Herausforderung darin, intelligente Steuerungsmodelle zu entwickeln, mit denen die Optimierungspotenziale für die Risikokosten identifiziert und ungesetzt werden können. Eine weitere Herausforderung besteht dann in der strukturellen Trennung von Risiko- und Versicherungsmanagement. Mit einigen Beispielen für ausgewählte Versicherungszweige und entsprechende Gefahrenlagen wird der Beitrag abgerundet.

Falls die partiell integrierten Systeme ebenfalls noch nicht ausreichen, schlägt die Stunde der voll integrierten Risikomanagement-Informationssysteme (RMIS), die von *Marcus Pauli* im Kapitel 9 und von *Werner Gleißner und Frank Romeike* im Kapitel 10 behandelt werden. *Pauli* folgt einem systematischen Risiko-Management-Ansatz als wichtigem Element der Unternehmenssteuerung. Er zeigt, dass traditionelle Planungs- und Steuerungssysteme nicht in der Lage sind, die Anforderungen des modernen Risikomanagements zu unterstützen und plädiert für einen kybernetischen Ansatz mit Rückkopplungsmechanik. Daraus entwickelt er Grundsätze für eine unternehmerische Risikokultur, welche den Mitarbeitern Chancen und Risiken als Wertschöpfungsfaktoren vermitteln soll. Daraus folgt ein Plädoyer für integrierte RMIS für strategische und operative IT-Risikomanagement-Anwendungen. Einige ausführlichere Ausführungen zur passenden IT-Architektur, zur Integration in bestehende Reporting-Strukturen und zu Implementierungsfragen runden den Beitrag ab.

Werner Gleissner und Frank Romeike zeigen auf der Basis einer dreistufigen Analyse des Risikomanagement-Prozesses einige Beispiele für eine einfachere IT-Unterstützung mit Hilfe von Excel, Risiko-Kompass (ein gemeinsames Projekt der Unternehmen AXA und RMCE) und MIS-Riskmanagement (ein Produkt der MIS in Darmstadt). Am Fallbeispiel der Software R2C (Schleupen AG) wird mit zahlreichen Charts und Screenshots vorgeführt, wie ein derartiges Werkzeug von den technologischen Anforderungen über die Risikoidentifikation und das Reporting bis hin zum Chancenmanagement arbeitet. Dabei wird gezeigt, dass dieses Instrument sowohl ein Werkzeug für die strategische Unternehmensplanung als auch für die Jahresabschlussanalyse und -planung ist und darüber hinaus zahlreiche weitere Tools im Risiko- und Chancenumfeld bietet.

Die Möglichkeiten der organisatorischen Zuordnung des Chancen- und Risikomanagements in den unterschiedlichen Verantwortungsebenen im Unternehmen werden von *Ralf Meyer* im Kapitel 11 untersucht. Er stellt die Stabsstellen-Organisation, den Chief Risk Officer, ein zentrales Chancenmanagement und ein Risikocontrolling gegenüber, bevor er auf die Struktur der Risikoprozesse eingeht. Er strukturiert die Begriffsebenen Risikokultur, risikopolitische Grundsätze, Risikorichtlinien, Risikonahme, Risikovermeidung, Risikoübernahme, Risikotransfer, Risikokommunikation, Risikoanreizsysteme und viele andere.

Weitere ausgewählte Methoden des Risikomanagements fügt *Oliver Schellenberger* hinzu. Ausgehend von einer generalisierten Riskmap und dem bekannten Risikomanagement-Kreislauf stellt er einige Methoden, darunter die für Risikoidentifizierung in komplexen Systemen gut geeignete Fehlerbaumanalyse, Fragebögen für diverse Unternehmens- und Verantwortungsebenen, und Risk Assessment-Bögen mit Auswertungsmatrix zur Kategorisierung von Risiken, verfeinerte Flow Chart-Analysen für ereignisgesteuerte Prozessketten oder Petrinetze, Near Miss Analyse, Zinsrisiko, Korrelation, Monte Carlo-Simulation, X at Risk und den Real Option-Ansatz vor. Einige ausgewählte Vorschläge für die Einzelrisikenbewertung ergänzen seine Darstellung.

Mit diesem Buch werden exemplarisch Ansätze des Chancenmanagements und des Risikomanagements zusammengeführt, was bisher eher selten vorgenommen wurde. Auch in den gesetzlichen Grundlagen des Chancen- und Risikomanagements kommt dies allenfalls vereinzelt vor. Mit diesem vergleichsweise neuen Ansatz wird somit auch die inhaltliche Nähe der Fachgebietes Chancen- und Risikomanagement einerseits und Controlling andererseits aufgezeigt.

An dieser Stelle möchten wir die Gelegenheit nutzen, um denjenigen Personen zu danken, die zum Entstehen dieses Buches mitgeholfen haben. Das sind in erster Linie die zahlreichen Autoren, mit denen mich oft jahrelange Zusammenarbeit und hohe Wertschätzung verbindet und die mit ihrer reichen praktischen Erfahrung in Wirtschaft, Consulting und Wissenschaft zu unterschiedlichen Perspektiven eines interessanten und zukunftsträchtigen Wissensgebietes beigetragen haben. Besonderer Dank gilt auch Frau Ute Boldewin vom Wiley-Verlag, die durch ihr theoretisches und praktisches Wissen stets als kompetente Gesprächspartnerin zur Verfügung stand.

Coburg, im Juni 2008

Im Namen meiner Mitherausgeber: Ralf Meyer, Frank Romeike, Oliver Schellenberger und Roland Franz Erben,

Rainer Kalwait

1
Die Entwicklung des betriebswirtschaftlichen Risiko- und Chancenmanagements

Ralf Meyer

1.1 Das Unternehmensumfeld im 21. Jahrhundert

Chancen und Risiken haben die vergangenen zehn Jahre wahrscheinlich mehr geprägt als jede andere Wirtschaftsepoche. In Erinnerung bleiben die enormen Chancen des ersten Internetbooms bis 2001, des Web 2.0, der Entwicklung von Private-Equity und Hedge Fonds und natürlich der Globalisierung. Demgegenüber stehen aber auch größere Risiken aus einem erhöhten Konkurrenzkampf in nahezu allen Märkten, gestiegenen Rohstoffpreisen, Umweltkatastrophen, Terroranschlägen und unsicheren politischen wie demographischen Entwicklungen. Unternehmen mit Milliardenwerten wie etwa Google sind in kürzester Zeit aus dem Nichts entstanden während etablierte Unternehmen wie General Motors in erhebliche Schieflagen geraten sind.

Daher setzen sich Unternehmen mehr denn je einer Fülle von neuen Chancen und Risiken gegenüber. Während traditionell die Planung von Ertragspotentialen im Fokus der Unternehmenssteuerung stand, gewinnt nun das Management von Chancen und Risiken zunehmend an Bedeutung. Konsequenterweise messen mehr und mehr Unternehmen ihren Erfolg nicht mehr nur an Ertragskennzahlen, sondern kombinieren diese mit Risikokennzahlen zu Risikoertragsgrößen, die eine konsistente Steuerung des Unternehmens nach Chancen und Risiken erlauben. Dies geht einher mit einem grundsätzlich höheren Risikoniveau, auf dem sich Unternehmen bewegen. Daher kommt einem professionellen Risikomanagement eine immer höhere Bedeutung zu. Was macht jedoch ein professionelles Risikomanagement aus und wie unterscheidet man gutes und schlechtes Risikomanagement? Wie sollte ein Unternehmen zwischen Risiken und Ertragschancen abwägen, um die veränderten Rahmenbedingungen zum eigenen Vorteil zu nutzen? Diese Fragestellungen sollen in diesem Buch beantwortet werden. Die Autoren stellen dabei zum einen den aktuellen Stand des Risikomanagements – also die Best Practices – dar und diskutieren zum anderen die derzeitigen gesetzlichen und ökonomischen Rahmenbedingungen.

Risikomanagement in der Unternehmensführung. Rainer Kalwait, Ralf Meyer, Frank Romeike,
Oliver Schellenberger und Roland Franz Erben
Copyright © 2008 WILEY-VCH Verlag GmbH & Co. KGaA, Weinheim
ISBN 978-3-527-50302-5

1.2 Risikobegriff

1.2.1 Abgrenzung des Risikobegriffs

Wortherkunft

Die Herkunft des Wertes Risiko ist nicht eindeutig geklärt. Während beispielsweise der Duden das Wort auf das lateinische *risicare* (Gefahr laufen, wagen) zurückführt, nehmen andere Quellen Bezug auf das vorromanische *rixicare* (streiten, widerstreben). Demgegenüber gibt es nach dem Romanischen Etymologischen Wörterbuch Wurzeln des Wortes im griechischen ριζικόν (*rhizikon* Klippe). Moderne etymologische Wörterbücher des Neugriechischen geben darüber hinaus weitere Erklärungen: Das Großlexikon von Babiniotis (2002) gibt beispielsweise das neugriechische ρίσκο (*risko* Risiko) als Entlehnung aus dem Italienischen (von *risco/rischio*, urspr. Gefahr bei einer Meeresreise oder militärischen Unternehmung) an, welches wiederum selbst aus dem Griechischen stammt und mit dem heute ebenfalls noch existierenden Wort ριζικό(ν) (*riziko[n]* Schicksal, Vorherbestimmtes) in Verbindung zu gebracht wird. Dies eröffnet dann schließlich die Möglichkeit einer Rückführung auf arab. قذر (*rizq* Lebensunterhalt, tägliches Brot)[1].

Inhaltlich wurde der Begriff zunächst im 14. Jahrhundert in den norditalienischen Staatsaaten in Bezug auf die Seefahrt verwendet.[2] Im Mittelalter erfolgte dann die Verallgemeinerung auf andere Handelsgeschäfte. So ist in einem Buchhaltungsbuch von 1518 der Hinweis zu finden, dass »auf sein Auventura und Risigo« zu handeln sein[3]. Der deutsche Risikobegriff behielt bis ins 19. Jahrhundert seinen ökonomischen Bezug und fand erst danach die Aufnahme in den allgemeinen Sprachgebrauch.[4]

Enger und weiter Risikobegriff

Im heutigen allgemeinen Sprachgebrauch bezeichnet Risiko in der Regel ein mögliches negatives Ereignis, sprich eine Gefahr. Damit wird der Risikobegriff sehr eng gefasst, da Chancen – sprich positive Ereignisse – ausgeklammert werden.

In einigen Bereichen des täglichen Lebens hat sich jedoch ein weiter gefasster Risikobegriff durchgesetzt, der sowohl negative als auch positive Ereignisse umfasst. So spricht man von einer »riskanteren Anlagestrategie«,

---

1) www.wikipedia.org

2) J. Ritter u. K. Gründer (Hrsg.): Historisches Wörterbuch der Philosophie. Darmstadt 1992. Bd. 8, Sp. 1045–1050

3) Deutsches Wörterbuch von Jacob und Wilhelm Grimm. Neubearbeitung. Leipzig/Stuttgart 1983, Bd. 1, Sp. 150–165, 163

4) Keller, H.E.: Der sechste Schöpfungstag und andere Abenteuer, in: riskVoice Nr. 3, St. Gallen Oktober 2001

wenn man Aktien mit Bundesschatzbriefen vergleicht oder aber einer riskanten Spielweise, wenn ein Fußballteam auf ein offensives Spielsystem setzt.

In den Wirtschaftswissenschaften wird üblicherweise der weiter gefasste Risikobegriff verwendet, der dort folgendermaßen definiert wird:

Risiko ist die Abweichung (sowohl positiv als auch negativ) eines zukünftigen Ereignisses von dem erwarteten Ausgang dieses Ereignisses.

Abb. 1.1[5] verdeutlicht die Unterscheidung des engen und weiten Risikobegriffs. x_t stellt die Ausprägung einer unternehmerischen Zielvariablen dar, die mit einer gewissen Wahrscheinlichkeit $W(x_t)$ um den Erwartungswert $E(x_t)$ streut. Die verbreitete klassische Auffassung von Risiko im engeren Sinne bezeichnet Risiko als eine negative Abweichung vom Erwartungswert der Zielvariablen. Entsprechend sind dann die Chancen die positiven Abweichungen. Demgegenüber steht die weiter gefasste Definition des Risikobegriffs, die eine absolute Abweichung der Zielvariablen vom Erwartungswert (in der Abbildung mit Delta bezeichnet) bezeichnet, bei der sowohl positive als auch negative Abweichungen einbezogen werden.

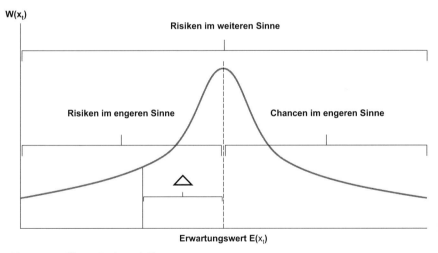

Abb. 1.1: Begriffe von Risiko und Chance

5) vgl. Kalwait, R.: Risikomanagement kompakt, Lektion 1: Warum Risikomanagement: Rechtliche Grundlagen und Neuregelungen im Überblick, Eschborn o.J., 2. Auflage 2007, Seite 2 ff.

Risiko als Ursache und Wirkung

Der Begriff Risiko wird sowohl zur Bezeichnung der Ursache als auch der Wirkung eines Ereignisses verwendet. Daher kann sich der Risikobegriff auf jede Stufe eines Ursache-Wirkung-Zusammenhangs beziehen. Als Beispiel sei ein Streik erwähnt, der zu Umsatzeinbußen führt, welche wiederum eine Gewinnminderung verursachen. In diesem Fall würde man vom »Risiko eines Streiks« sprechen, wobei der Streik unmittelbar die Ursache des Umsatzrückganges und mittelbar die Ursache der Gewinnminderung darstellt. Ebenso ist es möglich, von einem »Risiko von Umsatzeinbußen« oder aber auch von einem »Gewinnrisiko« zu sprechen, wobei sich der Begriff »Gewinnrisiko« ausschließlich auf die Auswirkung des Ereignisses beziehen würde.

Risiko und Unsicherheit

Die Begriffe Risiko oder Unsicherheit werden umgangssprachlich oftmals synonym verwendet, stellen jedoch streng genommen unterschiedliche Situationen dar. In der Entscheidungstheorie erfolgt eine klare Unterscheidung der beiden Begriffe[6].

Der Begriff Risiko bezieht sich demnach auf eine Situation, in der objektive Wahrscheinlichkeiten bzgl. der möglichen Ergebnisse eines Ereignisses vorliegen. Als einfaches Beispiel sei das Werfen einer Roulette-Kugel genannt. Das Ereignis hat die feststehenden Ergebnisse 0–36 und quantifizierbare Wahrscheinlichkeiten in Höhe von $1/37$ für jede Zahl und stellt daher eine Risikosituation dar. Demgegenüber bezieht sich »Unsicherheit« auf eine Situation, in der keine Aussagen über die Wahrscheinlichkeiten gemacht werden können. Mögliche Ergebnisse des Ereignisses können jedoch bekannt sein. Als Beispiel könnte etwa die Frage dienen, ob es außerirdisches Leben gibt. Die möglichen Ergebnisse sind klar (ja/nein), eine objektiv quantifizierbare Wahrscheinlichkeit kann jedoch nicht angegeben werden.

In der Realität kann diese klare Unterscheidung zwischen Risiko und Unsicherheit nicht immer vorgenommen werden.[7] Oftmals können Entscheidungen zwar nicht unter Einbeziehung von objektiven Wahrscheinlichkeiten getroffen werden, allerdings besteht in der Regel ein detailliertes subjektives Verständnis vom möglichen Ergebnis und jeweiligen Eintrittswahrscheinlichkeiten, so dass sich eine Grauzone zwischen Entscheidungen unter Unsicherheit oder unter Risiko ergibt.

---

6) vgl. Müller, W.: Risiko und Ungewißheit, in: Waldemar Wittmann u.a. (Hrsg.): Enzyklopädie der Betriebswirtschaftslehre, Stuttgart 1993 (5. Aufl.)

7) vgl. Oehler, A. u.a.: Finanzwirtschaftliches Risikomanagement, Berlin 2001, Seite 10 ff.

Grundsätzlich sollten zum Management von Risiken Kenntnisse über mögliche Ergebnisse und Eintrittswahrscheinlichkeiten vorhanden sein. Allerdings müssen diese Kenntnisse nicht immer 100 Prozent quantifizierbar und objektiv sein. Viele Instrumente und Prozesse des Risikomanagements, die in diesem Buch vorgestellt werden, können auch in der Grauzone zwischen Unsicherheit und Risiko angewendet werden. Dabei ist jedoch zu berücksichtigen, dass zu einem guten Risikomanagement eine möglichst detaillierte Situationsanalyse gehört, welche die Entscheidungsgrundlage von einer Unsicherheitsentscheidung in Richtung Risikoentscheidung verschieben sollte.

Chancenbegriff

Im allgemeinen Sprachgebrauch bezeichnet eine Chance die Möglichkeit eines positiven Ereignisses. So wird etwa im Fußball die Möglichkeit, ein Tor zu erzielen, Chance genannt. Grundsätzlich ist der Begriff positiv besetzt. Daher stellt Chance das Gegenteil des engen Risikobegriffs dar wie in Abbildung 1.1 dargestellt. Ganz deutlich wird die Verwandschaft von Risiko und Chance, wenn man sich in Gedanken in die gegnerische Mannschaft versetzt. Für diese Mannschaft ist die Torchance des Gegners dann ein Torrisiko. Somit lässt sich mathematisch die Chance als (1-Risiko) bezeichnen. Streng genommen kann Chance auch neutral den Ausgang eines Ereignisses bezeichnen und daher auch negative Ergebnisse beinhalten. In diesem Fall wäre Chance ein Synonym zum weiten Risikobegriff. Diese Verwendung erfolgt allerdings äußerst selten.

Darüber hinaus bezeichnet der Begriff Chance eine Möglichkeit, die durch das gezielte Handeln einer Person wahrgenommen werden kann. Die Nutzung der Chance setzt dabei eine zielgerichtete Handlung einer Person voraus, die sich dabei der Chance bewusst ist. Bei dieser Definition des Begriffes liegt die Unsicherheit über die Aktion ausschließlich bei der handelnden Person. Entschließt sich die Person, die Chance zu ergreifen, so tritt das Ereignis mit Sicherheit ein. So hat beispielsweise grundsätzlich jeder Abiturient in Deutschland die Chance zu studieren.

In diesem Buch wird der mathematische Chancenbegriff verwendet, der sich eng an den allgemeinen Sprachgebrauch des Wortes anlehnt. Dabei wird Chance als positive Abweichung eines zukünftigen Ergebnisses vom dem erwarteten Ausgang dieses Ereignisses verstanden.

1.2.2 Risiko- und Chancenbegriff in anderen Wissenschaften

Wissenschaftliche Risiko- und Chancenbegriffe

Die Begriffe Risiko und Chance werden in verschiedenen Wissenschaften unterschiedlich interpretiert und definiert. Dabei handelt es sich teilweise um eine grundsätzlich andere Sichtweise der Begriffe, teilweise aber auch nur um marginale Differenzen zu den betriebswirtschaftlichen Begriffen.

Die Betrachtung dieser alternativen Sichtweisen im Rahmen dieses Buches ist insoweit sinnvoll, als auf diese Weise einerseits die spezifische Sichtweise der Betriebswirtschaftslehre zum Ausdruck kommt und zum anderen neue Aspekte den Betriebswirtschaften hinzugefügt werden können. Als Beispiel sei der Risikobegriff der Politikwissenschaft erwähnt. Staatslenker müssen mehrere Ziele berücksichtigen. So sind beispielsweise bei der Entscheidung für oder gegen eine kriegerische Auseinandersetzung ebenso Menschenleben und kulturelle Aspekte zu berücksichtigen wie finanzielle Abwägungen. Demgegenüber steht die klassische eindimensionale Fokussierung der Betriebswirtschaftslehre auf den Ertrag des Unternehmens.

Wie kann die Betriebswirtschaftslehre nun vom Risikobegriff der Politikwissenschaften lernen? Beispielsweise gibt es seit einigen Jahren eine verstärkte Diskussion, ob Unternehmen eine über die Gewinnerzielung hinausgehende gesellschaftliche Verantwortung tragen. Möchte nun ein Unternehmen dieser Verantwortung Rechnung tragen, bietet die Betriebswirtschaftslehre kaum Entscheidungshilfen, wenn etwa die Entscheidung für eine Gewinnminderung um 10 Prozent bei einer klimaneutralen Produktion zu treffen ist. Andere Wissenschaften – wie eben die Politikwissenschaften – befassen sich jedoch seit jeher mit ähnlichen Problemen und können daher zu neuen Einblicken verhelfen.

Selbstverständlich können die Risiko- und Chancenbegriffe in den verschiedenen Wissenschaften im Rahmen dieses Buches nicht umfassend diskutiert werden. Die Diskussion der verschiedenen Begrifflichkeiten soll lediglich dazu beitragen, das Wesen von Risiken und Chancen besser zu verstehen und einige grundsätzliche Ideen hervorzuheben.

Der Risiko- und Chancenbegriff der Betriebswirtschaftslehre

In der Betriebswirtschaftslehre findet sowohl der weite als auch der enge Risikobegriff Anwendung. Dabei beziehen sich Risikowirkungen im Unternehmenskontext letztlich immer auf den Ertrag (Performancerisiko) oder die Liquidität (Liquiditätsrisiko) des Unternehmens. Die Auswirkungen von Risiken sind daher auf diese zwei Größen begrenzt. Es kann zwar argumentiert werden, dass die Maximierung des Unternehmenswerts die eigentliche

Zielgröße der Betriebswirtschaft ist. Allerdings wird der Unternehmenswert bestimmt durch den Barwert aller zukünftigen Erträge des Unternehmens und der Insolvenzwahrscheinlichkeit, die wiederum neben dem Ertrag von der Liquidität des Unternehmens abhängt.

Grundsätzlich wird im Zusammenhang mit Ertragsgrößen der weite Risikobegriff verwendet. Ein riskantes Investitionsprojekt würde in diesem Zusammenhang als Projekt verstanden werden, das neben hohen Verlustpotentialen auch die Chance auf überdurchschnittliche Erträge beinhaltet. Demgegenüber steht die Verwendung des engen Risikobegriffes in Bezug auf die Liquidität des Unternehmens. Dies hängt ursächlich mit der unterschiedlichen unternehmerischen Zielsetzung der beiden Größen zusammen. Jedes Unternehmen hat grundsätzlich die Maximierung des Ertrages zum Ziel, so dass eine positive Abweichung des Ertrages wertsteigernd ist. Demgegenüber ist eine positive Abweichung der Liquidität eines Unternehmens (Liquiditätsüberschuss) zwar nicht negativ zu bewerten, führt jedoch in der Regel nicht zu einer Steigerung des Unternehmenswertes.

Der Chancenbegriff wird in der Betriebswirtschaftslehre üblicherweise als positive Abweichung eines Ergebnisses von dem Erwartungswertes dieses Ereignisses verstanden. Eine Verwendung des Begriffes im Sinne von Handlungsmöglichkeit findet in der Regel nicht statt, da hierfür in der Betriebswirtschaftslehre der Begriff Option bzw. Realoption geprägt wurde.

Der Risiko- und Chancebegriff der Volkswirtschaftslehre

In der Volkswirtschaftslehre findet eine Verwendung des weiten und des engen Risikobegriffs statt. Dabei lehnt sich die Verwendung des weiten Risikobegriffs sehr eng an den betriebswirtschaftlichen Begriff an. So wird für alle finanzwirtschaftlichen Risiken auch in der Volkswirtschaftslehre der weite Risikobegriff verwendet.

Demgegenüber erfolgt eine Verwendung des engen Risikobegriffs bei den meisten volkswirtschaftlichen Größen. Dies resultiert aus der Tatsache, dass bei volkswirtschaftlichen Größen in der Regel angenommen wird, dass es einen Gleichgewichtszustand dieser Größen gibt während in der Betriebswirtschaft die Maximierung der Größe Ertrag angestrebt wird. So versteht man unter Inflationsrisiko ein Abweichen des Geldwertes einer Währung von einem natürlichen Niveau. Eine Abweichung des Geldwertes in die andere Richtung würde als Deflationsrisiko bezeichnet werden. Selbst bei eigentlich positiv besetzten Größen wie dem Wachstum einer Volkswirtschaft kann von einem (negativen) Überhitzungsrisiko gesprochen werden.

Grundsätzlich unterscheidet sich die Volkswirtschaftslehre von der Betriebswirtschaftslehre dadurch, dass es keine eindeutige Zielgröße gibt.

Stattdessen befasst sich die Volkswirtschaftslehre mit den Wechselwirkungen verschiedener Zielgrößen wie Wachstum, Geldwert, Vermögensverteilung. Demnach muss bei einer Risikobetrachtung immer die Auswirkungen auf alle Zielgrößen betrachtet werden, um Zielkonflikte zu identifizieren. So wird oftmals argumentiert, dass eine expansive Geldpolitik zwar zu einer höheren Beschäftigung führen kann, aber mit einem erhöhten Inflationsrisiko einhergeht.

Der Chancenbegriff wird in der Volkswirtschaft als Synonym für Handlungsmöglichkeiten benutzt. So bezeichnet man Zölle als Handelshemmnisse, da sie die Chancen für einzelne Volkswirtschaften beeinträchtigen.

Der Risiko- und Chancenbegriff der Mathematik

In der Statistik wird das Risiko als die Variabilität der möglichen Ergebnisse eines Ereignisses verstanden. Demnach stellt das Risiko die Summe aller möglichen Ereignisse multipliziert mit der jeweiligen Wahrscheinlichkeit dar. Grundsätzlich wird zwischen Ereignissen mit einer endlichen und unendlichen Zahl von möglichen Ergebnissen unterschieden. Hat ein Ereignis eine endliche Anzahl von Ergebnissen, wird die Gesamtheit aller Ergebnisse (inklusive deren jeweiligen Wahrscheinlichkeit) als diskrete Verteilungsfunktion bezeichnet. So stellt etwa das Werfen eines Würfels ein Ereignis mit einer endlichen Zahl (nämlich sechs) von möglichen Ergebnissen dar. Demgegenüber werden Ereignisse mit einer unendlichen Anzahl von möglichen Ergebnissen durch eine stetige Verteilungsfunktion dargestellt. Als Beispiel sei die genaue Temperatur am Nordpol am 1.1.2010 genannt. Da die Temperatur theoretisch mit unendlich vielen Nachkommastellen gemessen werden kann, gibt es unendlich viele mögliche Ergebnisse.

Die Mathematik legt sich weder auf den engen noch auf den weiten Risikobegriff fest. So kann man entweder die gesamte Verteilungsfunktion eines Ereignisses als Risiko bezeichnen oder aber nur jenen Teil der Funktion, der die negativen Ergebnisse des Ereignisses umfasst.

Aus mathematischer Sicht bezeichnet Chance die Möglichkeit des Eintreffens eines günstigen Ereignisses mit einer mathematischen Wahrscheinlichkeit, die größer als Null, aber kleiner als Eins, ist. Man bezeichnet dann auch oft die Wahrscheinlichkeit selbst als Chance.[8]

Der Risikobegriff in anderen Naturwissenschaften

Grundsätzlich finden in den Naturwissenschaften die bereits beschriebenen Abgrenzungen des Risikobegriffes Anwendung. In der Biologie etwa wird Risiko von Unsicherheit unterschieden. So kann beispielsweise in der

8) www.wikipedia.org

Vererbungslehre das Risiko für gewisse Erbmerkmale angegeben werden während über das Auftreten der meisten Charaktereigenschaften einer Person Unsicherheit herrscht.

Parallelen zwischen der Betriebswirtschaftslehre und den Naturwissenschaften bestehen im Einsatz von Modellen zur Analysen von Ursache-Wirkungsbeziehungen – sprich bei der Risikoanalyse im Rahmen eines Risikomanagements. In den Naturwissenschaften müssen dabei seit jeher eine Vielzahl von Parametern berücksichtigt werden, um ein realitätsnahes Modell zu verwenden. So können die Folgen des CO_2-Ausstosses in den Industrieländern aufgrund der hohen Komplexität nur sehr grob dargestellt werden. Ähnliche Probleme treten in der Betriebswirtschaft auf, wenn ein Unternehmen beispielsweise die Auswirkungen einer Fusion modellieren möchte.

Um dieser Problematik Herr zu werden, finden oftmals vereinfachte Modelle mit wenigen Parametern und wenigen Beziehungen Anwendung. Diese Modelle haben allerdings den Nachteil, dass sie in der Regel nur zu trivialen Aussagen führen, so dass die Komplexität der Modelle schrittweise erhöht wird. Allerdings erhöht sich mit der Zahl von Parametern und Beziehungen und auch die Möglichkeit von Parameterfehlern. Rowe[9] bezeichnet diesen Zusammenhang als »Information Paradox«: Richtigkeit und Genauigkeit von Modellen stehen in umgekehrt proportionalem Verhältnis zueinander. Je detaillierter und komplexer ein Modell ist, desto größer die Unsicherheit, d. h. die Wahrscheinlichkeit von inkorrekten Aussagen.

Der Risikobegriff in den Politikwissenschaften

In den Politikwissenschaften finden sich Elemente aus verschiedenen anderen Wissenschaften, darunter insbesondere Volkswirtschaftslehre und Psychologie. Auch in den Politikwissenschaften kann wie in der Volkswirtschaftslehre ein Zielkonflikt bestehen. So wird ein Krieg immer mit dem Verlust von Menschenleben einhergehen während andere Ziele wie die Souveränität des Staates verfolgt werden.

Die psychologische Komponente in den Politikwissenschaften rührt aus der Tatsache, dass politische Risiken oftmals durch einzelne Personen beurteilt werden und zudem schwieriger zu quantifizieren sind als in der Betriebswirtschaftslehre. So bestand etwa vor Beginn des zweiten Irakkrieges eine sehr unterschiedliche Einschätzung des von Saddam Hussein ausgehenden Risikos für die Sicherheit der USA. Diese Unsicherheit basierte einerseits auf der fehlenden Quantifizierbarkeit von Sicherheit, aber auch in der verschiedenen Wahrnehmung der damaligen Situation durch verschiedene Personen.

[9] Rowe, J.: An Anatomy of Risk, New York 1977

Der Risikobegriff in den Rechtswissenschaften

Juristen sprechen von einem Risiko, wenn ein Schaden möglich ist, der Schadensverlauf und die Eintrittswahrscheinlichkeit aber nicht hinreichend sicher beurteilt werden können. Allerdings ist der Risikobegriff kein allgemeiner Rechtsbegriff, sondern wird mittels des allgemeinen Rechtsbegriffes Gefahr juristisch abgeleitet. Gefahr setzt dabei die Kenntnis von Umständen oder eine hinreichende Wahrscheinlichkeit der Schädigung von Rechtsgütern voraus. Hinreichende Wahrscheinlichkeit wiederum wird situationsabhängig beurteilt. Grundsätzlich liegt eine hinreichende Wahrscheinlichkeit vor, wenn die Eintrittswahrscheinlichkeit über 50 Prozent liegt. Allerdings berücksichtigt der juristische Gefahrenbegriff neben der rechnerischen Wahrscheinlichkeit auch die Intensität und die Bedrohlichkeit eines möglichen Schadens. Dies kommt durch die Je-desto-Regel zum Ausdruck: »Je gewichtiger das gefährdete Gut und/oder je größer der zu befürchtende Schaden ist, desto geringere Anforderungen sind an die Höhe der Eintrittswahrscheinlichkeit zu stellen.«[10] Demnach stellt der Risikobegriff juristisch gesehen eine Erweiterung des klassischen Gefahrenbegriffs dar. Risiko wird daher als theoretische Schadensmöglichkeit verstanden.

Der Risikobegriff und Risikomanagement in der Theologie

Der Risikobegriff in der (christlichen) Theologie ist an die Frage gekoppelt, inwieweit Gott selber ein Risiko trägt[11]. Dabei werden zwei grundsätzliche Denkansätze unterschieden. Einerseits gehen einige theologische Theorien davon aus, dass Menschen die Verantwortung für ihre Taten tragen und demnach als selbständige Wesen von Gott geschaffen wurden. Demnach würde Gott das Risiko von nicht gewollten Verhaltensweisen tragen. Gott setzt in dieser Denkweise Gebote, die das Verhalten der Menschen positiv beeinflussen, aber nicht automatisch zu bestimmten Handlungen führen.

Andererseits gibt es theologische Denkrichtungen, die Gott als allmächtiges Wesen betrachten, das neben der Gegenwart und Vergangenheit auch die Zukunft auf jede gewünschte Art und Weise verändern kann. Demnach würde Risiko prinzipiell nicht existieren, sondern nur eine Unzulänglichkeit der menschlichen Wahrnehmung in Bezug auf die Zukunft darstellen.

In Bezug auf Risikomanagement vertreten verschiedene Theorien, dass gottgefälliges Verhalten positive Auswirkungen entweder im derzeitigen Le-

---

10) Kloepfer, M.: Handeln unter Unsicherheit im Umweltstaat. In: Gethmann, C.F.; Kloepfer, M.: Handeln unter Risiko im Umweltstaat, 55–98, Berlin 1993

11) Gregersen, N. H.: Risk and Religion: Toward a Theology of Risk Taking Zygon 2003 38 (2), 355–376.

ben oder aber auch nach dem Tod eines Individuums haben wird. Als Beispiel sei die Beichte in der katholischen Kirche erwähnt. Nach dieser Theorie kann Risikomanagement dadurch betrieben werden, dass Handlungen, die nicht mit einem Ereignis in Verbindung stehen, dennoch (positive) Auswirkungen auf dieses Ereignis haben können.

Die (klassische) Betriebswirtschaftslehre hat eine grundsätzlich andere Auffassung von Risiko, so dass nur wenige Anknüpfungspunkte bestehen. Dies gilt allerdings nicht unbedingt in allen Wirtschaftsräumen. So ist beispielsweise in islamischen Volkswirtschaften eine wesentlich engere Verknüpfung von wirtschaftlichem und religiösem Handeln festzustellen. Als Beispiel sei Islamic Banking erwähnt.

Der Risikobegriff in der Psychologie

Innerhalb der Psychologie beschäftigen sich verschiedene Theorien wie die »Psychologische Entscheidungstheorie« oder die »Neue Erwartungstheorie« von Kahnemann und Tversky[12] mit der Entscheidungsfindung unter Unsicherheit und Risiko. Dabei steht bei der ersteren der Umgang mit den Risiken und bei der letzteren der Umgang mit Unsicherheit – das sind jene Situationen, in denen keine Eintrittswahrscheinlichkeiten über die künftigen Umweltzustände bekannt sind – im Vordergrund. Man könnte demnach vom Risikomanagement des Individuums sprechen, das in der Psychologie beleuchtet wird. Der Risikobegriff selbst bleibt dagegen in der ganzen Psychologie eher im Hintergrund.

So differenziert beispielsweise die betriebswirtschaftlich-mathematische Entscheidungstheorie – welche häufig als angewandte Wahrscheinlichkeitstheorie verstanden wird – das Verhalten eines Individuums in einer Risikosituation. Dabei werden Personen als risikoavers eingestuft, wenn sie bei der Wahl zwischen mehreren Alternativen mit gleichem Erwartungswert die Alternative mit dem geringsten Risiko auswählen. Demgegenüber werden Personen, die bei derselben Wahl die riskanteste Alternative auswählen, als risikofreudig bezeichnet.

Während sich die Entscheidungstheorie demnach mit dem Umgang von Risiken beschäftigt (wir nennen diesen Schritt Risikonahme), befassen sich andere Bereiche der Psychologie mit der Beurteilung von Risiken in Entscheidungssituationen – (Risikoidentifikation bzw. Risikobewertung). So geht man oft davon aus, dass Menschen Extremrisiken unzureichend beurteilen, da sich das menschliche Gehirn auf vermeintlich relevanten Situati-

---

12) Vgl. D. Kahneman und A. Tversky (1979): *Prospect theory:*
An analysis of decision under risk, Econometrica, Vol. 47, No. 2,
S. 263–291

onen fokussiert und demnach Situationen mit sehr geringen Eintrittswahrscheinlichkeiten ausblendet. Als Beispiel wird etwa das Autofahren unter Alkoholeinfluss genannt, bei dem das mögliche Negativereignis – der Unfall – nicht in die Überlegung des Autofahrers einbezogen wird.

Die Betriebswirtschaftslehre wie auch dieses Buch berücksichtigen die psychologischen Aspekte von Risikosituationen am Rande. Bei der Beurteilung von Entscheidungssituationen setzt die Betriebswirtschaftslehre auf einen Katalog von Instrumenten, der dazu beiträgt, Risiken objektiv zu bewerten. So werden etwa bei der Szenarioanalyse und der Notfallplanung Extremsituationen modelliert, um dadurch ein detailliertes Verständnis der Situationen zu erhalten, die ansonsten intuitiv nicht berücksichtigt worden wären. Demnach versucht die Betriebswirtschaftslehre die menschlichen analytischen Schwächen an dieser Stelle zu kompensieren. Gleiches gilt bei der Reaktion auf bestehende Risiken. Auch hier setzt die Betriebswirtschaftslehre auf eine Reaktion, die durch die Risikostrategie und die Risikorichtlinien abgeleitet wurde.

Der Risikobegriff in der Philosophie

Auch in der Philosophie gibt es zahlreiche Theorien mit Bezug zu Risiko oder dem Umgang mit Risiken. Die wohl bekannteste stellt der Ansatz des englischen Mathematikers und Philosophen John G. Bennett dar[13]. Bennett zufolge macht erst die Möglichkeit des Versagens die Dinge »wirklich«. Echte Freiheit ist demnach nur in Situationen denkbar, deren möglicher Ausgang offen ist, die also ein Risiko beinhalten. Diese Situationen, die er mit Vorhandensein von »Hasard« beschreibt, ermöglichen aufgrund des undeterminierten Moments dem Individuum eine freie Willensentscheidung und machen damit die Qualität des menschlichen Lebens aus, das – anders als tierisches oder pflanzliches Leben – zur freien Entscheidung in solchen Situationen in der Lage ist.

Ähnliches gilt im Grunde für die Betriebswirtschaft. Es ist klar, dass das Ziel des Risikomanagements in einem Unternehmen nicht die Vermeidung von Risiken sein kann, sondern die bewusste Entscheidung, welche Risiken ein Unternehmen eingehen will. Dabei zeichnen sich erfolgreiche Unternehmen dadurch aus, dass sie durchaus hohe Risiken eingegangen sind. Allerdings verstehen diese Unternehmen ihre Risiken besonders gut und besitzen daher einen Wettbewerbsvorteil bei deren Handhabung.

13) Bennett, J.G.: Risiko und Freiheit. Hasard – Das Wagnis der
Verwirklichung, Zürich, 2005

1.2.3 Risikoarten

Risiken lassen sich auf verschiedenste Art und Weise klassifizieren. Im Unternehmenskontext bietet sich jedoch die Unterscheidung in strategische, operationelle und finanzielle Risiken an, wobei bei den strategischen und operationellen Risiken zwischen externen und internen Risiken unterschieden wird wie Abbildung 1.2 zeigt.

Externe strategische Risiken beziehen sich auf das Betätigungsfeld des Unternehmens und schließen damit die für das Unternehmen relevanten Märkte, Kundengruppen und Produkte ein. Die Risiken umfassen alle möglichen Entwicklungen auf diesem Betätigungsfeld, seien diese nun politischer, gesellschaftlicher, rechtlicher oder volkswirtschaftlicher Natur. Dabei sind nicht nur die aktuellen Betätigungsfelder des Unternehmens einzubeziehen, sondern auch potentielle Betätigungsfelder. Externe strategische Risiken sind Risiken im weiteren Sinne, beinhalten also ein negatives Risiko (Gefahr) und eine Chance.

Interne strategische Risiken bestehen bei der Konzeption der Wertschöpfungskette des Unternehmens. Hier muss das Unternehmen die zentrale Frage beantworten, welche Aktivitäten selbst vorgenommen und welche Aktivitäten von anderen Unternehmen wahrgenommen werden sollen. Zentrale Fragen sind hier etwa das Outsourcing und Offshoring von Produktionsprozessen. Außerdem muss ein Unternehmen festlegen, welche

Risikotyp		Beispiele	Instrumente
Strategisch	Extern	■ Marktveränderungen ■ Wettbewerb	■ Joint Ventures ■ Vertragsgestaltung
	Intern	■ Aufbau Wertschöpfungskette ■ Outsourcing ■ Offshoring	■ Joint Ventures ■ Vertragsgestaltung
Operationell	Extern	■ Naturkatastrophen ■ Gerichtsprozesse ■ Betrug	■ Versicherungspolicen ■ Joint Ventures ■ Vertragsgestaltung
	Intern	■ IT-Probleme ■ Menschliches Versagen ■ Unterschlagung	■ Versicherungspolicen ■ Arbeitsanweisung ■ Prozessgestaltung
Finanzwirtschaftliches		■ Zinsrisiken ■ Wechselkursrisiken ■ Kreditrisiken ■ Rohstoffpreisrisiken	■ Klassische Finanzinstrumente (Bonds, Spotgeschäfte etc.) ■ Standardisierte Derviate (Futures, Swaps, Optionen etc.) ■ Individualisierte Derivate (Forwards, ABS Transaktionen, CDOs etc.)

Abb. 1.2: Risikotypen und Risikomanagementinstrumente

Ressourcen grundsätzlich eingesetzt werden sollen, angefangen von der Personalpolitik über die Richtlinien des Wareneinkaufs bis hin zur Investitionspolitik. Die Risiken liegen dabei zum einen in den Schnittstellen zu externen Partnern (mögliche Qualitätsprobleme, Lieferausfälle, Knowhow Diebstahl) und der in Frage, inwieweit der eigene Beitrag wertgenerierend ist. Hierbei spielen Wettbewerbsvorteile die zentrale Rolle. Interne strategische Risiken sind Risiken im weiteren Sinne, beinhalten also ein negatives Risiko (Gefahr) und eine Chance.

Externe operationelle Risiken umfassen alle einmaligen bzw. unsystematischen Ereignisse, die von externer Seite auf ein Unternehmen einwirken können. Beispielhaft seien Naturereignisse, Gerichtsprozesse oder Betrug genannt. Operationelle Risiken sind grundsätzlich Risiken im weiteren Sinne, beinhalten also ein negatives Risiko (Gefahr) und eine Chance. Allerdings liegt der Schwerpunkt klar auf dem negativen Aspekt.

Interne operationelle Risiken beziehen sich auf alle einmaligen bzw. unsystematischen Ereignisse, die von internen Quellen ausgelöst werden. Als Beispiele lassen sich Unterschlagung, menschliche Fehler, IT-Probleme oder Arbeitsunfälle nennen. Interne operationelle Risiken sind Risiken im engeren Sinne, da diese nur negative Abweichungen von den geplanten Prozessen einschließen.

Finanzwirtschaftliche Risiken entstehen aufgrund der möglichen Veränderung von Marktpreisen, der Bonität von Vertragspartnern und der eigenen Bonität. Sie umfassen daher Markt-, Kredit- und Bonitätsrisiken.

Marktrisiken entstehen durch die Änderung von Marktpreisen wie Zinsen, Devisenkursen, Rohstoffpreisen oder Aktienkursen. Dies kann einerseits dazu führen, dass sich die Vermögenspositionen eines Unternehmens verändern. Andererseits können Kosten oder Umsätze betroffen sein. So kann etwa eine Dollarschwäche dazu führen, dass Vermögenswerte, die in Dollar gemessen werden, an Wert verlieren während gleichzeitig der Materialeinkauf in den USA billiger wird und die Umsätze in den USA zurückgehen. Marktrisiken sind Risiken im weiteren Sinne, beinhalten also ein negatives Risiko (Gefahr) sowie eine Chance.

Kreditrisiken entstehen durch vertragliche Bindungen. Kann ein Vertragspartner seinen vertraglichen Verpflichtungen nicht nachkommen, so kann dies zu einem Schaden für das Unternehmen führen. Kreditrisiken sind Risiken im engeren Sinne.

Bonitätsrisiken können entstehen, wenn sich die eigene Bonität eines Unternehmens negativ verändert. Dies kann etwa dazu führen, dass Liquiditätsprobleme entstehen, wenn kein kurzfristiges Fremdkapital mehr zur Verfügung steht. Gleiches gilt, wenn kein langfristiges Kapital mehr aufgenommen werden kann, so dass es zu Refinanzierungsschwierigkeiten kommt. Schließlich kann sich das Bonitätsrisiko auch dahingehend auswirken, dass Vertragspartner keine langfristigen Verträge abschließen oder auf nachteiligen Vertragskonditionen wie etwa »Lieferung nur nach erfolgter Zahlung« beharren. Bonitätsrisiken sind grundsätzlich Risiken im engeren Sinne. Dennoch kann argumentiert werden, dass eine positive Veränderung der eigenen Bonität zu besseren Finanzierungskonditionen oder Vertragsbedingungen führen kann. Diese positiven Aspekte stehen allerdings in der potentiellen Auswirkung hinter den negativen Auswirkungen zurück, so dass der negative Risikoaspekt des Bonitätsrisikos im Vordergrund steht.

1.3 Risikoumfeld des Unternehmens

1.3.1 Überblick

Risiken und Chancen für Unternehmen haben sich in den vergangenen Jahren stark erhöht. Dies liegt zum einen an gesellschaftlichen Faktoren, die sich in der Änderung von soziologischen, politischen, demographischen und ökologischen Rahmenbedingungen zeigen. Zum anderen haben sich auch volkswirtschaftlichen Änderungen ergeben, die die Risiken für einzelne Unternehmen erhöhen. Schließlich haben auch betriebswirtschaftliche Trends die Unternehmensrisiken eher noch weiter erhöht anstatt die zusätzlichen gesellschaftlichen und volkswirtschaftlichen Risiken durch eine konservative Unternehmensführung abzufedern. Abbildung 1.3 gibt einen Überblick über die aktuellen Trends.

1.3.2 Gesellschaftliche Trends

Umwelt- und Klimaänderungen

Die vergangenen Jahre waren geprägt von klimatischen Veränderungen und Naturkatastrophen, wobei die Erhöhung der globalen Temperatur nur einen der zahlreichen messbaren Faktoren in diesem komplizierten System darstellt. Tsunamis in Asien, Wirbelstürme in Mittel- und Nordamerika, Hochwasser in Europa und Dürrekatastrophen in Afrika gehören mittlerweile zum Alltagsbild und haben zu immer höheren volkswirtschaftlichen Schäden geführt.

Für Unternehmen stellt diese Entwicklung vor allem eine Summe von Risiken dar, vor denen man sich schützen sollte. So kann beispielsweise der

Gesellschaftlich	Volkswirtschaftlich	Betriebswirtschaftlich
▪ Umwelt- und Klimaänderungen ▪ Rohstoffknappheit ▪ Demografische Veränderungen ▪ Veränderte gesetzliche Vorschriften	▪ Globalisierung ▪ Verändertes Konsumentenverhalten ▪ Weiterentwickelte Kapitalmärkte	▪ Outsourcing und Offshoring ▪ Veränderte Eigentümerstrukturen

Abb. 1.3: Aktuelle Risikotrends

Transport von Waren erschwert werden oder die Produktion an einem betroffenen Standort ausfallen. Außerdem werden Absatz- und Beschaffungsmärkte beeinflusst und die Volatilität von Preisschwankungen auf Rohstoff- und Absatzmärkten kann zunehmen.

Dennoch bieten sich in der zukünftigen Entwicklung der nationalen bzw. Weltwirtschaft auch einige Chancen für Unternehmen. So ist der Markt für Umwelttechnologien in den vergangenen Jahren stark gewachsen. Ebenso werden umweltschonende Produktionsverfahren immer bedeutender, um externe Kosten zu vermeiden. Hier ist beispielsweise der Handel von CO_2 Zertifikaten zu nennen, der Unternehmen finanzielle Anreize geben soll, in umweltschonende Maßnahmen zu investieren. Darüber hinaus kann die umweltfreundliche Ausrichtung eines Unternehmens dazu genutzt werden, das Außenbild des Unternehmens zu verbessern. Nicht zuletzt können durch ein geschicktes Risikomanagement Wettbewerbsvorteile erzielt werden. Gelingt es einem Unternehmen beispielsweise flexible Produktionskapazitäten an mehrere Standorten vorzuhalten, so drohen beim Ausfall eines einzelnen Produktionsstandortes keine Lieferschwierigkeiten.

In der Zukunft werden Umwelt- und Klimaaspekte sicherlich weiter an Bedeutung gewinnen, so dass die damit einhergehenden Risiken und Chancen noch weiter in den Fokus der Unternehmen rücken werden. Risikovermeidungsstrategien sind beim Management der Umweltrisiken nur in einem geringen Maße anwendbar. Insofern wird sich jedes Unternehmen bewusst fragen müssen, wie es die Risiken minimieren kann und wie gegebenenfalls positive Chancen wahrgenommen werden können.

Rohstoffknappheit

Die veränderten Umwelt- und Klimabedingungen sind ein Grund für den starken Preisanstieg bei Rohstoffen in den letzten Jahren. Hinzu kommt das starke Wachstum der asiatischen Volkswirtschaften, was insgesamt dazu geführt hat, das sich Rohstoffe stark verteuert haben.

Für Unternehmen stellen die gestiegenen Rohstoffpreise zunächst einen zusätzlichen Kostenfaktor dar, der jedoch auch ein zukünftiges Risiko beinhaltet, da die Entwicklung der Rohstoffpreise immer schlechter prognostizierbar wird und es darüber hinaus zu Lieferschwierigkeiten kommen kann, die teilweise nur sehr schwierig abzusichern sind.

Andererseits bietet auch die Rohstoffknappheit neue Chancen für Unternehmen. Auf den Finanzmärkten können mittlerweile eine große Anzahl an Rohstoffkontrakten gehandelt werden, so dass Preisschwankungen »gehedged« werden können. Shell Royal Dutch hat sich beispielsweise dazu entschieden, für einen Teil seiner Produktion den zukünftigen Preis von Öl auf dem jetzigen Niveau festzuschreiben, so dass das Unternehmen auch in relativ teure Ölförderungsprojekte investieren kann, da die Einnahmenseite relativ genau kalkulierbar ist. Hinzu kommen natürlich die Chancen, die sich durch Substitutionsmöglichkeiten zwischen den verschiedenen Rohstoffen bieten. Angefangen bei der Erforschung und Verbesserung alternativer Energieerzeugungsmöglichkeiten über die Entwicklung neuer Materialien bis hin zur Optimierung des eigenen Rohstoffeinsatzes bieten sich viele Chancen für Unternehmen.

Auch in der Zukunft wird der geschickten Steuerung der Rohstoffbeschaffung eine hohe Bedeutung zukommen. Die Risiken lassen sich in diesem Bereich durch Finanzkontrakte vermeiden, aber es werden sich auch neue Chancen bieten, da die hohen Kosten für traditionelle Rohstoffe Investitionen in Alternativen attraktiv machen.

Demografische Veränderungen

Die Auswirkungen demografischer Veränderungen sind in den vergangen Jahren von der Globalisierung sowie politischen Aspekten und Klimaänderungen in den Hintergrund gedrängt worden. Dennoch sind die prognostizierten demografischen Veränderungen der Zukunft ebenfalls ständiger Gegenstand von Medienberichten. Dies mag einerseits an der Tatsache liegen, dass demografische Entwicklungen wohl den am besten zu prognostizieren Zukunftstrend darstellen. Andererseits sind die zu erwartenden Veränderungen aber auch so massiv, dass weitreichende Auswirkungen auf alle Bereiche unserer Gesellschaften zu erwarten sind. Auf der einen Seite nimmt das Durchschnittsalter in den Industriegesellschaften – und hier nimmt Deutschland leider eine Vorreiterrolle ein – aufgrund geringer Geburtenraten stetig zu. Auf der anderen Seite weisen viele Staaten in Entwicklungsländern sehr hohe Geburtenraten auf. Dies lässt vermuten, dass es in den Industriegesellschaften zu sozialen Ungleichgewichten kommen wird. So wird beispielsweise in Deutschland diskutiert, wie sich das umlagenfinanzierte Rentensystem auch zukünftig finanzieren lässt, wenn einer erhöhten Anzahl von Rentenempfängern eine kleinere arbeitende Bevölkerung gegenübersteht. Entwicklungsländer stehen dagegen insbesondere vor der Frage, wie verhindert werden kann, dass das starke Bevölkerungswachstum nicht zu sozialen Ungleichgewichten und hoher Arbeitslosigkeit führt.

Für Unternehmen halten sich die Risiken der demografischen Veränderungen in Deutschland in Grenzen, da die Entwicklungen absehbar sind. Dennoch gibt es bereits heute einige negative Auswirkungen. So hat sich in den vergangenen Jahre gezeigt, dass die Bevölkerungsentwicklung in Verbindung mit einer nicht optimalen Ausbildungspolitik dazu führt, dass gut ausgebildete Mitarbeiter in Deutschland nicht in ausreichender Zahl vorhanden sind. Dies ist ein Effekt der sich in der Zukunft noch weiter verstärken könnte. Hinzu kommen mögliche langfristige gesellschaftliche Auswirkungen. So ist beispielsweise unsicher, ob die Finanzierung des Rentensystems verändert wird, was zu höheren Belastungen für Unternehmen führen könnte. In anderen Ländern sind die Risiken aufgrund des starken Bevölkerungswachstums dagegen nicht zu unterschätzen, was insbesondere Unternehmen mit weitreichenden Geschäftsbeziehungen in diesen Ländern treffen wird.

Die demografischen Entwicklungen bieten Unternehmen zahlreiche Chancen. So haben bereits zahlreiche Finanzdienstleistungsinstitute auf die Unsicherheit bezüglich des zukünftigen Rentenniveaus reagiert indem sie Produkte anbieten, die eine Zusatzrente in der Zukunft garantieren. Ebenso verändert sich das Nachfrageverhalten einer älteren Bevölkerung, so dass sich etwa Chancen in Bereich Pflegedienstleistungen oder beim Design von neuen Produkten und Dienstleistungen ergeben.

Insgesamt lassen sich demografische Veränderungen gut prognostizieren, so dass die zukünftigen Herausforderungen für Unternehmen grundsätzlich bereits bekannt sind. Andererseits gibt es kaum Risikovermeidungsstrategien, die angewendet werden könnten. Insofern wird sich jedes Unternehmen bewusst fragen müssen, wie demografische Risiken am besten zu steuern sind und wie daraus resultierende Chancen wahrgenommen werden können.

Veränderte gesetzliche Vorschriften

Gesetzliche Veränderungen haben in der Vergangenheit regelmäßig zu neuen Risiken und Chancen für Unternehmen geführt. Dies hängt natürlich einerseits damit zusammen, dass sich Unternehmen heute internationaler engagieren und damit die gesetzlichen Rahmenbedingungen in verschiedenen Rechtsräumen beachten müssen. Andererseits können aber auch Chancen an den verschiedenen Standorten genutzt werden. Diese können etwa in günstigeren Steuersätzen oder liberalen Forschungsgesetzen liegen. Dennoch erscheinen die Änderungen in den vergangenen Jahren be-

1 Die Entwicklung des betriebswirtschaftlichen Risiko- und Chancenmanagements

sonders weitreichend zu sein. So haben gerade die speziellen gesetzlichen Anforderungen an das Risikomanagement wie Basell II, MiFID und MaRisk in Deutschland sowie Sabanes-Oxley in den USA dazu geführt, dass das Risikomanagement eines Unternehmens angepasst werden musste. Daneben sind zahlreiche Industrien wie die Energieerzeugung in Deutschland dereguliert worden während sich andere Industrien wie die Tabakindustrie zusätzlichen gesetzlichen Vorschriften gegenübersahen.

Die Risiken und Chancen von gesetzlichen Änderungen können in vielfältiger Weise zum Tragen kommen. Dabei variieren die Auswirkungen sehr stark von Branche zu Branche, so dass eine allgemeingültige Aussage nur sehr schwer zu treffen ist. Dennoch fällt auf, dass insbesondere in deregulierten Industriebereichen die etablierten Unternehmen in der Regel größere Schwierigkeiten haben, sich auf den neuen Konkurrenzkampf einzustellen als neue Marktteilnehmer. Demgegenüber können größere Unternehmen neue gesetzliche Anforderungen besser umsetzen als kleine Unternehmen, wie dies etwa bei Basel II der Fall ist.

Insgesamt lässt sich also feststellen, dass auch gesetzliche Änderungen Risiken und Chancen bieten. In der Zukunft ist zu erwarten, dass Unternehmen hierauf verstärkt reagieren müssen, da der Konkurrenzkampf in vielen Industrien zunehmend global stattfindet und damit Standortvorteile eine immer wichtigere Rolle spielen. Dies wird verstärkt durch die Tatsache, dass sich zahlreiche Industrien ethischen Fragestellungen gegenübersehen, die in den verschiedenen Rechtsräumen unter Umständen unterschiedlich reguliert werden. Beispielhaft sind hier die Genforschung und der Kostendruck im Gesundheitswesen zu nennen.

1.3.3 Volkswirtschaftliche Faktoren

Globalisierung
Die Globalisierung war das beherrschende Thema der vergangenen Jahre. Die asiatischen Volkswirtschaften haben einen immer höheren Anteil an der globalen Wirtschaftsleistung und engagieren sich verstärkt auch auf den westlichen Märkten. Darüber hinaus werden Produkte mehr und mehr global vertrieben und Modetrends entwickeln sich weltweit, sei es nun das neueste Produkt der Firma Apple oder Sportveranstaltungen und Musikkonzerte, die global vermarktet werden.

Für Unternehmen bergen diese Veränderungen natürlich enorme Risiken. Unternehmen sehen sich auf ihren Absatzmärkten einer verstärkten Konkurrenz gegenüber, wobei es gerade asiatischen Unternehmen gelingt, mehr und mehr in Knowhow-intensive Industrien vorzudringen. Selbst Unternehmen, die bislang in Nischenindustrien aktiv waren, sehen sich plötzlich Konkurrenz aus anderen Ländern gegenüber.

Andererseits führt die Globalisierung natürlich auch zu großen Chancen für Unternehmen. Durch die Globalisierung haben sich die relevanten Beschaffungs- und Absatzmärkte vergrößert. Rohstoffe und Vorprodukte können heute international eingekauft werden, während die produzierten Produkte weltweit abgesetzt werden können. Unternehmen können daher die Risiken der Globalisierung kaum vermeiden, da letztendlich jedes Element der Wertschöpfungskette betroffen ist. Insofern muss ein Unternehmen versuchen, durch ein optimiertes Supply Chain Management einen Wettbewerbsvorteil zu erzielen. Darüber hinaus müssen sich Unternehmen den Herausforderungen der neuen Absatzmärkte stellen und ihr Marketing global ausrichten.

Verändertes Konsumentenverhalten

Während die Globalisierung dazu geführt hat, dass sich Unternehmen einer größeren Zielgruppe zuwenden (müssen), haben sich auch die Konsumenten selbst verändert. Dies liegt natürlich zum Teil an den demografischen und ökologischen Trends. Darüber hinaus ist im Konsumentenverhalten eine Präferenz für hochwertige wie aber auch preisgünstige Produkte festzustellen, die dazu führt, dass Produkte im Mittelpreissegment stetig an Marktanteil verlieren. Ein Grund für diese Entwicklung stellt die erhöhte Markttransparenz dar, die durch das Internet erreicht worden ist und zu sinkenden Preisen geführt hat. Andererseits ist in Deutschland bei einer erheblichen Zahl von Konsumenten das frei verfügbare Einkommen in den letzten Jahren deutlich gestiegen, so dass eine verstärkte Nachfrage nach Luxusartikeln zu verzeichnen ist. Beide Trends sind in Abbildung 1.4 dargestellt.

Die Risiken des veränderten Konsumentenverhaltens treffen insbesondere Unternehmen, die sich nicht klar von den Wettbewerbern differenzieren können – sei dies nun über ein außerordentliches Produkt oder einen günstigeren Preis. Die Auswirkungen treten allerdings zumeist schleichend auf, so dass nicht sofort sichtbar wird, was der Grund für den Rückgang des Marktanteils ist.

Die Chancen des veränderten Konsumentenverhaltens liegen in den Bereichen mit wachsendem Marktanteil. Zahlreichen Unternehmen ist es gelungen, ihr Produkt von denen der Wettbewerber zu differenzieren, wodurch Preisaufschläge durchsetzbar werden. Beispielhaft sei hier Apple genannt, das seine MP3-Player so gut vermarktet, dass diese mit deutlichen Preisaufschlägen verkauft werden können. Andererseits wird gerade der Einzelhandel immer mehr von Discountern dominiert. So haben Aldi und

Qualitativ hochwertige Spitzenprodukte

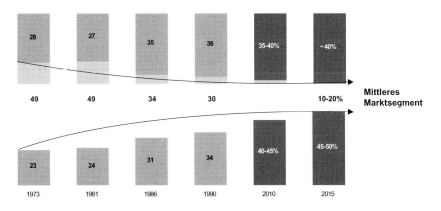

Billigprodukte und Handelsmarken Quelle: BBE Unternehmensberatung GmbH, Köln Webseite

Abb. 1.4: Polarisierung der Märkte

Lidl im Lebensmittelhandel ihre Marktanteile in den letzten Jahren kontinuierlich ausgebaut.

Unternehmen der Konsumgüterindustrien können ebenso wie viele Dienstleistungsunternehmen dem veränderten Konsumentenverhalten nicht ausweichen. Daher wird auch in der Zukunft eine klare Produktstrategie zur Differenzierung von Wettbewerbern unabdingbar sein. Dies gilt umso mehr als zu erwarten ist, dass die Bedeutung des Onlinehandels weiter zunehmen wird.

Weiterentwickelte Kapitalmärkte

Die globalen Kapitalmärkte haben sich in den letzten Jahren stark weiterentwickelt. Dies trifft insbesondere auf die Derivatemärkte zu. Dort werden Instrumente gehandelt, die sich auf komplexe Basiswertpakete beziehen, die vor einigen Jahren noch nicht gehandelt werden konnten. So sind mittlerweile Finanzinstrumente für eine Vielzahl von Rohmaterialien und Produkten erhältlich. Beispielhaft ist hier die Entwicklung von Energiebörsen oder auch die Einführung von Wetterderivaten zu nennen. Daneben hat sich auch die Komplexität der Derivate selbst stark erhöht. Die Entwicklungen haben zu einer erhöhten Intransparenz von vielen Marktpreisen geführt. Allerdings nutzen viele spekulative Anleger diese Instrumente, so dass die Preisschwankungen in den letzten Jahren tendenziell zugenommen haben. Daneben werden immer mehr Aktiva mittels strukturierter Finanzierungen handelbar gemacht, so etwa verbriefte Kreditportfolien.

Die Risiken dieser Produkte liegen vor allem in der Komplexität der neuen Produkte. So verhalten sich Preise auf Energiebörsen anders als typische Finanzkontrakte. Insbesondere bei strukturierten Produkten stehen darüber hinaus bei vielen Anlegern keine ausreichenden Risikoanalyseinstrumente zur Verfügung, so dass das Risiko der gehandelten Instrumente oftmals nicht ausreichend verstanden wird. Beispielhaft sei hier die SachsenLB erwähnt, die 2007 hohe Verluste durch Investments in verbriefte US-amerikanische Hypothekenportfolien erlitt, was zum Teil aus der Tatsache resultierte, dass die Bank die Risiken dieser Instrumente nicht ausreichend detailliert bewerten konnte. Andererseits bieten die neuen Produkte die Möglichkeit, Risiken zu reduzieren. So können etwa durch den Abschluss von Energiederivaten die Risiken aus Schwankungen des Strompreises minimiert werden.

Die neuen Produkte bieten Unternehmen auch einige Chancen. So können Banken heute ihre Kreditportfolien verbriefen und die Risiken an andere Investoren weiterreichen. Dadurch besteht etwa die Möglichkeit, auch dann weitere Kredite zu vergeben, wenn keine Erhöhung des Kreditrisikos der Bank gewünscht ist.

Insgesamt bieten die weiterentwickelten Kapitalmärkte heute wesentlich mehr Möglichkeiten als früher. Unternehmen können diese Möglichkeiten zur Risikoreduzierung, aber auch zur Risikoerhöhung nutzen, was je nach Situation vorteilhaft sein kann. Unternehmen sollten lediglich sicherstellen, dass sie die gehandelten Produkte verstehen und so die eingegangen Risiken beurteilen können. Für die Zukunft ist zu erwarten, dass auf Kapitalmärkten eine immer höhere Vielzahl an Produkten gehandelt wird, so dass Unternehmen hier genau analysieren müssen, welche Instrumente ihren Anforderungen am besten genügen.

1.3.4 Betriebswirtschaftliche Faktoren

Outsourcing*) und Offshoring**)

Outsourcing und Offshoring waren in den letzten Jahren zentrale Themen der Unternehmensorganisation. Dies wurde natürlich von den Trends »Globalisierung« und »veränderte Eigentümerstrukturen« begünstigt, die

---

*) Von Outsourcing spricht man, wenn Unternehmensaufgaben oder Unternehmensteile ganz oder teilweise an Dritte abgeben werden. Es wird damit eine Art Fremdbezug von bisher selbst erbrachter Leistung hergestellt, wobei die Einzelheiten durch Vertrag oder Gesellschaftsvertrag geregelt werden. Häufig ist in Deutschland mit dem Begriff Outsourcing auch die Auslagerung von Arbeitsplätzen in eine dann fremde Unternehmenseinheit verbunden.

**) Von Offshoring spricht man, wenn Unternehmensaufgaben oder Unternehmensteile wie beim Outsoucing ganz oder teilweise an

dazu geführt haben, dass Offshoring und Outsourcing in dem heutigen Umfang erst möglich wurden. Darüber hinaus konzentrieren sich mehr und mehr Unternehmen auf ihre Kernbereiche, in denen Wettbewerbsvorteile bestehen und demnach der größte Wertbeitrag erzielt werden kann. Die Unternehmen nutzen die Vorteile günstiger Produktionsstandorte in Osteuropa und Asien sowie die Möglichkeit, ihre Fixkosten zu reduzieren und weitreichende Leistungen von Fremdanbietern im eigenen Land zu beziehen. All diese Faktoren haben dazu geführt, dass der Umfang von Outsourcing- und Offshoring-Leistungen in den letzten Jahren deutlich gestiegen ist. Besonders einfach ist die Verlagerung von IT-Leistungen ins Ausland, weil damit i.d.R. keine Güterbewegungen verbunden sind. Die Entwicklung der letzten Jahre in diesem Bereich zeigt Abbildung 1.5.

Für Unternehmen bergen Outsourcing- und Offshoring-Aktivitäten oftmals erhebliche Risiken. Der erhöhte Kostendruck veranlasst Unternehmen dazu, ihre Produktion in günstigere Standorte zu verlagern oder auf Fremdanbieter zurückzugreifen, was oft mit hohen operationellen Risiken einhergeht. Dies kann sich etwa in Produktionsausfällen oder Qualitätsschwankungen äußern. Gerade beim Offshoring in Standorte und Länder, in denen ein Unternehmen bislang keine Erfahrungen gemacht hat, können die Risiken unerwartet hoch sein.

Andererseits liegen im Outsourcing und Offshoring natürlich auch große Chancen für Unternehmen. So kann etwa durch eine geschickte Steuerung der Produktion ein erheblicher Kostenvorteil erzielt werden, wenn günstigere Produktionsbedingungen in anderen Ländern genutzt werden. Darüber hinaus können weitere Vorteile entstehen, wenn die Zusammenarbeit mit anderen Unternehmen dazu führt, dass neben Kosteneinsparungen auch Qualitätsverbesserungen angestrebt werden. In der Regel konzentriert sich das Unternehmen, zu dem eine Leistung ausgesourct wurde, gerade auf diese Leistung, so dass möglicherweise mehr Ressourcen in die Verbesserung der Leistung mittels Forschung und Entwicklung fließen könnten.

Unternehmen müssen das Risiko/Chancen-Profil von Outsourcing und Offshoring Initiativen genau beleuchten. In der der Regel stehen gut quantifizierbaren Kosteneinsparungen Risiken gegenüber, die sich nur sehr schwer abschätzen lassen. Daher sollte ein Unternehmen bei der Planung insbesondere die Risiken intensiv analysieren.

Dritte im Ausland abgegeben werden. Im übrigen gelten die gleichen Folgen wie beim Outsourcing. Häufig ist mit diesem Begriff auch die Verlagerung in weit entfernte (über-seeische) Länder gemeint. Offshore (engl./amerik.= vor der Küste, Hochsee ..., außerhalb der (eigenen) Küste liegend).

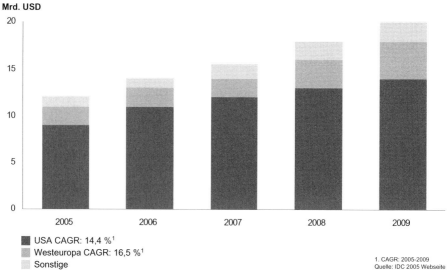

Mrd. USD

1. CAGR: 2005-2009
Quelle: IDC 2005 Webseite

USA CAGR: 14,4 %[1]
Westeuropa CAGR: 16,5 %[1]
Sonstige

Abb. 1.5: Ausgaben für IT-Offshoring

Veränderte Eigentümerstrukturen

In den vergangenen Jahren haben sich die Eigentümerstrukturen zahlreicher Unternehmen verändert. Einerseits haben finanzielle Investoren wie Private-Equity-Gesellschaften zahlreiche Unternehmen übernommen. Andererseits haben auch strategische Investoren und Mutterkonzerne die Renditeanforderungen an die Tochterunternehmen erhöht. Schließlich versuchen auch Minderheitsanteilseigner wie Investmentfonds vermehrt Einfluss auf die Geschäftspolitik der Unternehmen zu nehmen.

Private-Equity Gesellschaften haben sich in den letzten Jahren verstärkt an deutschen Unternehmen beteiligt wie Abbildung 1.6 zeigt. Insbesondere bei mittelständischen Unternehmen hat dies zu einer verstärkten Fremdkapitalfinanzierung geführt. Dies geht natürlich einher mit größeren Risiken für das Unternehmen aufgrund der erhöhten Zinsbelastungen, die aus dem operativen Geschäft gedeckt werden müssen. Obwohl aus Sicht der Eigenkapitalgeber zusätzliche Renditechancen aufgrund der Hebelwirkung und des positiven Steuereffektes des zusätzlichen Fremdkapitals bestehen, erhöht sich aus Gesamtunternehmenssicht das Insolvenzrisiko. Daneben kann ein Liquiditätsrisiko entstehen, wenn aufgrund des hohen Fremdkapitals keine Anschlussfinanzierungen möglich sind. Dies hat in vielen Fällen dazu geführt, dass liquiditätsbelastende Maßnahmen wie Investitionen zurückgestellt werden mussten.

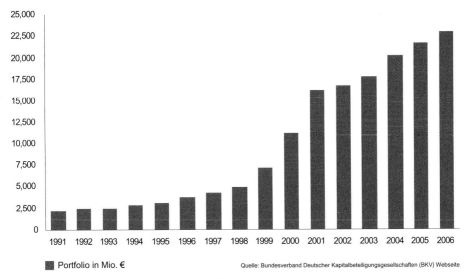

25,000
22,500
20,000
17,500
15,000
12,500
10,000
7,500
5,000
2,500
0

1991 1992 1993 1994 1995 1996 1997 1998 1999 2000 2001 2002 2003 2004 2005 2006

▓ Portfolio in Mio. €   Quelle: Bundesverband Deutscher Kapitalbeteiligungsgesellschaften (BKV) Webseite

Abb. 1.6: Private Equity-Beteiligungen in Deutschland

Strategische Investoren und Mutterkonzerne sehen sich ihrerseits erhöhten Renditeforderungen gegenüber, die sie an ihre Tochterunternehmen weitergeben. Auch wenn die Strukturierung der Finanzierung des Tochterunternehmens in einem solchen Fall normalerweise nicht zur Risikoerhöhung genutzt wird, versuchen viele Unternehmen durch zusätzliche Risiken die Renditeanforderungen zu erfüllen. Dies kann einerseits durch risikoreiche Geschäfte erfolgen. Andererseits können auch Risiken durch die Einsparung von Kosten entstehen, indem etwa notwendige Investitionen verschoben werden oder Offshoring oder Outsourcing betrieben wird.

Schließlich versuchen auch Anteilseigner wie Investmentfonds vermehrt Einfluss auf die Geschäftsentscheidungen des Unternehmens zu nehmen. Dies erfolgt teilweise auf der jeweiligen Eigentümerversammlung, aber auch durch andere Methoden wie etwa dem Erwerb von Aktienpaketen und damit verbundenen Einflussnahmemöglichkeiten.

Insgesamt ist die Tatsache, dass Eigentümer des Unternehmens über die Höhe der einzugehenden Risiken entscheiden, keineswegs neu. Allerdings haben zahlreiche Investoren einen immer kürzeren Anlagehorizont, was das Eingehen von höheren Risiken begünstigt. So sind gerade in der jüngsten Vergangenheit etwa viele Private-Equity-Gesellschaften als Eigentümer bewusst hohe Risiken eingegangen. Dabei sollte bedacht werden, dass der kurzfristige Anlagehorizont dieser Gesellschaften oftmals mit der längerfristigen Planung anderer Stakeholder kollidiert.

1.4 Risiko- und Chancenmanagement

1.4.1 Risikomanagement – Ein Überblick

Risikomanagement bezeichnet den bewussten und organisierten Umgang mit Risiken im Unternehmen. Dabei will das Risikomanagement die Risiken nicht ausschließlich minimieren, sondern möchte diese auch verstehen, steuern und kontrollieren. Letztendlich lassen sich Gewinne nur durch das Eingehen von Risiken erzielen. Daher muss es Ziel eines Unternehmens sein, die risikoadjustierte Rendite zu maximieren.

Grundsätzlich gliedert sich das Risikomanagement in die Prozessschritte Risikocontrolling und Risikosteuerung. Dabei hat das Risikocontrolling die systematische Analyse der bestehenden und potentiellen Risiken zum Ziel. Die Risikosteuerung setzt auf dem Risikocontrolling auf und verändert die bestehenden Risiken gemäß den Vorgaben der Unternehmensführung.

1.4.2 Risikocontrolling

Risikocontrolling ist eine unternehmerische Querschnittsfunktion, die alle operativen Bereiche und Stäbe einbezieht. Dabei orientiert sich das Risikocontrolling an den Unternehmenszielen, sofern diese eine Risikokomponente aufweisen. Das Management wird zukunftorientiert durch Analysen, Planungen und Kontrollen im Unternehmen unterstützt. Insofern nimmt das Risikocontrolling eine Servicefunktion für das Topmanagement wahr.[14]

Dabei steht im Risikocontrolling vor allem die Analyse der bestehenden Risiken des Unternehmens im Vordergrund. Das Risikocontrolling befasst sich nicht nur mit den jeweiligen Einzelrisiken, sondern analysiert diese im Kontext des Gesamtunternehmens. Zentrale Funktionen des Risikocontrollings sind die Analyse der bestehenden Risiken, die Risikoberichterstattung sowie die Überwachung der bestehenden Limite. Der Risikocontrollingprozess umfasst daher die Schritte Risikoidentifikation, Risikobewertung, Risikoüberwachung und Risikoreporting.

Zur Analyse von Einzelrisiken können verschiedene Methoden eingesetzt werden, die je nach Risikokategorie variieren. So finden bei der Analyse von strategischen Risiken insbesondere Szenarioanalysen Anwendung. Weitere Analysen stehen dabei in der Regel nicht zur Verfügung, da es für strategische Risiken aufgrund der Einmaligkeit der strategischen Option keine Datenhistorie geben kann. Für operationelle Risiken stehen mittlerweile ver-

14) vgl. Kalwait, R, Controlling Grundlagen in 15 Lehreinheiten,
2. Aufl. Coburg 2005, Seite 17 ff.

schiedene Analyseinstrumente zur Verfügung. Neben Szenarioanalysen können mathematische Verfahren wie Value-at-Risk oder Cash-Flow-at-Risk eingesetzt werden. Die notwendige Datenhistorie sollte allerdings auf internen Daten des Unternehmens beruhen, die oftmals nicht in systematischer Form zur Verfügung stehen. Zur Analyse von finanzwirtschaftlichen Risiken stehen zahlreiche Instrumente zur Verfügung, die auf mathematischen Verfahren beruhen. Aufgrund der extern verfügbaren historischen Datengrundlage des jeweiligen Risikoparameters können diese Risiken mit relativ einfachen Mitteln gemessen und analysiert werden.

Bei der Analyse der Risikogesamtposition des Unternehmens werden alle Einzelrisiken des Unternehmens konsolidiert. Dabei ist zu beachten, dass die verschiedenen Risiken mittels unterschiedlicher Verfahren gemessen worden sind und daher nicht einfach addiert werden können. Darüber hinaus bestehen zwischen den einzelnen Risiken Interdependenzen, die es zu berücksichtigen gilt. Diese Interdependenzen (oder mathematisch: Korrelationen) führen dazu, dass das Gesamtrisiko des Unternehmens geringer ist als die Summe aller Einzelrisiken. Dabei ist allerdings zu beachten, dass die Korrelation zwischen verschiedenen Risiken – insbesondere zwischen verschiedenen Risikokategorien – in der Regel nur sehr schwer quantifiziert werden kann.

Neben der Analyse der Risiken des Unternehmens befasst sich das Risikocontrolling auch mit der Analyse der Risikotragfähigkeit des Unternehmens. Hierbei wird basierend auf der laufenden Ertragskraft und des zur Verfügung stehenden Eigenkapitals die Höhe des Risikos bestimmt, dass das Unternehmen maximal eingehen kann. Das Management legt dabei fest, an welcher Richtgröße sich die Bemessung der Risikotragfähigkeit zu orientieren hat. In Frage kommt hier etwa ein operativer Verlust, der in dem jeweiligen Geschäftsjahr nicht überstiegen werden darf. So könnte ein Unternehmen etwa festlegen, dass selbst beim Eintreten von Verlusten in Höhe der Gesamtrisikoposition der operative Verlust des Unternehmens nicht mehr als € 100 Millionen betragen darf. Die Verlustobergrenze entspräche dann dem budgetierten Jahresüberschuss + € 100 Millionen. Insgesamt kann der maximal zu tolerierende Verlust in einem bestimmten Jahr nicht höher als das Eigenkapital des Unternehmens sein, da ansonsten im Falle des Eintretens der Risiken das Unternehmen überschuldet wäre.

1.4.3 Risikosteuerung

Risikosteuerung bezeichnet die aktive Steuerung von Risiken im Unternehmenskontext. Dabei befasst sich Risikosteuerung wie auch das Risikocontrolling nicht nur mit den jeweiligen Einzelrisiken, sondern steuert diese idealerweise im Kontext des Gesamtunternehmens. Man spricht in diesem Zusammenhang von unternehmensweitem Risikomanagement. Damit wird auch deutlich, dass Risikomanagement eine zentrale Aufgabe der Unternehmensführung sein muss. Der Prozess der Risikosteuerung umfasst die Schritte Risikostrategie, Kapitalmanagement, Limitierung/Risikonahme und Notfallmanagement.

Bei der Steuerung von Einzelrisiken stehen grundsätzlich die folgenden Optionen zur Verfügung

- Risikovermeidung
- Risikominimierung
- Risikohedging
- Risikotransfer
- Risikoübernahme

Während die Risikovermeidung, Risikominimierung und Risikoübernahme grundsätzlich vom Unternehmen selbst gesteuert werden können, bedürfen das Risikohedging und der Risikotransfer den Einsatz von Risikomanagementinstrumenten. Der Einsatz dieser Instrumente orientiert sich dabei an der jeweiligen Risikokategorie wie in Abbildung 1.2 auf Seite 35 dargestellt. Dabei ist grundsätzlich festzuhalten, dass Unternehmen heutzutage eine Vielzahl von Risikomanagementinstrumenten zur Verfügung stehen. Diese haben sich insbesondere in den letzten Jahren rapide weiterentwickelt. Während noch in den 60er und 70er Jahren kaum mehr Instrumente als Versicherungspolicen eingesetzt wurden, gibt es heute zumindest für finanzwirtschaftliche Risiken eine große Zahl an Instrumenten.

Für das *Management von strategischen Risiken* (extern und intern) können in der Regel keine Versicherungspolicen eingesetzt werden, da das Eingehen von strategischen Risiken letztendlich die unternehmerische Tätigkeit darstellen. Auch Finanzinstrumente stehen nicht zur Verfügung. Dennoch haben Unternehmen verschiedene Konzepte entwickelt, mit strategischen Risiken umzugehen. Dazu gehören etwa Joint Ventures mit anderen Unternehmen, um das Verlustpotential einer Investition zu begrenzen. Außerdem können Verträge so gestaltet werden, dass wesentliche Risiken auf Vertragspartner abgewälzt werden. So können beispielsweise beim Outsourcing Vertragsstrafen vereinbart werden, wenn das Partnerunternehmen die vereinbarte Leistung nicht fristgerecht oder in der vereinbarten Qualität liefert. Möglichkeiten zum Hedging von strategischen Risiken bestehen nicht.

1 Die Entwicklung des
betriebswirtschaftlichen
Risiko- und
Chancenmanagements

Beim *Management von operationellen Risiken* (extern und intern) werden in der Regel Versicherungspolicen zum Risikotransfer eingesetzt. Dabei können heutzutage nahezu alle operationellen Risiken versichert werden. Ein Unternehmen muss sich jedoch fragen, inwieweit eine Absicherung ökonomisch sinnvoll ist. Natürlich können auch vertragliche Beziehungen so gestaltet werden, dass operationelle Risiken vom Vertragspartner getragen werden. Daneben gibt es mittlerweile auch Finanzinstrumente, die sich auf operationelle Risiken beziehen. Dazu gehören etwa Wetterderivate, die beispielsweise Risikohedging von Naturereignissen ermöglichen.

Zum *Management von finanzwirtschaftlichen Risiken* steht heute eine Vielzahl von Finanzinstrumenten zur Verfügung. Angefangen von klassischen Instrumenten wie Bonds und Spotgeschäften über Standardderivate (Future, Forwards, Swaps und Optionen) bis hin zu komplexen Finanzinstrumenten (ABS Transaktionen, CDOs) können zahlreiche Instrumente zum Risikohedging oder Risikotransfer eingesetzt werden. Daneben können ebenso vertragliche Vereinbarungen zum Risikotransfer getroffen werden.

Viele Unternehmen haben in jüngster Vergangenheit die Bedeutung einer ganzheitlichen Risikobetrachtung in den Vordergrund gestellt und daher *unternehmensweite Risikomanagementsysteme* installiert. Diese werden oftmals mit dem englischen Begriff ERM (»Enterprise-wide Risk Management«) abgekürzt. Wesentlicher Treiber dieser Entwicklung ist die Idee, dass ein Unternehmen nicht nur nach Ertragsaspekten gesteuert werden kann, wenn die Unternehmenssteuerung ein optimiertes Risiko-Ertragsprofil zum Ziel haben soll.

Zentrale Elemente eines ERM-Systems sind die Integration aller Risiken des Unternehmens (also strategischer, operationeller und finanzwirtschaftlicher Risiken) und die Berücksichtigung von Interdependenzen zwischen diesen Risiken. Den konsolidierten Risiken wird die Risikotragfähigkeit des Unternehmens gegenübergestellt. Diese basiert auf der Eigenkapitalausstattung und der Ertragskraft des Unternehmens. Je nach Risikopräferenz der Unternehmensführung wird ein Verhältnis von bestehenden Risiken und Risikotragfähigkeit festgelegt, wobei die Gesamtrisikoposition die Risikotragfähigkeit grundsätzlich nicht übersteigen sollte.

1.4.4 Historische Entwicklung des Risikomanagements

Überblick

In seinem Buch *Against the Odds* beschreibt der US-amerikanische Autor Peter Bernstein, wie sich die Betrachtung von Risiko im Laufe der Jahrhunderte weiterentwickelte[15]. Hauptreiber dieser Entwicklung waren zunächst das Glückspiel, das schon in Ägypten im Jahre 3 500 vor Christi populär war und der Handel mit Waren, der zur Entwicklung von Instrumenten zur Risikosteuerung führte. Eine wissenschaftliche Untersuchung von Risiken fand allerdings erst deutlich später statt und ging einher mit einer Bewusstseinsänderung bzgl. der Beeinflussbarkeit der Zukunft.

Risikoverständnis der Antike

In der Antike finden sich die ersten Bezüge zum bewussten Umgang mit Risiken beim Glücksspiel und bei der Befragung von Orakeln. Dabei reichen die Wurzeln des Glücksspiels zurück bis zum Jahre 3500 vor Christi als die Ägypter den so genannten Astragalus, ein Vorläufer des heutigen sechsseitigen Würfels, zum Glücksspiel verwendeten. Das Glücksspiel verbreitete sich in den folgenden Jahrhunderten immer weiter und fand Eingang in fast alle Kulturen. So wird in dem bekanntesten indischen Epos Mahabharata, das erstmals um etwa 500 vor Christi niedergeschrieben wurde, von einem Würfelspieler berichtet, der nach seinem gesamten Besitz auch sich selbst aufs Spiel setzt.

Die Zukunft wurde von den Menschen der Antike als Schicksal angesehen, dem der Mensch hilflos gegenübersteht. Um eine Vorhersage über die Zukunft zu erhalten, wurden Orakel befragt, die eine göttliche Offenbarung durch ein Zeichen oder durch ein Medium zeigen sollten. Das wohl bekannteste Orakel der Antike ist das Orakel von Delphi, das seine Blütezeit im 6. und 5. Jahrhundert vor Christi erlebte und dessen Offenbarungen interpretiert werden mussten, um eine eindeutige Aussage zu erhalten. Die wohl bekannteste Offenbarung stellt die Weissagung für den letzten König von Lydien – Krösus – dar, dem das Orakel prophezeite, dass ein großes Reich versinken werde, wenn er den Grenzfluss Halys überquere. Krösus bezog diese Weissagung auf das damalige Perserreich. Später musste er erkennen, dass es aber sein eigenes Reich sein sollte, das durch die kriegerischen Handlungen zerstört wurde.

Entwicklung des wirtschaftlichen Risikomanagements

Ein neues Risikoverständnis und die damit einhergehende Methodik eines Risikomanagements entstanden schrittweise in den folgenden Jahrhunderten nach der Antike. Die Menschen erkannten, dass die Zukunft nicht bloß den Launen der Götter entsprang, sondern dass der Mensch eigenverantwortlich handeln kann. Dieser Sinneswandel wurde insbesondere durch

15) Bernstein, P.L., Against the Gods: Remarkable Story of Risk, New York 1996

ökonomische Interessen getrieben. So erkannten Schiffseigentümer schon in der Antike, dass sie Vorkehrungen für die sichere Heimkehr ihre Schiffe treffen konnten und mussten. Der Handel, Geld und finanzielle Interessen führten daher schon frühzeitig zu einem systematischen Umgang mit Risiken. So entstanden die ersten Instrumente zum Management von Risiken um etwa um 3000 v. Chr. Es handelte sich dabei um Verträge mit einem Versicherungscharakter, bei denen die finanziellen Risiken von Schiffsreisen auf mehrere Personen verteilt wurden, die für diese Risikoübernahme finanziell entschädigt wurden. Phönizische Händler schlossen sich in dieser Zeit zu Schutzgemeinschaften zusammen und ersetzten ihren Mitgliedern verloren gegangene Schiffsladungen. Die ersten Formen von Personenversicherungen finden sich bei den Handwerkergilden im antiken Griechenland und römischen Reich in Form von Sterbe-, Lebens- und Rentenversicherungen. Mit der Ausweitung des Handels im Mittelalter erfuhren Versicherungen eine weite Verbreitung zum Schutz von Handeltreibenden und Bauern vor Dürre, Überflutung und anderen Naturkatastrophen. Im Jahre 1687 entstand mit Lloyds of London die erste geschäftsmäßig organisierte Versicherungsgesellschaft. Die Gründung erfolgte in einem Kaffeehaus, da sich dort regelmäßig Schiffkapitäne trafen, die Informationen über ihre Reisen, Routen, das Wetter und Gefahren austauschten. Diejenigen, die sich an einem Risiko beteiligen wollten, konnten ihren Namen auf einer Tafel sichtbar für die Öffentlichkeit unter einen Vertrag setzen. Aus dieser Gepflogenheit entwickelte sich der englische Begriff *Underwriter*.

Optionen wurden ab dem 17. Jahrhundert standardisiert gehandelt. So trugen sie etwa bereits um 1630 in Holland zur *Tulpomanie* und der Entstehung der wohl ersten Spekulationsblase bei, die durch einen Crash an der Amsterdamer Handelsbörse 1637 platzte. In den USA wurden Optionen ab etwa 1790 an der späteren New York Stock Exchange gehandelt. Futures, die in Europa bereits seit dem Mittelalter eingesetzt wurden, waren ein anderes Instrument, das die Risiken für Bauern und Käufer von Waren reduzierte. Ab 1865 wurden standardisierte Futures auf Getreide, Kupfer und Schweinebäuche an der Chicago Board of Trade gehandelt.

Ab 1970 begann die Entwicklung von komplexen Derivaten. Dabei wurden immer komplexere Instrumente entwickelt, die sich auf immer mehr Basiswerte bezogen. Mittlerweile beziehen sich Derivate nicht mehr nur auf andere Wertpapiere (z.B. Aktien, Anleihen), marktbezogene Referenzgrößen (Zinssätze, Indices) oder andere Handelsgegenstände (Rohstoffe, Devisen), sondern umfassen auch nicht-ökonomische Größen wie etwa das Wetter.

Über die Verfeinerung der Instrumente hinaus erfolgte im 20. Jahrhundert auch der Durchbruch bei der Anwendung der mathematischen Erkenntnisse der Wahrscheinlichkeitsrechnung und Risikoforschung auf die Wirtschaftswissenschaften. Die folgende Auflistung gibt einen Überblick der bedeutendsten Meilensteine der Entwicklung des Risikomanagements im 20. Jahrhundert.

Meilensteine des Risikomanagements im 20. Jahrhundert

1900 Die Stadt Galveston in Texas wird durch einen Hurrikan in weniger als 12 Stunden vollständig zerstört, was zu einer Neuausrichtung der Wetterforschung und Verbesserung von Wettervorhersagen führt.

1905–1912 Die Sozialversicherung wird in den USA eingeführt, nachdem diese schon seit 1881 in Deutschland besteht. In den Jahren bis 1930 folgen zahlreiche weitere Länder, was zu einer teilweisen Verschiebung der Risikovorsorge vom Individuum zum Staat führt.

1921 Frank Knight veröffentlicht das Buch *Risk, Uncertainty and Profit*, (Risiko, Unsicherheit und Gewinne), in dem er grundlegende Risikobegriffe definiert. So unterscheidet er beispielsweise Unsicherheit, die nicht quantifizierbar ist, von Risiko und diskutiert die Relevanz von historischen Daten für die Projektion der Zukunft.

1921 John Maynard Keynes veröffentlicht *A Treatise on Probability* (Über die Wahrscheinlichkeit). Er kritisiert wie schon Knight ein zu starkes Vertrauen in historische Daten und betont die Bedeutung von subjektiver Wahrnehmung bei der Quantifizierung von Wahrscheinlichkeiten.

1926 John von Neumann veröffentlicht seinen ersten Aufsatz über die Spieltheorie an der Universität Göttingen. 1944 verdeutlicht er im Buch *Theory of Games and Economic Behavior* (Spieltheorie und wirtschaftliches Verhalten), das er zusammen mit Oskar Morgenstern verfasst, die Bedeutung der Theorie für die Wirtschaftswissenschaften.

1952 Das *Journal of Finance* veröffentlicht *Portfolio Selection* von Harry Markowitz, der im Jahre 1990 den Nobelpreis gewinnt. Markowitz beleuchtet darin den Ertrag und die Varianz von Investmentportfolien.

1956 *Harvard Business Review* veröffentlicht *Risk Management: A New Phase of Cost Control* (Risikomanagement: Eine neue

Ära der Kostenkontrolle) von Russell Gallagher, der zu diesem Zeitpunkt Versicherungsmanager bei der Philco Corporation in Philadelphia ist. Die Stadt wird in den folgenden Jahren zum Zentrum der theoretischen Weiterentwicklung des unternehmerischen Risikomanagements, das etwa von den Professoren Wayne Snider und Herbert Denenberg von der University of Pennsylvania, vorangetrieben wird.

1962   Douglas Barlow, verantwortlich für Versicherungsrisiken bei Massey Ferguson in Toronto, entwickelt die Idee der *cost-of-risk* (Risikokosten), indem er selbstfinanzierte Verluste, Versicherungsprämien and Verwaltungskosten in Bezug zu Umsätzen, Vermögen und Eigenkapital setzt.

1972   Kenneth Arrow und John Hicks gewinnen den Nobelpreis für Wirtschaftswissenschaften für ihre Analysen zur wirtschaftlichen Gleichgewichtszustände, wobei sie argumentieren, dass in einer perfekten Welt jedes Risiko versicherbar sei. Da aber die zur Verfügung stehenden Informationen nie komplett sein können, bestehen Risiken, die im Wirtschaftsleben akzeptiert werden müssen.

1973   Myron Scholes and Fischer Black veröffentlichen eine Methode zur Bewertung von Optionen im *Journal of Political Economy*. Diese Methode stellt die Grundlage für die Analyse und Weiterentwicklung komplexer Derivate dar.

1974   Gustav Hamilton, ein Risikomanager des schwedischen Unternehmens Statsforetag, entwickelt den Risikomanagementkreislauf, durch den er den Prozess des unternehmerischen Risikomanagements grafisch darstellt.

1976   *Fortune* veröffentlicht einen Artikel mit dem Titel *The Risk Management Revolution* (Die Revolution des Risikomanagements), in dem die ganzheitliche Betrachtung der unternehmerischen Risiken in der Verantwortung der Unternehmensleitung propagiert wird. Die Idee setzt sich allerdings erst 20 Jahre später durch.

1987   Der Schwarze Montag am 19. Oktober 1987 stellt den ersten Börsencrash nach dem Zweiten Weltkrieg dar. Der Dow Jones fällt innerhalb eines Tages um 22,6% (508 Punkte). Der Sturz breitete sich schnell auf alle wichtigen internationalen Handelsplätze aus.

1992	Die *Cadbury Kommission* veröffentlicht in Großbritannien ihren Report, in dem die Notwendigkeit von gesetzlichen Regelungen für die Risikomanagementpolitik von Unternehmen betont wird. Dies gibt den Anstoß für gesetzliche Regelungenwie etwa dem KontraG, das In Deutschland 1998 in Kraft tritt.
1993	Der Titel *Chief Risk Officer* (CRO) wird von GE Capital eingeführt. Erster CRO ist James Lam, der das Management aller Risiken des Unternehmens inklusive Back-Office und Finanzplanung verantwortet.
1995	Nick Leeson, ein Derivatehändler der ältesten Investmentbank Großbritanniens verursacht durch riskante Spekulationen an der Börse in Singapur den Zusammenbruch der Bank. In Deutschland führt dies zur Einführung der Mindestanforderungen an das Handelsgeschäft (MaH), in denen gesetzlich vorgeschriebene Standards für die Organisation der Handelsaktivitäten von Finanzinstituten festgelegt werden.
2000	Die erwarteten massiven Computerprobleme am 1.1.2000 bleiben aus, nachdem Unternehmen weltweit mehrere Milliarden US-Dollar in die Modernisierung ihrer IT-Landschaft investieren. Die Umstellung stellt ein Beispiel für erfolgreiches Risikomanagement dar.
2001	Die terroristischen Anschläge des 11. Septembers und der Zusammenbruch von Enron verdeutlichen die enormen Risiken einer globalisierten Welt und führen in den Folgejahren zu einer stärkeren Betonung des Risikomanagements.
2007	Die Subprime-Krise auf den Immobilienmärkten in den USA führt zu massiven Abschreibungen bei vielen Banken. In Deutschland stehen die IKB Bank und die SachsenLB kurz vor einer Insolvenz, was die Notwendigkeit eines professionellen Risikomanagements erneut betont.
2008	WestLB gerät in die Krise, Bayern-LB hat hohen Abschreibungsbedarf, Societe Generale gerät in die Krise, Bear Stearns wird übernommen, Goldman Sachs, Lehman Brothers und Morgan Stanley haben Abschreibungsbedarf in Milliardenhöhe.

Die wissenschaftliche Entwicklung der Risikoforschung

Parallel zur ökonomischen Entwicklung des unternehmerischen Risikomanagements erfolgte eine wissenschaftliche Erforschung von Risiken[16]. Diese erlangte allerdings erst im Mittelalter eine signifikante Bedeutung. Einen bedeutenden Grund für diese späte Entwicklung stellt das arabische Zahlensystem dar, das ab dem 11. Jahrhundert eine schrittweise Verbreitung in Europa erfuhr und erst während der Renaissance im 15. und 16. Jahrhundert das römische Zahlensystem komplett ersetzte. Eine weitreiche Zusammenführung von wissenschaftlichen Ansätzen und ökonomischer Praxis erfolgte dann im 20. Jahrhundert mit den oben beschriebenen Arbeiten verschiedener Wissenschaftler und Praktiker, die mit Hilfe der modernen Informationstechnologie zur praktischen Anwendung gelangte.[17]

1524 verfasste der Arzt, Philosoph und Mathematiker Girolamo Cardano (1501–1576) ein Buch mit dem Titel *Liber de Ludo Aleae* (Buch der Glückspiele), das die erste belegte umfassende Studie über die Gewinnchancen bei Karten- und Würfelspielen darstellt. In den darauf folgenden Jahren trugen zahlreiche Wissenschaftler zu einem tieferen Verständnis vom Risiko bei, so etwa auch Galileo Galilei (1564–1642) in einem kurzen Essay mit dem Titel *Sopra le Scoperte dei Dadi* (Über das Würfelspiel), das er auf Wunsch des Großherzogs der Toskana Cosimo III 1630 anfertigte.

Allerdings entwickelte sich der Begriff der Wahrscheinlichkeiten erst im folgenden Jahrhundert. Dabei können die Ursprünge der Wahrscheinlichkeitsrechnung, mit deren Hilfe Voraussagen über die Häufigkeit von Zufallsereignissen möglich sind, auf den französischen Mathematiker, Physiker und Religionsphilosophen Blaise Pascal (1623–1662) zurückgeführt werden. Pascal fand gemeinsam mit Pierre de Fermat (1607–1665) ein Zahlenschema, das wir heute als Pascalsches Dreieck kennen. Dieses Zahlenschema stellte die Grundlage für die Definition des mathematischen Kerns des Risikobegriffs dar. Pascal erkannte vor allem, dass sich das Ergebnis eines einzelnen Wurfs eines Würfels nicht voraussagen lässt. Wird dagegen mehrere Tausend oder Millionen Mal gewürfelt, kann davon ausgegangen werden, dass sich die Ergebnisse gleichmäßig auf alle Zahlen verteilen. Diese Erkenntnis hatte insbesondere große Auswirkungen auf die Versicherungsmathematik, da erst so ein Risiko kalkulierbar wird und sich der erwartete Schaden damit beziffern lässt.

[16] Bernstein, P.L., Against the Gods: Remarkable Story of Risk, New York 1996.
[17] Pechtl, A., Ein Rückblick: Risikomanagement von der Antike bis heute, in: Romeike,

Frank/Finke, Robert (Hrsg.): Erfolgsfaktor Risikomanagement: Chance für Industrie und Handel, Wiesbaden 2003, S. 15 ff.

Andere Gelehrte griffen die Wahrscheinlichkeitstheorie von Pascal auf und entwickelten sie weiter. So veröffentlichte etwa der niederländische Astronom, Mathematiker und Physiker Christiaan Huygens (1629–1695) 1657 eine Abhandlung über die Wahrscheinlichkeitsrechnung mit dem Titel *De ludo aleae*. Einen weiteren Meilenstein der Entwicklung der Wahrscheinlichkeitsrechnung stellen die Arbeiten der Gebrüder Jacob (1655–1705) und Johann Bernoulli (1667–1748) dar[18]. So veröffentlichte Jacob Bernoulli im Jahre 1713 das Buch *Ars conjectandi*, in dem er das *Gesetz der großen Zahl* (Satz von Bernoulli) beschrieb. Dieses Gesetz stellt die wissenschaftliche Grundlage des Versicherungsgedanken dar und ermöglicht eine ungefähre Vorhersage über einen künftigen Schadensverlauf. Je größer die Zahl der versicherten Personen, Güter und Sachwerte, die von der gleichen Gefahr bedroht sind, desto geringer ist der Einfluss des Zufalls.

In der folgenden Zeit wurde die Wahrscheinlichkeitsrechnung von zahlreichen Wissenschaftlern weiterentwickelt. So wies der französische Mathematiker Abraham de Moivre (1667–1754) im Jahr 1730 als Erster auf die Struktur der Normalverteilung hin. Die Normalverteilung ist die wichtigste Wahrscheinlichkeitsverteilung und unterstellt eine symmetrische Verteilungsform in Form einer Glocke, die auch als Gaußsche Glockenkurve bezeichnet wird. Die Normalverteilung ist von zentraler Bedeutung für viele Probleme der Wahrscheinlichkeitsrechnung.

Den nächsten bedeutenden Schritt vollzog der schweizerische Mathematiker Leonhard Euler (1707–1783), ein Schüler von Johann Bernoulli. Euler versuchte theoretische Probleme der Völkerkunde und des Versicherungswesens mit Hilfe der Wahrscheinlichkeitsrechnung zu lösen. Außerdem berechnete er zusammen mit Johann Peter Süßmilch (1707–1767), einem Probst der lutherisch-brandenburgischen Kirche, Lebenserwartungen, die noch bis ins 19. Jahrhundert im Versicherungswesen Anwendung fanden.

Schließlich sind die Arbeiten des Astronomen und Mathematikers Pierre Simon Laplace (1749–1827)[19] zu erwähnen, der die Wahrscheinlichkeitsrechnung weiterentwickelte, um astronomische Probleme zu lösen, die mit konventioneller Mathematik nicht zu lösen waren. In seinem Buch *Théorie Analytique des Probabilités* definiert Laplace 1812 die Wahrscheinlichkeit und befasst sich mit abhängigen und unabhängigen Ereignissen, vor allem in Verbindung mit Glücksspielen. Außerdem definiert er als erster den Begriff des Erwartungswerts.

18) Romeike, F.: Jacob Bernoulli in: Risiko Manager, Ausgabe 1/2007, S. 12–13.

19) Romeike, F. : Pierre-Simon (Marquise de) Laplace. In: Risiko Manager, Ausgabe 3/2007, S. 20.

1 Die Entwicklung des betriebswirtschaftlichen Risiko- und Chancenmanagements

Die mathematische Erforschung des Risikobegriffes zwischen dem 16. und dem 19. Jahrhundert stellt die Grundlage für das moderne Risikomanagement dar. Allerdings war die Anwendung in der unternehmerischen Praxis aufgrund der hohen Komplexität der mathematischen Berechnungen auf wenige Randbereiche wie die Berechnung der Lebenserwartung bei Versicherungen beschränkt. Erst die Entwicklung der Informationstechnologie im 20. Jahrhundert ermöglichte die Anwendung von komplexen mathematischen Berechnungen in der unternehmerischen Praxis. Parallel erfolgte im 20. Jahrhundert die Verknüpfung mit psychologischen Aspekten zur Spieltheorie, die im Folgenden dann wiederum wirtschaftliche Bedeutung erlangte.

1.5 Implikationen für dieses Buch

Ziel dieses Buches ist die systematische Darstellung des Risiko- und Chancenmanagements in deutschen Unternehmen. Die Autoren wollen dabei Best-Practices aufzeigen, Anleitungen zu einer verbesserten Umsetzung geben und schließlich einen Ausblick in die Zukunft geben.

Das Buch richtet sich an Vorstände, Aufsichtsratsmitglieder, Abteilungsleiter, Unternehmensberater, Wirtschaftsprüfer und Revisoren, die an einer umfassenden Darstellung eines ganzheitlichen Risiko- und Chancenmana-

Abb. 1.7: Elemente des Risikomanagements

gementsystems interessiert sind. Die Darstellung erfolgt praxisorientiert und basiert auf den umfangreichen praktischen Erfahrungen der Autoren. Theoretische Aspekte werden ebenfalls beleuchtet, stehen aber nicht im Vordergrund.

Die Elemente des Risikomanagements lassen sich systematisch wie folgt gliedern: Die Risikostrategie ist der bedeutsamste Teil des Risikomanagements und bestimmt die Risikoorganisation und die Risikoprozesse. Der Organisation untergeordnet sind die Risikoinstrumente und die Informationssysteme, den Prozessen untergeordnet sind das Risikokontrollsystem einschließlich RiskManagement HR und Training.

1.6 Literatur

Bennett, J.G.: Risiko und Freiheit. Hasard – Das Wagnis der Verwirklichung, Zürich, 2005

Bernstein, P.L., Against the Gods: Remarkable Story of Risk, New York 1996

Bernstein, P.L., Against the Gods: Remarkable Story of Risk, New York 1996.

Deutsches Wörterbuch von Jacob und Wilhelm Grimm. Neubearbeitung. Leipzig/Stuttgart 1983, Bd. 1, Sp. 150–165, 163

Gregersen, N. H.: Risk and Religion: Toward a Theology of Risk Taking Zygon 2003 38 (2), 355–376.

Kahneman, D. und Tversky, A. (1979): *Prospect theory: An analysis of decision under risk*, Econometrica, Vol. 47, No. 2, S. 263–291

Kalwait, R, Controlling Grundlagen in 15 Lehreinheiten, 2. Aufl. Coburg 2005, Seite 17 ff.

Kalwait, R.: Risikomanagement kompakt, Lektion 1: Warum Risikomanagement: Rechtliche Grundlagen und Neuregelungen im Überblick, Eschborn o.J., 2. Auflage 2007, Seite 2 ff.

Keller, H.E.: Der sechste Schöpfungstag und andere Abenteuer, in: riskVoice Nr. 3, St. Gallen Oktober 2001

Kloepfer, M.: Handeln unter Unsicherheit im Umweltstaat. In: Gethmann, C.F.; Kloepfer, M.: Handeln unter Risiko im Umweltstaat, 55–98, Berlin 1993

Müller, W.: Risiko und Ungewißheit, in: Waldemar Wittmann u.a. (Hrsg.): Enzyklopädie der Betriebswirtschaftslehre, Stuttgart 1993 (5. Aufl.)

Oehler, A. u.a.: Finanzwirtschaftliches Risikomanagement, Berlin 2001, Seite 10 ff.

Pechtl, A., Ein Rückblick: Risikomanagement von der Antike bis heute, in: Romeike, Frank/Finke, Robert (Hrsg.): Erfolgsfaktor Risikomanagement: Chance für Industrie und Handel, Wiesbaden 2003, S. 15 ff.

Ritter, J. u. Gründer, K. (Hrsg.): Historisches Wörterbuch der Philosophie. Darmstadt 1992. Bd. 8, Sp. 1045–1050

Romeike, F. : Pierre-Simon (Marquise de) Laplace. In: Risiko Manager, Ausgabe 3/2007, S. 20.

Romeike, F.: Jacob Bernoulli in: Risiko Manager, Ausgabe 1/2007, S. 12–13.

Rowe, J.: An Anatomy of Risk, New York 1977

www.wikipedia.org

2
Chancen- und Risikomanagement unter Nutzung der Balanced Scorecard

Walter Schmidt und Herwig R. Friedag

2.1 Ein altmodisch modernes Wort: Unternehmertum

Wenn wir die Diskussionen verfolgen, die seit Mitte der 90er Jahre zum Thema Risikomanagement geführt werden, lässt sich mitunter der Eindruck gewinnen, als seien unternehmerische Risiken eine Entwicklung der modernen Zeit. Mit dem am 30. April 1998 veröffentlichten Gesetz zur Kontrolle und Transparenz im Unternehmensbereich (KonTraG) wurde § 91 des Aktiengesetzes um einen zweiten Absatz erweitert: »Der Vorstand hat geeignete Maßnahmen zu treffen, insbesondere ein Überwachungssystem einzurichten, damit den Fortbestand der Gesellschaft gefährdende Entwicklungen früh erkannt werden«[1]. Seitdem überschlägt sich die einschlägige Literatur mit verschiedensten Beiträgen zu Risiken und den Möglichkeiten sie zu managen.

Es ist schon erstaunlich, dass eine derartige Selbstverständlichkeit verantwortlichen unternehmerischen Handelns in einem Gesetz explizit vorgeschrieben werden muss. Und es ist zugleich erstaunlich, dass die meisten Autoren Risiken und ihr Management als eine gesonderte Thematik behandeln, die durch gesonderte Beauftragte zusätzlich zum eigentlichen Geschäft des Unternehmens zu erfassen, mit gesonderten Maßnahmen zu bearbeiten und in gesonderten Berichten darzustellen ist.

Das ist deswegen erstaunlich, weil es eigentlich zu den Binsenwahrheiten gehört, dass Unternehmertum in seinem Kern etwas mit verantwortlichem Umgang mit Risiken zu tun hat. Bereits den Kaufleuten im frühen Altertum war dieser Umstand wohl bekannt. Auch heute dürfte die Verknüpfung beider Seiten von den meisten Menschen zumindest der marktwirtschaftlich verfassten Länder als feststehender Glaubenssatz akzeptiert werden. Und in der Praxis der wirtschaftlichen Strategieentwicklung spielen zumindest seit Ansoffs 1965 erschienenem Buch »Corporate strategy«[2] Risikoeinschätzungen im Rahmen von SWOT-Analysen (Strength, Weakness, Opportunities,

---

1) Bundesgesetzblatt 1998, S. 787
2) Ansoff, H. I., 1965

Risikomanagement in der Unternehmensführung. Rainer Kalwait, Ralf Meyer, Frank Romeike, Oliver Schellenberger und Roland Franz Erben
Copyright © 2008 WILEY-VCH Verlag GmbH & Co. KGaA, Weinheim
ISBN 978-3-527-50302-5

Treats) eine wichtige Rolle, auch wenn die Umsetzung strategischer Erkenntnisse in der Praxis häufig zumindest teilweise im Sande verläuft.

Wenn dennoch Gesetze wie das KonTraG erforderlich werden, scheint es wohl daran zu liegen, dass in den betroffenen Unternehmen das klassische Unternehmertum mit seinem Risikobewusstsein und einer entsprechenden Verantwortung nicht mehr die praktische Führungstätigkeit bestimmt. Offensichtlich haben wir ein wirtschaftliches Umfeld geschaffen, das verantwortungslosem Handeln diesbezüglich Vorschub leistet. Horst Albach, eine international hoch anerkannte Kapazität der deutschen Betriebswirtschaft hat es in einem am 28. Januar 2003 gehaltenen Vortrag wie folgt beschrieben:

»kurzfristige Anstellungsverträge, Stock-Option-Verträge, Anwendung der US-GAAP, Erstellung der Konzernbilanz auf der Basis von US-GAAP oder IAS (International Accounting Standards) und der Einzelbilanz noch nach deutschem Bilanzrecht, Ersatz langfristiger Kreditbeziehungen der Banken mit ihren Firmenkunden und effizienten Bank-Monitorings durch kurzfristige Geschäfte gegen Gebühren und Provisionen des Investment-Banking, Verkürzung des Prüfungsmandats für Wirtschaftsprüfer auf höchstens fünf Jahre, Vertragsabschluss zwischen Wirtschaftsprüfer und Aufsichtsratsvorsitzendem ohne Einführung einer Redepflicht für den Wirtschaftsprüfer und ohne Verbot von Management-Letters, Golden Handshakes für gefeuerte Manager im Interesse von Großbanken bzw. für den Bruch der Koalition zwischen Management und Belegschaft im Interesse von Raiders und gesetzliche Beschränkung der Kapitalmarktkontrolle durch das deutsche Übernahmegesetz. Dies ist ein System, das nicht die ehrbaren Manager und Mitarbeiter belohnt, sondern eine Einladung an die pathologischen Schädiger des Systems darstellt«[3].

Albach liegt es jedoch fern, daraus eine Pauschalverurteilung »der Manager« abzuleiten:

»Wichtig ist für mich die Feststellung, dass der Normalfall auch in der heutigen komplexen Wirtschaft diejenigen Mitglieder der Gesellschaft sind, welche die Gesellschaft nicht schädigen wollen. Die Schädiger sind der pathologische Ausnahmefall.«[4] Es ist ja auch kein Problem des Managements sondern ein Ausdruck des »Versagens der Gesellschaftspolitik«, an der die Wissenschaft nicht unschuldig ist[5].

3) Albach, H., 2003 S. 39 f.
4) ebenda, S. 37
5) ebenda, S. 39

2 Chancen- und Risikomanagement unter Nutzung der Balanced Scorecard

Und wir müssen hinzufügen, dass namentlich die Betriebswirtschaft daran beteiligt ist, weil sie durch ihr einseitiges Modell der Gewinnmaximierung dieser Entwicklung Vorschub geleistet hat. Wenn wir der Albach'schen Forderung folgen wollen, von einer Ökonomie der Habgier wieder den Weg zurück zum ehrbaren Kaufmann zu finden, müssen wir uns nach einem geeigneteren Modell umschauen.

Um Missverständnisse zu vermeiden: Rentabilität ist die Grundbedingung jeden wirtschaftlichen Handelns, weil wir unsere Ausgaben durch entsprechende Einnahmen decken müssen. Und zu den Ausgaben gehören nicht nur die Leistungsausgaben zur Erzeugung und Vermarktung von Produkten und Leistungen. Dazu zählen ebenso die Zukunftsausgaben für die Entwicklung unserer wirtschaftlichen Möglichkeiten und Fähigkeiten. Und schließlich müssen wir auch die Kapitalausgaben bezahlen können, die aus der Notwendigkeit entspringen, Investitionen in unsere wirtschaftliche Kraft vorzufinanzieren. Mit den Leistungsausgaben müssen wir daher ausreichende Einnahmeüberschüsse erwirtschaften, um die Zukunfts- und Kapitalausgaben bezahlen zu können. Insofern ist das Erzielen von Gewinn eine Existenzbedingung nachhaltigen Wirtschaftens. Aber es ist nicht der Zweck des Unternehmens.

Der Zweck eines Unternehmens ist die Umwandlung von Potenzialen (siehe Abbildung 2.1):

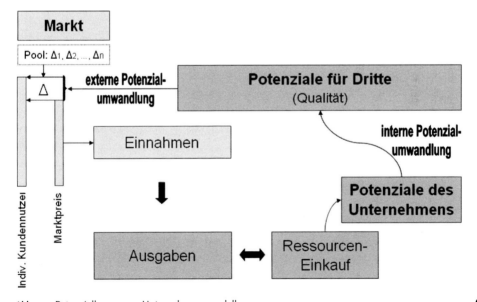

Abb. 2.1: Potenzialbezogenes Unternehmensmodell

Ein altmodisch modernes Wort: Unternehmertum

Potenziale sind die Möglichkeiten und Fähigkeiten eines Unternehmens für wirtschaftlichen Erfolg. Dementsprechend haben Produkte, die über kein wirtschaftliches Potenzial verfügen, auch keinen wirtschaftlichen Wert. Das gilt ebenso für finanzielle Vermögenswerte – Geld trägt ein Potenzial: seine Kaufkraft; und es ist letztlich dieses Potenzial, das uns am Geld interessiert. Das merken wir spätestens dann, wenn bspw. Inflation in spürbarem Umfang Kaufkraft vernichtet.

Schließlich benötigt jedes Unternehmen die Fähigkeiten jener Menschen, die seinen Zwecken dienen. Sie bilden die Voraussetzungen dafür, dass Produkte und Leistungen entwickelt, erzeugt und vermarktet werden können; aber sie selber stellen keine Produkte und Leistungen dar. Sie bringen ihr Potenzial als Intellektuelles Kapital in unser Unternehmen ein und erhalten dafür eine »Ausschüttung« in Form von Löhnen bzw. Gehältern oder Honoraren.

Der Unternehmensprozess – soweit wir ihn in Zyklen einteilen – beginnt mit dem Erwerb güter- und personengebundener Potenziale. Er setzt sich fort durch deren spezifische Umwandlung in Potenziale, die für Konsumenten (Dritte) nützlich sind. Er endet schließlich mit dem Verkauf dieser verwandelten Potenziale auf dem Markt und dem daraus resultierenden Geldzufluss, dessen Kaufkraft für den erneuten Erwerb güter- und personengebundener Potenziale eingesetzt werden kann, um die Leistungs-, Zukunfts- und Kapitalprozesse am Laufen zu halten. Das ist der Grundprozess; dafür ist das Unternehmen da.

Wären alle verfügbaren Potenziale von vornherein für jeden nutzbar, würde niemand auf die Idee kommen, dafür ein Unternehmen zu bemühen. Wer z. B. während einer Wanderung Wasser aus einem Bergbach trinkt, wird die entgeltliche Hilfe eines Unternehmens weder benötigen noch erwarten. Derselbe Wanderer aber bezahlt ganz selbstverständlich seinen Obolus, wenn er auf einer Berghütte ein Glas Bier genießt. Denn das Bier muss aus dem Potenzial von Hopfen und Malz erst durch die Erfahrung des Braumeisters und den Einsatz entsprechender Technik gebraut werden. Danach müssen leistungsfähige Logistikprozesse die Brauerei mit der Berghütte verbinden. Erst wenn diese vielen nützlichen, aber in ihrer ursprünglichen Form nicht trinkbaren Potenziale in das Genusspotenzial des auf der Hütte verfügbaren Bieres verwandelt wurden, kann der Wanderer sein Bedürfnis stillen.

Es gibt dabei ein gravierendes Problem: Die Einnahmen zur Deckung der mit dem Potenzialumwandlungsprozess verbundenen Ausgaben werden auf dem Markt erzeugt, nicht im Unternehmen und nicht einmal vom Unternehmen. Wir müssen mit unseren intern umgewandelten Potenzialen extern eine ausreichende Anzahl Kunden finden, die ihren individuellen Nutzen höher einschätzen als den Marktpreis. Unter marktwirtschaftlich normalen Bedingungen kann der Kunde dabei aus einem Pool von Möglichkeiten auswählen. Dadurch erlangen die Marktprozesse einen weitgehend autonomen Status; und die Annahme, unser Unternehmen generiere Einnahmen, wird zur bloßen Illusion.

Unter normalen Bedingungen erzeugt der Markt die Einnahmen[6].
Das Unternehmen erzeugt Ausgaben sowie
Produkte und Leistungen bestimmter Qualität.

In diesem Sinne ist der Potenzialumwandlungsprozess ein doppelter: Einerseits die interne Umwandlung von Potenzialen des Unternehmens in Potenziale für Dritte, also in für den Markt bestimmte Produkte und Leistungen. Und andererseits die externe Umwandlung von Potenzialen für Dritte in Einnahmen des Unternehmens.

Damit ist zugleich der Rahmen unserer Risiken abgesteckt. Potenziale, d.h. Möglichkeiten und Fähigkeiten stehen immer unter dem Vorbehalt ihrer Realisierung, die gelingen kann, aber nicht gelingen muss. Wird die Potenzialumwandlung nicht einem realen Bedürfnis zugeführt, schwebt sie in der Luft und führt als »ewige« Möglichkeit ins Leere. Deshalb ist das Risiko ein ständiger Begleiter jeden wirtschaftlichen Geschäfts – es kann halt ins Leere führen, in den Verlust aller Einsätze. Darin besteht auch das eigentliche Problem, wenn der Zweck des Unternehmens auf Gewinnmaximierung, also auf eine reine Finanzanlage reduziert wird. Dann besteht das Ziel der Potenzialumwandlung in der abstrakten Vermehrung von Geld – die Verbindung zu den konkreten menschlichen Bedürfnissen geht verloren. Sie sind bestenfalls noch Mittel zum Zweck. Aber selbst als Mittel treten die Bedürfnisse in den Hintergrund, wenn bloße Finanztransaktionen für sich oder im Extremfall die offene oder verdeckte Missachtung menschlicher Bedürfnisse eine größere Geldvermehrung ermöglichen. Dann kann ein Punkt erreicht werden, an dem die Unternehmen selber zu einem Risiko werden; zu einem Risiko für die wirtschaftliche und gesellschaftliche Entwicklung insgesamt.

Strategisches Risikomanagement muss daher darauf abzielen, dem ehrbaren Unternehmertum und seinem verantwortlichen Umgang mit Risiken (wieder) den ihm gebührenden Raum, zu geben. Das erfordert auf der einen

6) In monopolähnlichen Konstellationen können Sonderbedingungen gelten und eigenständige Marktprozesse ausgeschaltet oder in starkem Maße zurückgedrängt sein. Das soll uns aber in diesem Beitrag nicht weiter interessieren.

Seite Mut zu Transparenz und offen gelebter Verantwortung. Auf der anderen Seite erfordert es Methoden und Instrumente, die den transparenten Umgang mit Risiken organisch mit dem Geschäftsmodell und seiner Umsetzung in nachhaltiges wirtschaftliches Handeln verbinden.

2.2 Chancen und Risiken – zwei Seiten einer Medaille

Potenziale treten immer doppelt auf, als Nutzenpotenzial und zugleich als Risikopotenzial. Insofern sind beide Seiten aufeinander zu beziehen; und nur sofern der Nutzen einer Ausgabe das damit verbundene Risiko übersteigt, ist sie wirtschaftlich gerechtfertigt. Dabei ist es sinnvoll, zwischen verfügbaren Nutzenpotenzialen und den ihnen akut gegenüberstehenden Risiken einerseits und der jeweils erwarteten Entwicklung der Potenziale von Nutzen und Risiken zu differenzieren. Die erste Gruppe bildet die Grundlage für das operative Geschäft; die zweite den konzeptionellen Ansatz für strategisches Handeln (siehe Abbildung 2.2).

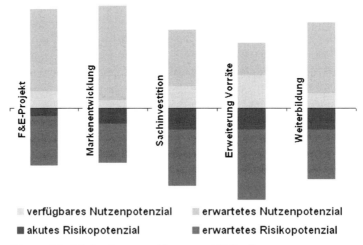

Abb. 2.2: Beispielhafter Status von Chancen und Risiken[7)]

7) gestaltet nach Münzel, C./Jenny, H., 2005, S. 158

Aus der Sicht des Potenzialmanagements sind zwei Punkte zu beachten:

2.2.1 Die Unterscheidung zwischen Ungewissheit, Gefahr und Risiko

Dass die Zukunft ungewiss ist, braucht nicht besonders hervorgehoben werden. Aber nicht jede Ungewissheit verkörpert ein Risiko. Zunächst erst einmal ist zu prüfen, ob eine Ungewissheit für unser Unternehmen relevant ist und in diesem Sinne eine Gefahr darstellt. So mag bspw. die Ungewissheit des Abschmelzens Grönländischer Eismassive für eine Firma im Hamburger Umland eine relevante Bedeutung haben, weil anzunehmen ist, dass dadurch die Meeresspiegel um ca. 0,5 Meter ansteigen und das gefährlich werden kann. Für ein Unternehmen in Bayern hingegen dürfte diese Ungewissheit nach heutigem Ermessen kein Gefahrenpotenzial besitzen. Münzel und Jenny schreiben diesbezüglich: »Ungewissheit besteht an sich prinzipiell für alle zukünftigen Ereignisse. Dies gilt unabhängig davon, ob jemand davon betroffen ist oder nicht. Ungewissheit wird zur Gefahr, wenn jemand dem möglichen Ereignis direkt ausgesetzt ist«[8].

Aber auch nicht jede Gefahr verkörpert ein zu erfassendes unternehmerisches Risiko. Erst wenn eine Gefahr mit einem Nutzenpotenzial verbunden ist, das von unserem Unternehmen als Aktivum oder Umsatz erfasst wird, muss das Risikopotenzial dieser Gefahr bestimmt werden. Dazu muss sie von uns wahrgenommen und quantifiziert werden. Dann und nur dann entsteht aus der Gefahr ein Risikopotenzial.

Dennoch stellen viele Unternehmen in ihrer Praxis – sofern überhaupt ein systematisches Risikomanagement stattfindet – keine Verbindung her mit dem Management ihrer Erfolgspotenziale. Eine Studie der TH Merseburg zum Risikomanagement im Mittelstand kommt zu dem Schluss, dass »66 % der befragten Unternehmen ein Frühwarnsystem nutzen« und bei »nur 35% aller untersuchten Fälle ... eine direkte Verbindung zwischen Risikomanagement und der Unternehmensplanung« existiert[9].

Das ist allerdings dahingehend zu relativieren, dass im Mittelstand viele Unternehmen eigentümergeführt sind, bei denen die Verbindung zwischen Geschäftsmodell und verantwortungsbewusstem Umgang mit Risiken in der Person des Unternehmers verankert ist und oft intuitiv gelebt wird. In diesen Fällen fehlt es zwar möglicherweise an einem systematischen Risikomanagement; dieses Manko muss aber nicht zwangsläufig zu praktischen

---

[8] ebenda, S. 28
[9] Henschel, T.2003, S. 525 f.

Problemen führen, wenn die Persönlichkeit des Unternehmers ausgleichend wirkt. Im Gegenteil; ein Unternehmer im echten Sinne wird immer Chancen und Risiken zugleich betrachten und daher Forderungen bzw. Fragen nach einem *gesonderten* Risikomanagement eher mit Skepsis begegnen.

Wenn wir aber systematisches Risikomanagement betreiben wollen, müssen wir es mit *allen* geschäftlichen Aktivitäten verbinden. Ein Umsatz z. B. – selbst wenn er die dazugehörigen Leistungsausgaben deutlich übersteigt – erzeugt eben noch keinen wirklichen Überschuss, solange er nicht bezahlt wurde; und selbst wenn er bezahlt wurde, müssen wir beachten, ob er unter dem Vorbehalt möglicher Gewährleistungen und Haftungen steht, für die wir Vorsorge zu leisten haben. All das sollte sich in unseren betriebswirtschaftlichen Rechnungen niederschlagen. Nur dann werden wir dem Potenzialcharakter unseres Geschäfts gerecht. Wenn die Nettorisiken (nach allen Maßnahmen des Risikomanagements) unseres Umsatzes auf 10 Prozent einzuschätzen sind, müssen wir neben den Kapital- und Zukunftsausgaben auch Ausgaben für Reserven in eben dieser Höhe erwirtschaften.

Diesen Betrag einzuschätzen und in den Rentabilitätsanspruch wirtschaftlichen Handelns nicht nur über abstrakte Marktfaktoren, sondern durch konkrete Annahmen einzubeziehen, ist die eigentliche Aufgabe des Risikomanagements und Risikocontrollings.

2.2.2 Die Klassifizierung von Chancen und Risiken

Im Prozess der Potenzialumwandlung entstehen drei Ausgabenklassen:

- Leistungsausgaben, die unmittelbar für die Erstellung und Vermarktung von Produkten und Leistungen genutzt werden,
- Kapitalausgaben, die der Überbrückung von Differenzen zwischen den güterprozess-, zahlungsprozess- und finanzfondsbezogenen Zeitordnungen dienen (wie sie *Gutenberg* unterschieden hat[10]) und
- Zukunftsausgaben, die zur Entwicklung von Potenzialen eingesetzt werden (siehe Abbildung 2.3).

In jeder Ausgabenklasse ist den spezifischen Besonderheiten der verschiedenen Potenzialträger Rechnung zu tragen. *Gütergebundene* Potenziale sind

10) Gutenberg, E. (1980), S. 6 ff., S. 123 ff.

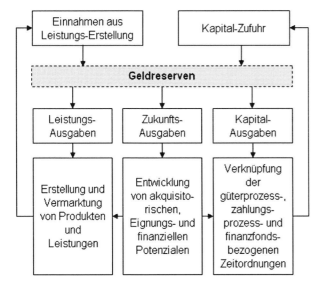

Abb. 2.3: Die drei Ausgabenklassen eines Unternehmens

vor allem mit Gefahren verbunden, dass die in den Strukturen unseres Unternehmens verankerten Nutzenpotenziale oder bereits zur Vermarktung verfügbaren Potenziale nicht oder nicht in vollem Maße wirksam werden können; oder dass der erwartete Mengenfluss zukünftiger Potenzialumwandlungsprozesse nicht störungs- und fehlerfrei verläuft. *Personengebundene* Potenziale schließen all jene Vor- und Nachteile ein, die unserem Unternehmen aus seiner Einbindung in menschliche Netzwerke entstehen. *Geldgebundene* Potenziale sind mit den Gefahren verbunden, die aus Inkongruenzen der zeitlichen Abläufe und Schwankungen der Kaufkraft resultieren.

Systematisches Risikomanagement muss für jede Ausgabenklasse das Wechselspiel von Nutzen- und Risikopotenzialen beachten. Nur dann können entsprechende Konsequenzen für den Rentabilitätsanspruch abgeleitet werden, dem letztlich alle Ausgaben unterliegen, sofern sie wirtschaftlich veranlasst sind.

Der Rentabilitätsanspruch kann nach folgendem Schema bestimmt werden (siehe Abbildung 2.4):

Wer theoretische Exaktheit mag, wird an dieser Stelle zu Recht einwenden, dass in der Berechnung des Kapitalkostensatzes nach der WACC-Methode (*W*eighted *A*verage *C*ost of *C*apital) Teile der Potenzialinvestitionen und der Reservebildung im Rahmen des Risikofaktors bereits einbezogen

69

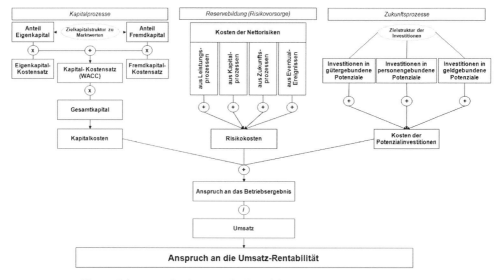

Abb. 2.4: Schema zur Bestimmung des Rentabilitätsanspruchs

sein können. Um doppelte Ansprüche zu vermeiden, wären in solchen Fällen Korrekturen vorzunehmen. Allerdings sollten wir – wie immer in solchen Fällen – dem Prinzip der Maßgeblichkeit folgen und darauf achten, ob diese Differenzen in der Praxis ohnehin im Rahmen der Fehlergrenze liegen. Denn die Genauigkeit der in die Rechnung eingehenden Informationen bestimmt die mögliche Genauigkeit der Rechnung selber. Damit verlieren viele theoretisch durchaus gewichtige Probleme ihre praktische Relevanz, weil die Basisinformationen nicht mit vertretbarem Aufwand in der erforderlichen Güte beschafft werden können.

Außerdem kann als willkürlich empfunden werden, dass der Rentabilitätsanspruch ausschließlich auf das Betriebsergebnis gerichtet ist. Aber nur die Leistungsprozesse schließen die Wechselwirkung mit jenen Marktprozessen ein, von denen unser Unternehmen Einnahmen (Umsatz) erwarten darf. Die Zukunftsprozesse sorgen dafür, dass nachhaltig in ausreichendem Maße und zum Geschäftsmodell passende Potenziale zur Verfügung stehen; die Kapitalprozesse sichern die Überbrückung der drei Gutenberg'schen Zeitordnungen; und die Reservebildung dient einer angemessenen Risikovorsorge.

Ausgehend von diesem Rentabilitätsanspruch ergeben sich Erwartungen an alle Ausgabenarten. Sie sollen eine Potenzialumwandlung ermöglichen, dessen Realisierung in den Leistungsprozessen zu entsprechend nachhaltigen Einzahlungsüberschüssen führt.

Chancen und Risiken aus Leistungsprozessen

Chancen und Risiken dieser Klasse hängen im Wesentlichen mit den Umsatzleistungen unseres Unternehmens zusammen. Das Nutzenpotenzial fassen wir im Betriebsergebnis zusammen. Das Risikopotenzial muss die Gefahr bewerten, dass gebuchte Umsätze nicht bzw. nicht in vollem Maße realisiert werden. Und es muss die Möglichkeit nachträglich entstehender Ausgaben einschließen, die im periodenbezogenen Saldo nicht oder noch nicht erfasst sind. Praktisch sind bspw. Risiken betroffen aus

- Einbehalten oder vollständigen bzw. teilweisen Anfechtungen gelegter Rechnungen;
- Haftungs- und Gewährleistungsrisiken, die über mehrere Jahre bzw. auch die gesamte Lebensdauer einer Umsatzleistung zukünftige Auszahlungen nach sich ziehen können;
- Risiken aus Schadensersatzansprüchen für fehlerhafte Montageleistungen bzw. mangelhaften Kundendienst und unzureichende Beratung;
- Auszahlungsrisiken für Kulanzleistungen bzw. Rückrufaktionen etwa in der Autoindustrie.

Die Liste kann je nach Spezifik der erfassten Umsatzleistungen angepasst oder erweitert werden.

Risiken, die während einer Leistungsperiode eintreten, sind keine Risiken mehr, sofern sie in den dokumentierten Ausgaben und damit im Betriebsergebnis bereits ihren Niederschlag gefunden haben – anderenfalls wären sie zu erfassen; das können bspw. Gefahren sein, die aus Störungen im technologischen Ablauf (Entstehen latenter Engpässe) oder fehlerhaften Informationen oder mangelhaften bzw. unterlassenen Entscheidungen resultieren und erst in Folgeperioden als möglicherweise zusätzliche Ausgaben wirksam werden.

Risiken, die mit der Umwandlung von Einnahmen in Einzahlungen und Ausgaben in Auszahlungen verbunden sind, gehören in die Sphäre der Kapitalprozesse und sind dort zu behandeln.

Risiken, die mit dem Einsatz aktivierter Nutzenpotenziale zusammenhängen, gehören in die Sphäre der Zukunftsprozesse, weil sie Gefahren reflektieren, dass mit der Bewertung der Nutzenpotenziale getroffene Annahmen nicht eintreffen. Eine Besonderheit stellen in diesem Zusammenhang die Risiken von Periodengrenzen übergreifenden Fertigungsaufträgen dar

71

(Fertigstellungsrisiko, Ungenauigkeit der Kostenschätzung). Sie gehören zum einen als Teil der aktivierten Vorräte an unfertigen Erzeugnissen und Leistungen zu den Zukunftsprozessen und zum anderen aufgrund der bereits erteilten Aufträge zu den Leistungsprozessen; sie liegen in diesem Sinne in einem Übergangsfeld. Nach der hier verfolgten Logik sind sie aufgrund der Aktivierung ihres Nutzenpotenzials zu den Risiken aus Zukunftsprozessen zu zählen.

Darüber hinaus noch verbleibende, die wirtschaftliche Kraft einer Unternehmung maßgeblich beeinflussende Gefahren möglicher Zahlungsabflüsse gehören in die Klasse der Eventualrisiken.

Alle anderen Gefahren stellen kein zu erfassendes Risikopotenzial dar.

Chancen und Risiken aus Kapitalprozessen

Kapitalprozesse verleihen unserem Unternehmen die Fähigkeit, Ausgaben zu einem Zeitpunkt zu finanzieren, an dem adäquate Einnahmen noch nicht zur Verfügung stehen.

Diesem Nutzenpotenzial steht eine Vielzahl von Risiken gegenüber. Sie beziehen sich zunächst einmal auf

- alle noch nicht geleisteten, aber der Höhe und dem Zeitpunkt nach bekannten Auszahlungen wie bspw. Verbindlichkeiten aus Lieferungen und Leistungen; oder Kapitaldienste für erhaltene Darlehen;
- Zahlungsverpflichtungen aus Leasing- bzw. Mietverträgen, sofern sie zur Aktivierung komplementärer Nutzenpotenziale führen;
- noch ausstehende aber bereits beschiedene Steuern;
- bereits als Ausgabe verbuchte, aber noch nicht geleistete Zahlungen für Löhne und Gehälter.

Sie bilden Risikopotenziale, weil die Zahlungsabflüsse des Unternehmens noch bevorstehen und es eine Gefahr darstellen würde, sie nicht zu erfassen und zeitgerechte Reserven zu bilden.

Nicht immer sind derartige Verbindlichkeiten der Höhe und dem Zeitpunkt nach bekannt; dann entsteht aus der notwendigen Schätzung ein zusätzlich zu beachtendes Risiko, das im Zeitverlauf zu regelmäßigen Präzisierungen zwingt. In der klassischen Bilanz spricht man in diesen Fällen von Rückstellungen. Die Übergänge zwischen Schuld und Rückstellung sind fließend und für die hier vorgenommene Klassifizierung von Chancen- und Risikopotenzialen eher sekundär.

Eine weitere Besonderheit stellt die Berücksichtigung der Kapitaldienste dar; das schließt in weiterem Sinne neben Darlehen auch die Zahlungsver-

2 Chancen- und
Risikomanagement unter
Nutzung der Balanced
Scorecard

pflichtungen aus Leasing- oder Mietkaufverträgen ein, sofern sie mit der wirtschaftlichen Verfügungsmacht über die so finanzierten Güter verbunden sind. In der traditionellen Rechnungslegung werden diese Zahlungsverpflichtungen in einen Tilgungs- und einen Zinsanteil zerlegt und die Zinsen in den laufenden Aufwendungen verbucht. Das aber entspricht nicht der wirklichen Risikolage. Unabhängig von der Art des Vertrages: Sofern es sich um fest vereinbarte Zinsen und Laufzeiten handelt, ist ihr Betrag genauso eindeutig bekannt und der Zahlungsabfluss ebenso unvermeidlich wie die Tilgungen; und es gibt keinen vernünftigen Grund, die Zinsen nicht wie die Tilgungen als Risikopotenzial zu erfassen und entsprechende Reserven vorzuhalten. Der Kapitaldienst insgesamt stellt das komplementäre Risiko zu den entsprechend aktivierten Nutzenpotenzialen dar.

Und sofern die Zinsen variabel vereinbart sind, ist zwar ihre Höhe nicht eindeutig zu definieren, sondern muss wie bei anderen Risiken eingeschätzt und die Einschätzung von Zeit zu Zeit präzisiert werden; aber auch dann bleiben die Zinsen Teil des komplementären Risikos und sind als solche zu qualifizieren und zu erfassen.

Des Weiteren zählt zu dieser Klasse die Gefahr, dass gelegte Rechnungen nicht beglichen werden; in diesem Kontext erhalten Forderungen den Charakter von Risikopotenzialen und sind entsprechend als Eigenkapitalschmälerung zu bewerten. Das gilt auch für sonstige Forderungen, sofern ihnen ein bilanziell erfasstes Nutzenpotenzial gegenübersteht (z. B. noch nicht erhaltene, aber bereits beschiedene und entsprechend als sonstige Einnahmen verbuchte behördlich veranlasste Zahlungen).

Auch erteilte Darlehen sind ein gesondertes Risikopotenzial, das zu Lasten des potenziellen Eigenkapitals vergeben wurde und dementsprechend ebenfalls als Eigenkapitalminderung zu bewerten ist.

Die Rechnungslegungsvorschriften sind das eine. Aber wenn wir Nutzen- und Risikopotenziale einander gegenüberstellen wollen, müssen wir die Positionen so bewerten, wie sie tatsächlich wirken, auch wenn das von den tradierten Buchungsregeln abweicht. Aus diesem Grunde behandeln Banken bei ihren internen Kreditwürdigkeitsprüfungen sowie den Scoring- bzw. Ratingverfahren derartige Positionen als Gefährdungen und kürzen das Eigenkapital in angemessener Weise.

Das gilt analog für geleistete Anzahlungen; sie stellen ein Risikopotenzial dar, weil die beauftragte Leistung sich noch nicht in der Verfügungsgewalt der Unternehmung befindet.

In diesem Zusammenhang ist auch die Praxis der aktivischen Erfassung von Anlagen im Bau kritisch zu hinterfragen: Anlagen im Bau haben für die bilanzierende Unternehmung normalerweise nur ein geringes Nutzenpo-

Chancen und Risiken
– zwei Seiten einer
Medaille

tenzial, sofern sie nicht fertiggestellt werden; während die Risiken einer Fehlleistung infolge ausbleibender Leistungsnachweise oder möglicher Insolvenz der Baufirma nicht einmal qualitativ beachtet geschweige denn bewertet werden. Jede Investition ist ein Risiko; und wenn sie periodenübergreifende Zeiträume in Anspruch nimmt, muss ihrem als Anlagen im Bau aktivierten Nutzenpotenzial das entsprechende Risikopotenzial – einschließlich der geleisteten Anzahlungen – gegenübergestellt werden. Streng genommen handelt es sich dabei um einen Grenzfall. Investitionen zählen zu den Zukunftsprozessen; aber bei den geleisteten Anzahlungen handelt es sich um Kapitalprozesse. Insofern ist die Zuordnung ihres Risikopotenzials zu den Kapitalprozessen eine Ermessensfrage und durchaus möglich; wenn aber dem Prinzip der Komplementarität Genüge getan werden soll, ist eine Zuordnung zu den Risiken aus Zukunftsprozessen angemessener. Das in der Praxis Entscheidende ist allerdings nicht die Zuordnung, sondern die dem Risiko angemessene Bildung von Reserven sowie die entsprechende Einbeziehung in den Rentabilitätsanspruch an die Leistungsausgaben.

Schließlich sind die Gefahren zu beachten und als Risikopotenzial zu bewerten, die im Rahmen von Kapitalprozessen aus Veränderungen der Kaufkraft geldgebundener Potenziale entstehen – sei es durch inflationäre Prozesse oder Währungsschwankungen – sowie all jene, die mit den entsprechenden Sicherungsinstrumenten verbunden sind, sofern sie von der Unternehmung zur Gefahrenabwehr eingesetzt werden.

Chancen und Risiken aus Zukunftsprozessen

Zukunftsprozesse basieren auf Ausgaben, die dem Erwerb oder der Entwicklung von Potenzialen dienen, aus deren Nutzung unser Unternehmen die Gewährleitung seiner zukünftigen Erfolge erwartet. Zu diesen Aktivitäten zählen bspw. Forschung und Entwicklung, Marketing, Personalentwicklung, klassische Investitionen oder Kommunikation.

Die Risiken dieser Klasse umfassen die vielfältigen Möglichkeiten, dass die aus den Zukunftsausgaben erwarteten Nutzenpotenziale nicht bzw. nicht in eingeschätztem Maße wirksam werden. Dazu zählen

1. strategische Risiken: Die dem Geschäftsmodell zugrunde liegenden Trends können sich in einer für unser Unternehmen ungünstigen bzw. nicht vorhergesehenen Weise ändern. Das betrifft die Entwicklung der Zielkunden und ihrer Bedürfnisse bzw. Präferenzen ebenso wie die Relation der eigenen Kernkompetenzen zu jenen der relevanten Wettbewerber. Beides gefährdet den Status der Einzigartigkeit unseres Unternehmens. Die Marktbedingungen werden darüber hinaus auch von poli-

tischen Veränderungen oder gesetzlichen Vorschriften beeinflusst; strategische Projekte können scheitern; langfristig aufgebaute Marken werden durch Veränderungen emotionaler Grundstimmungen erodiert. Außerdem können sich die Eigentumsverhältnisse in einer solchen Weise ändern, dass dadurch der Zweck des Unternehmens verändert wird.

2. kaufmännische Risiken: Annahmen zum Rentabilitätsanspruch erwarteter Nutzenpotenziale schließen Preis- und Absatzrisiken ein, die sich im Zeitverlauf so verändern können, dass die ursprünglichen Annahmen durch das Erfassen adäquater Risikopotenziale ergänzt werden müssen.

3. technische Risiken: Die Möglichkeit, dass technische Gefahren sich zu relevanten Risikopotenzialen entwickeln, hängen von der spezifischen Ausrichtung unseres Unternehmens ab und seiner Gebundenheit an technologische Prozesse. Störungen bzw. Veränderungen im Mengenfluss, kapazitive Engpässe im Prozessverlauf, verdeckte Schäden, Havarien oder Elementarschäden – all das können Ereignisse sein, von denen ursprüngliche Annahmen zu Rentabilitätsanspruch und Nutzenverlauf wesentlich beeinträchtigt werden.

4. Orientierungsrisiken: Inkonsequente Führung, fehlende Grundausrichtungen und Ziele oder unklar geregelte Verantwortung für Resultate sind Zeichen mangelnder Orientierung unseres Unternehmens und damit Zeichen für die Schwächung seiner wirtschaftlichen Kraft. Auch Orientierungslosigkeit kann dazu führen, dass sich erwartete Nutzenpotenziale vorzeitig entwerten, weil die ihnen zugrunde liegenden Annahmen nicht realisiert werden.

5. Motivationsrisiken: Wenn bspw. die Kultur unseres Unternehmens dazu führt, dass Motivation freisetzende Werte und Regeln postuliert, aber nicht gelebt bzw. konsequent eingefordert werden; oder wenn einem offiziellen Leitbild, das die herausragende Bedeutung aller Mitarbeiter für die Unternehmung betont, im praktischen Alltag hierarchische Befehlsstrukturen und die latente Drohung von Personalreduzierungen entgegenstehen; oder wenn die Forderung nach Loyalität als Einbahnstraße erlebt wird – kann das zu fehlendem Engagement und sinkender Leistungsbereitschaft, zum Desinteresse an und mangelnder Bereitschaft für erforderliche Veränderungen oder zur Verweigerung von Transparenz (auch bezüglich der Offenlegung von relevanten Nutzen- wie Risikopotenzialen) führen; im äußersten Fall wird der Boden bereitet für strafbares Verhalten einzelner Personen.

6. Qualifikationsrisiken: So wie technische Engpässe ein Risiko für jedes Unternehmen darstellen, gilt das auch für Engpässe an notwendigen

Qualifikationen für eine ausreichende Zahl von Mitarbeitern entsprechend den Anforderungen an den Einsatz aktivierter Nutzenpotenziale. Analoge Risiken entstehen durch den Verlust an Wissen infolge der Abgänge von Erfahrung nach Entlassungen, Frühpensionierung, Abwerbung und Fluktuation. Das ist nicht immer unmittelbar ersichtlich, denn oft wird Wissen mit Information verwechselt. Informationen sind heute schnell und kostengünstig zu erlangen; aber sie verkörpern für sich allein kein Wissen. Wie Prusak anmerkt, resultiert Wissen aus der Assimilation von Information durch Erfahrung, zumeist durch Lehrjahre oder Mentorenprogramme[11]. Und während die Kosten für das Erlangen, Speichern und Übertragen von Informationen stark gesunken sind, ist dies für Wissen kaum der Fall. Es dauert heute noch etwa genauso lange, Französisch zu lernen, die Grundsätze der Infinitesimalrechnung zu verstehen oder Chemie zu studieren wie vor 200 Jahren. Es ist zeitaufwendig und teuer, Wissen aufzubauen, zu halten und zu übertragen. Aus diesem Grunde erfordern Qualifikationsengpässe eine besondere Aufmerksamkeit, weil sie zwar schnell herbeigeführt aber selten kurzfristig überwunden werden können; sie bilden ein entsprechend heikles Risikopotenzial.

7. Koordinationsrisiken: Mangelhafte Abstimmung und Kommunikation behindern die Koordinationsaktivitäten, führen durch unnötige Tätigkeiten zu einem sinkenden Anteil wirtschaftlich wirksamer Zeit an der insgesamt bezahlten Zeit und schwächen so die wirtschaftliche Kraft unseres Unternehmens.

Eventualrisiken:Unabhängig von den Ausgabenarten gibt es Gefahren aus dem Umfeld – z. B. Elementargewalten, richterliche Grundsatzentscheidungen oder Gesetzgebungen, die unser Unternehmen insgesamt betreffen und deswegen zumindest zum Zeitpunkt der Erfassung keiner der drei anderen Risikoklassen eindeutig zugeordnet werden können. Es ist auch denkbar, dass bspw. Gewährleistungskosten, Belastungen aus Klagen, Vertragsstrafen oder möglichen Verluste absehbar, aber dennoch nicht eindeutig zu bestimmen oder zuzuordnen sind, weil ihre »Existenz durch das Eintreten oder Nichteintreten eines oder mehrerer unsicherer künftiger Ereignisse erst noch bestätigt wird, die nicht vollständig unter der Kontrolle des Unternehmens stehen ... oder die Höhe der Verpflichtung nicht ausreichend verlässlich geschätzt werden kann«[12].

11) Prusak, L.2006, S. 108 f
12) vgl. ABl. Nummer L 261/320, 2003; IAS 37.10

In dieser Risikoklasse werden also Gefahren erfasst,

- die in irgendeiner Weise auf Geschäftsvorfällen der Unternehmung beruhen,
- in der Lage sind, aktivierte Nutzenpotenziale zu beeinträchtigen
- oder Ausgaben zu generieren, die das potenzielle Eigenkapital vermindern, aber gleichzeitig aus verschiedenen Gründen nicht bzw. noch nicht eindeutig bestimmt bzw. den anderen Risikoklassen zugeordnet werden können.

2.3 Varianten des Umgangs mit Risiken

Ein Risiko ist keine fixierte Größe; es kann aktiv beeinflusst werden. Insofern ist die Bewertung von Risikopotenzialen abhängig vom Umgang unseres Unternehmens mit seinen Risiken (siehe Abbildung 2.5).

Unvermeidliche Risiken muss das Unternehmen tragen; aber nicht alle Risiken sind unvermeidlich. Wir können die Risiken je nach Eintrittswahrscheinlichkeit und Auswirkung beobachten, wir können Risiken mindern oder diversifizieren; wir können Risiken transferieren; wir können Vorsorge

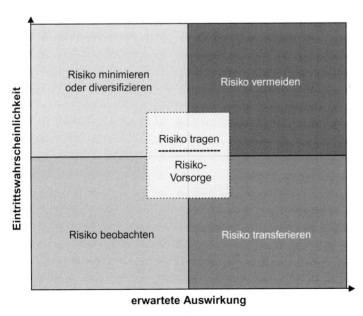

Abb. 2.5: Varianten des Umgangs mit Risiken

treffen gegen Risiken oder sie vermeiden. Und je nach Art des Umgangs ergeben sich unterschiedliche Konsequenzen für die Bewertung und die Berücksichtigung adäquater Reservebildung bei der Formulierung des Rentabilitätsanspruchs:

- *Unvermeidliche Risiken* sind bspw. durch vertragliche Verpflichtungen oder Vereinbarung mit ähnlich verbindlichem Status festgelegte Auszahlungsströme, deren Eintreffen sowohl der Höhe als auch dem Zeitpunkt nach definiert und bekannt ist oder für die eindeutige Regeln gelten, nach denen Höhe und Zeitpunkt festgelegt werden. Derartige Risiken unterliegen nicht den anderen Umgangsmöglichkeiten; ihr Potenzial ist in voller Höhe zu bewerten und muss getragen werden, solange die Unternehmung existiert. In diese Kategorie sind z. B. Verbindlichkeiten aus Lieferungen und Leistungen, Kapitaldienste oder durch Beschluss definierte Ausschüttungen einzuordnen, sofern keine Sonderregelungen den Status der Unvermeidlichkeit einschränken.

  Als unvermeidliches Risiko können aber auch Forderungen angesehen werden, die weder dinglich noch in irgendeiner anderen Weise gesichert sind. Die Unvermeidlichkeit gilt zwar faktisch erst dann, wenn der Schuldner insolvent ist und die Gläubiger mangels Masse keine Quote erwarten dürfen. Aber dieser Fall kann bei ungesicherten Forderungen nicht ausgeschlossen werden; insofern ist ihr Ausfallpotenzial ebenfalls in voller Höhe zu bewerten. Denn sobald Forderungen vorliegen, wurde ein entsprechendes Nutzenpotenzial bereits als Umsatz und damit als potenzielles Eigenkapital erfasst. Bei unterlassener Bewertung der Forderungen als Risikopotenzial würde ein falsches Bild der Relation beider Seiten entstehen.

  Das gilt analog auch für andere Kapitalprozesse, deren Nutzenpotenziale in irgendeiner Weise aktiviert werden. Ihr Ausfallpotenzial ist – sofern keinerlei Sicherungen vorliegen – in voller Höhe zu bewerten.

  Wenn sie gesichert sind, ist das verbleibende Restrisiko zu bewerten.

  Schließlich gilt die Aussage auch für alle ungesicherten Risiken der Leistungs- und Zukunftsprozesse. Allerdings ist hier auf die o.g. Einschränkung zu verweisen, dass ein zu bewertendes Risiko nur dann vorliegt, wenn ein komplementäres Nutzenpotenzial aktiviert wird. Bei Leistungsprozessen sind derartige Risiken neben den Forderungen bspw. gesetzlich oder vertraglich festgelegte Haftungs- oder Gewährleistungsansprüche, die an gebuchte Umsätze gebunden sind. Bei Zukunftsprozessen sind das alle ungesicherten Gefährdungen, die mit aktivierten

Zukunftsausgaben zusammenhängen und durch Gesetze oder vergleichbare Bestimmungen verbindlich geregelt sind.

- *Beobachtete Risiken* werden ebenfalls in voller Höhe von der Unternehmung getragen und sind entsprechend zu bewerten. Hier handelt es sich aber nicht um unvermeidliche Risiken, sondern um solche, deren Eintrittswahrscheinlichkeit und zu erwartende Auswirkungen so geringfügig eingeschätzt werden, dass risikobegrenzende Maßnahmen nicht sinnvoll erscheinen. Die überwiegende Zahl der ungesicherten Risiken aus Leistungs- und Zukunftsprozessen dürfte dieser Kategorie zuzurechnen sein. Dazu zählen auch die Restrisiken, die nach der Umsetzung risikobegrenzender Maßnahmen verbleiben; denn mit den Maßnahmen ist ja das Ziel verbunden, in den tragbaren Risikobereich zu gelangen.

  In diesem Kontext muss dem Gebot der Wesentlichkeit Geltung verschafft werden; sobald die Aufwendungen für detaillierte Risikoeinschätzungen größer werden als die erfassten Risiken selber, kann darauf verzichtet werden und eine Bewertung auf der Grundlage von Pauschaleinschätzungen erfolgen.

- *Geminderte Risiken* entstehen dann, wenn die Auswirkungen bestimmter Gefahren begrenzt oder die Wahrscheinlichkeit ihres Eintretens herabgesetzt werden können[13]. »So lässt sich beispielsweise die Höhe eines möglichen Forderungsausfalls durch die Einführung eines Limits ... begrenzen ... Die Einführung eines effektiven Mahnsystems ... reduziert dagegen die Zahl der Forderungsausfälle und somit die Wahrscheinlichkeit des Schadeneintritts«[14]. Die Möglichkeiten der Risikominderung sind vielfältig; sie können sowohl technischer als auch vertraglicher, finanzieller oder organisatorischer Art sein[15]. Maßnahmen dieser Art erscheinen dann sinnvoll, wenn die Auswirkungen von Risiken eher gering aber die Eintrittswahrscheinlichkeit hoch eingeschätzt werden.

  Sobald die Minderungsmaßnahmen in Kraft treten, sind die entsprechenden Risikopotenziale auch nur in ihrer geminderten Höhe zu bewerten; entweder erfolgt das bereits mit der Eingangserfassung – anderenfalls ist eine Korrektur vorzunehmen. Die mit den Maßnahmen verbundenen Ausgaben sind den jeweiligen Ausgabenarten zuzuordnen.

- Das *Diversifizieren von Risiken* ist eine Alternative zur Risikominderung. Diese Möglichkeit ist gegeben, sofern ein Risiko räumlich, objektbezogen oder personell verteilt werden kann und die Teilrisiken danach so entflochten sind, dass sie nicht mehr signifikant voneinander abhängen.

---

13) vgl. Helten, E./Bittl., A./Liebwein, P., 2000, S. 170 ff.

14) Münzel, C./Jenny, H. 2005, S. 84

15) vgl. ebenda

Für Diversifikationen gibt es eine Vielzahl von Beispielen – Verringerung von Finanzrisiken durch Streuung von Adressen bzw. Kontrahenten eines Portfolios; Streuung von Marktrisiken durch regionale und sektorale Verteilung; mehrfache Auslegung für den Produktionsprozess kritischer Maschinen oder getrennte Reisen von Schlüsselpersonen einer Unternehmung[16].

- Das *Transferieren von Risiken* ist dann geboten, wenn die erwarteten Auswirkungen hoch, die Eintrittswahrscheinlichkeit aber eher niedrig eingeschätzt werden, so dass die Möglichkeit besteht, Partner zu finden, die zum beiderseitigen Vorteil diese Risiken übernehmen. Durch die Risikoüberwälzung soll das Risiko auf ein anderes Unternehmen, meist ein Versicherungsunternehmen übertragen werden. Versicherungsmöglichkeiten existieren in einem breiten Spektrum, aber nicht alle Risiken sind versicherbar[17]. Deshalb haben sich auch andere Formen des Risikotransfers entwickelt, bspw. die vertragliche Übertragung auf einen Geschäftspartner, wenn dieser die besseren Möglichkeiten bzw. die ausschließlichen Mittel zur Einflussnahme auf eine Risikosteuerung hat. Schließlich stellt auch die Auslagerung (Outsourcing) von Geschäftsaktivitäten eine Form des Transferierens von Risiken dar. »Beim Outsourcing wird vor allem das Fixkostendeckungsrisiko auf andere Marktteilnehmer verlagert, indem Fixkosten in variable Kosten umgewandelt werden«[18].

  Der Risikotransfer erfordert zusätzliche Ausgaben in Form von Versicherungsprämien bzw. zur Bezahlung der bezogenen Leistungen, die zur Reduzierung der Risikopotenziale ins Verhältnis gesetzt werden müssen, um eine Entscheidung zu rechtfertigen. Allerdings ist bei der Übertragung oder Auslagerung von Geschäftsaktivitäten darauf zu achten, dass nicht neue Risiken bspw. im Bereich der Logistik oder der Qualitätssicherung oder durch strategische Abhängigkeiten entstehen, die verdeckte – weil an anderer Stelle auftauchende – Ausgaben nach sich ziehen. Wenn sie in den Vergleich mit der Risikoreduzierung nicht einbezogen werden, besteht die Gefahr intransparenter Daten, die zu mangelhaften Informationen und in der Folge zu für unser Unternehmen nachteiligen Entscheidungen führen können.

- *Risikovermeidung* muss dann angestrebt werden, wenn sowohl Eintrittswahrscheinlichkeit als auch erwartete Auswirkungen hoch eingeschätzt werden und es wenig Chancen gibt, die Risikopotenziale durch eine der

16) vgl. ebenda
17) vgl. Helten, E./Bittl., A./Liebwein, P., 2000, S. 179 f.
18) Münzel, C./Jenny, H., 2005, S. 85

vorstehend beschriebenen Möglichkeiten zu reduzieren. Allerdings sind dem die Nutzenpotenziale gegenüberzustellen, die in diesem Falle nicht genutzt werden können; denn das Vermeiden von Risikopotenzialen erfordert zugleich den Verzicht auf die komplementären Nutzenpotenziale – wenn die einen nicht getragen werden sollen, kann man die anderen nicht nutzen. Solange letztere nicht all zu attraktiv erscheinen, fällt die Entscheidung zur Risikovermeidung nicht schwer. Werden die Nutzenpotenziale dagegen auch hoch bewertet, ist eine Abwägung erforderlich. Das Ergebnis wird dabei einerseits stark beeinflusst von den im Unternehmen geltenden Regeln – d.h. honoriert das Umfeld der Führungskräfte eher risikobewusstes oder eher vorsichtiges Verhalten – und andererseits von den vorhandenen Reserven.

- *Risikovorsorge* ist daher ein wesentlicher Baustein, der die Entscheidungen hinsichtlich aller anderen Verhaltensweisen im Umgang mit Risiken beeinflusst; der Umfang der durch Vorsorge gebildeten Reserven setzt einerseits den Rahmen für die Möglichkeiten einer Unternehmung, die aus Maßnahmen des Risikomanagements entstehenden Aufwendungen zu bewältigen und andererseits für die Fähigkeiten, verbleibende Risiken ohne die Gefahr zu tragen, im Schadensfall die eigene Existenz zu bedrohen[19].

  Insofern erfordert Risikovorsorge die bewusste Einbindung des Risikomanagements in die Bemessung des Rentabilitätsanspruches, um die Risikoreserve in adäquater Weise bilden und halten zu können.

Die verschiedenen Varianten des Umgangs mit Risiken sind kombinierbar und bilden in ihrer Gesamtheit den Kern des Risikomanagements einer Unternehmung. Doch das Risikomanagement darf nicht für sich allein stehen: Weil es die Grenzen setzt für das Volumen der verfügbaren Nutzenpotenziale, bildet es stets die komplementäre Seite zum Chancen-Management.

> Deshalb sind beide Seiten der Potenziale immer zugleich zu bewerten; nur auf diese Weise kann ihr untrennbarer Zusammenhang stets transparent gehalten und gestaltet werden.

»Entsprechend setzt sich eine neue Sichtweise der Beziehung von Risiko und Vorteil durch. Auch wenn Manager hier nach wie vor eine Entweder-oder-Frage sehen, ist das kreative Risikomanagement bereits dahin gekom-

---

19) vgl. ebenda

men, dass Unternehmen in beiden Bereichen besser werden können, vorausgesetzt, sie bringen ein gutes Geschäftsmodell mit«[20].

2.4 Geschäftsmodell und Balanced Scorecard mit dem Chancen- und Risikomanagement verbinden

2.4.1 Das Geschäftsmodell als Grundlage des Chancen- und Risikomanagements

Die Grundlage jeder wirtschaftlichen Tätigkeit kann durch drei Fragen umrissen werden:

- Wer sind unsere *Kunden* und worin bestehen ihre Kernbedürfnisse? Diese Frage ist nicht immer leicht zu beantworten, insbesondere wenn Handelspartner den Austausch mit Endkunden vermitteln.
- Mit welcher Kernkompetenz sind wir in der Lage, für die Kernbedürfnisse unserer Kunden eine *rentable Lösung* zu finden? Rentabel bedeutet dabei nicht nur, dass die Einnahmen die Ausgaben decken, sondern dass wir unserem Rentabilitätsanspruch gerecht werden.
- Worin besteht unsere *Einzigartigkeit* – d.h., bei welchen Parametern unserer Produkte und Leistungen, die unsere Kunden als besonders wichtig ansehen, sind wir besser als alle anderen Alternative?

Wir konkurrieren dabei nicht nur mit gleichen Produkten und Leistungen, wenn ein Bedürfnis auf verschiedene Art befriedigt werden kann: Durst kann bspw. durch Wasser, Milch, Obstsaft oder Bier gelöscht werden; dem Bedürfnis nach Mobilität kann durch Auto, Bus, Bahn oder Flugzeug entsprochen werden.

Mit den Antworten skizzieren wir unser Geschäftsmodell, wobei wir noch die Abhängigkeiten zu berücksichtigen haben, in denen wir uns befinden. Das sind vor allem Abhängigkeiten von Interessengruppen (Stakeholder), die neben den Kunden maßgeblichen Einfluss auf unsere Handlungsfähigkeit ausüben und daher einen relevanten Faktor für unser Unternehmen bilden:

[20] Slywotzky, A. J./Drzik, J., 2005, S. 53

- Führungskräfte und Mitarbeiter,
- Investoren und Banken,
- Lieferanten und Kooperationspartner,
- regionale Vertreter der Standorte unseres Unternehmens und Repräsentanten des Staates.

Ein Geschäftsmodell verfolgen wir unabhängig davon, ob wir es formulieren oder nicht. Es ist jedoch von Vorteil, sich mit diesen Fragen explizit zu befassen, weil sie im Grunde bereits das gesamte Feld der für unser Unternehmen relevanten Chancen und Risiken abstecken. Dazu müssen wir die Formulierung des Geschäftsmodells verbinden mit der Einschätzung des mit ihm verbundenen Umsatz- und Margenpotenzials.

Das Umsatzpotenzial kann entsprechend der Spezifik unseres Geschäfts entweder nach A-, B- und C-Kunden oder bei Massenwaren nach signifikant zu unterscheidenden lokalen Märkten eingeschätzt werden (siehe Abbildung 2.6).

Bereits die Bestimmung des Umsatzpotenzials können wir mit einer Risikoeinschätzung verbinden. Dabei sind zwei Redundanzen als Risikoreserve zu beachten:

- Die erste Redundanz liegt in der den Zielwert übersteigenden Abschätzung möglicher Zulieferungen. In obigem Beispiel verbinden wir unser Geschäftsmodell mit einem Zielumsatz für einen bestimmten Zeitpunkt in Höhe von 200 Mio. Euro. Das Auftragsrisiko wird mit 20 Prozent angesetzt. Somit benötigen wir eine Konkretisierung für ein Umsatzpotenzial von 240 Mio. Euro, wenn wir unseren Zielwert erreichen wollen.
- Die zweite Redundanz bezieht sich auf das Risiko späterer Ausgaben, die mit dem Umsatz verbunden sein können (vgl. Kapitel 2.2.2 und Abbildung 2.3). Soweit dieses Risiko durch geeignete Maßnahmen verringert werden kann, sind die entsprechenden Ausgaben bei der Einschätzung des Margenpotenzials zu berücksichtigen. Das verbleibende Nettorisiko erhöht den Rentabilitätsanspruch für die Folgejahre, um eine adäquate Reservebildung zu ermöglichen.

Das Margenpotenzial ergibt sich aus dem Umsatzpotenzial einerseits und dem Rentabilitätsanspruch andererseits. Es kann mithilfe einer stufenweisen Deckungsbeitragsrechnung nach Segmenten entsprechend dem vorgesehenen Produkt- und Leistungsportfolio konkretisiert werden. Mit der Bestimmung des Rentabilitätsanspruches, wie er weiter oben beschrieben wurde (vgl. Kapitel 2.2.2 und Abbildung 2.4), ist eine Risikoeinschätzung

Geschäftsmodell und Balanced Scorecard mit dem Chancen- und Risikomanagement verbinden

Istumsatz: 156 Mio € / Zielumsatz: 200 Mio € / Risiko: 20% / erforderliches Umsatzpotenzial **240 Mio €**			Zuliefer-bedarf des Kunden IST Mio € [1]	Zuliefer-Anteil unseres Unternehmens IST % [2]	Entwicklung von [1] Einschätzung % [3]	Entwicklung von [2] SOLL % [4]	Umsatz-potenzial Einschätzung Mio € [1]*[2]*[3]*[4]
A-Kunden nach Einzelkunden und Segmenten	Segment I	K 1	55,0	50%	10%	9%	33,0
		K 2	50,0	42%	5%	7%	23,6
		K 3	40,0	40%	7%	6%	18,1
	Segment II	K 4	60,0	55%	3%	2%	34,7
		K 5	30,0	50%	5%	5%	16,5
	Segment III	K 6	25,0	50%	10%	3%	14,2
		K 7	25,0	30%	5%	5%	8,3
		K 8	20,0	25%	5%	3%	5,4
B- Kunden nach Segmenten	Segment I		20,0	15%	3%	5%	3,2
	Segment II		35,0	30%	5%	4%	11,5
	Segment III		20,0	25%	2%	5%	5,4
C-Kunden ein Block			15,0	20%	3%	3%	3,2
Istumsatz			*156 Mio €*				
Interessenten / zu gewinnende Neukunden			Einschätzung / Erwartung				
		I 1	70,0	40%			28,0
		I 2	50,0	35%			17,5
		I 3	25,0	50%			12,5
pauschale Zielsetzung			50,0	10%			5,0
						Gesamt	**240,0**

Abb. 2.6: Beispiel für die Einschätzung des Umsatzpotenzials

unmittelbar verbunden, die ggf. an die anvisierten Umsatzentwicklungen angepasst werden muss.

Sowohl bei der Einschätzung des Umsatz- als auch des Margenpotenzials geht es nicht um eine detaillierte Planung sondern um ein Antizipieren der Entwicklung unter Einbeziehung strategischer Zielstellungen für die Zukunft. An dieser Stelle setzt die Balanced Scorecard an.

2.4.2 Mit der Balanced Scorecard das Chancen- und Risikomanagement umsetzen

Die Balanced Scorecard, wie wir sie seit vielen Jahren erfolgreich praktizieren, ist ein universelles Instrument zur Ausrichtung des Handelns einer Gruppe von Menschen auf ein gemeinsames Ziel. Mit ihr beantworten wir die Frage » *Was ist jetzt zu tun, um das Geschäftsmodell zu realisieren?* «

Denn die Zukunft existiert noch nicht. Das einzige, was wir für sie tun können, ist heute jene Möglichkeiten und Fähigkeiten zu entwickeln, von denen wir erwarten, dass wir sie für unseren zukünftigen Erfolg benötigen. Also müssen wir für einen überschaubaren Zeitraum festlegen, welche *Schwerpunkte* sich aus dem Geschäftsmodell für das *gegenwärtige* Handeln ergeben.

Das beginnt mit der gemeinsamen Festlegung von

- einem *Leitziel* (Was wollen wir erreichen mit dem, was wir *jetzt* für die Zukunft tun?),
- einem *Leitbild* (Wie wollen wir gesehen werden, wenn wir unser Leitziel erreichen?) und
- einer *Leitkennzahl* (Woran wollen wir erkennen und messen, dass wir unser Leitziel erreichen?).

Für Leitziel und Leitbild werden oftmals auch die Begriffe Vision und Mission verwendet. Wir haben die Erfahrung gemacht, dass es gerade in kleinen und mittleren Unternehmen sinnvoller ist, die deutschen Worte zu verwenden und sich diesbezüglich auf ein gemeinsames Verständnis zu einigen. Kommunikation scheitert oftmals daran, dass Begriffe nicht eindeutig definiert werden und wir daher mit denselben Worten aneinander vorbei reden. Weil wir zwar dasselbe Wort aussprechen, aber darunter nicht dasselbe verstehen.

Mit Leitziel, Leitbild und Leitkennzahl formulieren wir die gemeinsame Klammer, die wir aus unserem Geschäftsmodell für das konkrete Handeln zur Entwicklung von Potenzialen in einem abgegrenzten, vor uns liegenden Zeitraum ableiten. Wir charakterisieren damit das für diesen Zeitraum oberste Kriterium, nach dem wir beurteilen wollen, ob ein angestrebter Nutzen strategisch relevant ist. Dabei müssen Leitziel, Leitbild und Leitkennzahl nicht die gesamte Strategie abbilden sondern den wesentlichen Schwerpunkt dessen, was wir *jetzt* tun wollen für unsere Strategie.

Um Leitziel und Leitbild in konkretes Handeln umzusetzen, müssen wir Aktionen festlegen. Und für ein zielgerichtetes Ausrichten dieser Aktionen kann es hilfreich sein, einen »Rahmen« zur Umsetzung unserer strategischen Ziele zu konstruieren. Den Handlungsrahmen »spannen« wir zwischen die Fragen:

- »Was wollen wir tun? Worauf richten wir unsere Aktionen aus?« – Bestimmen der *strategischen Themen*.
- »Mit wem bzw. für wen wollen wir es tun?« – Bestimmen der *Entwicklungsgebiete* (Perspektiven) für die Interessen jener Gruppen (Stakeholder), die wir für unser Handeln brauchen.

Bei der Bestimmung der *strategischen Themen* geht es um eine weitere Konkretisierung des Leitziels, um die Definition der Hauptrichtungen unseres unternehmerischen Tuns zur Umsetzung des Geschäftsmodells. Dabei wird auch für jedes Thema ein Ziel definiert und eine Kennzahl, an der wir messen wollen, ob wir unser thematisches Ziel erreichen.

- Zum einen, um uns zu größtmöglicher Präzisierung zu zwingen.
- Zum anderen aber auch, um unsere eigenen Fortschritte nachvollziehbar zu definieren, um uns selber die Meilensteine zu setzen, an denen wir uns messen wollen.

Dabei ist es sinnvoll, sich auf nur *wenige* Themen zu konzentrieren, die wir zu *gleicher* Zeit bearbeiten, damit wir uns nicht verzetteln. Aber es ist durchaus möglich und sinnvoll, unter demselben Dach mehrere Themen *nacheinander* umzusetzen.

Auf dem Weg der Zukunftsgestaltung ist es entscheidend, welche Interessengruppen im Firmenumfeld die angestrebten strategischen Ziele wesentlich fördern können. Um sie an unsere Strategie zu binden, werden die Stakeholder in den Prozess mit einbezogen, denn deren aktive Mitwirkung kann sehr hilfreich sein. Zudem entsteht ein deutlich geringerer Bedarf an Diskussionen, Erklärungen und Nachbesserungen. Für jede Interessengruppe definieren wir ein *Entwicklungsgebiet* (Gebiet zur Entwicklung gemeinsamer Interessen und Erfolge) mit Ziel und Kennzahl, an der wir messen wollen, ob wir unser Ziel erreichen. Dabei suchen wir solche Ziele, die den Stakeholdern in der Zusammenarbeit mit uns als Motive dienen können, aus der Vielzahl ihrer Interessen jene zu präferieren, die der Strategie unseres Unternehmens förderlich sind.

Mit den strategischen Themen und Interessensgruppen ist die Erstellung des Handlungsrahmens für die weitere Vorgehensweise abgeschlossen; und wenn wir Leitziel, Leitbild und Leitkennzahl als das gemeinsame Dach unseres Handelns im Unternehmen betrachten, haben wir – um ein einpräg-sames Bild zu nutzen – ein strategisches Haus konstruiert (siehe Abbildung 2.7).

Im strategischen Haus sind verschiedene Zimmer entstanden, die jeweils durch ein Thema und ein Entwicklungsgebiet beschrieben werden; d.h. in jedes Zimmer passen nur solche Aktionen oder Maßnahmen, die sowohl zur Erfüllung des thematischen Ziels beitragen als auch zur Erfüllung des Ent-wicklungsziel für die entsprechende Interessengruppe. Dadurch sind wir in der Lage, recht dezidierte und der jeweiligen Situation angemessene Krite-rien zu formulieren und im Führungskreis abzustimmen. Diese Kriterien dienen der Beurteilung der strategischen Relevanz von Aktionen, Maßnah-men oder Projekten und den dabei angestrebten Nutzeffekten wie den damit verbundenen Risiken. Außerdem bietet das Haus eine anschauliche Form, unsere Kriterien zu kommunizieren.

Das in diesem Zusammenhang von Friedag und Schmidt entwickelte Prinzip, jeden relevanten Inhalt (Leitbild, strategisches Thema, Entwick-lungsgebiet; im Weiteren dann auch Aktionen und Projekte) mit einem spe-zifischen Ziel und einer entsprechenden Kennzahl zu verbinden, hat sich praktisch bewährt, um strategische Orientierungen zu konkretisieren. Erst das Konkretisieren ermöglicht die Übersetzung dieser Orientierung in prak-tisches Handeln. Die Definition bzw. Beschreibung des Geschäftsmodells

	Wir steigen in die Liga auf Identifikations-Verein für die Region *Tabellenplatz*			
	Ziel **Strategische Themen** *Kennzahl*	mehr Zuwendung **Nachwuchs-förderung** *Trainerquote*	mehr Mitglieder **Mitglieder-Wachstum** *Mitglieder im Verein*	mehr Einnahmen **Merchandising/ Branding** *Umsatzpotenzial*
Entwicklungsgebiete	Engagement **Spieler** *Trainingspunkte*			
	Image **Fans** *Fanclubs*			
	Qualifikation **Mitarbeiter** *Fortbildungsquote*			
	Kontakte **Region** *Treffen*			
	Bonität **Investoren** *Innenfinanzkraft*			

Abb. 2.7: Strategisches Haus (am Beispiel eines Fußballvereins)

Geschäftsmodell und Balanced Scorecard mit dem Chancen- und Risikomanagement verbinden

gibt uns zwar eine allgemeine Vorstellung von dem, was wir erreichen wollen – sofern es treffend formuliert ist; aber es ist selten zugleich eine konkrete Anleitung zum Handeln; es muss dazu erst noch modifiziert, eben übersetzt werden. Und dabei bietet das *ZAK-Prinzip* eine gute Hilfe. Wir haben es das ZAK-Prinzip genannt, weil es zuerst bezüglich der konkreten Beschreibung von Aktionen entstanden ist: *Ziel – Aktion – Kennzahl*.

Wir können das Haus nutzen, um Ideen zu entwickeln, durch welches strategieorientierte Handeln wir die Zimmer füllen und in welcher Form (z. B. Projekte) wir die konkrete Arbeit organisieren wollen. Wir können das Haus aber auch nutzen, um bestehende oder entstehende Ideen bzw. Projekte auf ihre strategische Relevanz zu prüfen, indem wir festlegen, *was wir nicht tun wollen*. Wir können – vor allem in der zeitlichen Fortschreibung – zugleich auch darstellen, durch welche Aktionen und Maßnahmen wir die in den Zimmern geschaffenen Potenziale operativ nutzen wollen, mit welchem Ziel wir das tun und woran wir den entsprechenden operativen Erfolg messen. Aber das setzt dann schon eine kontinuierliche Arbeit mit der Balanced Scorecard voraus, wie viele erfolgreiche Beispiele zeigen.

Durch die Arbeit mit Projekten können wir die Basis der in den BSC-Prozess einbezogenen Mitarbeiter spürbar erweitern. Das ist ein Umstand, den wir bei der Verbreitung im gesamten Unternehmen als Katalysator nutzen können. Er weckt jedoch zugleich Begehrlichkeiten – die Begehrlichkeit einbezogen zu werden und selbstständig gestalten zu dürfen. Wie wir mit diesen Erwartungen umgehen, beeinflusst den nachhaltigen Erfolg einer Balanced Scorecard mehr als die vermeintliche Brillanz ihrer konzeptionellen Ausarbeitung. Denn zum Schluss wird eine Strategie nur so weit umgesetzt, wie die beteiligten Menschen bereit sind, sich das anzutun. Erwartungen können starke motivatorische Wirkungen entfalten; enttäuschte Erwartungen erzeugen demgegenüber nur Frust und damit das Ende inneren Engagements. Fehlende Sensibilität an dieser Stelle führt daher schnell zum Scheitern noch so guter strategischer Ansätze.

Es ist eine alte Erfahrung: Erfolg ist das Produkt aus Qualität und Akzeptanz[21]; beides muss in ausreichendem Maße vorhanden sein. Damit das gelingt, können wir die Balanced Scorecard als hilfreiches Instrument einsetzen. Sie ist kein Garant für den Erfolg, aber richtig angewandt, bindet sie die wichtigsten Interessengruppen in unsere strategischen Bemühungen ein, so dass die Chancen, Qualität und Akzeptanz zu verbinden, steigen. Ob wir

---

21) E (Erfolg) = Q (Qualität) x A (Akzeptanz); d.h. E = 0, wenn selbst bei bester Qualität A = 0 (und umgekehrt); ein nennenswerter Erfolg stellt sich erst ein, wenn sowohl Q als auch A nennenswerte Prozentsätze erreichen.

die Chancen nutzen, liegt an uns. Wenn wir sie aber nicht nutzen, werden sie zu Risiken, sofern unsere Wettbewerber diesbezüglich besser sind.

Die Management-Methode Balanced Scorecard wird in vielen Unternehmen als strategieorientiertes Kennzahlensystem verstanden und dementsprechend eingesetzt. Sie soll den Erfolg strategischer Arbeit messen gemäß der Regel: Was man nicht messen kann, kann man auch nicht managen[22]. Diese Regel ist sehr hilfreich. Leider wird dabei oft vergessen, dass Kennzahlen ein kleiner aber bedeutsamer Makel eigen ist – sie können weder steuern noch führen; dazu braucht es der Menschen.

Aber natürlich wollen wir das Kind nicht mit dem Bade ausschütten: Zur Unterstützung der Strategieumsetzung durch Transparenz benötigt das Controlling Kennzahlen, wobei diese im Verlauf des Strategieprozesses verschiedene Funktionen haben:

1. Verständigung auf das, was eigentlich gemeint ist: Wie häufig sprechen wir von »verbessern«, »optimieren«, ohne uns bewusst zu werden, dass jeder darunter etwas anderes verstehen kann. Mit einer Kenngröße müssen wir exakt definieren, was genau wir »verbessern« wollen.
2. Vereinbarung auf ein Ziel: Hier liegen die Vorstellungen von Menschen in den Unternehmen häufig weit auseinander. Mit dem Zielwert einer Kennzahl ist exakt beschrieben, wie hoch die Messlatte hängt.
3. Selbst-Controlling: Überprüfung, ob wir das, was wir erreichen wollen, auch erreicht haben.
4. Kommunikation intern wie extern: Wenn der Umgang mit Kennzahlen geübt ist, wenn Kennzahlen nicht als Kontroll-, sondern als Instrument der Verständigung genutzt werden, sind Kennzahlen die Basis für eine zielgerichtete Kommunikation im Unternehmen.

Noch ein Problem stellt sich in Bezug auf die meisten strategieorientierten Kennzahlensysteme: Es wird zwar von Strategie gesprochen, aber operative Ergebnisse werden gemessen. Üblicherweise finden sich auf Balanced Scorecards mehr operative als strategische Kennzahlen. Dies zu messen ist man ja auch gewohnt! Doch wer etwa Marketing am Umsatz misst, erhält Vertrieb. Marketing erzeugt Neugier, Kundenbindung, Vertragsbereitschaft – kurz gesagt: akquisitorische Potenziale und keinen Umsatz. Der Umsatz ist eine mögliche Erfolgsgröße des Vertriebs und setzt Marketing voraus, baut auf ihm auf. Aber Vertrieb ist kein Marketing und wir tun gut daran, beides zu unterscheiden. Wie viele Unternehmen kommen in krisenhafte Situati-

---

22) »You can't manage, what you can't measure.« Diese Regel stammt von Peter Drucker, dem Nestor der modernen Management-Theorie.

Geschäftsmodell und Balanced Scorecard mit dem Chancen- und Risikomanagement verbinden

onen, weil sie ihre akquisitorischen Potenziale mangels zielgerichteten Marketings vernachlässigen?

Dasselbe gilt für Mitarbeiter und Partner. Wie schön ist es, geeignete Menschen für die Bewältigung der anstehenden Aufgaben einsetzen zu können. Doch Eignungspotenziale können sich schnell entwerten, wenn wir sie nicht ständig weiterentwickeln. Dann aber entsteht die Gefahr, dass Wettbewerber an uns vorbeiziehen, weil sie einen besseren Weg gefunden haben, den Bedürfnissen der Kunden eine rentable Lösung zu bieten. Einzigartigkeit setzt auch entsprechende Eignungspotenziale voraus.

Und schließlich: die finanziellen Potenziale. Wer sich erst an seine Investoren erinnert, wenn die Erfolge ausbleiben und Liquiditätsengpässe drohen, hat zumeist einen schweren Stand. Auch hier gilt es vorzubeugen durch die langfristige und kontinuierliche Entwicklung enger und vertrauensvoller Beziehungen.

Wenn wir die Umsetzung von Strategien messen wollen, müssen wir also die Entwicklung unserer akquisitorischen, Eignungs- und finanziellen Potenziale messen. Dass die strategisch entwickelten Potenziale dann auch operativ genutzt werden müssen und der dabei erreichte Erfolg an Kennzahlen wie Umsatz, Gewinn und Kapitalverwertung gemessen wird, ist selbstverständlich – steht aber auf einem anderen Blatt. Wir sollten beide Blätter nicht vermischen, damit wir sie jedes auf seine Weise steuern können. Denn strategisches Entwickeln und operatives Nutzen von Potenzialen sind zwei verschiedene Prozesse mit differenzierten Eigenheiten. Und wir tun gut daran, ihrer jeweiligen Spezifik durch adäquate Messmethoden Transparenz zu verleihen.

Die Balanced Scorecard ermöglicht uns also sehr konkret über die zu entwickelnden Potenziale zu reden und das Handeln mithilfe von Projekten zu organisieren. Damit erhalten wir nicht nur die Möglichkeit, unser strategisches Geschäft sowohl bezüglich der erwarteten Einnahmen als auch der zugehörigen Ausgaben in die mittelfristige Planung und Budgetierung einzubinden. Wir erhalten auch die Möglichkeit, unsere im Zusammenhang mit der Erarbeitung bzw. Präzisierung des Geschäftsmodells getroffene Risikoeinschätzung bezüglich des Umsatz- und Margenpotenzials zu konkretisieren. Das gilt sowohl für die konkret anzulegenden Redundanzen als auch für die mit dem Rentabilitätsanspruch zu sichernde Reservebildung zur Risikovorsorge. Auf diese Weise kann sichergestellt werden, dass das Chancen- und Risikomanagement durchgängig als Einheit gestaltet wird.

2.5 Literatur

ABl. Nummer L 261/320 vom 13. Oktober 2003, zitiert nach IFRS-Rechtsquellen, Stand März 2005, Freiburg

Albach, H.: Zurück zum ehrbaren Kaufmann; in: WZB-Mitteilungen, Heft 100, 06/2003, S. 37–40

Ansoff, H. I.: Corporate strategy: an analytical approach to business policy for growth and expansion, New York 1965

Bundesgesetzblatt, Jahrgang 1998, Teil I, Nr. 24, ausgegeben zu Bonn am 30. April 1998

Gutenberg, E.: Grundlagen der Betriebswirtschaftslehre, Dritter Band, Berlin, 1980

Helten, E./Bittl., A./Liebwein, P.: Versicherung von Risiken; in: Dörner, D./Horváth, P./Kagermann, H.: Praxis des Risikomanagements, S. 153–191, Stuttgart 2000

Henschel, T.: Empirische Untersuchung zum Risikomanagement im Mittelstand; in: Controller Magazin, 11/2003, S. 523–527

Münzel, C./Jenny, H.: Riskmanagement für kleine und mittlere Unternehmen, Zürich/Basel/Genf 2005

Prusak, L.: Information ist nicht gleich Wissen; in: Harvard Business Manager 06/2006, S. 108–109

Slywotzky, A. J./Drzik, J.: Gefahren intelligent abwehren, in: Harvard Business Manager, 07/2005, S. 36–53

3
Rechtliche Grundlagen im Risikomanagement

Rainer Kalwait

3.1 Hintergrund der Gesetzgebung zur Rechnungslegung, Prüfung und zum Risikomanagement in Deutschland

3.1.1 Wirtschaftspolitische Hintergründe zur weltweiten Erweiterung der Rechnungslegung um Risikogesichtspunkte

Die Beschäftigung mit der Zukunft war für die Unternehmenspraxis schon immer von vergleichsweise größerer Bedeutung als die Beschäftigung mit der Vergangenheit. Nicht zuletzt wegen dieser – zumindest früher stark vergangenheitsorientierten – Orientierung der externen Rechnungslegung hat die Wichtigkeit des Zukunftsaspekts in Zentraleuropa zur Entstehung des zukunftsorientierten und unternehmenszieloffenen »Controlling« (und einer entsprechenden Unternehmensplanung) geführt. Dies ist einer der zahlreichen Gründe für den Bedeutungszuwachs des Risikomanagements in den gesetzlichen und sonstigen Vorschriften.

Ein zweiter Grund war die Erschütterung der Finanzmärkte durch zahlreiche Unternehmenszusammenbrüche, die im Kapitel 1 ausführlich beschrieben worden sind. In den USA und weltweit werden neue Anforderungen an die externe Rechnungslegung und an das Prüfungswesen gestellt. Zentrales Element einer stärker zukunftsorientierten Rechnungslegung ist ein umfassendes Risikomanagement, dem eine ganze Begriffsfamilie ähnlicher Inhalte zugeordnet werden kann, die teilweise synonym verwendet werden: Risk Management, Risiko Controlling/Risk Controlling, Risiko- und Chancen-Management, Risiko- und Chancen-Controlling, Risiko-Kontrolle, Interne und externe Kontrolle, Unsicherheitsmanagement, Risikopolitik, Risikoprüfung, Sicherungspolitik, Risikovorsorgen, Gefahrenmanagement, Risk Governance.

Die Auffassung von Risikomanagement ist in den einzelnen Gesetzeswerken, sonstigen Standards und Normen sehr unterschiedlich. Eine Zusammenstellung der gebräuchlichsten Gesetze und Vorschriften zum Risikomanagement findet sich in Abbildung 3.1, wobei die lediglich indirekt auf

Risikomanagement in der Unternehmensführung. Rainer Kalwait, Ralf Meyer, Frank Romeike,
Oliver Schellenberger und Roland Franz Erben
Copyright © 2008 WILEY-VCH Verlag GmbH & Co. KGaA, Weinheim
ISBN 978-3-527-50302-5

Hintergrund
der Gesetzgebung
zur Rechnungslegung,
Prüfung und zum
Risikomanagement
in Deutschland

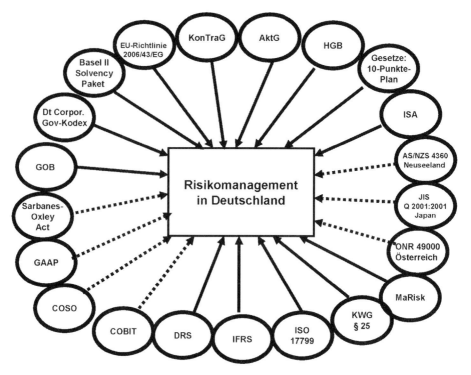

Abb. 3.1: Gesetzliche und andere Vorschriften zum Risikomanagement in Deutschland

Unternehmen in Deutschland wirkenden Vorschriften durch eine gestri-
chelte Linie markiert sind.

Seit 1998 wurden in Deutschland zahlreiche Vorschriften und Gesetze erlassen. Diese haben einerseits tiefgreifende Auswirkungen auf die externe
Berichterstattung der Unternehmen und damit auf die externe Rechnungs-
legungs- und Prüfungspraxis. Andererseits beeinflussen sie aber auch die
interne Berichterstattung und damit die Controllingpraxis der Unternehmen. Zahlreiche der im Folgenden genannten gesetzlichen Aktivitäten sind
nur verständlich vor dem Hintergrund einer Veränderung der Unternehmensberichterstattung – weg vom gläubigerschutzorientierten bzw. vor-
sichtsbasierten »Financial Accounting« (mit der Kapitalerhaltung als wichtigem Grundsatz) hin zu einem mehr investoren- bzw. kapitalmarktorientierten »Business Audit«.

Diese bedeutsame Änderung der Ziele bzw. der Inhalte der externen Unternehmensberichterstattung mit all seinen Folgen ist eine wichtige Ursache für die zunehmende Bedeutung einer prospektiven – gegenüber der bisher vorwiegend retrospektiven externen (und damit verbunden häufig auch internen) – Berichterstattung im Unternehmen. Diese deutliche Änderung der Rechtsauffassung internationaler Rechnungslegungsorganisationen, überstaatlicher Gesetzgebungsorgane und schließlich nationaler Gesetzgeber konkretisiert und materialisiert sich schließlich u.a. in einem auf die Zukunft gerichteten prospektiven Risikomanagement, welches partiell sogar noch weitergehend als ein Risiko- und (!) Chancenmanagement postuliert wird. Nach überwiegend einheitlicher Auffassung ist

1. dieses Risiko- bzw. Risiko- und Chancenmanagement vom Unternehmen bzw. seinen Vertretern einzurichten,
2. es ist intern und extern darüber zu berichten und
3. es ist intern und extern (von den Controllern und Revisoren einerseits und Wirtschaftsprüfern andererseits) zu prüfen;
4. falls es Mängel gibt, ist ein entsprechendes Testat zu versagen;
5. im Falle von erheblichen Mängeln kommen Bußgeld- und Strafvorschriften zur Anwendung.

Die Gesetzgebung und die Änderung der Grundsätze, Standards und Regeln hat sich auf mehreren Ebenen vollzogen. Hier können z.B. die Regelungskraft (Gesetze, Ausführungsbestimmungen und Verordnungen, zugehörige Regeln usw.) wie auch die angewandten Bestimmungen selbst (HGB/AktG), IFRS und US-GAAP bzw. Sarbanes-Oxley-Act und andere sachliche Kriterien (z.B. unternehmensextern und unternehmensintern, Chancen- und Risikomanagement, Durchführung, Reporting, Prüfung und Enforcement) genannt werden. Diese haben sich in mehreren zeitlichen Paketen (vor allem zwischen 1990–2002 und von 2002 bis 2007) und auf mehreren Schauplätzen (geographisch insbesondere in den USA und der Europäischen Union, innerhalb der deutschen Gesetzgebung insbesondere im Gesellschaftsrecht und im Kapitalmarktrecht) vollzogen. In Abbildung 3.2 sind drei Regelungsebenen am Beispiel eines dreidimensionalen Würfels dargestellt. Die nachfolgend beschriebenen gesetzlichen und sonstigen Vorschriften folgen dieser Logik nicht immer, so dass sich nahezu zwangsläufig Überschneidungen und Lücken ergeben.

Die wichtigsten gesetzlichen Maßnahmen sind das in Deutschland 1998 entstandene Gesetz zur Kontrolle und Transparenz im Unternehmensbereich (KonTraG), das Maßnahmenpaket »Zehn-Punkte-Plan« und auf euro-

Hintergrund
der Gesetzgebung
zur Rechnungslegung,
Prüfung und zum
Risikomanagement
in Deutschland

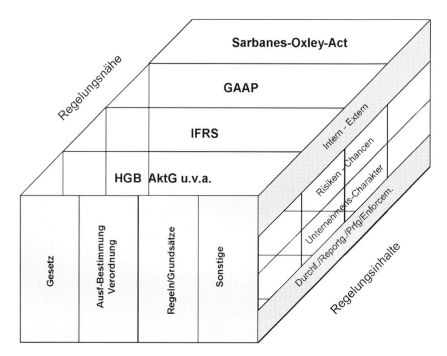

Abb. 3.2: Regelungsebenen im Risikomanagement in Deutschland

päischer Ebene zahlreiche neu entstandene oder geänderte EWG- und EG-
Richtlinien zu nennen.

3.1.2 Die beiden großen Reformschritte in der Entwicklung der gesetzlichen Grundlagen zum Risikomanagement in Deutschland

Das Gesetz zur Kontrolle und Transparenz im Unternehmensbereich
(KonTraG) ist ein umfangreiches Artikelgesetz, das am 1. Mai 1998 in Kraft
getreten ist.

Die wesentlichen Neuregelungen in Bezug auf das Risikomanagement
finden sich in Bezug auf den Vorstand im Artikel 1 des KonTraG (Änd. des
AktG in seinem § 91) unter Ziffer 9c): Danach wird ein Absatz des § 91 des
AktG angefügt, nach dem der Vorstand geeignete Maßnahmen zu treffen
hat, um den Fortbestand der Gesellschaft gefährdende Entwicklungen früh

zu erkennen. Darüber hinaus treten die erweiterten Regelungen zur Abschlussprüfung hinzu, deren Gegenstand zwar nur die Eignung der getroffenen Maßnahmen zur Risikoerkennung und nicht die inhaltliche Richtigkeit der getroffenen Maßnahmen fordert (HGB § 317 Abs. 4). Das bedeutet aber, dass in einem besonderen Teil des Prüfungsberichts nunmehr auch die zutreffende Darstellung von Risiken im Lagebericht geprüft werden muss. § 289 Abs. 1 HGB beinhaltet außerdem eine wesentliche Erweiterung der Angaben im Lagebericht. Die wesentlichen Aussagen des KonTraG bestehen damit also darin, dass ein Unternehmen a) ein Risikomanagementsystem einzurichten und zu betreiben hat, b) ein Frühwarnsystem einzurichten ist, und c) das Risikomanagement in Verbindung mit einem Überwachungssystem einzurichten ist, um die bestandsgefährdenden Entwicklungen im Unternehmen frühzeitig zu erkennen. Nach Einführung des KonTraG im Jahre 1998 hatten lediglich der Aufsichtsrat gegenüber dem Vorstand und der Abschlussprüfer gegenüber der Gesellschaft die Möglichkeit, die Anforderungen des Gesetzes durchzusetzen (internes Enforcement). Außer disziplinarischen Maßnahmen gegenüber dem Vorstand wie z. B. Nichtverlängerung der Verträge einerseits und der Verweigerung des Testats durch den Abschlussprüfer andererseits gab es keinerlei Sanktionsvorschriften. Daher wurde das KonTraG zu Recht auch als zahnloser Tiger bezeichnet. Folgerichtig wurde es später durch das BilKoG verschärft, das ein zweistufiges Verfahren der öffentlichen Prüfung und Veröffentlichung postuliert und ggf. aufgedeckte Fehler und Unrichtigkeiten mit hohen Gebühren und strafrechtlichen Sanktionen belegt. Das KonTraG hat durch die Änderung/Ergänzung des § 323 Abs. 2 HGB die Haftungsgrenze für einen Abschlussprüfer auf eine Million Euro (bzw. vier Millionen Euro bei Aktiengesellschaften, deren Aktien zum Handel im amtlichen Markt zugelassen sind) angehoben.

Durch das »Zehn-Punkte-Programm der Bundesregierung und den EU-Aktionsplan für Finanzdienstleistungen (Financial Services Action Plan) als Basis für eine grundlegende Neuausrichtung des Risikomanagements in Deutschland« war die Bundesregierung bemüht, mehr Transparenz auf dem Kapitalmarkt, aber auch in der Unternehmensberichterstattung, herzustellen. Diese Transparenz sei unerlässlich, damit die Anleger wieder größeres Vertrauen in die Aktienmärkte fassen.

Zuvor war am 28.Jan.2003 die »Richtlinie 2003/6/EG des Europäischen Parlaments und des Rates vom 28.Jan.2003 über Insider-Geschäfte und Marktmanipulation (Marktmissbrauch)« im Europäischen Parlament auf

Hintergrund
der Gesetzgebung
zur Rechnungslegung,
Prüfung und zum
Risikomanagement
in Deutschland

den Weg gebracht worden und trat am 12.Apr.2004 Tag in Kraft.[1] Auch vor der Umsetzung des Zehn-Punkte-Programms wurden zahlreiche gesellschaftsrechtliche Maßnahmen des deutschen Gesetzgebers veröffentlicht, die u.a. eine Stärkung des Anlegerschutzes und der Transparenz auf dem Kapitalmarkt ermöglichten. Dazu gehörten u. a. das »Gesetz zur Einführung der Europäischen Gesellschaft (*SEEG*)[2], das Kapitalaufnahmeerleichterungsgesetz (*KapAEG*) vom 20.April 1998[3] und das Transparenz- und Publizitätsgesetz (*TransPuG*) vom 19.Jul.2002[4] mit zahlreichen Änderungen in AktG und HGB bezüglich Rechnungslegung und Prüfung. Schließlich werden diese Gesetze noch durch Anpassungen kapitalmarktorientierter Gesetze wie Börsengesetz[5] (*BörsG*) vom 21.Juni 2002, Verkaufsprospektgesetz[6] (*VerkProspG*) vom 13.Dez.1990, Wertpapierhandelsgesetz[7] (*WpHG*)

1) Richtlinie 2003/6/EG des Europäischen Parlaments und des Rates vom 28. Januar 2003 über Insider-Geschäfte und Marktmanipulation (Marktmissbrauch) v. 12.4.2003, Amtsblatt EU L96/16 v. 12.4.2003. Als ergänzende Rechtsakte sind zu beachten: a) Richtlinie 2004/72/EG der Kommission vom 29. April 2004 zur Durchführung der Richtlinie 2003/6/EG des Europäischen Parlaments und des Rates – Zulässige Marktpraktiken, Definition von Insider-Informationen in Bezug auf Warenderivate, Erstellung von Insider-Verzeichnissen, Meldung von Eigengeschäften und Meldung verdächtiger Transaktionen: Amtsblatt EU L 162 vom 30.4.2004; b) Richtlinie 2003/124/EG der Kommission vom 22. Dezember 2003 zur Durchführung der Richtlinie 2003/6/EG des Europäischen Parlaments und des Rates betreffend die Begriffsbestimmung und die Veröffentlichung von Insider-Informationen und die Begriffsbestimmung der Marktmanipulation: Amtsblatt EU L 339 vom 24.12.2003; c) Richtlinie 2003/125/EG der Kommission vom 22. Dezember 2003 zur Durchführung der Richtlinie 2003/6/EG des Europäischen Parlaments und des Rates in Bezug auf die sachgerechte Darbietung von Anlageempfehlungen und die Offenlegung von Interessenkonflikten: Amtsblatt EU L 339 vom 24.12.2003;.

2) Gesetz zur Einführung der Europäischen Gesellschaft (Societas Europaea/SE) v. 28.12.2004, BGBl I 2004, S. 3675 ff, Bundesratsdrucksache 850/04 v. 5.11.2004, in Kraft getreten am 23.12.2004

3) Gesetz zur Verbesserung der Wettbewerbsfähigkeit deutscher Konzerne an Kapitalmärkten und zur Erleichterung der Aufnahme von Gesellschafterdarlehen v. 20.4.1998, BGBl I 1998, Seite 707 ff., (http://217.160.60.235/BGBL/bgbl1f/b198022f.pdf) gültig ab 21.4.1998 und nach seinem Artikel 5 bis zum 31.12.2004, letztmals auf das Geschäftsjahr anzuwenden, welches spätestens am 31.12.2004 endet. Mit diesem Gesetz wurden im Wesentlichen die §§ 264, 291, 292 HGB (sowie §§ 32a und 57f GmbHG) geändert bzw. ergänzt und damit kapitalmarktorientierte Mutterunternehmen mit IAS- oder US-GAAP-Konzernabschluss von der Pflicht zur Aufstellung entsprechender Abschlüsse nach HGB befreit

4) Gesetz zur weiteren Reform des Aktien- und Bilanzrechts, zu Transparenz und Publizität (Transparenz- und Publizitätsgesetz (TransPuG) v. 19.2.2002, in Kraft getreten am 20.7.2003, Art 1. (1), 12,13 und 13a am 1.1.2003 (http://217.160.60.235/BGBL/ bgbl102s2681.pdf).

5) Börsengesetz v. 21.6.2002, BGBl I 2002, S. 2010, zul. geänd. am 22. 6.2005; (http://bundesrecht.juris.de/b_rsg_2002/)

6) Wertpapier-Verkaufsprospektgesetz v. 13.12.1990, BGBl I 1990 S. 2749, in Kraft getreten am 20.12.1990 bzw. am 1.1.1991, zul. geänd. am 16.8.2005, (http://bundesrecht.juris.de/verkaufsprospektg/BJNR127490990.html)

7) Gesetz über den Wertpapierhandel (Wertpapierhandelsgesetz – WpHG) v. 9.9.1998, BGBl I, S. 2708, zul. geänd. am 22.5.2005 (http://www.bafin.de/gesetze/wphg.htm)

3 Rechtliche
Grundlagen
im Risikomanagement

vom 9.Sept.1998 und Wertpapiererwerbs- und Übernahmegesetz[8)] (*WpÜG*) vom 01.Jan.2002 ergänzt. Zu dem Maßnahmenpaket im weiteren Sinne gehören auch die kapitalmarktorientierten Artikelgesetze wie das Zweite Finanzmarktförderungsgesetz[9)] (*2.FFG*) vom 26.Jul.1994, das Gesetz zur Umsetzung von EG-Richtlinien zur Harmonisierung bank- und wertpapieraufsichtsrechtlicher Vorschriften[10)] (*HarmonisierungsG*) vom 22.Okt.1997, das Dritte Finanzmarktförderungsgesetz[11)] (*3.FFG*) vom 24.März 1998, das Finanzdienstleistungsaufsichtsgesetz[12)] (*FinDAG*) vom 22.April 2002 und das *Vierte Finanzmarktförderungsgesetz*« vom 21.Juni 2002[13)]. Seit 2003 haben die Bundesregierung und das Parlament zahlreiche Gesetzesvorhaben auf den Weg gebracht, um die in dem o.a. Zehn-Punkte-Programm vorgesehenen Maßnahmen zu realisieren und die Richtlinie des Europäischen Parlaments in nationales Recht umzusetzen. So wurden in den letzten Jahren Schritt für Schritt die einzelnen Gesetzesvorhaben umgesetzt. Im Dezember 2003 wurden das Investmentgesetz[14)] (*InvG*) und das Investmentmodernisierungsgesetz[15)] (*InvModG*) verabschiedet. Wesentliche Änderungen erlebte darüber hinaus das Wertpapiererwerbs- und Übernahmegesetz (*WpÜG*) am 23. Nov. 2003 und am 22. Sept.2005 sowie das Finanzdienstleistungsaufsichtsgesetz (*FinDAG*) am 22.Sept. 2005.

8) Wertpapiererwerbs- und Übernahmegesetz v. 1.1.2002, geändert am 23.11.2003, zul. geänd. am 22.09.2005, BGBl I 2001, Seite 3822 ff.

9) Gesetz über den Wertpapierhandel und zur Änderung börsenrechtlicher und wertpapierrechtlicher Vorschriften – Zweites Finanzmarktförderungsgesetz (2.FFG) v. 26.07. 1994, BGBl I 1994, S. 1749 ff.

10) Gesetz zur Umsetzung von EG-Richtlinien zur Harmonisierung bank- und wertpapieraufsichtsrechtlicher Vorschriften v. 22.10.1997, BGBl I 1997, S. 2518 ff, in Kraft getreten am 23,10.1997 bzw. 1.1.1998

11) Gesetz zur weiteren Fortentwicklung des Finanzplatzes Deutschland (Drittes Finanzmarktförderungsgesetz) v. 24.3.1998, BGBl. I 1998, S. 529 ff.

12) Gesetz über die Bundesanstalt für Finanzdienstleistungsaufsicht (Finanzdienstleis-

tungsaufsichtsgesetz – FinDAG) v. 22.04.2002, zul. geänd. am 22.09.005, in Kraft getreten am 23.04.2002, (http://www.bafin.de/gesetze/findag.htm)

13) Gesetz zur weiteren Fortentwicklung des Finanzplatzes Deutschland v. 21.06.2002, BGBl I 2002, Seite 2010 ff.

14) Investmentgesetz (InvG) v. 15.12.2003, BGBl I 2003 S. 2676 ff., zul. geänd. am 22.06.2005 (http://www.bafin.de/gesetze/invg.htm)

15) Gesetz zur Modernisierung des Investmentwesens und zur Besteuerung von Investmentvermögen (Investmentmodernisierungsgesetz) vom 15.12.2003, in Kraft getreten am 16.12.2003 bzw. in Teilen am 1.1.2004 bzw. 1.1.2005.

Hintergrund
der Gesetzgebung
zur Rechnungslegung,
Prüfung und zum
Risikomanagement
in Deutschland

- **Gesetz zur Verbesserung des Anlegerschutzes (Anlegerschutzverbesserungsgesetz – AnSVG) vom 28. Okt. 2004**

  Im Juli 2004 wurde das Anlegerschutzverbesserungsgesetz (*AnSVG*) vom Bundestag verabschiedet[16], am 28. Oktober unterzeichnet, am 29. Okt. verkündet und am 30. Oktober 2004 in Kraft gesetzt. Mit dem Anlegerschutzverbesserungsgesetz wurde einerseits die o.a. EU-Marktmissbrauchsrichtlinie vom 29. Apr. 2004 und andererseits eine Prospektpflicht für so genannte Nichtwertpapieranlagen des Grauen Marktes eingeführt. Hierfür waren verschiedene Änderungen des Wertpapierhandelsgesetzes (WpHG) erforderlich. Maßgebend für die Ausgestaltung waren insbesondere die Entwürfe und Vorarbeiten der Bundesanstalt für Finanzdienstleistungen im so genannten Emittentenleitfaden, mit dem sie die den Emittenten von Wertpapieren die künftige Verwaltungspraxis der BaFin zu Ad-hoc-Publizität, Insiderpapieren und Insiderhandelsverboten sowie Director's Dealing, Marktmanipulationen und dem neuen Insiderverzeichnis dargelegt hatte.

- **Gesetz zur Einführung internationaler Rechnungslegungsstandards und zur Sicherung der Qualität der Abschlussprüfung (Bilanzrechtsreformgesetz – ARAG) vom 4. Dez. 2004[17]**

  Mit diesem Gesetz wird Punkt 5 des Maßnahmenkataloges umgesetzt. Im Mittelpunkt dieses Gesetzes steht die Einführung der IAS/IFRS-Rechnungslegung für Einzel- und Konzernabschlüsse mit den Vorschriften für die erweiterten Angaben im Anhang und im Lagebericht sowie die neu definierten Schwellenwerte für die Erleichterungen von kleinen und mittelgroßen Unternehmen erhöht. Einen ausdrücklichen Risikobezug führt das Bilanzrechtsreformgesetz mit der Forderung ein, im Lagebericht die wesentlichen Ziele und Strategien des Unternehmens zu benennen und die »voraussichtliche Entwicklung mit ihren wesentlichen Chancen und Risiken zu beurteilen und zu erläutern.« Ein weiterer wesentlicher Gesichtspunkt dieses Gesetzes besteht in der Verstärkung der Unabhängigkeit des Abschlussprüfers durch eine Begrenzung der mit einer Abschlussprüfung zu vereinbarenden bzw. nicht zu vereinbarenden Beratungstätigkeiten.

16) Anlegerschutzverbesserungsgesetz (AnSVG) v. 1.7.2004, in Kraft getreten am 30.10.2004, BGBl 2004 I, S. 2630 ff.

17) Gesetz zur Einführung internationaler Rechnungslegungsstandards und zur Sicherung der Qualität der Abschlussprüfung (BilReG) v. 04.12.2004, in Kraft getreten am 10.12.2004, BGBl. 2004 I, S. 3166 ff.

- **Gesetz zur Kontrolle von Unternehmensabschlüssen (Bilanzkontrollgesetz – BilKoG) vom 15. Dez. 2004**[18]

  Mit dem Bilanzkontrollgesetz wird Punkt 6 des Maßnahmenkataloges vom Parlament umgesetzt, mit dem Bilanzmanipulationen im zweistufigen Enforcement-Verfahren zur Aufdeckung von Unregelmäßigkeiten und Fälschungen vorbeugend entgegengewirkt werden soll. Dazu wird die so genannte unabhängige »Prüfstelle für Rechnungslegung e.V. (DRP)« eingeführt. Dieses von den Fachministern der Finanzen und der Justiz anerkannte, privatrechtliche Gremium soll die Jahres- bzw. Konzernabschlüsse sowie die Lageberichte bzw. Konzernlageberichte der in- und ausländischen Unternehmen überprüfen, deren Wertpapiere am amtlichen oder geregelten Markt einer deutschen Börse zugelassen sind. Die Prüfstelle wird stichprobenweise tätig bzw. bei Verdacht auf Unregelmäßigkeiten oder auf Verlangen der Finanzdienstleistungsaufsicht (BaFin) eingeschaltet. Die betroffenen Unternehmen haben die Möglichkeit, an der Prüfung mitzuwirken. Falls sie das nicht tun oder mit den Ergebnissen der Prüfstelle nicht einverstanden sind, kann die Finanzdienstleistungsaufsicht – als zweite Stufe des Enforcementverfahrens – eine Prüfung und eine Veröffentlichung der beanstandeten Tatbestände kraft Gesetzes erzwingen.

- **Gesetz zur Fortentwicklung der Berufsaufsicht über Abschlussprüfer in der Wirtschaftsprüferordnung (Abschlussprüferaufsichtsgesetz – APAG) vom 27. Dez. 2004**[19]

  Es führt primär die berufsstandunabhängige Aufsicht entsprechend des amerikanischen Public Company Accounting Oversight Boards (PCAOB) in Deutschland ein. Dabei übernimmt die Wirtschaftsprüferaufsichtskommission die öffentliche Aufsicht über die Wirtschaftsprüferkammer (WPK). Auch dieses Gesetz ist Teil der Maßnahmen aus Punkt 5 des Maßnahmenkataloges. Andererseits werden mit dieser Vorschrift die Regelungen zur obligatorischen Qualitätskontrolle des Berufsstandes der Wirtschaftsprüfer verschärft (Peer Review).

[18] Gesetz zur Kontrolle von Unternehmensabschlüssen (BilKoG), v. 30.11..2004, in Kraft getreten am 16.12.2004; BGBl 2004 I, S. 3408 ff.

[19] Gesetz zur Fortentwicklung der Berufsaufsicht über Abschlussprüfer in der Wirtschaftsprüferordnung (Abschlussprüferaufsichtsgesetz – APAG), v. 27. 12.2004, in Kraft getreten am 28.12.2004, BGBl 2004 I, S. 3849 ff.

101

Hintergrund
der Gesetzgebung
zur Rechnungslegung,
Prüfung und zum
Risikomanagement
in Deutschland

- **Gesetz über die Offenlegung der Vorstandsvergütungen (Vorstands-vergütungs-Offenlegungsgesetz – VorstOG) vom 3. Aug. 2005**[20]

  Mit diesem Gesetz wurde die bereits jetzt bestehende summarische Offenlegungspflicht für die Vorstandsmitglieder unter namentlicher Zuordnung individualisiert – und zusätzlich aufgegliedert nach erfolgsunabhängigen und erfolgsabhängigen Vergütungsbestandteilen sowie Komponenten mit langfristiger Anreizwirkung – ausgewiesen werden muss[21]. Auch für frühere Vorstandsmitglieder und ihre Hinterbliebenen wird der individuelle Ausweis gefordert, allerdings ohne die vorgenannte Aufgliederung. Davon kann nur in besonderen Ausnahmefällen abgewichen werden, nämlich wenn die Hauptversammlung mit mindestens drei Viertel des bei der Beschlussfassung vertretenen Kapitals entsprechendes beschließt.

- **Gesetz zur Einführung von Kapitalanleger-Musterverfahren (Kapitalanleger-Musterverfahrensgesetz vom 16. Aug. 2005**

  Der Bundestag hat hiermit sowohl das *Gesetz über Musterverfahren in kapitalmarktrechtlichen Streitigkeiten (Kapitalanleger-Musterverfahrensgesetz – (KapMuG)*, welches im Art. 1 enthalten ist, als auch damit verbundene wichtige Änderungen der Zivilprozessordnung, des Gerichtsverfassungsgesetzes und des Gerichtskostengesetzes (Art. 2 bis Art. 8) sowie einiger weiterer Gesetze geregelt. Mit dem Gesetz bezüglich Schadenersatzklagen von Kapitalanlegern hat das Parlament mit dem dort vorgeschriebenen Musterverfahren die Prozesslage für kollektive Haftungsklagen geschädigter Anleger[22] deutlich verbessert. Der Grundgedanke besteht darin, dass unzutreffende Darstellungen von Unternehmen oder dessen Vertretern auf dem Kapitalmarkt in der Summe sehr große Schäden verursachen können, obwohl der Einzelschaden eines einzelnen Anlegers vergleichsweise gering ausfallen kann. Dies hatte bisher zur Folge, dass viele Anleger vor einer juristischen Auseinandersetzung zurückschreckten. Durch die neue Möglichkeit eines Musterverfahrens vor einem Oberlandesgericht mit einer Bindungswirkung für alle anderen anhängigen Verfahren wird einerseits das Prozesskostenrisiko für die Anleger begrenzt und andererseits werden die Gerichte entlastet, die sich ihrerseits auf den Ausgang des Musterverfahrens stützen können. Zum Dritten kann auch das beklagte Unternehmen seine Aktivitäten zur Abwehr der Klage ebenfalls in dem Musterverfahren bündeln.

---

20) Gesetz zur Offenlegung von Vorstandsvergü-tungen (Vorstandsvergütungs-Offenlegungsgesetz – VorstOG) vom 3. August 2005, BGBl 2005, Teil I, S. 2267.

21) ebenda

22) wegen falscher Kapitalmarktinformationen

Mit diesem Gesetz wurde der Punkt 2 des Maßnahmenkataloges der Bundesregierung abgearbeitet.

- **Gesetz zur Unternehmensintegrität und Modernisierung des Anfechtungsrechts (UMAG) vom 22. Sept. 2005**

Als Schlusspunkt des Zehn-Punkte-Programms der Bundesregierung ist das »Gesetz zur Unternehmensintegrität und Modernisierung des Anfechtungsrechts« (*UMAG*) vom 22. September 2004 in Kraft getreten. Durch das Artikel-Gesetz wird das Aktiengesetz geändert, um das Vertrauen der Kapitalanleger in die Integrität, Stabilität und Transparenz der Aktienmärkte zu vergrößern. So wird in einem ersten Schritt mit dem neuen § 123 AktG der Stichtag für die Legitimation des Aktionärs – sofern dies nach der Satzung notwendig ist – auf den 21. Tag vor der Hauptversammlung festgelegt. Die Modernisierung des Systems zur Stimmrechtsausübung soll dazu führen, dass wieder mehr Aktionäre bereit sind, ihre Stimme in der Hauptversammlung auszuüben. In einem weiteren Schritt wird mit diesem Gesetz auch die Klagedurchsetzung durch eine Aktionärsminderheit erleichtert, indem nach dem neu eingefügten § 127a AktG im elektronischen Bundesanzeiger ein Aktionärsforum für klagewillige Aktionäre eingerichtet wird und nach § 148 AktG ein geordnetes Klagezulassungsverfahren für Kleinanleger zur Vermeidung eines Missbrauchs eingeführt wird. So wird mit diesem Gesetz schließlich auch noch Punkt 1 des Maßnahmenkataloges der Bundesregierung umgesetzt. Damit sind bis auf wenige Ausnahmen die zehn Punkte des oben genannten Programms der Bundesregierung und die meisten Vorgaben der EU-Richtlinie umgesetzt.

Diese Maßnahmen zur Verbesserung der Transparenz der Kapital- und Finanzmärkte, Fortentwicklung der Bilanzregeln und deren Anpassung an internationale Standards, Verbesserung der Risiken der Anlagen, Sicherstellung der Verlässlichkeit von Unternehmensbewertungen durch Finanzanalysten und Rating-Agenturen haben auch zu der Neuausrichtung der Vorschriften zum Risikomanagement und Risikocontrolling beigetragen, die sich insbesondere in der Neufassung des § 289 HGB und § 90 f AktG manifestiert.

Später sollte ursprünglich eine Ergänzung durch ein Kapitalinformationshaftungsgesetz (*KapInHaG*)[23] erfolgen, welches aber weiterhin ver-

---

23) Gesetz zu Schadensersatzklagen von Kapitalanlegern (Kapaitalanleger-Musterverfahrensgesetz KapMuG) v. 16.08.2005, in Kraft getreten zum 17.8. bzw. 1.11.2004, BGBl. I v. 19.08.2005, S. 2437 ff.

103

Hintergrund
der Gesetzgebung
zur Rechnungslegung,
Prüfung und zum
Risikomanagement
in Deutschland

schoben wurde. Das *Prospektrichtlinie-Umsetzungs-Gesetz*[24)] und das *Wertpapierprospektgesetz*[25)] (*WpPG*) wurden schließlich am 22.Juni 2005 eingeführt. Das *Übernahmerichtlinie-Umsetzungsgesetz*[26)] 8. Jul. 2006 ist am 14. Jul.2006 in Kraft getreten. Das bereits mehrfach angekündigte Kapitalinformationshaftungsgesetz (*KapInHaG*) dagegen, welches die direkte Haftung von Organmitgliedern gegenüber Investoren für vorsätzliche und groß fahrlässige Falschinformationen auf dem Kapitalmarkt zum Gegenstand haben soll, wurde aufgrund von deutlichen Protesten von Unternehmens- und Bankenverbänden vorläufig zurückgezogen[27)] und bis heute nicht wieder aktualisiert.

Ergänzt wurden diese Gesetze durch den damaligen Regierungsentwurf für ein Gesetz zur Neuregelung des Mindestkapitals der GmbH[28)] (*MindestkapG*) vom 10.Nov.2005 (welcher bis heute ebenfalls nicht weiter verfolgt wird) und das Gesetz über elektronische Handelsregister und Genossenschaftsregister sowie das Unternehmensregister[29)] (*EHUG*) vom 14. Dez.2005.

24) Gesetz zur Umsetzung der Richtlinie 2003/71/EG des Europäischen Parlaments und des Rates vom 4. November 2003 betreffend den Prospekt, der beim öffentlichen Angebot von Wertpapieren oder bei deren Zulassung zum Handel zu veröffentlichen ist, und zur Änderung der Richtlinie 2001/34/EG (Prospektrichtlinie-Umsetzungsgesetz) vom 22.6.2005, in Kraft getreten am 23.6. bzw. 01.07.2005.

25) Gesetz über die Erstellung, Billigung und Veröffentlichung des Prospekts, der beim öffentlichen Angebot von Wertpapieren oder bei der Zulassung von Wertpapieren zum Handel an einem organisierten Markt zu veröffentlichen ist (Wertpapierprospektgesetz WpPG) Erstverkündung am 22.06.2005, BGBl. I 2005, S. 1698 ff. (http://www.bafin.de/gesetze/wppg.htm).

26) Übernahmerichtlinie-Umsetzungsgesetz vom 8. Juli 2006, in Kraft getreten am 14. Juli 2006, BGBl Teil I, Seite 1426.

27) Kapitalinformationshaftungsgesetz (KapInHaG), unveröff. Referentenentwurf im Bundesministerium der Finanzen vom 7.10.2004, unveröff. Referentenentwurf v. 16.8.2004.

28) Die Bundesregierung hatte am 1.6.2005 einen Entwurf für ein Gesetz zur Neuregelung des Mindestkapitals der GmbH (MindestkapG) beschlossen. Er wurde im Bundestag in erster Lesung im Juni 2005 behandelt (Bundestagsdrucksache 15/5673 v. 14.06.2005; Internet: http://dip.bundestag.de/btd/15/056/1505673.pdf). Am 29.06. wurde eine Sachverständigenanhörung beantragt, die jedoch wegen der vorzeitigen Beendigung der 15. Wahlperiode des Bundestags nicht mehr stattgefunden hat. Das Gesetz ist nicht zustande gekommen.

29) Gesetz über elektronische Handelsregister und Genossenschaftsregister sowie das Unternehmensregister vom 10. Nov. 2006, BGBl 2006,Teil I, Nr. 52, S. 2553–2586

3 Rechtliche
Grundlagen
im Risikomanagement

3.2 Stand der Gesetzgebung zum Chancen- und Risikomanagement für deutsche Unternehmen nach HGB

3.2.1 Das Vorsichtsprinzip nach § 252 Abs. 1 Nr. 4 HGB

Die Vorschriften des § 252 HGB stellen einen kleinen Teil der im Allgemeinen nicht kodifizierten, traditionellen Grundsätze ordnungsmäßiger Buchführung und Bilanzierung (GoB) dar. Die allgemeinen Bewertungsgrundsätze verpflichten alle Kaufleute zur Einhaltung des Vorsichtsprinzips nach § 252 Abs. 1 Nr. 4 HGB[30]:

Es ist vorsichtig zu bewerten, namentlich sind alle vorhersehbaren *Risiken* und Verluste, die bis zum Abschlussstichtag entstanden sind, zu berücksichtigen, selbst wenn diese erst zwischen dem Abschlussstichtag und dem Tag der Aufstellung des Jahresabschlusses bekannt geworden sind; Gewinne sind nur zu berücksichtigen, wenn sie am Abschlussstichtag realisiert sind.

Dieses Vorsichtsprinzip spaltet sich inhaltlich in zwei Ausprägungen auf – Realisationsprinzip und Imparitätsprinzip. Das Realisationsprinzip bedeutet, dass die Gewinne nur ausgewiesen werden dürfen, soweit sie bis zum Abschlussstichtag auch tatsächlich realisiert worden sind. Das Imparitätsprinzip besagt, dass vorhersehbare Verluste und Risiken durch Bildung von Rückstellungen bzw. Abwertungen bereits vor ihrer Realisation zu berücksichtigen sind. Potenzielle Verluste müssen ausgewiesen werden, soweit sie dem Geschäftsjahr zuzurechnen sind, selbst wenn diese erst nach dem Bilanzstichtag bis zum Zeitpunkt der Bilanzaufstellung bekannt geworden sind. Dadurch werden zukünftige Verluste anders behandelt als zukünftige Gewinne, was zur Namensgebung des Imparitätsprinzips (Ungleichheitsprinzip) geführt hat.

In dieser Vorschrift wird ein sehr enger Risikobegriff zugrunde gelegt. Nach § 252 HGB Abs. 1 Nr. 4 HGB müssen demzufolge alle vorhersehbaren Risiken und Verluste berücksichtigt und vorher erfasst werden. Da diese Vorschrift für alle Kaufleute gilt, ist sie bezüglich der Breite ihrer Anwendung die umfassendste ihrer Art.

---

30) Vgl. HGB gültig seit 1.1.1964, zul. geänd. am 3.08. 2005, BGBl. I Nr. 47, http://www.gesetze-im-internet.de/hgb/BJNR002190897.html.

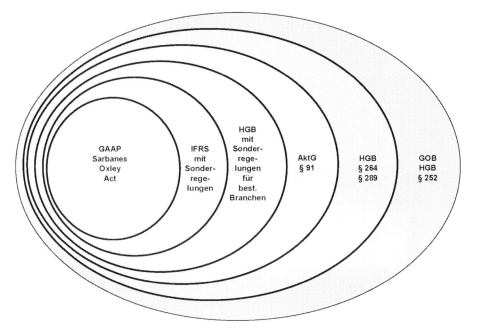

Abb. 3.3: Gesetzliche Vorschriften zum Chancen- und Risiko-
managementbezug in Deutschland nach dem Grad ihrer
Allgemeingültigkeit

3.2.2 Risikomanagement im Lagebericht nach §§ 264 und 289 HGB

In Abbildung 3.3 ist ersichtlich, dass nach der sehr generellen Vorschrift
der GOB deutlich speziellere Vorschriften zum Risikomanagement in
§§ 264 und 289 HGB zu finden sind. In den Vorschriften zum Lagebericht
sind wesentliche Elemente des Risikomanagements enthalten. Um die Bedeutung dieser Vorschrift zu erfassen, ist zunächst die Aufgabe des Lageberichts innerhalb des Jahresabschlusses zu analysieren. Der Jahresabschluss
ist nach § 264 HGB für Kapitalgesellschaften und bestimmte Personenhan-
delsgesellschaften (z. B. GmbH & Co KG) mit seinen drei Teilen Bilanz, Ge-
winn- und Verlustrechnung und Anhang aufzustellen, und um einen Lagebericht zu erweitern.

Der Jahresabschluss hat das den tatsächlichen Verhältnissen entsprechende Bild der Vermögens-, Finanz- und Ertragslage auszuweisen. Soweit
die tatsächlichen Verhältnisse kein entsprechendes Bild in diesem Sinne vermitteln, also unvollständig bzw. unzutreffend wiedergegeben sind, müssen

die für diese zutreffende Beurteilung erforderlichen zusätzlichen Informationen ergänzend durch den Anhang vermittelt werden. Der Lagebericht ist trotz deutlicher inhaltlicher Zusammenhänge eine Ergänzung des Jahresabschlusses, der selbständig neben dem Jahresabschluss steht. Alle Kapitalgesellschaften müssen den Lagebericht inklusive der Beurteilung der wesentlichen Chancen und Risiken aufstellen, wobei für bestimmte Gesellschaften im Sinne von § 267 Abs. 1 und 2 gewisse Erleichterungen durch Weglassen von Angaben bestehen.

Außer bei Kapitalgesellschaften gilt die Verpflichtung für die Aufstellung des Lageberichtes auch für Genossenschaften (§§ 336 und 338 HGB) und für Nichtkapitalgesellschaften, die nach dem Publizitätsgesetz (§ 5 Abs. 2 PublG) rechnungslegungs- und veröffentlichungspflichtig sind. §§ 289 bzw. 315 HGB sehen entsprechende Regelungen vor. Schließlich gelten für große Kapitalgesellschaften gemäß § 267 Abs. 3 die Regelungen des § 289 Abs. 1 Satz 3 entsprechend für zusätzliche, nichtfinanzielle Leistungsindikatoren, soweit diese für das Verständnis des Geschäftsverlaufs oder der Lage von Bedeutung sind. Die Vorschriften gelten in entsprechender Weise, wenn für das Unternehmen ein Konzernlagebericht nach § 315 HGB aufzustellen ist.

Die Pflicht zur Aufstellung, Prüfung und Offenlegung ist von der Rechtsform, von der Branche und ggf. von der Größe eines Unternehmens abhängig (vgl. § 267 HGB und § 1 PublG).

Der Risikobezug ergibt sich aus § 289 und 315 HGB insoweit, als im Lagebericht explizit über Chancen und Risiken zu berichten ist.

3.2.3 Reporting wesentlicher Chancen und Risiken gemäß § 289 (1) und 315 (1) HGB

Die in Bezug auf das Risikomanagement wesentlichen Neuerungen im HGB wurden durch das BilReG im Jahre 2004 eingefügt und sind erstmals ab 01.Jan.2005 vorgeschrieben. Die entsprechenden Vorschriften für den Lagebericht im § 289 (1) bzw. den Konzernlagebericht § 315 (1) HGB lauten in Bezug auf das Risikomanagement wie folgt:

> »Ferner ist im Lagebericht die voraussichtliche Entwicklung mit ihren *wesentlichen Chancen und Risiken* zu beurteilen und zu erläutern; zugrunde liegende Annahmen sind anzugeben«.

Zunächst wird damit eine deutliche Abkehr vom bisher traditionell vergangenheitsbezogenen Berichtswesen hin zu einem Prognosereporting vollzo-

Stand der Gesetzgebung zum Chancen- und Risikomanagement für deutsche Unternehmen nach HGB

gen. Im ersten Teil des Lageberichts beziehen sich die Inhalte auf den Geschäftsverlauf und die Lage der Gesellschaft innerhalb des Berichtsjahres. Das Unternehmen hat hier über die eingeschätzte, voraussichtliche Entwicklung *in der Zukunft* zu berichten.

Es hat dabei alle Angaben zu vermitteln, die – ggf. zusammen mit anderen Angaben des Lageberichtes an anderer Stelle, die ebenfalls zukünftige Entwicklungen betreffen – für die Gesamtbeurteilung des Unternehmens erforderlich sind. Dabei werden weder die Reichweite des Berichts in die Zukunft noch der Detaillierungsgrad präzisiert. Hier ist zwischen dem Vertraulichkeitsschutzinteresse des Unternehmens gegenüber Wettbewerbern und dem Interesse der Investoren abzuwägen. Auch die Frage, ob nur verbal oder auch quantitativ zu berichten ist, kann offen bleiben.

Neben dem Risiko im engeren Sinne hat der Gesetzgeber hier explizit die Formulierung »Risiken und Chancen« gewählt. Damit wird das bisherige Risikoreporting erstmals inhaltlich erweitert als das Reporting der zukünftigen positiven und negativen Abweichungen vom bestehenden Status Quo und geht damit deutlich über die Anforderungen des § 91 Abs. 2 AktG hinaus. Danach muss der Bericht über die zukünftige Entwicklung sowohl die negativen Abweichungen und somit das klassische Risikomanagement und deren Ursachen als auch die ggf. zu erwartenden positiven Abweichungen im Sinne eines Chancenmanagements enthalten.

Um »wesentliche« Risiken und Chancen wird es sich immer dann handeln, wenn sie den Fortbestand des Unternehmens gefährden (existenzielle Risiken) und andere wesentlichen Einflüsse, die mit einer erheblichen Wahrscheinlichkeit erwartet werden können oder deren Ausmaß bei geringer Wahrscheinlichkeit sehr groß ist. Existenzgefährdende Chancen scheint es wohl nicht zu geben, aber es sind durchaus existentielle Risiken vorstellbar. Die beiden Kategorien lassen sich wie folgt unterscheiden:

- Rechtliche und wirtschaftliche Chancen und Risiken, die so bedeutend sind, dass sie in der Form des Risikos den Fortbestand des Unternehmens beeinträchtigen können und in der Form der Chance den Charakter des Unternehmens verändern und ggf. eine Neuausrichtung erzwingen.
- Andere Chancen und Risiken, die einen wesentlichen Einfluss auf die Entwicklung des Unternehmens ausüben können.

Um einen diesen Vorschriften entsprechenden Bericht über die voraussichtliche Entwicklung vollständig und zuverlässig abzugeben, hat die Unternehmensleitung sicherzustellen, dass ein diesen Kriterien entsprechendes Risiko- (und Chancen-) Management-System eingerichtet wird. Dieses Chancen- und Risikomanagement-System hat zahlreiche Komponenten, die häufig zu folgenden Sachgruppen zusammengefasst werden:

- *Risiko- und Chancenidentifikation* (Risiko- und Chancenfrüherkennungssystem),
- *Risiko- und Chancenbewertung* (bezüglich der quantitativen Auswirkungen auf die den Unternehmens- und Bereichszielen zugehörigen Rechnungselemente, ebenso der Risiko- und Chancenziele),
- *Risiko- und Chancensteuerung* (das eigentliche, klassische Risikomanagement, ergänzt um ein entsprechendes Chancenmanagement nebst Zielsystem, Aufbau- und Ablauforganisation),
- *Risiko- und Chancenkontrolle* (Abweichungsanalyse) Insgesamt kann man – wenn man den Begriff Controlling weit auffasst – unter der Summe dieser Elemente ein Risiko-Chancen-Controllingsystem oder -Managementsystem verstehen.

Zugrunde liegende Annahmen: Zusätzlich sind in jedem Falle die Prämissen und Hypothesen für die beschriebene Entwicklung zu berichten.

3.2.4 Spezielles Risikoreporting über Finanzinstrumente

In § 289 (2) HGB sind bezüglich des Risikomanagements auch die Nr. 2a und 2b von Bedeutung. Nr. 2a verpflichtet die Gesellschaft, innerhalb des Lageberichts zusätzlich die spezifischen

Risikomanagementziele und -methoden der Gesellschaft einschließlich ihrer Methoden zur Absicherung aller wichtigen Arten von Transaktionen, die im Rahmen der Bilanzierung von Sicherungsgeschäften erfasst werden

anzugeben. § 289 (2) Nr. 2b hingegen verpflichtet zum Bericht über die

Preisänderungs-, Ausfall- und Liquiditätsrisiken sowie die Risiken aus Zahlungsstromschwankungen, denen die Gesellschaft ausgesetzt ist, jeweils in Bezug auf die Verwertung von Finanzinstrumenten durch die Gesellschaft und sofern dies für die Beurteilung der Lage oder der voraussichtlichen Entwicklung von Belang ist.

Sicherungsgeschäfte nach § 289 (2) Nr. 2a: Diese beiden sich ergänzenden Bestandteile des Lageberichts sind als Anpassung an die Fair-Value-Richtlinie (2001/65/EG) der EG im deutschen Gesellschaftsrecht zu verstehen. Während im allgemeinen Teil des Lageberichtes sowohl das Chancen- als auch das Risikomanagement berichtserheblich sind, geht es im Berichtserfordernis nach Nr. 2 um zusätzliche und spezifische Risikoelemente, die ihre Ursache ausschließlich in der Absicherung von Finanzinstrumenten haben – und nur für solche, die für die Beurteilung der Lage bzw. der Aussichten der Gesellschaft von Bedeutung sind.

Inhaltlich handelt es sich also um die so genannten Hedging-Geschäfte, die »im Rahmen der Bilanzierung erfasst werden«. Diese Geschäfte mit so genannten »derivativen« Finanzinstrumenten sind z. B. Termin-, Options- und Swapgeschäfte. Dabei sind nach Nr. 2a zunächst die allgemeinen Risikomanagementziele und -Methoden zu beschreiben und in einem zweiten Schritt die Methoden und/oder Transaktionen zu klassifizieren, wobei die Art und Weise der jeweiligen Klassifikation der Gesellschaft überlassen bleibt. Vier geeignete Kriterien für die Klassifikation sind

- die Art des Grundgeschäfts oder der Gruppen von Grundgeschäften,
- die Art der bzw. die beteiligten Vertragspartner,
- die Häufigkeit der Sicherungsmaßnahme (einmalig, kontinuierlich) oder
- die Dauer der Sicherungsgeschäfte.

Preisänderungs- und andere Risiken nach § 289 (2) Nr. 2b HGB: In diesem weiteren Teil des spezifischen Lageberichtes sind die Preisänderungs-, Ausfall- und Liquiditätsrisiken sowie die Risiken aus Zahlungsstromschwankungen zu berichten. Die Berichterstattung beschränkt sich auf solche Sachverhalte, die für die Beurteilung der Lage der Gesellschaft und ihrer voraussichtlichen Entwicklung relevant sind, jeweils in Bezug auf die Verwendung von Finanzinstrumenten. Dabei sind unter den Finanzinstrumenten im Gegensatz zu § 289 (2) Nr. 2a alle Instrumente zu verstehen, die in irgendeiner Form ohne Zusammenhang mit dem Produktions- und/oder Absatzprozess zu einer Änderung liquiden Mittel oder des Eigenkapitals führen.

Die Preisänderungsrisiken lassen sich weiter untergliedern in spezifische Preisrisiken z. B. der Einkaufspreise, in allgemeine Preisänderungsrisiken z. B. aufgrund von Wechselkursveränderungen, Preisänderungsrisiken z. B. bei Verkaufspreisen in regionalen Märkten u.v.a. Ausfallrisiken lassen sich gliedern in spezifische Risiken beim Ausfall von Kreditnehmern, in das allgemeine Kreditausfallrisiko oder in finanzdienstleistungsspezifische Risiken bei Emissionen oder bei Kassa- oder Termingeschäften. Liquiditätsrisiken lassen sich wiederum gliedern in spezifische Liquiditätsrisiken, z. B. aufgrund von Herabstufungen im Rating oder allgemeine Liquiditätsrisiken.

Unabhängig von der Rechtsform gelten für Kreditinstitute die besonderen Bestimmungen der §§ 340 ff. HGB, für Versicherungsunternehmen die der §§ 341 ff. HGB.

Hintergrund der oben dargestellten Regelungen ist, dass der Einsatz von derivativen Finanzinstrumenten in den letzten Jahren stark zugenommen hat und inzwischen nicht nur von Großunternehmen, sondern auch von mittelgroßen und kleinen Unternehmen eingesetzt werden.

3.2.5 Aufstellung eines Konzernlageberichts nach § 290 HGB

Stehen in einem Konzern die Unternehmen unter der einheitlichen Leitung einer Kapitalgesellschaft (Mutterunternehmen), erstrecken sich die Überwachungs- und Organisationsaufgaben seines Vorstandes auch auf die Tochterunternehmen bzw. auf den gesamten Konzern (vgl. § 290 HGB), wenn sich von diesen wesentliche Auswirkungen auf die Konzernmuttergesellschaft ergeben können. Dies bedeutet jedoch nicht, dass die Geschäftsführungen der Tochterunternehmungen von ihren eigenen Sorgfaltspflichten entbunden werden.

3.2.6 Risikoberichterstattung des Managements als Gegenstand der Abschlussprüfung nach § 317 HGB

Ergänzend zu den allgemeinen Bestimmungen über die Prüfung des Jahres- bzw. Konzernabschlusses ist in § 317 Abs. 2 ebenfalls der Lagebericht bzw. der Konzernlagebericht daraufhin zu prüfen, ob dieser mit den bei der Prüfung gewonnenen Erkenntnissen des Abschlussprüfers in Einklang steht und ob der Lagebericht insgesamt eine zutreffende Vorstellung von der Lage des Unternehmens bzw. Konzerns vermittelt.

Nach Satz 2 ist dabei

auch zu prüfen, ob die *Chancen und Risiken der künftigen Entwicklung* zutreffend dargestellt sind.

111

Stand der Gesetzgebung
zum Chancen- und
Risikomanagement für
deutsche Unternehmen
nach HGB

Die Prüfung ist ein Teil der Abschlussprüfung und beinhaltet folgende Bereiche:

- Vorhandensein eines Risiko- und Chancenmanagementsystems
- Beurteilung der Eignung eines solchen Systems und
- Beurteilung der Wirksamkeit eines solchen Systems.

Schließlich sind die getroffenen Feststellungen zu dokumentieren und abschließend zu würdigen, bevor sie dann zu einem Testat führen.

Festzuhalten und nachdrücklich hervorzuheben bleibt, dass mit den neuen Vorschriften der §§ 289 (1), 315 (1) 317 (2) und HGB erstmals ein Chancen- und Risikoreporting – und somit also eine vollständige Bestandsaufnahme entsprechend der erwähnten Kriterien – und dessen Prüfung durch den Wirtschaftsprüfer verlangt werden. Dies ist insbesondere in Hinblick auf die noch folgenden Rechtsvorschriften – welche sich im wesentlichen nur noch auf das Risikoreporting und seine Prüfung beziehen, bemerkenswert.

3.3 Stand des Chancen- und Risikomanagements nach AktG und GmbHG

Die Verpflichtung zum Risikomanagement lässt sich für Aktiengesellschaften aus den § 90 und 91 AktG herleiten, die jeweils durch das KonTraG entsprechend ergänzt wurden. Aus § 90 ist die Berichterstattung über das Vorhandensein und den Umfang des Risikomanagements lediglich indirekt zu entnehmen – nämlich im Rahmen der Berichterstattung an den Aufsichtsrat als Bestandteil der beabsichtigten Geschäftspolitik und anderer grundsätzlichen Fragen der Unternehmensplanung.

Deutlicher und explizit lässt sich eine Verpflichtung zur Einrichtung eines Früherkennungs- bzw. Risikomanagementsystems aus § 91 Abs. 2 AktG herleiten.

Die Vorschriften des § 91 AktG zu Organisation und Buchführung, die den Risikobezug herstellen, lauten wie folgt:

(1) Der Vorstand hat dafür zu sorgen, dass die erforderlichen Handelsbücher geführt werden.
(2) Der Vorstand hat geeignete Maßnahmen zu treffen, insbesondere *ein Überwachungssystem einzurichten, damit den Fortbestand der Gesellschaft gefährdende Entwicklungen früh erkannt werden.*

3 Rechtliche
Grundlagen
im Risikomanagement

Diese Vorschrift ist als Klarstellung bzw. Konkretisierung der bereits bisher geltenden Pflichten des Vorstandes einer AG nach § 76 (1) zu sehen, die Gesellschaft in eigener Verantwortung zu leiten.

Mit dieser Vorschrift postuliert der Gesetzgeber im wesentlichen zwei neue Elemente eines Risikomanagements, nämlich

- ein Überwachungssystem zur rechtzeitigen (Früh-) Erkennung von Risiken, die den Bestand des Unternehmens gefährden; also ein System zur Identifikation und Analyse, und nicht zur Vermeidung und Reduktion der Risiken.
- die Schaffung eines Informationssystems und entsprechender Kommunikationsstrukturen, die das frühzeitige Erkennen der Risiken durch den Vorstand bzw. dessen Entscheidungsträger sichern.

Hierdurch soll es dem Unternehmen ermöglicht werden, rechtzeitig entsprechende Gegenmaßnahmen einzuleiten[31]. Eine Offenlegung der geforderten Maßnahmen ist nicht vorgesehen. Gegenstand einer Prüfung des Risikomanagements ist nur die Eignung der getroffenen Maßnahmen zur Risikoerkennung, nicht aber deren inhaltliche Richtigkeit (HGB §317 Abs. 4; siehe die Inhalte dort). Das bedeutet, dass in einem besonderen Teil des Prüfungsberichts auch die zutreffende Darstellung von Risiken im Lagebericht geprüft werden muss. Damit obliegt die eigentliche Beurteilung darüber, ob der Vorstand die Maßnahmen in geeigneter Form getroffen hat und ob das entsprechend eingerichtete Risikomanagement- und Risikoüberwachungssystem seine Aufgaben erfüllen kann, letztlich dem Wirtschaftsprüfer.

Dem Abschlussprüfer obliegt dabei nach § 171 AktG die Pflicht zum Bericht über wesentliche Ergebnisse seiner Prüfung gegenüber dem Aufsichtsrat oder eines Ausschusses. Wie bereits erwähnt hat das KonTraG im § 323 Abs. 2 HGB zudem die Haftungsgrenze für den Abschlussprüfer auf eine Million Euro (bzw. vier Millionen Euro bei Aktiengesellschaften, deren

---

31) Im Laufe des Gesetzgebungsverfahrens war ursprünglich eine deutlich detailliertere und strengere Regelung vorgesehen. Im Referentenentwurf vom 22.10.1996 heißt es dann schon weniger scharf und auf den Vorstand einer AG bezogen, dass die Vorstandsmitglieder geeignete Maßnahmen zu treffen haben, um zu gewährleisten, dass den Fortbestand der Gesellschaft gefährdende Entwicklungen, insbesondere risikobehaftete Geschäfte, Unrichtigkeiten der Rechnungslegung und Verstöße gegen gesetzliche Vorschriften mit wesentlicher Auswirkung auf die Vermögens-, Finanz- und Ertragslage des Unternehmens wesentlich auswirken, früh erkannt werden können. Dazu gehöre auch die Einrichtung eines Überwachungssystems mit der Aufgabe, die Einhaltung der vorgenannten Maßnahmen zu überwachen.

Aktien zum Handel im amtlichen Markt zugelassen sind) heraufgesetzt. Im Übrigen gelten bei Pflichtverletzungen die Straf- und Bußgeldvorschriften.

Eine dem § 91 AktG entsprechende ausdrückliche Regelung für Gesellschaften mit beschränkter Haftung ist im GmbH-Gesetz nicht vorhanden. Diese war auch nicht vorgesehen, aber nach der Begründung zum Gesetzentwurf für das KonTraG ist davon auszugehen, dass für die GmbH nichts anderes gelten sollte. Man hatte sich damals erhofft, dass die Neuregelung eine »Ausstrahlungswirkung auf den Pflichtenrahmen der Geschäftsführer anderer Gesellschaftsformen« hat.

Weiterhin lässt sich die Relevanz eines Risikomanagements im Aktiengesetz aus § 161 AktG (und seiner Bezugnahme auf den Deutschen Corporate Governance Kodex DCGK) ableiten.

Festzuhalten bleibt, dass die Vorschriften des Deutschen Corporate Governance Kodex bisher im Prinzip freiwilliger Natur sind und im Ermessen der Unternehmen stehen. Obwohl die Regelungen des Kodex selbst nicht ins Gesetz aufgenommen wurden, werden die zunächst rechtlich unverbindlichen Empfehlungen durch die Abgabe einer so genannten Entsprechenserklärung nach § 161 AktG, ihrer Einreichung beim Handelsregister nach § 325 HGB und durch die Ergänzung des Jahresabschlusses nach § 285 HGB gesetzlich flankiert.

Der Kodex selbst ist eher als »*soft law*« zu bewerten, da es keinen rechtlichen Zwang gibt, den Verhaltensempfehlungen zu entsprechen.

Beim »Comply or explain«-Mechanismus hat sich der Gesetzgeber insbesondere an den so genannten »Codes of Best Practice« US-amerikanischer institutioneller Anleger sowie am britischen »combined code« orientiert, d.h. Vorstand und Aufsichtsrat müssen erklären, ob den Empfehlungen »entsprochen wurde und wird«.

Bei der Erklärung gemäß § 161 AktG gewinnt auch diese Vorschrift zusätzliche Bedeutung durch die Schadenersatzverpflichtung der Vorstandsmitglieder nach § 93 (2) AktG, der nach KonTraG leichteren Durchsetzung von Schadensersatzansprüchen sowie der Straf- und Bußgeldvorschriften nach § 331 ff HGB und 399 ff AktG[32].

---

32) Vgl. hierzu auch den letzen Abschnitt dieses Beitrages.

3.4 Stand des Risikomanagements nach IFRS

3.4.1 IFRS und IAS

Die IFRS ist eine vom International Accounting Standards Board (IASB) herausgegebene Sammlung von Grundsätzen zur externen Finanzberichterstattung von Unternehmen[33]. Das IASB ist eine internationale, nichtstaatliche privatrechtlich organisierte und finanzierte Organisation mit Sitz in London. Die von dieser Organisation herausgegebenen Bestimmungen bestehen aus den drei wichtigen Teilen:

- Einzelstandards, nämlich der bisherigen Sammlung der International Accounting Standards IAS und den diese künftig nach und nach ersetzenden IFRS mit den Bestimmungen zu Ansatz, Ausweis, Bewertung und Erläuterung der Positionen der Rechnungslegung.
- Interpretationen, welche diese Standards ergänzen und vom International Financial Reporting Interpretations Committee IFRC (bis 2001 galt noch der alte Name Standard Interpretations Committee SIC) herausgegeben werden.
- Rahmenkonzept (framework) mit allgemeinen Erläuterungen und Definitionen.

Eine dem IASB weitgehend entsprechende deutsche Organisation ist das Deutsche Rechnungslegungs Standards Committee DRSC als unabhängiger Standardsetter.

Mit der Verordnung der Europäischen Union – EG-Verordnung 1606/2002 – beginnt bezüglich der internationalen Rechnungslegungsstandards und der Einführung der IRFS bzw. der IAS eine neue Ära in der Harmonisierung der Rechungslegungsgrundsätze durch die Europäische Union. Diese Verordnung wurde mit dem o.a. erwähnten Bilanzrechtsreformgesetz BilReG im Jahre 2004 in deutsches Recht umgesetzt.

Die Verordnung EG 1606/2002 und die IFRS folgen deutlicher als die bisher geltenden Vorschriften der 4. EG-Richtline und der 7. EG-Richtline dem aus dem anglo-amerikanischen Rechnungswesen abgeleiteten Grundsatz der zuverlässigen und richtigen Information (true and fair view) gegenüber den Investoren. Diese neu eingeführten Prinzipien haben erhebliche Auswirkungen auf die Bilanzierung und Bewertung, auf die unterschied-

---

[33] Die von der EU gebilligten Standards IAS, IFRS sowie SIC und IFRIC-Interpretationen sind zusammengefasst in der Wiley-Textausgabe IFRS 2008, Weinheim 2008

lichen Perspektiven der Berichterstattung (ex post bzw. ex ante) und damit schließlich auch auf die Risikoberichterstattung.

Nach der EG-Verordnung 1606/2002 und dem BilReG müssen deutsche kapitalmarktorientierte Unternehmen ab 2005 bzw. 2007 ihre Konzernabschlüsse nach IFRS aufstellen. Unter Kapitalmarktorientierung versteht man nach BilReG die Zulassung der Unternehmenswertpapiere auf einem geregelten Markt. Diese Bestimmungen zur Anwendung der IFRS in Deutschland finden sich in der Neufassung der § 315 a und § 325 (2a) HGB.

Bei IFRS sind die Regelungen zu Risiken und zum Risikomanagement – anders als im deutschen HGB und AktG – verstreut in unterschiedlichen Standards zu finden. Zum Verständnis des Aufbaus und Inhalte der Rechtsgrundlagen kann Abb. 3.4 dienen, in der die Bedeutungszusammenhänge der unterschiedlichen Regelungsklassen und der risikorelevanten IAS/IFRS Standards aufgezeigt werden.

Wesentliche Grundlagen zum Risikomanagement (und zum Sicherungsmanagement) im Rahmen von IAS und IFRS finden sich in IAS 1 (Darstellung des Abschlusses, hier Anhangangaben), IAS 32 (Finanzangaben: Aufgaben und Darstellung), der seinerseits als Ergänzung des IAS 39 (Finanzinstrumente: Ansatz und Bewertung) zu betrachten ist. Wichtig in diesem

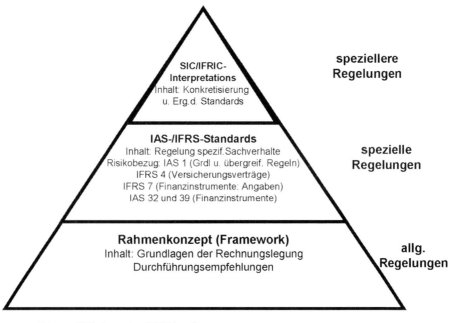

Abb. 3.4: Risikobezug im IFRS-Normierungssystem

3 Rechtliche
Grundlagen
im Risikomanagement

Zusammenhang ist, dass der Regelungsinhalt von IAS 39 zahlreichen spezifischen Besonderheiten des Finanzvermögens einschließlich seiner Teile
(originäres Finanzvermögen, Sicherungsbeziehungen und Finanzderivate)
gewidmet ist. Ab 2007 ist IFRS 7 als Ersatz für den bisherigen Standard IAS
30 als wichtige Regelung hinzugekommen.

3.4.2 IAS 1

IAS 1 enthält die Grundlagen für die Darstellung des Jahresabschlusses
und damit allgemeine, übergreifende Regelungen[34]. Er stellt klar, dass ein
vollständiger Jahresabschluss aus Bilanz, G+V, EK-Veränderungsaufstel-
lung, Kapitalflussrechnung und Anhang besteht (siehe auch Rz. 21 des Fra-
meworks). In Rz. 105 tauchen die Risikomanagementziele und -Methoden
des Unternehmens als struktureller Bestandteil der Inhalte des Anhangs unter »andere Angaben« wie folgt auf:

Rz. 105 (d) andere Angaben, einschließlich:
(i) Eventualschulden (siehe IAS 37) und nicht bilanzierte vertragliche
Verpflichtungen; und
(ii) nicht finanzielle Angaben, z. B. die *Risikomanagementziele und
Risikomanagementmethoden* des Unternehmens (siehe IAS 32).

In Rz. 116–124 sind die Hauptquellen von Schätzungsunsicherheiten geregelt, wobei in Rz. 116 der wichtige Hinweis auf die zukunftsbezogenen Annahmen erfolgt:

Rz. 116. Das Unternehmen hat im Anhang die wichtigsten zukunftsbezogenen Annahmen anzugeben, sowie Angaben über die sonstigen am
Stichtag wesentlichen Quellen von Schätzungsunsicherheiten zu machen, durch die *ein beträchtliches Risiko* entstehen kann, dass innerhalb
des nächsten Geschäftsjahrs eine wesentliche Anpassung der ausge-
wiesenen Vermögenswerte und Schulden erforderlich wird. Bezüglich
solcher Vermögenswerte und Schulden sind im Anhang:
(a) ihre Art, sowie
(b) ihre Buchwerte am Bilanzstichtag anzugeben.

[34] In den von der EU gebilligten Standards werden die Kapitel in der englischen Fassung als »paragraph« und in der amtlichen deutschen Übersetzung sowohl als »Paragraph« als auch als „Ziffer" bezeichnet. Für die Benennung der Kapitel werden in diesem Abschnitt folgende Begriffe einheitlich verwendet: in den IAS die Benennung als
Ziffer (abgekürzt als Rz.) und in den IFRS die Benennung als Paragraph.

Die Rz. 117–124 enthalten weitere Details u.a. zu den Einzelfragen der Ermessensausübung.

3.4.3 IAS 14

Der IAS 14 enthält (derzeit noch) die Grundlagen für die Darstellung der Segmentberichterstattung. Für Geschäftsjahre, die nach dem 31.12.2008 beginnen, ist verpflichtend die Nachfolgeregelung IFRS 8 (Operating Segments) anzuwenden, eine frühere Anwendung ist grundsätzlich zulässig[35]. Bis dahin gelten für deutsche Unternehmen noch die Vorschriften des IAS 14, die hier vorgestellt werden. Neben anderen Faktoren spielen Risikokriterien in den Grundsätzen zur Segmentierung von Geschäfts-, Umsatz- oder sonstigen Berichtseinheiten eine überproportional wichtige Rolle. in Rz. 9 erschließt sich der direkte Risikobezug der Definitionen »Geschäftssegment« und »geografisches Segment«:

Ein Geschäftssegment ist eine unterscheidbare Teilaktivität eines Unternehmens, die ein individuelles Produkt oder eine Dienstleistung oder eine Gruppe ähnlicher Produkte oder Dienstleistungen erstellt oder erbringt und die *Risiken und Erträgen* ausgesetzt ist, die sich von denen anderer Geschäftssegmente unterscheiden ...

Ein geografisches Segment ist eine unterscheidbare Teilaktivität eines Unternehmens, die Produkte oder Dienstleistungen innerhalb eines spezifischen, wirtschaftlichen Umfeldes anbietet oder erbringt, und die *Risiken und Erträgen* ausgesetzt ist, die sich von Teilaktivitäten, die in anderen wirtschaftlichen Umfeldern tätig sind, unterscheiden. Faktoren, die bei der Bestimmung von geografischen Segmenten zu beachten sind, umfassen:

(a) Gleichartigkeit der wirtschaftlichen und politischen Rahmenbedingungen;

(b) Beziehungen zwischen Tätigkeiten in unterschiedlichen geografischen Regionen;

(c) Nähe der Tätigkeiten;

35) Trotz anhaltender Bedenken hat das Europäische Parlament am 14. November 2007 dem am 07. November 2007 eingebrachten Entschließungsantrag bezüglich der Übernahme des IFRS 8 Operating Segments in europäisches Recht zugestimmt. Durch die voraussichtlich demnächst stattfindende Veröffentlichung des IFRS 8 im Amtsblatt der EU werden Unternehmen den IFRS 8 bereits vorzeitig für das Geschäftsjahr 2007 anwenden können. Vergleiche auch Kapitel 3.4.7, IFRS 8: Geschäftssegmente.

(d) *spezielle Risiken, die mit den Tätigkeiten in einem bestimmten Gebiet einhergehen*;

(e) Devisenbestimmungen; und

(f) das zugrunde liegende *Kursänderungsrisiko* ...

In IAS 14/11 werden die Kriterien erläutert, die für eine Zusammenlegung der Geschäftssegmente gegeben sein müssen.

Ein einzelnes Geschäftssegment umfasst keine Produkte und Dienstleistungen mit signifikant unterschiedlichen *Risiken und Erträgen* ...

IAS 14/12 stellt detaillierte Leitlinien zur Bestimmung von geografischen Segmenten bereit.

Ebenso enthält ein geografisches Segment keine Tätigkeiten in wirtschaftlichen Umfeldern mit signifikant unterschiedlichen *Risiken und Erträgen* ...

IAS 14/13 verlangt, dass sich ein Unternehmen zum Zweck der Bestimmung solcher Segmente an seiner internen Organisationsstruktur und seinem internen Berichtssystem orientiert:

Die wesentlichen *Risikoquellen* zeichnen dafür verantwortlich, wie die meisten Unternehmen organisiert sind und geleitet werden. Deswegen setzt Paragraph 27 dieses Standards voraus, dass die Organisationsstruktur eines Unternehmens und sein internes Finanzberichtssystem die Grundlage zur Bestimmung seiner Segmente bildet. Die *Risiken und Erträge* eines Unternehmens werden sowohl von dem geografischen Standort seiner Tätigkeiten (wo seine Produkte hergestellt werden oder wo seine Aktivitäten zur Erbringung der Dienstleistungen angesiedelt sind), als auch von dem Standort seiner Märkte (wo seine Produkte verkauft oder seine Dienstleistungen in Anspruch genommen werden) beeinflusst ...[36]

---

[36] vgl. IAS 32, Ziff. 2 in Verordnung (EG) Nr. 2237/2004 der Kommission vom 29. Dezember 2004 zur Änderung der Verordnung (EG) Nr. 1725/2003 vom 29. September 2004 betreffend die Übernahme bestimmter internationaler Rechnungslegungsstandards in Übereinstimmung mit der Verordnung (EG) Nr. 1606/2002 des Europäischen Parlaments und des Rates im Hinblick auf IAS 32 und IFRIC 1; Amtsblatt EU L 393/1 DE vom 31. Dezember 2004.

IAS 14/14 schreibt die Ausrichtung der Informationen für geografische Segmente nach der Herkunft seiner geografischen Risiken vor.

IAS 14/15 erlaubt einen gewissen Ermessensspielraum bei der Zusammensetzung verschiedener Segmente.

Die nachfolgenden Standards befassen sich mit den primären und sekundären Segmentberichtsformaten. IAS 14/26–27 sieht vor, dass eine Segmentierungsart primär und die andere sekundär ist, wobei die Angabe bedeutend weniger Informationen für sekundäre Segmente verlangt wird.

> Der vorherrschende Ursprung und die Art der *Risiken und Erträge* eines Unternehmens bestimmt, ob dessen primäres Segmentberichtsformat Geschäftssegmente oder geografische Segmente sein werden. Wenn die *Risiken und die Eigenkapitalverzinsung* des Unternehmens im Wesentlichen aus Unterschieden in den Produkten und Dienstleistungen, die es herstellt oder anbietet, beeinflusst werden, bilden die Geschäftssegmente das primäre Format für die Segmentberichterstattung mit den geografischen Segmenten als sekundärem Berichtsformat. Analog bilden die geografischen Segmente das primäre Berichtsformat, wenn die *Risiken und die Eigenkapitalverzinsung* des Unternehmens im Wesentlichen von der Tatsache beeinflusst werden, dass es in verschiedenen Ländern oder anderen geografischen Regionen tätig ist, mit den sekundären Berichtsanforderungen an die Gruppen ähnlicher Produkte und Dienstleistungen.

IAS 14/27 verlangt, dass sich ein Unternehmen zum Zweck der Bestimmung solcher Segmente an seiner internen Organisationsstruktur und seinem internen Berichtssystem orientiert. Hier der Wortlaut:

> Die interne Organisations- und Managementstruktur eines Unternehmens sowie sein System der internen Finanzberichterstattung an das Geschäftsführungs- und/oder Aufsichtsorgan und an den Vorsitzenden des Geschäftsführungsorgans bilden normalerweise die Grundlage zur Bestimmung der hauptsächlichen *Herkunft und Art der Risiken* und der unterschiedlichen Eigenkapitalverzinsung, die dem Unternehmen gegenüberstehen, und deswegen auch für die Bestimmung, welches Berichtsformat primär und welches sekundär ist, außer, wie es in den unten angegebenen Unterparagraphen (a) und (b) vorgesehen ist:
> (a) wenn die *Risiken und die Eigenkapitalverzinsung* eines Unternehmens sowohl aus Unterschieden in den Produkten und Dienstleistungen, die es herstellt oder anbietet, als auch aus Unterschieden

in den geografischen Regionen, in denen es tätig ist, stark beeinflusst werden, wie es durch einen »Matrixansatz« zum Management des Unternehmens und internen Berichterstattung an den Vorstand und den Vorstandsvorsitzenden, nachgewiesen wird, hat das Unternehmen Geschäftssegmente als sein primäres Segmentberichtsformat und geografische Segmente als sein sekundäres Berichtsformat zu verwenden; und ...

In IAS 14/28 wird verlangt, dass die gleichen Bilanzierungs- und Bewertungsmethoden befolgt werden müssen.

Für die meisten Unternehmen bestimmt der vorherrschende *Ursprung der Risiken und Erträge*, wie das Unternehmen organisiert und geleitet wird. Die Organisations- und Managementstruktur eines Unternehmens, sowie sein internes Finanzberichtssystem stellen normalerweise den besten Nachweis des vorherrschenden Ursprungs der *Risiken und Erträge* des Unternehmens zum Zweck seiner Segmentberichterstattung dar. Deswegen wird ein Unternehmen, vorbehaltlich seltener Umstände, die Segmentinformationen in seinen Abschlüssen auf der gleichen Grundlage darstellen, wie es intern an seine Managementspitze berichtet. Der vorherrschende *Ursprung seiner Risiken und Erträge* wird zu seinem primären Segmentberichtsformat. Der sekundäre Ursprung seiner *Risiken und Erträge* wird zu seinem sekundären Segmentberichtsformat.

IAS 14/29 erläutert die Vorteilhaftigkeit einer Matrixdarstellung in Hinblick auf die Risiken und die Eigenkapitalverzinsung. Diese Anwendung ist aber nicht verpflichtend.

Falls die internen Segmente weder auf Gruppen ähnlicher Produkte und Dienstleistungen noch auf der Geografie basieren, verlangt IAS 14 Rz. 30, dass ein Unternehmen sich an der nächst niedrigeren Ebene der internen Segmentierung zu orientieren hat, um seine berichtspflichtigen Segmente zu bestimmen. Der Risiko- und Ertragsbezug bleibt dabei erhalten.

IAS 14 Rz 82 schreibt vor, dass über sämtliche Tätigkeiten, die mit einem Geschäftssegment in Verbindung stehen, möglichst vollständige Kenntnis vorhanden sein muss. Ebenso erforderlich ist diese Kenntnis bei der Zusammensetzung eines geografischen Segments:

Um die Auswirkungen solcher Umstände, wie Veränderungen der Nachfrage, Änderungen der Preise von Vorleistungen oder anderen Faktoren der Produktion und die Entwicklung von alternativen Produkten und Herstellungsprozessen auf ein Geschäftssegment, einzuschätzen, ist es notwendig, die Tätigkeiten zu kennen, die dieses Segment umgeben. Um die Auswirkungen von Änderungen der wirtschaftlichen und politischen Rahmenbedingungen auf die *Risiken und die Eigenkapitalverzinsung* eines geografischen Segments einzuschätzen, ist es ebenso wichtig, die Zusammensetzung dieses geografischen Segments zu kennen.

3.4.4 IAS 32 und 39

IAS 32 »Finanzinstrumente: Angaben und Darstellung« verfolgt das Ziel, das Verständnis der Abschlussadressaten für die Bedeutung von Finanzinstrumenten der Unternehmen für die Vermögens-, Finanz- und Ertragslage einerseits und für die Cashflows andererseits zu verbessern. Dieser Standard (der durch IFRS 7 ergänzt wird) enthält die Anforderungen für den Ausweis von allen Finanzinstrumenten, die in IAS 32.11 definiert sind. IAS 32 ergänzen die Grundsätze nach IAS 39 und die Grundsätze betreffend die Ausweisung von Finanzinstrumenten in IFRS 7.

Bezüglich des Risikomanagements erfordert der IAS 32 Angaben über Art und Umfang des Einsatzes von Finanzinstrumenten der Gesellschaft, über den Zweck, den die Finanzinstrumente für das Geschäft erfüllen, über die damit verbundenen Risiken und über die Politik des Managements zur Steuerung dieser Risiken.

Die Risikomanagement-Details finden sich in IAS 32 an verschiedenen Stellen – zunächst in der der Zielsetzung in Rz. 2, die wie folgt lautet:

> Der vorliegende Standard enthält die Vorschriften für die Darstellung von Finanzinstrumenten und die über sie zu machenden Angaben...
> Darüber hinaus fordert der Standard Angaben über Art und Umfang des Einsatzes von Finanzinstrumenten im Unternehmen, über den Zweck, den die Finanzinstrumente für das Geschäft erfüllen, über die damit verbundenen *Risiken* und über die Politik des Managements zur *Steuerung dieser Risiken.*

Die nach diesem Standard (IAS 32) erforderlichen Angaben sollen ein besseres Verständnis der Bedeutung von Finanzinstrumenten für die Vermögens-, Finanz- und Ertragslage und die Cashflows eines Unternehmens sicherstellen. Darüber hinaus sollen sie dazu beitragen, die Beträge, die Zeitpunkte und die Eintrittswahrscheinlichkeit der künftigen Cashflows abschätzen zu können, die aus solchen Finanzinstrumenten resultieren.

Da in IAS 39 die entsprechenden Bewertungsvorschriften zu den hier beschriebenen Standards formuliert sind und die beiden Standards ohnehin stets gemeinsam angewendet werden müssen, kann auf die explizite Nennung des Risikobezuges in IAS 39 an dieser Stelle verzichtet werden.

IFRS 4 regelt derzeit – bis der IFRS-Board eine zweite Ergänzung beschließen wird – die begrenzte Verbesserung der Rechnungslegung von Versicherern (das sind Unternehmen, die Versicherungsverträge im Bestand halten) und zusätzliche Angaben zum besseren Verständnis der Cashflows eines Versicherers. Die wichtigsten dieser Sonderregelungen werden hier vorgestellt. Hier der die grundsätzliche Vorschrift des Paragraph 38.

Ein Versicherer hat Angaben zu machen, die den Adressaten seines Abschlusses ermöglichen, *Art und Ausmaß der Risiken* aufgrund von Versicherungsverträgen zu beurteilen.

Ergänzend dazu bestimmt Paragraph 39:

Zur Erfüllung von Paragraph 38 hat der Versicherer folgende Angaben zu machen:

(a) Seine Ziele, Strategien und Verfahren zur *Steuerung der Risiken*, die sich aus Versicherungsverträgen ergeben, und seine Methoden zur *Steuerung dieser Risiken*.

(b) [gestrichen]

(c) Informationen über das *Versicherungsrisiko* (sowohl vor als auch nach dem Ausgleich des *Risikos durch Rückversicherung*), einschließlich Informationen über:

   (i) die *Sensitivität bezüglich Versicherungsrisiken* (siehe Paragraph 39A);

   (ii) Konzentrationen von *Versicherungsrisiken* mit Beschreibung der Art und Weise, in der die Unternehmensleitung Konzentrationen ermittelt, und Beschreibung der gemeinsamen Merkmale der einzelnen Konzentrationen (z. B. Art des versicherten Ereignisses, räumliche Verteilung, Währung);

   (iii) tatsächliche Schäden verglichen mit früheren Schätzungen (d.h. Schadenentwicklung). Die Angaben zur Schadenentwicklung gehen bis zu der Periode zurück, in der der erste wesentliche Schaden eingetreten ist, für den noch Ungewissheit über den Betrag und den Zeitpunkt der Schadenzahlung besteht, aber sie müssen nicht mehr als zehn Jahre zurückgehen. Ein

123

Versicherer braucht diese Angaben nicht für Schäden zu machen, für die die Ungewissheit über den Betrag und den Zeitpunkt der Schadenzahlung üblicherweise innerhalb eines Jahres geklärt ist.

(d) Die Informationen über *Ausfallrisiken, Liquiditätsrisiken und Marktrisiken*, die IFRS 7 Paragraphen 31–42 fordern würde, wenn die Versicherungsverträge in den Anwendungsbereich von IFRS 7 fielen. Jedoch

    (i) muss ein Versicherer die von IFRS 7 Paragraph 39(a) geforderte Fälligkeitsanalyse nicht vorlegen, wenn er stattdessen Angaben über den voraussichtlichen zeitlichen Ablauf der Nettomittelabflüsse aufgrund von anerkannten Versicherungsverbindlichkeiten macht. Dies kann in Form einer Analyse der voraussichtlichen Fälligkeit der in der Bilanz erfassten Beträge geschehen.

    (ii) wendet ein Versicherer eine alternative Methode zur Steuerung der Sensitivität bezüglich *Marktrisiken* an, etwa eine Analyse der eingebetteten Werte, so kann er mit dieser Sensitivitätsanalyse der Anforderung von IFRS 7 Paragraph 40(a) nachkommen. Ein solcher Versicherer macht außerdem die von IFRS 7 Paragraph 41 verlangten Angaben.

(e) Informationen über *Marktrisiken* aufgrund von eingebetteten Derivaten, die in einem Basisversicherungsvertrag enthalten sind, wenn der Versicherer die eingebetteten Derivate nicht zum beizulegenden Zeitwert bewerten muss und dies auch nicht tut.

Ergänzend zum obigen Paragraphen 39 ist Paragraph 39A eingefügt, welcher den Umgang mit Sensitivitätsanalysen regelt und der lautet:

39A Um Paragraph 39(c)(i) nachzukommen, macht ein Versicherer die unter (a) oder die unter (b) genannten Angaben:

(a) Eine Sensitivitätsanalyse, aus der sich ergibt, welche Auswirkungen auf Gewinn bzw. Verlust und Eigenkapital sich ergeben hätten, wenn *Änderungen der relevanten Risikovariablen* eingetreten wären, die am Bilanzstichtag nach vernünftigem Ermessen möglich waren; die Methoden und Annahmen, die bei der Durchführung der Analyse verwendet bzw. zugrunde gelegt wurden; sowie sämtliche Änderungen hinsichtlich der Methoden und Annahmen gegenüber dem vorangegangenen Berichtszeitraum. Wendet ein Versicherer eine alternative Methode zur Steuerung der Sensitivität bezüglich

Marktrisiken an, wie eine Analyse der eingebetteten Werte, so kann er dieser Anforderung durch die Angabe dieser alternativen Sensitivitätsanalyse und der in IFRS 7 Paragraph 41(a) geforderten Angaben nachkommen.

(b) Qualitative Informationen über die Sensitivität und Informationen über diejenigen Konditionen von Versicherungsverträgen, die materielle Auswirkungen auf Höhe, Zeitpunkt und Ungewissheit künftiger Mittelflüsse bei dem Versicherer haben.

3.4.5 IFRS 4: Versicherungsverträge (Anhang)

Ebenfalls von Bedeutung für das Risikomanagement sind einige Begriffsdefinitionen in Anhang A zu IFRS 4, hier insbesondere die Begriffe Finanzrisiko und Versicherungsrisiko[37]:

Finanzrisiko
Das *Risiko einer möglichen künftigen Änderung von einem oder mehreren eines genannten Zinssatzes, Wertpapierkurses, Rohstoffpreises, Wechselkurses, Preis- oder Zinsindexes, Bonitätsratings oder Kreditindexes oder einer anderen Variablen*, vorausgesetzt dass im Fall einer nicht-finanziellen Variablen die Variable nicht spezifisch für eine der Parteien des Vertrages ist.

Versicherungsrisiko
Ein *Risiko*, mit Ausnahme eines Finanzrisikos, *das von demjenigen, der den Vertrag nimmt, auf denjenigen, der ihn hält, übertragen wird.*

3.4.6 IFRS 7: Finanzinstrumente: Angaben

Es wurde oben bereits darauf hingewiesen, dass IAS 32 und 39 durch die Grundsätze von IFRS 7 »Finanzinstrumente: Angaben« ergänzt werden. IRFS 7 ersetzt die Regelungen, die bis dato in IAS 30 niedergelegt waren. Von Bedeutung ist darin für die vorliegende Risiko-Betrachtung die Wesensart und das Ausmaß der spezifischen Risiken, die sich aus den Finanzinstrumenten nach IAS 32 und 39 ergeben, und denen das Unternehmen

---

[37] Weitere versicherungswirtschaftliche Erläuterungen von Versicherungs- und anderen Risiken finden sich im Anhang B zu IFRS 4, die hier aber wegen ihrer spezifischen Bedeutung für Versicherer nicht näher behandelt werden.

während des Berichtszeitraumes und zum Berichtszeitpunkt ausgesetzt ist, sowie die Art und Weise der Handhabung dieser Risiken. Diese Sachverhalte sind in Paragraph 31 bis Paragraph 42 von IFRS 7 geregelt. In Paragraph 31 sind Angaben über Art und Ausmaß der Risiken dargelegt.

> Ein Unternehmen hat Angaben zu machen, die es den Adressaten seines Abschlusses ermöglichen, *Art und Ausmaß der Risiken* zu beurteilen, *die sich aus Finanzinstrumenten ergeben* und denen das Unternehmen zum Abschlussstichtag ausgesetzt ist.

In den dann folgenden Paragraphen ist geregelt, auf welche Art und Weise diese typischen Risiken – zu denen u.a. das Kreditrisiko, das Liquiditätsrisiko und das Marktrisiko gehören – gehandhabt werden sollen. Dazu sind zunächst Vorgaben zu den qualitativen und zu quantitativen Angaben einzuhalten. Paragraph 33 verlangt hinsichtlich der quantitativen Angaben Folgendes:

> Für jede Art von *Risiko, das sich aus Finanzinstrumenten ergibt*, macht ein Unternehmen die folgenden Angaben:
> (a) die *Risikoexpositionen* und die Art und Weise ihrer Entstehung;
> (b) die *Ziele, Strategien und Verfahren zur Steuerung der Risiken* sowie die *Methoden zur Bemessung des Risikos*; sowie
> (c) sämtliche Änderungen in (a) oder (b) aus früheren Berichtsperioden.

In Paragraph 34 ist hinsichtlich der quantitativen Angaben Folgendes festgelegt:

> Für jede Art von *Risiko, das sich aus Finanzinstrumenten ergibt*, macht ein Unternehmen die folgenden Angaben:
> (a) Zusammenfassung der quantitativen Daten zur Exposition gegenüber diesem *Risiko* zum Abschlussstichtag. Diese Angaben stützen sich auf Informationen, die intern an Mitglieder der Geschäftsleitung des Unternehmens weiter geleitet werden, so wie diese in IAS 24 (Angaben über Beziehungen zu nahe stehenden Unternehmen und Personen) definiert sind. Dazu zählen beispielsweise das Geschäftsführungs- und/oder der Vorsitzende des Aufsichtsorgans des Unternehmens;
> (b) die in den Paragraphen 36–42 geforderten Angaben, sofern sie nicht in (a) gemacht werden, es sei denn, das *Risiko* ist unerheblich

(s. Paragraph 29–31 von IAS 1 in Bezug auf eine Diskussion über die Wesentlichkeit);

(c) zu *Risikokonzentrationen*, die nicht aus (a) und (b) hervorgehen.

Reichen diese Angaben nicht aus oder sind sie nicht repräsentativ, so sind weitere Angaben erforderlich (Paragraph 35). Dann folgen die Vorschriften zu den einzelnen Risikokategorien, zunächst das Kreditrisiko in Paragraph 36, dann folgen in Paragraph 37 und 38 einige zusätzliche Angaben zu den finanziellen Vermögenswerten. Hier lautet der Wortlaut des wichtigen Paragraphen 36 zum Kreditrisiko:

Ein Unternehmen macht für jede Finanzinstrumentkategorie die folgenden Angaben:

(a) zum Betrag, der die *maximale Kreditrisikoexposition* am Abschlussstichtag am Besten widerspiegelt, und zwar ohne Berücksichtigung etwaiger gehaltener Sicherheiten oder sonstiger Kreditverbesserungen (z. B. Aufrechnungsvereinbarungen, die nicht für die Saldierung gemäß IAS 32 in Frage kommen);

(b) in Bezug auf den in (a) angegebenen Betrag eine Beschreibung der als ein Wertpapier gehaltenen Sicherheit und sonstiger Kreditverbesserungen;

(c) Informationen über die Kreditqualität der finanziellen Vermögenswerte, die weder überfällig noch wertgemindert sind; sowie

(d) der Buchwert der finanziellen Vermögenswerte, die ansonsten überfällig oder wertgemindert wären und deren Konditionen neu ausgehandelt wurden.

In Paragraph 39 sind die Vorgaben zum Liquiditätsrisiko enthalten. Hier der Wortlaut:

Ein Unternehmen macht folgende Angaben:

(a) eine Analyse der vereinbarten Fälligkeitstermine für finanzielle Verbindlichkeiten, aus der die verbleibenden vertraglich vereinbarten Fälligkeitstermin hervorgehen; sowie

(b) eine Beschreibung der Art und Weise, wie das Unternehmen das in (a) genannte *Liquiditätsrisiko* handhabt.

Und schließlich sind in Paragraphen 40 die erforderlichen Angaben zum Marktrisiko und in Paragraph 41 die Angaben zur Anwendung der Sensitivitätsanalyse zu beachten:

40. Sofern ein Unternehmen nicht Paragraph 41 nachkommt, hat es folgende Angaben zu machen:

(a) eine Sensitivitätsanalyse für jede Kategorie von *Marktrisiko*, dem das Unternehmen zum Abschlussstichtag ausgesetzt ist und aus der hervorgeht, welche Auswirkungen auf Gewinn bzw. Verlust und Eigenkapital sich ergeben hätten, wenn Änderungen der relevanten Risikovariablen eingetreten wären, die am Stichtag nach vernünftigem Ermessen möglich waren;

(b) die Methoden und Annahmen, die bei der Durchführung der Analyse verwendet bzw. zugrunde gelegt wurden; sowie

(c) Anpassungen aus früheren Berichtsperioden hinsichtlich der verwendeten Methoden und zugrunde gelegten Annahmen sowie der Gründe für diese Anpassungen.

41. Erstellt ein Unternehmen eine Sensitivitätsanalyse, z. B. zum Risikopotenzial, die die wechselseitige Abhängigkeit der Risikovariablen widerspiegelt (z. B. zwischen den Zinssätzen und den Wechselkursen) und verwendet sie diese zur Handhabung der Finanzrisiken, so kann das Unternehmen diese Sensitivitätsanalyse anstelle der in Paragraph 40 genannten verwenden. Das Unternehmen macht zudem folgende Angaben:

(a) eine Erläuterung der Methode, die bei der Durchführung der Analyse verwendet wurde, sowie der wichtigsten Parameter und Annahmen, auf die sich die vorgelegten Daten stützen; sowie

(b) eine Erläuterung des Ziels der verwendeten Methode sowie der Beschränkungen, die in die Informationen einfließen und dem beizulegenden Zeitwert der involvierten Vermögenswerte und Verbindlichkeiten nicht ausreichend Rechnung tragen.

Sonstige Angaben werden in Paragraph 42 geregelt. Wichtig ist weiterhin, dass im Anhang A die folgenden Risiken definiert werden: Kreditrisiko, Wechselkursrisiko, Zinsrisiko, Liquiditätsrisiko, Marktrisiko, und sonstige Preisrisiken. Wegen der Bedeutung dieser Definitionen werden sie hier vorgestellt.

Kreditrisiko
Das Risiko, dass eine Partei eines Finanzinstruments der anderen Partei einen finanziellen Verlust verursacht, indem sie einer Verpflichtung nicht nachkommt.

Wechselkursrisiko
Das Risiko, dass der beizulegende Zeitwert oder künftige Cashflows eines Finanzinstruments aufgrund von Wechselkursänderungen schwanken.

Zinsrisiko
Das Risiko, dass der beizulegende Zeitwert oder künftige Cashflows eines Finanzinstruments aufgrund von Änderungen des Marktzinssatzes schwanken.

Liquiditätsrisiko
Das Risiko, dass ein Unternehmen Schwierigkeiten bei der Erfüllung seiner sich aus den finanziellen Verbindlichkeiten ergebenden Verpflichtungen hat.

Marktrisiko
Das Risiko, dass der beizulegende Zeitwert oder künftige Cashflows eines Finanzinstruments aufgrund von Änderungen der Marktpreise schwanken. Zum Marktrisiko zählen die drei folgenden Risikotypen: Wechselkursrisiko, Zinsrisiko und sonstige Preisrisiken.

Sonstigen Preisrisiken
Das Risiko, dass der beizulegende Zeitwert oder künftige Cashflows eines Finanzinstruments aufgrund von Änderungen der Marktpreise schwanken ...

Darüber hinaus wird in der Anlage B zu IFRS 7 erläutert, wo und wie die Angaben zu Art und Ausmaß der sich aus Finanzinstrumenten ergebenden Risiken (Paragraph 31–42) und zu Umfang und Verfahren bei den Quantitativen Angaben (Paragraph 34) zu machen sind. Ebenfalls in dieser Anlage ist geregelt, in welcher Form die Maximale Kreditrisikoexposition nach Paragraph 36 A anzugeben und zu ermitteln ist.

3.4.7 IFRS 8: Geschäftsegmente

Am 19.01.2005 wurde der Entwurf IFRS ED 8 (Operative Segmente) durch den IASB veröffentlicht. Die EU-Kommission hat am 22.11.2007 mit der Veröffentlichung der Verordnung (EG) Nr. 1358/2007 der Kommission zur Änderung der Verordnung (EG) Nr. 1725/2003 betreffend die Übernahme bestimmter internationaler Rechnungslegungsstandards in Übereinstimmung mit der Verordnung (EG) Nr. 1606/2002 des Europäischen Parlaments und des Rates den IFRS 8 Geschäftssegmente (operative segments) ins europäische Recht übernommen, der am 1. Januar 2009 endgültig in Kraft tritt.

Der IFRS 8 ersetzt IAS 14 Segmentberichterstattung und ist erstmals für Geschäftsjahre zu beachten, die am oder nach dem 01.01.2009 beginnen. Eine frühere Anwendung wird empfohlen. Der Text der Verordnung 1358/2007 der Kommission vom 21. November bezieht sich inhaltlich auf IAS 14 Segmentberichterstattung und ersetzt die Vorschrift, welche von diesem Zeitpunkt an ungültig wird.

Die bisher sehr stark risikobetonte Vorschrift im IAS 14 wird nunmehr ersetzt durch den so genannten Management Approach im ISRF 8, nach dem der Abgrenzung der Segmente und den Angaben für die Segmente die Informationen zugrunde liegen, die vom Management für Zwecke der Ressourcenallokation und Leistungsbeurteilung der Unternehmensbereiche intern verwendet werden. Es verpflichtet die Unternehmen zur Angabe erklärender Informationen zu den operativen Segmenten, über die bereitgestellten Produkte und Dienstleistungen, über die Länder, in denen sie tätig sind, sowie über die wesentlichen Kunden. Mit dieser Vorschrift werden zwecks inhaltlicher Angleichung die wesentlichen Inhalte der »Generally Accepted Accounting Principles« der USA (US-GAAP) bis auf geringe terminologische Anpassungen – hier die US-Standards SFAS-131 »Disclosures about Segments of an Enterprise and Related Information« – übernommen[38].

3.5 Risk Management nach GAAP und Sarbanes Oxley Act

3.5.1 Risikomanagement und GAAP

Die United States Generally Accepted Accounting Principles (US-GAAP) sind die in den USA gültigen Rechnungslegungsvorschriften für Bilanzen und Jahresabschlüsse. Die US-GAAP bestehen aus einer Vielzahl sog. »Statements of Financial Accounting Concepts (SFAC)« sowie anderer allgemeiner Regelungen, die u.a. durch das 1972 gegründete Financial Accounting Standards Board (FASB) in Kraft gesetzt werden.

Unternehmen, die an einer US-amerikanischen Börse notiert sind, müssen ihren Jahresabschluss bzw. Konzernabschluss nach diesen Regeln aufstellen. Es besteht für ausgewählte Unternehmen ein Wahlrecht für IFRS/IAS. Betroffen von den US-GAAP sind einerseits deutsche Unternehmen, die Tochtergesellschaften einer US-amerikanischen Muttergesellschaft

---

38) Der Text findet sich als Verordnung (EG) Nr. 1358/2007 DER KOMMISSION vom 21. November 2007 im Amtsblatt der Europäischen Union vom 22.11.2007 L 304/9

sind. Andererseits müssen deutsche Unternehmen ihren Jahresabschluss nach US-GAAP (bis 1.Jan.2007, danach in IFRS) aufstellen, wenn sie an einer amerikanischen Börse den Zulassungsantrag bei der SEC gestellt haben und das Wahlrecht für eine Bilanzierung nach IFRS nicht in Anspruch nehmen.

Es besteht auch die Möglichkeit für deutsche Unternehmen, ihre Rechnungslegung freiwillig auf US-GAAP umzustellen. Der Grund hierfür kann darin liegen, dass die US-GAAP nicht nur eine bessere internationale Vergleichbarkeit der Unternehmensdaten erlauben, sondern (neben IFRS) als Voraussetzung gelten, um in die Marktsegmente »General Standard« und »Prime Standard« an der Frankfurter Wertpapierbörse aufgenommen zu werden.

Im Gegensatz zu Deutschland (vgl. die entsprechenden Regelungen im HGB) gibt es in den USA keine vergleichbaren, allgemeingesetzlichen Regelungen zur ordnungsmäßigen Buchführung und Bilanzierung und zur Aufstellung des Jahresabschlusses. Die US-GAAP sind sehr stark einzelfallbezogen und regeln in zahlreichen Einzelvorschriften sehr kasuistisch und detailliert einzelne Bereiche der Rechnungslegung. IFRS und US-GAAP sind sich zwar in Aufbau und Struktur sehr ähnlich, doch sind die US-GAAP sehr viel weniger sachlogisch aufgebaut und dafür sehr viel umfassender hinsichtlich zahlreicher Einzelfallregelungen. Das macht es sehr schwer, die dort vorhandenen vielfältigen Regelungen zum Risikomanagement sachlogisch zusammenzufassen.

Das Thema Risikomanagement wird vom FASB zwar in zahlreichen Regelungen immer wieder angesprochen, es ermangelt jedoch eines umfassenden Standards (SFAC) zu diesem Bereich. Als Beispiel für spezielle Anwendungen kann die Bilanzierung von Finanzinstrumenten und latenten Kreditrisiken genannt werden (SFAC 5.8).

3.5.2 Risk-Management nach dem Sarbanes-Oxley-Act

Auswirkungen des Sarbanes-Oxley-Acts auf deutsche Unternehmen

Der Sarbanes-Oxley-Act (SOX) ist eine gesetzliche Vorschrift der Vereinigten Staaten von Amerika vom 30.7.2002 und wurde von den Senatoren Paul S. Sarbanes aus Maryland (Demokratische Partei) und Michael Garver Oxley aus Ohio (Republikaner) initiiert. Mit dem Sarbanes-Oxley-Act wurde beabsichtigt, durch mehr Transparenz und interne Kontrollen das nach den Bilanz- und Finanzskandalen in den USA erschütterte Vertrauen der Investoren in die Integrität der Finanzmärkte wiederherzustellen. Er enthält keine direkten Vorschriften über die Aufstellung des Jahresabschlusses selber, sondern gilt als ergänzende bzw. weitergehende Vorschrift zu den bestehenden Vorschriften.

Die Bedeutung des Sarbanes-Oxley-Act für deutsche Unternehmen ergibt sich aus den engen gegenseitigen Wirtschaftsbeziehungen zwischen Deutschland und den Vereinigten Staaten. Die SOX-Regelungen betreffen alle Unternehmen, die an einer der US-amerikanischen Wertpapierbörsen notiert sind oder die anderweitig Wertpapiere öffentlich in den Vereinigten Staaten anbieten, einschließlich ihrer (z. B. deutschen) Tochtergesellschaften.

Betroffene deutsche Unternehmen können daher einerseits deutsche Tochtergesellschaften von US-amerikanischen Unternehmen sein, die dem SOX unterliegen und andererseits alle deutschen Unternehmen, die in den USA börsennotiert sind oder Wertpapiere vor Ort anbieten. Nach Angabe von KPMG handelte es sich dabei seinerzeit (2006) um insgesamt 28 deutsche Unternehmen[39]. Soweit SOX auf deutsche Unternehmen anwendbar

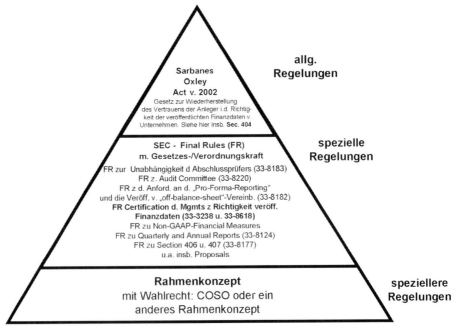

Abb. 3.5: Risikobezug im Sarbanes-Oxley-Act-Normierungssystem

39) Mitteilung der KPMG vom 07.04.2006

ist, können unter bestimmten Voraussetzungen wichtige Ausnahmen und Erleichterungen von den für US-amerikanische Unternehmen geltenden Vorschriften für so genannte Foreign Private Issuers in Betracht kommen. Diese Ausnahmeregelungen dienen vor allem der Vermeidung von Konflikten mit dem Recht des jeweiligen Herkunftslandes.

Inhalte und Risikobezug des SOX

Im der Präambel zum Sarbanes-Oxley-Act wird sehr pragmatisch und explizit darauf hingewiesen, dass das zugrunde liegende oberste Unternehmensziel der betroffenen Unternehmen in der Erhöhung des Unternehmenswertes besteht. Dieses Prinzip durchzieht das gesamte Gesetz, welches seinerseits durch die Ausführungsvorschriften der o.a. Final Rules und ergänzt wird. Diese wiederum sehen vor, dass ein integriertes internes Kontrollsystem (IKS) bzw. ein internes Controlling-System (ICS) die Anforderungen der Final Rules ergänzt (im Originaltext heißt es »internal control system). Ein mögliches Modell für das Interne Kontrollsystem ist das COSO-Rahmenwerk, welches in seiner ursprünglichen Version einen reines Internes Kontroll- und Steuerungssystem war, in seiner neuen Version als COSO II jedoch als unternehmerisches ICS mit integriertem Risikomanagement-System (ERM = Enterprise Risk Management-System) zu verstehen ist (vgl. Abbildung 3.5, allgemeine Regelungen).

Der Sarbanes-Oxley-Act besteht aus elf Hauptabschnitten (titles), innerhalb dieser Abschnitte aus zahlreichen Kapiteln bzw. Paragraphen (sections).

Der Risiko- und Chancenbezug des SOX liegt darin, dass mit diesem Gesetz wesentliche Elemente eines unternehmensinternen, umfassenden Chancen- und Risikomanagements und eines entsprechenden internen und externen Reportings explizit in die amerikanische Gesetzgebung eingeführt werden, die bisher entweder überhaupt nicht vorhanden oder unübersichtlich und zersplittert im Rahmen der US-GAAP (und damit ohne die entsprechende unbedingte Verpflichtung zur Einhaltung) vorhanden waren. Die wesentlichen Bestimmungen zum unternehmerischen Risikomanagement finden sich im Titel III Sec. 302 und in Sec. 404 und werden im Folgenden noch genauer erläutert.

Title III, Sec. 302 Sarbanes-Oxley-Act

Title III, Sec. 302 des Sarbanes-Oxley-Acts regelt (i.V.m. Sec. 906) die Einrichtung und Pflege von Disclosure Controls und Procedures. Darunter ist zu verstehen, dass die veröffentlichungspflichtigen Informationen ordnungsgemäß erfolgt sind:

- innerhalb der vorgeschriebenen Frist vorgelegt
- ordnungsgemäß erfasst
- ordnungsgemäß verarbeitet
- ordnungsgemäß gesammelt
- ordnungsgemäß berichtet und
- rechtzeitig an CEO und CFO weitergegeben.

Ein entsprechendes Formblatt für eine solche Erklärung von CEO und CFO findet sich in der zugehörigen Final Rule. Die Regelungen in Sec. 302 und die in Sec. 404 scheinen wegen der in beiden Artikeln erforderlichen »Internal Controls« bzw. »Internal Control System« ähnlich zu sein, sind aber nach Auffassung der SEC und der o.a. Final Rule inhaltlich unterschiedlich.

So geht die Sec. 302 deutlich weiter hinsichtlich des Reporting nichtfinanzieller Informationen, während in Sec. 404 die Informationen bezüglich Financial Reporting umfassender zu berichten sind. Die mit dieser Vorschrift verlangte Erklärung, die mit jedem bei der SEC einzureichenden Bericht (bei den meisten betroffenen Unternehmen quartalsweise) abzugeben ist, wird die Wichtigkeit der Wahrheits- und Vollständigkeitspflichten für CEO und CFO herausgestellt.

Title IV Sec. 404 Sarbanes-Oxley-Act

Title IV Sec. 404 des Sarbanes-Oxley-Act zwingt die Unternehmen zum Aufbau und zur umfassenden Dokumentation der Wirksamkeit ihres Internen-Steuerungs-Systems, ihres Kontroll- und Risikomanagement-Systems. Die Sec. 404 ist zugleich die Vorschrift, die für die betroffenen Unternehmen den vergleichsweise größten Implementierungsaufwand aller SOX-Vorschriften darstellt.

(a) Rules required – The Commission shall prescribe rules requiring each annual report required by section 13(a) or 15(d) of the Securities Exchange Act of 1934 (15 U.S.C. 78m or 780(d)) to contain an internal control report, which shall –

(1) state the responsibility of management for establishing and maintaining an adequate internal control structure and procedures for financial reporting; and

(2) contain an assessment, as of the end of the most recent fiscal year of the issuer, of the effectiveness of the internal control structure and procedures of the issuer for financial reporting.

(b) International control evaluation and reporting – With respect to the internal control assessment required by subsection (a), each registered public accounting firm that prepares or issues the audit report for the issuer shall attest to, and report on, the assessment made by the management of the issuer. An attestation made under this subsection shall be made in accordance with standards for attestation engagements issued or adopted by the Board. Any such attestation shall not be the subject of a separate engagement.

Zum Inhalt ist festzustellen, dass der geforderte Bericht nach (a) Ziff. (1) die Feststellung der persönlichen Verantwortung des Managements für die Errichtung und Pflege eines angemessenen Internal Control Systems (ICS) für das Financial Reporting des Unternehmens umfassen muss.

Nach dieser Vorschrift ist die Angabe des vom Management angewandten Regelwerkes zur Beurteilung der Effektivität des Systems und der Abläufe durch den Verantwortlichen für das Financial Reporting (gegenüber der SEC) und eine Einschätzung des Managements zur Effektivität des Internal Control Systems für die Rechungslegung und Finanzberichterstattung erforderlich. Kapitel 404 b schreibt vor, dass der Abschlussprüfer das ICS für die Rechnungslegung und Finanzberichterstattung zu prüfen hat und zur Einschätzung der Unternehmensleitung über die Effektivität des ICS für das Financial Reporting Stellung nehmen und darüber berichten muss.

Mit zum Teil drastischen Straf- und Zuwiderhandlungsvorschriften im Title XI Corporate Fraud and Accountability soll die Einhaltung des Gesetzes sichergestellt werden.

Zur Umsetzung der Vorschriften des Sarbanes-Oxley-Acts hat die für die Kontrolle des amerikanischen Wertpapierhandels zuständige Börsenaufsichtskommission (Securities and Exchange Commission SEC) detaillierte Ausführungsvorschriften mit der bereits oben angesprochenen, so genannten »Final Rule: Management's Reports on Internal Control Over Financial Reporting and Certification of Disclosure in Exchange Act Periodic Reports« Nr. 33-8238 erlassen , die regelmäßig überarbeitet und erweitert werden.

Final Rule: Management's Reports on Internal Control Over Financial Reporting and Certification of Disclosure in Exchange Act Periodic Reports

Sucht man eine Begriffsklärung für den wichtigen Legal-Begriff »Internal control over financial reporting«, so findet sich dieser in der sehr ausführlichen und viele Seiten umfassenden Vorschrift »Final Rule: Management's Reports on Internal Control Over Financial Reporting and Certification of Disclosure in Exchange Act Periodic Reports (Nr. 33-8238)«. Der Begriff

»Internal control over financial reporting« wird im Abschnitt IIb der Final Rule wie folgt definiert:

> A process designed by, or under the supervision of, the registrant's principal executive and principal financial officers, or persons performing similar functions, and effected by the registrant's board of directors, management and other personnel, to provide reasonable assurance regarding the reliability of financial reporting and the preparation of financial statements for external purposes in accordance with generally accepted accounting principles and includes those policies and procedures that:
> (1) Pertain to the maintenance of records that in reasonable detail accurately and fairly reflect the transactions and dispositions of the assets of the registrant;
> (2) Provide reasonable assurance that transactions are recorded as necessary to permit preparation of financial statements in accordance with generally accepted accounting principles, and that receipts and expenditures of the registrant are being made only in accordance with authorizations of management and directors of the registrant; and
> (3) Provide reasonable assurance regarding prevention or timely detection of unauthorized acquisition, use or disposition of the registrant's assets that could have a material effect on the financial statements.

Weiterhin sind die Bestimmung zur Beurteilung des ICS durch das Management und der dazugehörige Bericht von großer Bedeutung. Die Vorschriften finden sich in Kapitel IIB 3a bis 3e.

Während in Teil IIB 3a die Vorschriften über die Evaluation des ICS zum Financial Reporting mit ausdrücklicher Erwähnung der Eignung des COSO-Rahmenwerkes oder eines vergleichbaren Systems zusammengefasst sind, geht es in 3b um die Unabhängigkeit des Internen Auditors. In 3c schließlich ist festgelegt, wann und unter welchen Bedingungen die Feststellung »grundsätzlicher Mängel« im ICS zum Financial Reporting gegeben ist. Von großer Bedeutung ist auch die Vorschrift, dass die Existenz allein eines (!) der genannten grundsätzlichen Mängel des ICS eine Effektivität des Systems ausschließt (mit entsprechenden Folgen):

IIB3c. Material Weaknesses in *Internal Control over Financial Reporting*
In the Proposing Release, we did not propose any specific standard on which management would base its conclusion that the company's internal control over financial reporting is effective. We requested comment on whether we should prescribe specific standards upon which an effectiveness determination would be based, and also what standards we should consider. Several commentaters agreed that the final rules should specify standards, and all believed that the existence of a material weakness in internal control over financial reporting should preclude a conclusion by management that a registrant's internal control over financial reporting is effective. We have considered these comments, and agree that the rules should set forth this threshold for concluding that a company's internal control over financial reporting is effective.

Weiterhin wird im Abschnitt 3d die Evaluationsmethode und in Abschnitt 3e der Ort festgelegt, an dem der Bericht über das ICS im Rahmen des Jahresabschlusses zu erscheinen hat. Die weiteren Teile dieser Final Rule befassen sich mit der vierteljährlichen Beurteilung des ICS (Kapitel C), mit Differenzen zwischen dem ICS und dem Offenlegungsvorschriften (Kap. D), mit der Beurteilung der Offenlegungsvorschriften und Verfahren (Kap. E), mit der regelmäßigen Erklärung über die Verantwortlichkeit des Managements für ein wirksames ICS (Kap. F), mit der Bestätigung des Berichts über das ICS durch einen externen Prüfer (Kap. G) und einigen anderen Vorschriften.

Eine erste empirische Untersuchung der Auswirkungen der SOX-Vorschriften auf das Risikomanagement und die Risikoberichterstattung auf der Basis von damals achtzehn betroffenen und befragten deutschen Unternehmen haben Stadtmann und Wißmann[40] vorgelegt. Darin kommen sie zu dem vorläufigen Ergebnis, dass die betroffenen deutschen Unternehmen Überschneidungen zwischen dem nach KonTraG zu implementierenden Überwachungssystem und dem internen Kontrollsystem der Finanzberichterstattung gemäß SOX zwar feststellen können, aber nur eine Minderheit in der Lage ist, hieraus Synergien zu generieren. Auch stellten die Unternehmen wohl einen Zusammenhang zwischen Risikomanagement und internem Kontrollsystem nach SOX fest, wobei die Auswirkungen infolge von SOX hier primär ins Innere der Unternehmen ge-

[40] Vgl. Stadtmann, G. und Wissmann, M., SOX Around the World – Konsequenzen für Risikomanagement und –Berichterstattung deutscher Emittenten, Veröffentlichung des Lehrstuhls für Internationale Wirtschaft der Otto-v.-Guericke-Universität, Magdeburg, Juni 2007

richtet erscheinen. Die sehr hohen Kosten für die Einführung von SOX, insbesondere durch den internen und externen Personalbedarf stünden in keinem Verhältnis zu dem etwaigen Nutzen.

Welche überragende Bedeutung die erweiterten Vorschriften des Sarbanes-Oxley-Acts auch in Deutschland haben, zeigt sich nicht zuletzt an der aktuellen Krise des Unternehmens Siemens AG. Die Vorwürfe gegen eine große Anzahl von Mitarbeitern bis hinauf in die obersten Führungsebenen des Konzerns haben inzwischen zu zahlreichen Rücktritten von Vorstands- und Aufsichtsratsmitgliedern einschließlich der ehemaligen Vorstandsvorsitzenden Kleinfeld und des ehemaligen Aufsichtsratsvorsitzenden von Pierer geführt. Diesen beiden Managern wurde neben anderen auf der kürzlichen Hauptversammlung des Unternehmens am 25. Januar 2008 die Entlastung verweigert. Die Aufklärung der Vorwürfe der Bestechung von Amtsträgern einschließlich Untreue, Korruption, Geldwäsche und Steuerhinterziehung haben das Unternehmen bis zum Jahresende 2007 ca. 1,5 Milliarden Euro gekostet. Nach einer Mitteilung des derzeitigen Vorstandsvorsitzenden Löscher auf der Hauptversammlung des Unternehmens im Januar 2008 muss Siemens zusätzlich mit einer milliardenschweren Strafe von der amerikanischen SEC und weiteren Strafen in anderen Ländern rechnen. Die *Wirtschaftswoche* berichtet ohne detaillierte Angabe der Quelle, sie habe aus dem Aufsichtsrat erfahren, dass allein die Strafe der SEC bis zu vier Milliarden Euro betragen könne[41].

3.6 Die Auswirkungen der Europäischen Richtlinie über Abschlussprüfungen von Jahresabschlüssen und konsolidierten Abschlüssen auf das Risikomanagement

3.6.1 Risikobezug der EU-Abschlussprüfungs-Richtlinie

Die 8. europäische Richtlinie[42] ist eine Antwort der EU auf die zu Beginn dieses Kapitels erwähnten Unternehmensskandale. Sie soll für eine bessere Transparenz in den Jahresabschlüssen der EU-Unternehmen sor-

41) Vgl. Kroker, Michael u.a.: Siemens Hauptversammlung – Löscher bettelt um Milde, in Wirtschaftswoche bzw. wiwo.de vom 20.1.2008:

42) 8. EU-Richtlinie: Richtlinie 2006/43/EG des Europäischen Parlaments und des Rates vom 17. Mai 2006 über Abschlussprüfungen von Jahresabschlüssen und konsolidierten Abschlüssen, zur Änderung der Richtlinien 78/660/EWG und 83/349/EWG des Rates und zur Aufhebung der Richtlinie 84/253/EWG des Rates, in Kraft getreten am 29. Juni 2006; veröffentlicht im Amtsblatt der Europäischen Union am 9.6.2006, L157/87.

gen als bisher. Die Richtlinie 2006/43/EG ist seit 2006 in Kraft und seitdem in allen 27 EU-Staaten gültig. In den einzelnen Ländern ist sie bis 29. Juni 2008 in nationales Recht umzusetzen. Die Richtlinie soll europaweit einheitliche Regelungen für die Arbeit von Wirtschaftsprüfern gewährleisten. Durch sie werden einerseits die Unabhängigkeit der Prüfungsorgane und andererseits einheitlich (hohe) Anforderungen an die Abschlussprüfung selbst eingeführt. Eine der wichtigsten Neuerungen ist darüber hinaus die Einführung des so genannten Prüfungsausschusses (audit committee), der die vordringliche Aufgabe hat, die Wirksamkeit des internen Kontrollsystems (Internal-Control-System), ggf. des internen Revisionssystems und des Risikomanagementsystems des Unternehmens zu überwachen. Der Prüfungsausschuss ist in Unternehmen von öffentlichem Interesse grundsätzlich einzurichten und kann sich – auch – aus nicht an der Geschäftsführung beteiligten unabhängigen Mitgliedern des Verwaltungsorgans und/oder des Aufsichtsorgans des Unternehmens und/oder aus von der Gesellschafterversammlung bestellten Mitgliedern zusammensetzen.

Obwohl diese 8. EU-Richtlinie häufig umgangssprachlich als Euro-SOX bezeichnet wird, ist dieser Begriff inhaltlich nicht zutreffend gewählt. Denn bei dieser Richtlinie handelt es sich keineswegs – wie soeben dargestellt – um vergleichbar umfassende und strenge Vorschriften wie in den USA und somit auch nicht um ein Rahmenwerk »SOX-Light«. Vielmehr wurde die Verantwortung für den Umfang und die Ausgestaltung der internen Kontrollen und des internen Führungssystems (Controlling) in die Hände des Prüfungsausschusses und damit direkt in die Hände der Unternehmen gelegt.

3.6.2 EU-Abschlussprüfungsrichtlinie ist kein ›Euro-SOX‹

Die Vorschriften des SOX sind dagegen inhaltlich wesentlich umfassender zu betrachten ist als nach der 8. EU-Richtlinie, wenngleich der Wortlaut des amerikanischen bzw. englischen Begriffes »control« in »internal control« oder »internal control system« in beiden Regelungen identisch ist. Der wesentliche Unterschied der Regelungen besteht in der Orientierung der US-Vorschrift als Steuerungs- und (!) Kontrollsystem, was ja auch in der oben zitierten Final Rule in seiner Eigenschaft als Ausführungsvorschrift ganz deutlich wird. In der 8. EU-Richtlinie geht es dagegen inhaltlich ausschließlich um die Prüfung durch Prüfungsausschuss und Abschlussprüfer und damit um die (i.d.R. nachträgliche) Kontrolle der unternehmeri-

Die Auswirkungen der Europäischen Richtlinie über Abschlussprüfungen von Jahresabschlüssen und konsolidierten Abschlüssen auf das Risikomanagement

schen Rechnungslegung. Dieser Zusammenhang wird ganz deutlich bei der Übersetzung der entsprechenden Textstelle der 8. EU-Richtlinie »Internal-Control-System«, welches die offizielle deutsche Übersetzung als »Internes-Kontroll-System« – mit der Betonung auf dem Wort Kontrolle – zeigt.

Die wichtigsten Regelungsbereiche der 8. EU-Richtlinie finden sich in seinem Artikel 41 (s.u.) und umfassen daher nicht wie in den USA auch strenge Vorschriften für das interne Controlling als Führungs- und Steuerungssystem und die Sicherstellung der internen Abläufe in Hinblick auf die Erstellung der Jahresabschlüsse, sondern umfassen lediglich die (in den USA ebenfalls geregelte) Zulassung als Abschlussprüfer, die Unabhängigkeit des Abschlussprüfers, die bei der Prüfung zu beachtenden Prüfungsgrundsätze, die Merkmale eines wirksamen Systems der externen Qualitätskontrolle, eine unabhängige Berufsaufsicht sowie bestimmte Sondervorschriften für Unternehmen im öffentlichen Interesse.

Soweit in § 4 des Artikels 41 von »interner Kontrolle« gesprochen wird, handelt es sich zum einen lediglich um eine Berichtpflicht der Abschlussprüfer und zum anderen ist bei dieser Übersetzung eher die echte unternehmerische Kontrollfunktion im Sinne einer Revision zu verstehen. Von dieser Regelung sind sämtliche Unternehmen betroffen, deren Wertpapiere an einem geregelten Markt in einem Mitgliedstaat der EU notiert werden sowie Kreditinstitute, Versicherungsunternehmen sowie sonstige Unternehmen des öffentlichen Interesses. Teile dieser neuen EU-Richtlinie wurden im HGB – wie oben erwähnt – bereits mit den Änderungen in §§ 319 und 319 a HGB sowie durch das Abschlussprüferaufsichtsgesetz (APAG) umgesetzt.

Zukünftig werden daher die International Standards on Auditing (ISA) bei allen gesetzlichen Abschlussprüfungen anzuwenden sein. Der Wortlaut der offiziellen deutschen Übersetzung des Artikels 41 der 8. EU-Richtlinie lautet bezüglich der internen Kontroll-, Steuerungs- und Risikomanagementsysteme:

(1) Jedes Unternehmen von öffentlichem Interesse hat einen Prüfungsausschuss. ...

(2) Unabhängig von der Verantwortung der Mitglieder des Verwaltungs-, Leitungs- oder Aufsichtsorgans des geprüften Unternehmens oder anderer Mitglieder, die durch Mehrheitsentscheidung von der Gesellschafterversammlung oder Aktionärshauptversammlung des geprüften Unternehmens bestellt werden, besteht die Aufgabe des Prüfungsausschusses unter anderem darin,

a) den Rechnungslegungsprozess zu überwachen;

b) *die Wirksamkeit des internen Kontrollsystems, gegebenenfalls des internen Revisionssystems, und des Risikomanagementsystems des Unternehmens zu überwachen; ...*

(4) Der Abschlussprüfer oder die Prüfungsgesellschaft berichten dem Prüfungsausschuss über die wichtigsten bei der Abschlussprüfung gewonnenen Erkenntnisse, insbesondere über *wesentliche Schwächen bei der internen Kontrolle* des Rechnungslegungsprozesses.

Von besonderer Bedeutung ist hierbei Art. 41 Ziff. (2) b, in dem geregelt wird, dass dieser Ausschuss (u.a.) das Risikomanagementsystem des Unternehmens zu überwachen hat. Nonnenmacher et al. haben die Anforderungen an derartige Prüfungsausschüsse und an deren Arbeitsweise u. a. in Bezug auf das Risikomanagement jüngst in Hinblick auf die Besetzung und auf die Arbeitsweise der Ausschüsse konkretisiert[43]. Dabei geben sie vor allem Hinweise, in welcher Form und in welcher Reihenfolge und Regelmäßigkeit diese Ausschüsse ihre Aufgaben durchzuführen haben, um den Anforderungen der EU-Richtlinie (und des *Deutschen Corporate Governance Kodex, DCGK*[44]) zu entsprechen.

Von großer Bedeutung ist auch die Tatsache, dass die Bundesregierung plant, weitere Teile der genannten Vorgaben der EU-Richtlinie – hier also die Vorschriften über die Prüfungsausschüsse – »eins zu eins« im Rahmen des geplanten Bilanzrechtsmodernisierungsgesetzes[45] (*BilMoG*) umzusetzen.

Aus der Sichtweise von Jahresabschluss und Abschlussprüfung vermag auch die 8. EU-Richtlinie als Fortschritt erscheinen. Insgesamt bleibt festzuhalten, dass diese Richtlinie und ihre Umsetzung in Deutschland – jedenfalls hinsichtlich Compliance, Risikomanagement und Controlling – weit hinter den Anforderungen und Vorgaben bezüglich Umfang, Transparenz, Stringenz und Strafandrohungen seines US-amerikanischen Vorbildes SOX zurückbleibt. Wegen dieser Einschränkungen kann die 8. EU-Richtlinie bedauerlicherweise nicht als einer der großen Reformschritte hinsichtlich des Risikomanagements in Europa bzw. in Deutschland betrachtet werden.

43) vgl. Nonnenmacher, R, Pohle, K., und v. Werder, A.: Aktuelle Anforderungen an Prüfungsausschüsse, in Der Betrieb, H. 44, v. 2.11.2007, Seite 2412 ff, hier S. 2415.

44) in seiner aktuellen Fassung vom 14.6.20078

45) vgl. hierzu den Entwurf für das Bilanzrechtsmodernisierungsgesetz des BMJ o.D. (http://www.bmj.de/files/-/2567/RefE%

20BilMoG.pdf) auf Seite 1, wo es sinngemäß heißt: ..die 8. EU-Richtlinie u.a. sind schonend – eins zu eins – umzusetzen. Entsprechend ist es auf den Seiten 7 und 8 der Presseinformation des BMJ zu den Eckpunkten der Reform des Bilanzrechtes vom 8.11.2007 formuliert.

3.7 Regeln und andere Vorschriften im Zusammenhang mit der deutschen Rechnungslegung nach HGB und IFRS

3.7.1 Deutsche GOB

Die Grundsätze ordnungsmäßiger Buchführung und Bilanzierung (GoB) sind Regeln zur Buchführung und Bilanzierung, die sich hauptsächlich aus der Wissenschaft und Praxis, der deutschen Rechtsprechung sowie den Empfehlungen von Wirtschaftsverbänden ergeben. Ihre primäre Aufgabe liegt im Schutz von Gläubigern und Unternehmenseignern vor unkorrekten Daten, Informationen und möglichen Verlusten.

Einige wenige Vorschriften sind im HGB kodifiziert. Neben der Verpflichtung zur Einhaltung der GOB in § 238 HGB ist der Kaufmann nach § 243 Abs. 2 HGB ist zur Bilanzwahrheit, Bilanzklarheit und nach § 246 Abs. 1 HGB zu Bilanzvollständigkeit und Bilanzkontinuität verpflichtet. Die Vorschriften zum Risikomanagement finden sich in § 252. Darüber hinausgehende Regelungen zum Risikomanagement sind – bis auf die DRS – nicht ersichtlich.

3.7.2 Zusätzliche Regelungen zum Risikomanagement innerhalb der Konzernrechnungslegung nach den Deutschen Rechnungslegungs Standards (DRS)

Inhalt, Aufbau, Funktion und rechtliche Relevanz der Deutschen Rechnungslegungs Standards

Der Deutsche Standardisierungsrat[46] ist eine Einrichtung des Deutschen Rechungslegungs Standards Committee e.V. Die »Deutschen Rechnungslegungs Standards (DRS)« sind Standards, die der Deutsche Standardisierungsrat zur Konzernrechnungslegung aus internationalen Rechungslegungsstandards entwickelt und in einem mehrstufigen öffentlichen Verfahren beschließt[47]. Die DRS werden in deutscher und englischer Sprache veröffentlicht. Sie sind im Großen und Ganzen einheitlich gegliedert: Nach einigen Vorbemerkungen jeweils nach Gegenstand und Geltungsbereich, Zielen, Definitionen und Regeln. Sie werden ergänzt durch Hinweise zum Inkrafttreten, ggf. Anlagen und Anhänge. Sie haben keinen Gesetzescharakter. Das Bundesministerium der Justiz als Verordnungsgeber gibt diese

---

[46] Der Deutsche Standardisierungsrat besteht aus sieben Mitgliedern, die vom Vorstand des Deutschen Rechnungslegungs Standards Commitee e.V. (DRSC) bestimmt werden. Diese Mitglieder sind unabhängige Fachleute dem Gebiet der nationalen und internationalen Rechnungslegung.

[47] vgl. dazu die Homepage des Deutschen Rechnungslegungs Standards Committees http://www.drsc.de/

Standards entsprechend § 342 Abs. 2 HGB bekannt, womit sie von diesem Zeitpunkt an als geltende Grundsätze ordnungsmäßiger Buchführung (der Konzernrechnungslegung) betrachtet werden müssen. Obwohl die DRS im Grundsatz auf die Konzernrechnungslegung beschränkt sind, sollen diese nach Auffassung des DSR auch für Einzelabschlüsse angewendet werden.

Die wichtigsten Bestimmungen zum Risikomanagement befinden sich in DRS 3, DRS 5 und DRS 15. Im Rahmen der Segmentberichterstattung werden in DRS 3 (Textziffer 13 und 14) u. nach ihrer jeweiligen Chancen- und Risikostruktur behandelt. Der Risikobezug im DRS-Normierungssystem ist – vom allgemeinen Rahmenkonzept bis hin zu den speziellen Regelungen – aus Abb. 3.6 ersichtlich.

Die Risikoberichterstattung ist als Bestandteil der Lageberichterstattung im DRS 15 und im Detail in DRS 5 geregelt. Zusätzliche Bestimmungen für Kredit- und Finanzdienstleistungsinstitute finden sich in DRS 5–10 und für Versicherungsunternehmen in DRS 5–20.

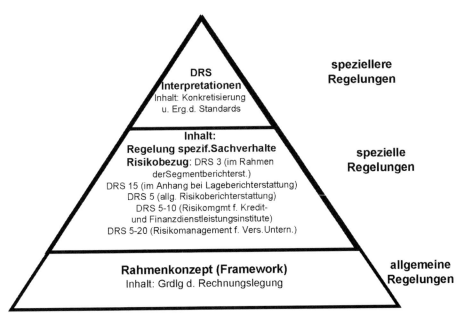

Abb. 3.6: Risikobezug im DRS-Normierungssystem

Regeln und andere
Vorschriften im
Zusammenhang mit der
deutschen
Rechnungslegung nach
HGB und IFRS

Deutscher Rechnungslegungs Standard Nr. 3 (DRS 3): Segmentberichterstattung

Der DRS 3 bildet die Grundlage für die Segmentberichterstattung innerhalb der Konzernrechnungslegung. Das Ziel der Lageberichterstattung lautet in der Zusammenfassung dieses Standards wie folgt:

> Die Segmentberichterstattung hat das Ziel, Informationen über die wesentlichen Geschäftsfelder eines Unternehmens zu geben. Sie soll den Einblick in die Vermögens-, Finanz- und Ertragslage sowie die *Einschätzung der Chancen und Risiken* der einzelnen Geschäftsfelder verbessern.

Weiterhin heißt es zu der Zusammenfassung von operativen Segmenten unter Textziffer 13 wie folgt:

> Operative Segmente, die im Verhältnis zueinander homogene *Chancen und Risiken* aufweisen, dürfen zusammengefasst werden, wenn dadurch die Klarheit und Übersichtlichkeit verbessert wird.

Deutscher Rechnungslegungs Standard Nr. 15 (DRS 15): Allgemeine Grundsätze zur (Konzern-) Lageberichterstattung, zur Chancen- und Risikoberichterstattung

Der DRS 15 bildet die Grundlage für die Lageberichterstattung innerhalb der Konzernrechnungslegung. Das Ziel der Lageberichterstattung lautet in der Zusammenfassung dieses Standards wie folgt:

> Ziel der Lageberichterstattung nach diesem Standard ist es, den Adressaten des Konzernlageberichts entscheidungsrelevante und verlässliche Informationen zur Verfügung stellen, die es ihnen ermöglichen, sich ein zutreffendes Bild von Geschäftsverlauf und Lage des Konzerns zu machen. Der Konzernlagebericht informiert außerdem über *die wesentlichen Chancen und Risiken*, die in der *Zukunft* die Geschäftstätigkeit des Konzerns voraussichtlich bestimmen werden.[48]

Der DRS 15 ist der maßgebende Deutsche Rechnungslegungs Standard für die Lageberichterstattung aller Mutterunternehmen, die einen Konzernlagebericht gemäß § 315 HGB aufzustellen haben, oder solcher, die ihn freiwillig aufstellen. Somit unterliegen auch jene Unternehmen dem DRS 5, die nach

---

48) Siehe Deutscher Rechnungslegungs Standard Nr. 15 (DRS 15), verabschiedet durch den DSR am 7. 12. 2004, bekannt gemacht gem. §342 HBG v. BMJ am 26. 2.2005, veröff. in den DRS/GAS hrsg. v. DRSC Berlin, hier Seite 9;

§ 11 PublG zur Konzernrechnungslegung verpflichtet sind. Bei Unternehmen, die freiwillig einen solchen aufstellen, wird die Anwendung dieser Standards empfohlen. Der Deutsche Standardisierungsrat empfiehlt zudem eine entsprechende Anwendung im Lagebericht gemäß § 289 HGB.

Von besonderer Bedeutung sind die Begriffsdefinitionen für die Begriffe Chance und Risiko (einheitlich innerhalb der DRS 15 und DRS 5 verwendet):

Chance: Möglichkeit von positiven künftigen Entwicklungen der wirtschaftlichen Lage des Konzerns
Risiko: Möglichkeit von negativen künftigen Entwicklungen der wirtschaftlichen Lage des Konzerns[49]

Nach DRS 15 wird empfohlen, dass der Konzernlagebericht mindestens sieben Bestandteile aufweisen soll, von denen Nr. 6 der Risikobericht und Nr. 7 der Prognosebericht ist[50]. Über die Risiken ist im Risikobericht, über die Chancen im Prognosebericht zu berichten. Während die Inhalte und der zeitliche Umfang (mindestens zwei Jahre) der Chancenberichterstattung in DRS 15 Textziffer 84 ff. geregelt sind, gilt für die Risikoberichterstattung der DRS 5 bzw. DRS 5–10 und DRS 5–15.

Deutscher Rechnungslegungs Standard Nr. 5 (DRS 5) einschließlich DRS 5–10 und DRS 5–20: Allgemeine und spezielle Grundsätze zur (Konzern-) Risikoberichterstattung

Der DRS 5 mit seinen Ergänzungen DRS 5–10 und DRS 5–20 bildet die Grundlage für die Grundsätze der Risikoberichterstattung innerhalb der Konzernrechnungslegung im Konzernlagebericht. Der Geltungsbereich entspricht DRS 15. Das Ziel der Risikoberichterstattung lautet nach DRS 5 wie folgt:

Die Risikoberichterstattung soll den Adressaten des Konzernlageberichts entscheidungsrelevante und verlässliche Informationen zur Verfügung stellen, die es ihnen ermöglichen, sich ein zutreffendes Bild *über die Risiken der künftigen Entwicklung* des Konzerns zu machen.[51]

Von besonderer Bedeutung sind neben den o.a. Definitionen für die Begriffe Chance und Risiko die Begriffsdefinitionen »Risikokategorie« und »Risikomanagement«:

---

[49] Siehe Deutscher Rechnungslegungs Standard Nr. 15 (DRS 15), S. 19; gleichlautend in DRS 5.

[50] ebenda, Textziffer 93.

[51] Siehe Deutscher Rechnungslegungs Standard Nr. 5 (DRS 5), S. 13, Textziffer 1;

Regeln und andere Vorschriften im Zusammenhang mit der deutschen Rechnungslegung nach HGB und IFRS

Risikokategorie: Gleichartige, organisatorisch oder funktional zusammenge-
hörige Risiken
Risikomanagement: Nachvollziehbares, alle Unternehmensaktivitäten um-
fassendes System, das auf Basis einer definierten Risikostrategie ein syste-
matisches und permanentes Vorgehen mit folgenden
Elementen umfasst: Identifikation, Analyse, Bewertung, Steuerung, Doku-
mentation und Kommunikation von Risiken sowie die Überwachung dieser
Aktivitäten.[52]

In den dazugehörenden Regeln dieses Standards sind Gegenstand, Umfang und Schwerpunkt der Berichterstattung, Benennung bestandsgefährdender Risiken, Bildung von Risikokategorien, verständliche Aufbereitung, mögliche Quantifizierung und Kompensationsmöglichkeiten, risikoadäquate Prognosezeiträume, Risikointerdependenzen, Risikoaufrechnungsverbot und weitere allgemeine Hinweise zur Berichterstattung beschrieben.

Der ergänzende Standard DRS 5–10 regelt die Berichterstattung über die Risiken der voraussichtlichen Entwicklung des Konzerns im Konzernlagebericht gemäß § 315 Abs. 1 Satz 5 HGB, für Kredit- und Finanzdienstleistungsinstitute im Sinne von § 1 Abs. 1 bzw. Abs. 1a KWG[53]. Er legt zusätzlich zu den obigen Standards für die betroffenen Unternehmen fest, dass die Risikoberichterstattung alle Geschäftsbereiche und Tochterunternehmen zu umfassen hat, und dass die Prognoseberichterstattung für die betroffenen Unternehmen getrennt von der Risikoberichterstattung zu erfolgen hat (DRS 5 hatte in dieser Beziehung nur empfehlenden Charakter).

Zusätzliche, ausführliche und partiell ergänzende bzw. modifizierende Definitionen (gegenüber DRS 15 und DRS 5) werden zu den Begriffen *Adressenausfallrisiko, Liquiditätsrisiko, Marktrisiko und operationales Risiko* gegeben, wobei die inhaltlich erforderlichen Angaben und der jeweilige Umfang zu den vier zuletzt genannten Risiken in den Regeln des Standards (Textziffern 27 bis 40) detailliert beschrieben werden.

Der ergänzende Standard DRS 5–20 regelt die Berichterstattung über die Risiken der voraussichtlichen Entwicklung des Konzerns im Konzernlagebericht gemäß § 315 Abs. 1 Satz 5 HGB für Versicherungsunternehmen im Sinne von § 341 Abs. 1 und 2 HGB sowie § 341i Abs. 2 HGB[54]. Zusätzliche, ausführliche und partiell ergänzende bzw. modifizierende Definitionen (gegenüber DRS 5) werden zu folgenden Begriffen gegeben:

52) Siehe Deutscher Rechnungslegungs Standard Nr. 5 (DRS 5), S. 13, Textziffer 9; fette Hervorhebung im Original.

53) Siehe Deutscher Rechnungslegungs Standard Nr. 510 (DRS 5–10), S. 13, Textziffer 1;

54) Siehe Deutscher Rechnungslegungs Standard Nr. 510 (DRS 5–10), S. 11, Textziffer 1;

Gesamte Risikolage, Versicherungstechnisches Risiko, Versicherungstechnische Risikoarten, Risiken aus dem Ausfall von Forderungen aus dem Versicherungsgeschäft, Risiken aus Kapitalanlagen, Operationales Risiko *sowie* interne Risikomodelle.

In den anschließenden Regeln sind die Schwerpunkte der Berichterstattung, die Gliederung der Risiken nach Risikokategorien, die Beschreibung der Risikomanagementsystems und die zu den jeweiligen Risiken zugehörigen Prognosezeiträume im Einzelnen beschrieben. Es folgen zusätzliche Regeln zu Risiken aus Kapitalanlagen, Operationalen Risiken und Sonstigen Risiken.

3.8 Straf- und Bußgeldvorschriften, Zwangsgelder, Haftpflicht[55]

Für Zuwiderhandlungen gegen die Vorschriften des HGB bzw. gegen Internationale Rechnungslegungsstandards können seit 2004 auch in Deutschland erhebliche Strafen, Buß- und Zwangsgelder verhängt werden (eingeführt durch das o.a. BilKoG). Die wesentlichen Vorschriften finden sich in den §§ 331 – 335 HGB[56] (Kapitalgesellschaften, OHGs und bestimmte KGs) bzw. §§ 340m – 340o (Ergänzende Vorschriften für Kreditinstitute und Finanzdienstleistungsinstitute) bzw. §§ 341 bis 341p (Ergänzende Vorschriften für Versicherungsunternehmen und Pensionsfonds). Während in § 331 Freiheitsstrafen bis zu drei Jahren oder Geldstrafen für die unrichtige Darstellung oder eine Verschleierung der Eröffnungsbilanz, des Jahresabschlusses, des Lageberichts oder des Zwischenabschlusses und ähnliche Delikte in diesem Zusammenhang angedroht werden, wird im § 332 die gleiche Strafandrohung auch gegenüber Abschlussprüfern und dessen Gehilfen angedroht, wenn diese unrichtig berichten, erhebliche Umstände verschweigen oder einen unrichtigen Bestätigungsvermerk erteilen. In § 334 sind die Ordnungswidrigkeiten definiert, die mit einer Geldbuße bis zu fünfzigtausend Euro geahndet werden können. Schließlich ist in § 335 das Verfahren gegen die Mitglieder des vertretungsberechtigten Organs einer Kapitalgesellschaft bzw. gegen die Kapitalgesellschaft selbst geregelt, welches zu ei-

---

[55] Vgl. zum wichtigen Sachverhalt der Haftungs- und Strafvermeidung Romeike, Frank (Hrsg.): Rechtliche Grundlagen des Risikomanagements – Haftungs- und Strafvermeidung, Berlin 2008 und die dort gesammelten zahlreichen Beiträge.

[56] Zuletzt geändert am 20.1.2007 durch Artikel 5 des Transparenzrichtlinie-Umsetzungsgesetzes (TUG) vom 5.1.2007.

nem Ordnungsgeld zwischen zweitausendfünfhundert und fünfundzwanzigtausend Euro führen kann.

Im Jahre 2004 wurden – ebenfalls durch das BilKoG – die Voraussetzungen für das sogenannte Enforcement-Verfahren geschaffen, das die Durchsetzung einer ordnungsgemäßen Anwendung von Rechnungslegungsvorschriften in kapitalmarktorientierten Unternehmen sicherstellen soll (vgl. § 342 b Abs. 2 S. 2 HGB). Die Deutsche Prüfstelle für Rechnungslegung e. V. (DPR) wurde im Jahre 2005 durch das Bundesministerium der Justiz als privatrechtliche Einrichtung geschaffen, um Verstöße gegen Rechnungslegungsvorschriften zu ermitteln. Um die Prüfung von Abschlüssen und die Aufdeckung von Bilanzierungsfehlern gegebenenfalls von Amts wegen durchzusetzen und um die ordnungsgemäßen Anwendung von Rechnungslegungsvorschriften sicherzustellen, wird die DPR von der Bundesanstalt für Finanzdienstleistungsaufsicht (Bafin) unterstützt[57]. Das oben in diesem Kapitel beschriebene Zweistufenmodell mit der Kombination einer privatrechtlich organisierten (DPR; 1. Stufe) und einer staatlichen Enforcement-Stelle (Bafin; 2. Stufe) unterscheidet sich nicht nur in der Organisation, sondern auch in der Aufgabenbeschreibung von den rein staatlichen Enforcement-Lösungen, wie sie in Amerika mit der dortigen Börsenaufsichtsbehörde Securities and Exchange Commission (SEC) besteht. Einer der wichtigsten Unterschiede besteht darin, dass es beispielsweise für die SEC selbstverständlich ist, neben der regelmäßigen Kontrolle der Abschlüsse Unternehmen bei Fragen nach der korrekten Abbildung bestimmter Sachverhalte in der Rechnungslegung Auskunft zu erteilen (Pre-Clearance). Diese Aufgabe ist in Deutschland weder in der Tätigkeitsbeschreibung der DPR noch in der der BaFin definiert. Im Ergebnis führt dieses Verfahren zu einem Urteil der DPR über eine fehlerfreie oder fehlerhafte Rechnungslegung (mit Beurteilung der Wesentlichkeit von Fehlern) und entsprechenden Folgen wie Mitteilung an das Unternehmen bzw. einer Information der BaFin, welche ggf. die Veröffentlichung der Fehler anordnen muß. Die Fehler haben dann die o.a. Folgen hinsichtlich Straf- bzw. Ordnungsgeldvorschriften.

Entsprechende und z.T. weitergehende Vorschriften für Aktiengesellschaften finden sich in den §§ 399ff AktG.

Die erwähnten Sanktionen betreffen auch Fehler, Unterlassungen, Unrichtigkeiten sowie ggf. Verschleierungen im Umfeld des Risikomanagements, soweit diese unter die Vorschriften in den §§ 331 – 335 oder die entsprechenden Paragraphen für spezielle Branchen fallen. Namentlich nach

---

57) Vgl. oben Kap. 3.1.2.; hier der Abschnitt über das BilKoG
auf Seite 101.

§ 334 (1) Abs. 3 gilt ein Bußgeld von bis zu 50 000 Euro dann ausdrücklich auch für Verstöße gegen § 289 (1) bzw. § 315 (1) bei fehlerhafter oder unvollständiger Berichterstattung über die wesentlichen Chancen und Risiken im Lagebericht. Der Umfang und das Ausmaß dieser Straf- und Ordnungsgeldandrohungen sind verglichen mit denen des Sarbanes-Oxley-Acts zwar relativ milde; für beide Vorschriften aber gilt, dass die Sanktionen insbesondere jene Personen treffen, die in den Organen der Unternehmen wie Aufsichtsrat und Vorstand besondere Verantwortung tragen. Sie zählen damit durch die Sanktionsandrohungen zu den besonders gefährdeten Personen im Unternehmen.

Nicht selten kann sich aus den zugrunde liegenden Tatbeständen zusätzlich auch eine Haftung der Organmitglieder gegenüber Dritten – z. B. Aktionären – ergeben. Dann kann die Pflichtverletzung zu erheblichen Schadensersatzforderungen führen. Zur Vermeidung solch unerwünschter Folgen ist für die Organmitglieder eines Unternehmens zusätzlich zum unternehmerischen Risikomanagement ein Risikomanagement in eigener Sache erforderlich bzw. empfehlenswert, welches im folgenden Kapitel dieses Buches erörtert wird[58].

3.9 Literatur

Gesetze:

Anlegerschutzverbesserungsgesetz (AnSVG) v. 1. Juli 2004, in Kraft getreten am 30.10.2004, BGBl 2004 I, S. 2630 ff.

Bilanzrechtsreformgesetz (BilReG) v. 04.12.2004, BGBl 2004, S. 3166 ff.

Entwurf für das Bilanzrechtsmodernisierungsgesetz des BMJ o.D. (http://www.bmj.de/files/-/2567/RefE%20BilMoG.pdf)

Gesetz über den Wertpapierhandel und zur Änderung börsenrechtlicher und wertpapierrechtlicher Vorschriften – Zweites Finanzmarktförderungsgesetz (2.FFG) v. 26.07.1994, BGBl I 1994, S. 1749 ff.

Gesetz zu Schadensersatzklagen von Kapitalanlegern (Kapaitalanleger-Musterverfahrensgesetz KapMuG) v. 16.08.2005, in Kraft getreten zum 17.8. bzw. 1.11.2004, BGBl. I v. 19.08.2005, S. 2437 ff.

Gesetz zur Fortentwicklung der Berufsaufsicht über Abschlussprüfer in der Wirtschaftsprüferordnung (Abschlussprüferaufsichtsgesetz – APAG), v. 27. 12.2004, in Kraft getreten am 28.12.2004, BGBl 2004 I, S. 3849 ff.

Gesetz zur Einführung der Europäischen Gesellschaft (Societas Europaea/SE) v. 28.12.2004, BGBl I 2004, S. 3675 ff, Bundesratsdrucksache 850/04 v. 5.11.2004, in Kraft getreten am 23.12.2004

Gesetz zur Einführung internationaler Rechnungslegungsstandards und zur Sicherung der Qualität der Abschlussprüfung (BilReG) v. 04.12.2004, in Kraft getreten am 10.12.2004, BGBl. 2004 I, S. 3166 ff.

Gesetz zur Kontrolle von Unternehmensabschlüssen (BilKoG), v. 30.11..2004, in Kraft getreten am 16.12.2004; BGBl 2004 I, S. 3408 ff.

---

[58] Vgl. den Beitrag von Palmberger, H.: Persönliches Risikomanagement in Aufsichtsrats-, Vorstands- und ähnlichen Funktionen, Kapitel 4.

Gesetz zur Offenlegung von Vorstandsgehältern (VorstOG), v. 03.08.2005, in Kraft getreten am 11.08.2005, BGBl I v. 10.08.2005, S. 2267

Gesetz zur Unternehmensintegrität und Modernisierung des Anfechtungsrechts (UMAG), v. 22.09.2005, in Kraft getreten am 27.09.2005, BGBl. I 2005, Seite 2802 ff.

Handelsgesetzbuch v. 1.1.1964, zul. geänd. am 3.08. 2005, BGBl. I Nr. 47, § 252 Abs. 1 Nr. 4.

Wertpapiererwerbs- und Übernahmegesetz v. 1.1.2002, geändert am 23.11.2003, zul. geänd. am 22.09.2005, BGBl I 2001, Seite 3822 ff.

Wertpapiererwerbs- und Übernahmegesetz v. 1.1.2002, geändert am 23.11.2003, zul. geänd. am 22.09.2005, BGBl I 2001, Seite 3822 ff.

8. EU-Richtlinie: Richtlinie 2006/43/EG des Europäischen Parlaments und des Rates vom 17. Mai 2006 über Abschlussprüfungen von Jahresabschlüssen und konsolidierten Abschlüssen, zur Änderung der Richtlinien 78/660/EWG und 83/349/EWG des Rates und zur Aufhebung der Richtlinie 84/253/EWG des Rates, in Kraft getreten am 29. Juni 2006; veröffentlicht im Amtsblatt der Europäischen Union am 9.6.2006, L157/87

Literatur:

Deutscher Rechnungslegungs Standard [DRS] (2005): DRS/GAS, DRSC Berlin, Seite 13 ff.

Fischer, N., Rotter, N.: Sarbanes Oxley Act und die Final rule Section 404: Management Assessment of Internal Controls, in: KPMG Deutschland (Hrsg.): USA-Mitteilungen Okt. 2003, Berlin.

Kalwait, R., Pfahler, S. u. Wallasch, Chr.: Das Internet als Informationsquelle für Controller, in Controller-Magazin 3/2004, Seite 244 ff.

Kläsgen, Michael: 4,9 Milliarden weg – einfach so. In: SZ v. 24.1.2008

Kroker, Michael u.a.: Siemens Hauptversammlung – Löscher bettelt um Milde, in Wirtschaftswoche vom 20.1.2008

Menzies, Chr.: Sarbanes-Oxley-Act; Professionelles Management interner Kontrollen, Stuttgart.

Moeller, R. (2004): Sarbanes-Oxley and the New Internal Auditing Rules, Hoboken, New Jersey, Seite 125.

Nonnenmacher, R, Pohle, K., und v. Werder, A.: Aktuelle Anforderungen an Prüfungsausschüsse, in Der Betrieb, H. 44, v. 2.11.2007, Seite 2412 ff

o.V. IFRS 2007, Die von der EU gebilligten Standards, Weinheim 2007

Romeike, F.: Rechtliche Grundlagen des Risikomanagements, Haftungs- und Strafvermeidung für Corporate Compliance, Berlin 2008.

Stadtmann, G. und Wissmann, M., SOX Around the World – Konsequenzen für Risikomanagement und –Berichterstattung deutscher Emittenten, Veröffentlichung des Lehrstuhls für Internationale Wirtschaft der Otto-v.-Guericke-Universität, Magdeburg, Juni 2007

Trichet, Jean-Claude: Enhancing the EU arrangements for financial stability, Keynote adress, at European Parliament, Brussels, 23. Jan. 2008

Internetquellen:

Australian Government – Financial Reporting Council (2002): The Worldwide adoption of IAS/IFRS, veröffentlicht im Internet, URL: http://www.frc.gov.au/bulletins/2002/04.asp (Stand: 24.04.2006, 11:25 Uhr).

Bundesanstalt für Finanzdienstleistungsaufsicht (2005): Gesetz zur Änderung insolvenzrechtlicher und kreditwesenrechtlicher Vorschriften, veröffentlicht im Internet, URL: http://www.bafin.de/gesetze/kwg.htm (Stand: 24.04.2006, 11:25 Uhr).

Bundesanstalt für Finanzdienstleistungsaufsicht (2005): Anforderungen an das Risikomanagement (MaRisk), veröffentlicht im Internet, URL: http://www.bundesbank.de/bankenaufsicht/bankenaufsicht_marisk.php (Stand: 24.04.2006, 11:25 Uhr).

Bundesanstalt für Finanzdienstleistungsaufsicht (2006): Entwurf der Solvabilitätsverordnung der Institute (SolvV-E), veröffentlicht im Internet, URL: http://www.bundesbank.de/bankenaufsicht/bankenaufsicht_eigen_verordnung.php (Stand: 24.04.2006, 11:25 Uhr).

Bundesanstalt für Finanzdienstleistungsaufsicht (2006): Wertpapierprospektgesetz WpPG, veröffentlicht im Internet, URL:

http://www.bafin.de/gesetze/wppg.htm
(Stand: 24.04.2006, 11:25 Uhr).

Bundesanstalt für Finanzdienstleitungsaufsicht
(2002): Finanzdienstleistungsaufsichtsgesetz
– FinDAG, veröffentlicht im Internet, URL:
http://www.bafin.de/gesetze/findag.htm
(Stand: 24.04.2006, 11:25 Uhr).

Bundesanstalt für Finanzdienstleitungsaufsicht
(2005): Investmentgesetz (InvG), veröffentlicht im Internet, URL:
http://www.bafin.de/gesetze/invg.htm
(Stand: 24.04.2006, 11:25 Uhr).

Bundesanstalt für Finanzdienstleitungsaufsicht
(2005): Gesetz über den Wertpapierhandel,
veröffentlicht im Internet, URL:
http://www.bafin.de/gesetze/wphg.htm
(Stand: 24.04.2006, 11:25 Uhr).

Bundesanzeiger-Verlag (2004): Gesetz zur Modernisierung des Investmentwesens und zur
Besteuerung von Investmentvermögen, veröffentlicht im Internet, URL:
http://217.160.60.235/BGBL/bgbl1f/bgbl103s
2676.pdf (Stand: 24.04.2006, 11:25 Uhr).

Bundesanzeiger-Verlag (2002): Gesetz zur weiteren Fortentwicklung des Finanzplatzes
Deutschland, veröffentlicht im Internet, URL:
http://217.160.60.235/BGBL/bgbl1f/BGBl102
039s2010.pdf (Stand: 24.04.2006, 11:25 Uhr).

Bundesregierung (2005): Entwurf für das Gesetz über elektronische Handelsregister und
Genossenschaftsregister sowie das Unternehmensregister (EHUG), veröffentlicht im
Internet, URL: http://www.bmj.bund.de/me-
dia/archive/1083.pdf (Stand: 24.04.2006,
11:25 Uhr).

Bundesregierung (2005): Entwurf für ein Gesetz
zur Neuregelung des Mindestkapitals der
GmbH (MindestkapG), veröffentlicht im
Internet, URL: http://dip.bundestag.de/btd/
15/056/1505673.pdf (Stand: 24.04.2006,
11:25 Uhr).

Bundesregierung (2006): Entwurf zum Übernahmerichtlinie-Umsetzungsgesetz, veröffentlicht im Internet, URL:
http://www.bundesrat.de/coremedia/genera-
tor/Inhalt/Drucksachen/2006/0154_2D06,pr
operty=Dokument.pdf (Stand: 24.04.2006,
11:25 Uhr).

Bundesregierung (1998): Drittes Finanzmarktförderungsgesetz, veröffentlicht im Internet,
URL: http://www.jura.uni-augsburg.de/prof/

moellers/materialien/materialdateien/040_
deutsche_gesetzgebungsgeschichte/ffg3_
drittes_finanzmarktfoerderungsgesetz_
geschichte/3ffg_pdfs/gesetzestext_bgbl_1998
_529.pdf (Stand: 24.04.2006, 11:25 Uhr).

Bundesregierung (1997): Gesetz zur Umsetzung
von EG-Richtlinien zur Harmonisierung
bank- und wertpapieraufsichtsrechtlicher Vorschriften, veröffentlicht im Internet, URL:
http://www.jura.uni-augsburg.de/prof/moel-
lers/materialien/materialdateien/040_deut-
sche_gesetzgebungsgeschichte/umsgg_ge-
schichte/umsgg_pdfs/gesetzestext_umsg_bg
bl_1997_2518.pdf (Stand: 24.04.2006, 11:25
Uhr).

Bundesregierung (2005): Wertpapier-Verkaufsprospektgesetz, veröffentlicht im Internet,
URL: http://bundesrecht.juris.de/verkaufs-
prospektg/BJNR127490990.html (Stand:
24.04.2006, 11:25 Uhr).

Bundesregierung (2005): Börsengesetz, veröffentlicht im Internet, URL: http://bundes-
recht.juris.de/b_rsg_2002 (Stand:
24.04.2006, 11:25 Uhr).

Bundesregierung (2003): Transparenz- und Publizitätsgesetz (TransPuG), veröffentlicht im
Internet, URL: http://217.160.60.235/BGBL/
bgbl102s2681.pdf (Stand: 24.04.2006, 11:25
Uhr).

Bundesregierung (1998): Gesetz zur Kontrolle
der Transparenz im Unternehmensbereich
(KonTraG), veröffentlicht im Internet, URL:
http://217.160.60.235/BGBL/bgbl1f/
b198024f.pdf (Stand: 24.04.2006, 11:25 Uhr).

COSO (2004): Applying COSO's Enterprise
Risk Management-Integrated Framework,
veröffentlicht im Internet, URL:
http://www.coso.org/publications.htm (Stand:
24.04.2006, 11:25 Uhr).

Deutsche Börse (2006): Zulassungsfolgepflich-
ten für die Zulassung zum Primestandard an
der Frankfurter Wertpapierbörse, veröffentlicht im Internet, URL: http://deutsche-boer-
se.com/ (Stand: 24.04.2006, 11:25 Uhr).

Deutsche Rechnungslegungs Standards Committee (2006): DRS, veröffentlicht im Internet, URL: http://www.drsc.de/ (Stand:
24.04.2006, 11:30 Uhr).

Deutscher Corporate Governance Kodex (2005):
Neufassung vom 20.7.2005, veröffentlicht im
Internet, URL: http://www.corporate-gover-

nance-code.de/ger/kodex/3.html (Stand: 24.04.2006, 11:25 Uhr).

Europäisches Parlament (2002): Anwendung internationaler Rechnungslegungsstandards, veröffentlicht im Internet, URL: http://www.ifrs-rechnungslegung.com/inhalt/gesetzl_grundl/eu_verordnungias/20020911_verordnung ias.pdf (Stand: 24.04.2006, 11:25 Uhr).

Europäisches Parlament (2005): Prospektrichtlinie-Umsetzungsgesetz, veröffentlicht im Internet, URL: http://www.jura.uni-augsburg.de/prof/moellers/materialien/materialdateien/040_deutsche_gesetzgebungsgeschichte/prospektril_umsetzungsgesetz_wpp g_geschichte/prospektril_umsetzungsg_pdfs /00_bgbl105s1698.pdf (Stand: 24.04.2006, 11:25 Uhr).

Information Systems Audit and Control Association (2006): Berufsstandards und Berufs-Zertifikate, veröffentlicht im Internet, URL: http://www.isaca.org/ (Stand: 24.04.2006, 11:25 Uhr).

Institut der Wirtschaftsprüfer: Tätigkeiten und Aufgaben, veröffentlicht im Internet, URL: http://www.idw.de/ (Stand: 24.04.2006, 11:25 Uhr).

International Federation of Accountants: International Standards for Auditing, veröffentlicht im Internet, URL: http://www.ifac.org/AASB/ (Stand: 24.04.2006, 11:25 Uhr).

International Financial Accounting Standards Committee, International Accounting Standards, veröffentlicht im Internet, URL: http://www.ifrs-portal.com/IFRS/standards.html (Stand: 24.04.2006, 11:30 Uhr)

KPMG (2006): Sarbanes Oxley Act, veröffentlicht im Internet, URL: http://www.kpmg.de/topics/Sarbanes-Oxley.html (Stand: 24.04.2006, 11:25 Uhr).

KPMG (2006): Der Sarbanes Oxley Act, veröffentlicht im Internet, URL: http://www.kpmg.de/library/pdf/amtlicheFassung.pdf (Stand: 24.04.2006, 11:25 Uhr).

Plate, A. (2006): Entwicklungsgeschichte und Inhalt der Normenfamilie, veröffentlicht im Internet, URL: http://www.aexis.de/17799D.htm (Stand: 24.04.2006, 11:25 Uhr).

Romeike, F. (2006): Wir über uns – RiskNET, veröffentlicht im Internet, URL: http://www.risknet.de/Wir_ueber_uns.38.0.html

Risk Management Association e.V. (2006): Der RMA-Standard, Fassung vom 29.02.2006, veröffentlicht im Internet, URL: http://www.rma-ev.org/content/rma/rma008846/RMA-Standard_2006-02-09.pdf (Stand: 24.04.2006, 11:25 Uhr).

SEC (2006): Final Rule, Release No. 33-8238;34-47986; IC-26068; File nos. S7-40-02; S7-06-03, veröffentlicht im Internet, URL: http://www.sec.gov/rules/final/33-8238.htm (Stand: 24.04.2006, 11:25 Uhr).

4
Persönliches Risikomanagement in Aufsichtsrats-, Vorstands- und ähnlichen Funktionen

Herbert Palmberger

4.1 Die Haftung von Organen und Funktionsträgern

4.1.1 Die grundsätzlichen Haftungsregeln

Die klassische Haftungsvorschrift für den Vorstand einer Aktiengesellschaft ist § 93 des Aktiengesetzes (AktG). Dieser regelt die Sorgfaltspflichten und die Verantwortlichkeit der Vorstandsmitglieder. Grundsätzlich haftet zwar die Gesellschaft Dritten gegenüber (also auch den Aktionären) für schuldhaftes Fehlverhalten ihrer Vorstandsmitglieder sowohl aus Vertrag als auch für unerlaubte Handlungen. Diese Haftung ist Organhaftung im Sinne des § 31 BGB.

Vorstandsmitglieder, die ihre Sorgfaltspflicht schuldhaft verletzt haben, haften in diesem Rahmen dann zwar nicht mehr selbst gegenüber Dritten, wie z. B. Aktionären oder sonstigen Gläubigern der Gesellschaft. Sie können und müssen aber von der Gesellschaft grundsätzlich in Anspruch genommen werden. Dies kann entweder im Wege des Regresses oder auch unmittelbar, sofern der Gesellschaft selbst ein Schaden zugefügt wird, geschehen.[1]

Dem schädigenden Vorstand obliegt nach § 93 Abs. 2 Satz 2 AktG die Beweislast für pflichtgemäßes Handeln bzw. dafür, dass der Schaden auch bei rechtmäßigem Handeln eingetreten wäre.

Gemäß § 93 Abs. 4 Satz 3 AktG kann die persönliche Haftung des Vorstandsmitglieds nicht im Voraus erlassen werden; die Gesellschaft kann frühestens drei Jahre nach Entstehen ihres Ersatzanspruchs darauf verzichten oder sich vergleichen. Die Entlastung enthält, wie § 120 Abs. 2 Satz 2 AktG ausdrücklich vorschreibt, keinen Verzicht auf Ersatzansprüche. Die Verjährungsfrist beträgt fünf Jahre und kann nicht abgekürzt werden.

Sinngemäß gelten diese Vorschriften gemäß § 116 AktG auch für Aufsichtsratsmitglieder.

1) BGHZ 135/244: »ARAG-Garmenbeck-Urteil«

Risikomanagement in der Unternehmensführung. Rainer Kalwait, Ralf Meyer, Frank Romeike,
Oliver Schellenberger und Roland Franz Erben
Copyright © 2008 WILEY-VCH Verlag GmbH & Co. KGaA, Weinheim
ISBN 978-3-527-50302-5

Für GmbH-Geschäftsführer gilt § 43 GmbHG entsprechend. Allerdings kann diesem – wegen seiner relativen Weisungsgebundenheit – die Haftung durch die Gesellschafterversammlung erlassen werden, sofern nicht Gläubigerinteressen dadurch berührt werden.

4.1.2 Die Verschärfung der Gesetzgebung

Die oben gezeigte Entwicklung begann sich zu verschärfen, als 1998 zunächst das Gesetz über die Kontrolle und Transparenz im Unternehmensbereich (KonTraG) in Kraft trat. Die persönliche Haftung erfasste damit nicht nur Organe von Gesellschaften, sondern wurde auf Wirtschaftsprüfer und andere Berater ausgedehnt.

In dem Corporate Governance Kodex, der 2002 verabschiedet wurde, erfolgte eine weitere Modifizierung dieser Regeln insbesondere mit Blick auf Aktionärsinteressen, die Transparenz deutscher Unternehmensführung sowie die Stärkung der Unabhängigkeit von Aufsichtsräten und Wirtschaftsprüfern. Der Kodex ist zwar kein Gesetz, hat aber die Gesetzgebung in der Folgezeit erheblich beeinflusst. Er wird der Entwicklung ständig angepasst und wurde aktuell am 14. Juni 2007 geändert. Ihm wird besonderes Gewicht durch § 161 AktG verliehen, in dem die Unternehmen zur Abgabe einer sogenannten Entsprechenserklärung verpflichtet werden. Diese hat detaillierte Hinweise darauf zu enthalten, wo und inwieweit dem Kodex entsprochen bzw. nicht entsprochen wird. Die Erklärung ist den Aktionären dauerhaft zugänglich zu machen. Umfangreiche und ebenfalls zu veröffentlichende Fragebögen ergänzen die entsprechende Information. Folglich kann es sich ein Unternehmen nur mit sehr guten Gründen erlauben, von den Anforderungen des Kodex abzuweichen. Ein Gesellschaftsorgan, das dagegen verstößt, sieht sich in der oben beschriebenen Haftung, wenn es dadurch zu einem Schaden kommt.

Der Anlegerschutz stand insbesondere ab 2002 im Blickpunkt der Gesetzgebung. Die persönliche Haftung von Organmitgliedern wurde in dem Vierten Finanzmarktförderungsgesetz (Gesetz zur weiteren Fortentwicklung des Finanzplatzes Deutschland) vom 21. Juni 2002 sowie in Bezug auf Insiderwissen und dessen Missbrauch verfeinert und verschärft.

Gleiches gilt für Bilanzrechtsreformgesetz und Bilanzkontrollgesetz aus dem Jahre 2004, die bereits auf dem dazu verfassten Zehn-Punkte-Programm der Bundesregierung beruhten.

Allerdings regte sich erheblicher Widerstand, als ebenfalls in diesem Rahmen 2004 das Kapitalmarktinformations-Haftungsgesetz (KapInHaG) verabschiedet werden sollte. Es wurde aus dem Gesetzgebungsverfahren genommen, nachdem Unternehmen und Verbände heftigst gegen die Einführung einer persönlichen Haftung nunmehr gegenüber Dritten (z. B. den Aktionären) für generell kursrelevante Falschinformationen protestierten. Dazu hätten beispielsweise schon Interviews und einfache Presseerklärungen oder sogar jede Äußerung eines Organmitglieds gehört – gleichgültig, ob sie obendrein noch fehlinterpretiert wurden, weil diese Möglichkeit ebenfalls dem Organmitglied zugerechnet werden sollte. Vom Tisch ist dieses Gesetz allerdings immer noch nicht ganz, wie sich erst kürzlich zeigte, als anlässlich des IKB-Skandals wieder danach gerufen wurde.

4.1.3 Die Verschärfung der Rechtsprechung

Zugleich verschärfte sich die Rechtsprechung zu Ungunsten von Organmitgliedern und Unternehmensleitern. Der 19. Juli 2004 kann dabei als Meilenstein der Geschichte der Haftungsverschärfung in diesem Zusammenhang gelten. An jenem Tage verkündete der Bundesgerichtshof drei Urteile gegen die Vorstände der Infomatec AG, denen irreführende Angaben zu kursrelevanten Tatbeständen (in Wahrheit nicht erteilte Großaufträge) vorgeworfen wurden. Die für schuldig befundenen Vorstandsmitglieder wurden zum ersten Mal in der deutschen Rechtsprechung hierfür wegen vorsätzlicher sittenwidriger Schädigung (§ 826 BGB) persönlich haftbar gemacht und verurteilt. Hinzu kamen Strafurteile, insbesondere wegen Betruges.[2]

4.1.4 Das UMAG – Gesetz zur Unternehmensintegrität und Modernisierung des Anfechtungsrechts vom 22. September 2005

Das UMAG lädt zu genauerer Betrachtung ein. Zum einen statuiert es einen Anspruch von Aktionären unmittelbar gegen die Organe, wenn diesen grobe Pflichtverletzung oder Unredlichkeit vorgeworfen werden kann. Andererseits versucht es eine Definition dieser beiden Kriterien, die auch in § 93 Abs. 1 Satz 2 AktG Eingang gefunden hat. Es handelt sich um die aus dem US-amerikanischen Rechtskreis übernommene »Business Judgement Rule«, die das ins Visier der Aktionäre geratenen Organmitglied entlastet. Sie lautet:

---

[2] vgl. zu den Einzelheiten Leisch, Vorstandshaftung für falsche Ad-hoc-Mitteilungen – ein höchstrichterlicher Beitrag zur Stärkung des Finanzplatzes Deutschland, ZIP 2004/1573 ff

»Eine Pflichtverletzung liegt nicht vor, wenn das Vorstandsmitglied bei einer unternehmerischen Entscheidung vernünftigerweise annehmen durfte, auf der Grundlage angemessener Information zum Wohle der Gesellschaft zu handeln«.

Auch wenn damit lediglich an die oben genannte ARAG-Garmenbeck-Entscheidung des BGH angeknüpft wird und im Wesentlichen eine hierzu klarstellende Erläuterung vorliegt, ist die Vorschrift für jedes Organmitglied (und auch für jeden anderen Unternehmensleiter) von erheblicher Bedeutung. Es ist schon ein großer Unterschied, ob man sich allein auf die Rechtsprechung oder aber auch auf ein Gesetz berufen kann, das diese Rechtsprechung untermauert und erläutert. Beim Vorliegen der im UMAG und in § 93 Abs. 1 Satz 2 AktG genannten Voraussetzungen wird – und das ist das Besondere – bereits eine Pflichtverletzung ausgeschlossen, nicht erst das Verschulden. Durch das Fehlen einer objektiven Pflichtverletzung wird insbesondere und neben jeglicher Haftung auch das Vorliegen eines wichtigen Grundes zur Abberufung gemäß § 84 Abs. 3 AktG von vornherein ausgeschlossen.

An der Beweislastumkehr des § 93 Abs. 2 Satz 2 AktG ändert die »Business Judgement Rule« allerdings nichts. Folglich muss das in Anspruch genommene Organ beweisen, dass

(1.) es sich um eine *unternehmerische* Entscheidung gehandelt hat
(2.) das Organ sachlich unbefangen, insbesondere frei von Eigeninteressen gehandelt hat
(3.) das Handeln dem Gesellschaftswohl gedient hat
(4.) die Entscheidung auf angemessener Information beruhte
(5.) das Organ aus einer ex-ante-Sicht heraus in gutem Glauben gehandelt hat.

Die einzelnen Betroffenen

Die oben genannten Regelungen gelten im Wesentlichen für alle Organe von Aktiengesellschaften, Gesellschaften mit beschränkter Haftung und verwandter Unternehmensformen. Diese sind in Abbildung 4.1 schematisch veranschaulicht.

Die einzelnen Haftungsszenarien

Ähnlich anschaulich lassen sich die Szenarien der Innenhaftung (also gegenüber dem eigenen Unternehmen) in Abbildung 4.2 darstellen, ebenso diejenigen der Außenhaftung (also gegenüber Dritten).

Typische Haftungsszenarien der Innen- und Außenhaftung lassen sich ebenfalls schematisch darstellen, wie dies in Abbildung 4.3 geschehen ist.

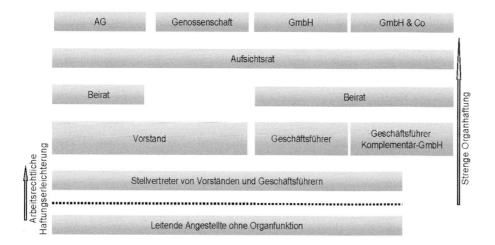

Abb. 4.1: Mögliche Haftpflichtige

Dabei ist insbesondere auf die Insolvenzsituation (d.h. das Unternehmen ist insolvent, das Organ wird von Dritten und dem Insolvenzverwalter persönlich in Anspruch genommen), die Regresssituation, die Verlustsituation und die Trennungssituation abzustellen.

Hieraus wird noch einmal das nach deutschem Recht typische Übergewicht der Innenhaftung gegenüber der Außenhaftung deutlich. An Haf-

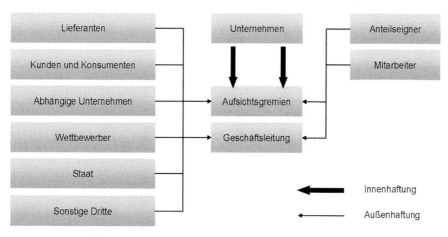

Abb. 4.2: Innen- und Außenhaftung

Die Haftung von
Organen und
Funktionsträgern

Insolvenzsituation	Regresssituation	Verlustsituation	Trennungssituation
Außenhaftung	**Innenhaftung**	**Innenhaftung**	**Innenhaftung**
Dritte können Ansprüche gegen Unternehmen nicht mehr durchsetzen und nehmen deshalb Manager in Anspruch.	Unternehmen hat Drittansprüche (Außenhaftung) befriedigt und nimmt Management in Regress.	Unternehmen hat Verluste erlitten. Gesellschafter (Aufsichtsrat) drängen auf Korrektur durch Inanspruchnahme des Managements.	Unternehmen trennt sich von seinem Manager und rechnet mögliche Haftungsansprüche gegen Abfindungsansprüche des Managers auf.
Innenhaftung			
Insolvenzverwalter will Masse mehren und nimmt deshalb ehemaliges Management in Anspruch.			

Abb. 4.3: Typische Haftungsszenarien

tungsbeispielen sind in der Außenhaftung vor allem die Bereiche der Prospekthaftung, Produkt- und Produzentenhaftung, Umwelthaftung sowie der Haftung gegenüber Schutzrechtsinhabern und Aktionären, nicht zuletzt aber auch gegenüber dem Fiskus und der Sozialversicherung zu nennen.

In Bezug auf die Innenhaftung sind Verstöße zu nennen, die den Grundsätzen der Kapitalerhaltung, der anerkannten Unternehmensführung und der kaufmännischen Sorgfalt entgegenstehen.

4.2 Persönliches Risikomanagement

Das dargestellte Haftungsszenario ist auf den ersten Blick eher abschreckend und ermuntert nicht gerade zur unbedenklichen Übernahme eines Vorstands- oder Aufsichtsratsmandats bzw. überhaupt einer Unternehmensleiterfunktion. Andererseits ist auf die »Business Judgement Rule« zu verweisen, die den in Anspruch genommenen Unternehmensleitern und Organen die Möglichkeit gibt, sich zu entlasten, wenn sie selbst bei einer falschen oder für das Unternehmen nachteiligen Entscheidung dem Unternehmen oder Dritten Schaden zugefügt haben. Die Beweislastumkehr hingegen macht den Entlastungsbeweis im Einzelfall oft zumindest schwer. Es

158

4 Persönliches
Risikomanagement
in Aufsichtsrats-,
Vorstands- und ähnlichen
Funktionen

sind also vor allem die folgenden Grundsätze im Rahmen eines »persönlichen Risikomanagements« zu beachten.

Die Erörterung soll anhand der fünf Kriterien eines Entlastungsbeweises nach der Business Judgement Rule erfolgen, um auf diese Weise dem in Anspruch genommenen Organ oder Unternehmensleiter einen in der Praxis anwendbaren Leitfaden an die Hand zu geben.

1. Das Kriterium einer *unternehmerischen Entscheidung* liegt in der Regel dann vor, wenn das Organ sich beispielsweise auf eine Unternehmensstrategie oder eine Unternehmensplanung berufen kann. Insofern empfiehlt es sich, in Aufsichtsrats- und Vorstandssitzungen die dort besprochenen Zielsetzungen für das Unternehmen genau zu protokollieren und bei der späteren Entscheidungsfindung darauf zurückzugreifen.

   In diesem Zusammenhang ist auch die Frage der Gesamtverantwortung oder der Ressortverantwortung im Vorstand bzw. der Geschäftsleitung zu beachten. Zentrale Fragen unterliegen immer der Gesamtverantwortung. Darüber hinaus aber ist es möglich und auch ratsam, in einer Geschäftsordnung die Einzelzuständigkeiten und das Verfahren bei Abstimmungen und Beschlussfassungen genau festzuhalten.

2. Das Kriterium der *sachlichen Unbefangenheit* ist im Grunde ein selbstverständliches. Jedes Handeln eines Organs oder Unternehmensleiters sollte frei von Eigeninteressen sein und auch während der gesamten Abwicklung des betreffenden Geschäfts bleiben. Auf jeden Fall müssen Eigeninteressen, welcher Art auch immer, den zuständigen Gremien in dokumentierter oder protokollierter Form zur Kenntnis gegeben werden. Dies gilt selbst dann, wenn das Organ oder der Unternehmensleiter grundsätzlich von den Beschränkungen des § 181 BGB für den Abschluss von Insichgeschäften befreit sein sollte. Und im Zweifel sollte man besser einen kompetenten Kollegen mit der Verhandlung und Durchführung des Geschäfts betrauen. Die Geschäftsordnung sollte zu diesem – und jedem anderen – Zweck von vornherein eine geeignete und angemessene Vertretungsregelung vorsehen.

3. Das *Handeln zum Wohle der Gesellschaft* ist ein einzelfallbezogenes Kriterium. Es ist am besten mit konkreten Planzahlen, Wirtschaftlichkeits-Berechnungen und Marktvergleichen zu belegen.

4. Letzteres führt sogleich zum nächsten Kriterium, nämlich dem wegen der Beweislastumkehr vom Organ oder Unternehmensleiter im Einzelfall zu erbringenden Nachweis, dass die Entscheidung auf *angemessener Information* beruhte. Hier kommt die interne Organisation des Unternehmens unterhalb der Organ- bzw. Geschäftsleitungsebene in das

159

Blickfeld. Das handelnde Organ ist gut beraten, sich dieser Ebene in größtmöglichem Umfang zu bedienen, denn nur so kann sichergestellt werden, dass wirklich alle notwendigen und vorhandenen Informationen zur Grundlage der Entscheidungsfindung werden.

Das Organ bzw. der Unternehmensleiter wird also in der Regel bei seinen Entscheidungen die folgenden Punkte und Organisationsgegebenheiten beachten müssen. Diese sollen anhand eines fiktiven wesentlichen Geschäfts- und Vertragsabschlusses skizziert werden:

- frühzeitige Einbindung der erforderlichen Fachabteilungen (Produktion, Vertrieb, Finanzen, Recht, Controlling)
- Koordination der Fachabteilungen/Bildung von Projektgruppen/regelmäßige Abstimmung
- Einbindung der Gremien (Vorstand/Geschäftsführung, Aufsichtsrat/Gesellschafterversammlung)
- Beachtung aller Berichts- und Zustimmungserfordernisse; Rechtzeitigkeit
- Bildung eines kompetent besetzten Verhandlungsteams
- strikte Beachtung von Zeitvorgaben.

Dazu sollen im Einzelnen die folgenden Erläuterungen gegeben werden:

a) Die Einbindung der Fachabteilung ist auf jeden Fall in einem sehr frühen Stadium erforderlich. Nur so ist überhaupt gewährleistet, dass ein Projekt fach- und sachgerecht vorbereitet und begleitet wird. Fehlplanungen und in die falsche Richtung geführten Verhandlungen wird auf diese Weise vorgebeugt. Das gilt besonders für die notwendige Einbindung der Produktionsabteilung.

Der Vertrieb ist ohnehin in allen Phasen hinzuzuziehen, und er wird sich schon aus eigenem Interesse umfassend einbringen.

Sehr wichtig sind Finanzen und Controlling, ohne die eine Machbarkeitsstudie (Feasibility Study) und eine Wirtschaftlichkeitsberechnung zum Zwecke der angemessenen Preisfindung und Ermittlung der Rentabilität nicht möglich sind.

Die Rechtsabteilung hingegen muss das rechtliche Umfeld schon zu Beginn abklären (anwendbares Recht, Verwaltungsvorschriften, Lizenzen), und sie ist auch weiterhin bei jeglicher Vereinbarung und der Abstimmung ihres Wortlauts hinzuzuziehen.

b) Die einzelnen Fachabteilungen können am besten arbeiten, wenn sie gut koordiniert und in Projektgruppen geführt sind. Jede Fachabteilung sollte in die Hauptprojektgruppe einen Fachverantwortlichen mit der entsprechenden Seniorität und Erfahrung entsenden. Dort sind die Erfahrungen und Vorschläge der einzelnen Abteilungen zusammenzuführen. Die Hauptprojektgruppe berichtet in regelmäßigen Abständen sowie aus besonderem Anlass an das für das Projekt zuständige Vorstands-/Geschäftsleitungsmitglied. Regelmäßige Abstimmung und Informationen sind unerlässlich. Diese sollten auf jeden Fall auch protokolliert werden.

c) Auf der Grundlage der so gewonnenen Erkenntnisse und Arbeitsergebnisse ist das verantwortliche Vorstands-/Geschäfts-leitungsmitglied gut beraten, wenn es die Gremien der Gesellschaft frühzeitig und regelmäßig einbindet. In einer Aktiengesellschaft beispielsweise sind neben den Vorstandssitzungen die Berichte gemäß § 90 AktG an den Aufsichtsrat hierzu das geeignete Forum. Gleiches gilt für Vorlagen und Berichte anlässlich der turnusmäßigen Aufsichtsratssitzungen. Zugleich hilft der Vorstand mit der Erfüllung seiner Berichtspflichten dem Aufsichtsrat, dessen eigenen Überwachungspflichten gemäß § 111 AktG nachzukommen.

Entsprechendes gilt für den Geschäftsführer einer GmbH in Bezug auf dessen Erörterungen in der Geschäftsführung sowie der Berichte an die Gesellschafterversammlung.

d) Die Beachtung aller Berichts- und Zustimmungserfordernisse ist ebenfalls ein Instrument, um es dem verantwortlichen Vorstands-/Geschäftsleitungsmitglied zu ermöglichen, einem Pflichtverletzungs-vorwurf und damit der Haftung zu entgehen. In regelmäßigen Aufsichtsratsberichten und -vorlagen über ein Geschäft zu berichten, zwingt zu diszipllinierter und konzentrierter Darstellung. Sofern – und das ist zu raten – das Vorstands-/Geschäftsleitungsmitglied hier selbst (mit) Hand anlegt, gewährleistet dies ein höchst nützliches Überprüfen und Durchdenken des eigenen Handelns. Eventuelle Schwachstellen und Fehlerquellen werden dabei erkannt und können rechtzeitig behoben werden.

Einen weiteren Vorteil bietet die Erfüllung der Berichtspflichten dadurch, dass in den Gremien oftmals weiterer Sachverstand vorhanden ist, der für die in Aussicht genommene Geschäftsentscheidung genutzt werden kann. Zugleich ist die Einholung der für wichtige Geschäftsvorgänge oft ohnehin vorgeschriebenen Zustimmungen ein geeignetes Mittel, dem nachträglichen Vorwurf einer Pflichtverletzung zu entgehen.

Schließlich, aber keineswegs letztlich, soll in diesem Zusammenhang auf die Berichtspflichten gegenüber den Aktionären hingewiesen werden. Soweit es sich um eine börsennotierte Aktiengesellschaft handelt, besteht seitens des Unternehmens gemäß § 15 des Wertpapierhandelsgesetzes (WpHG) die Pflicht zu einer sogenannten Ad-hoc-Mitteilung. Sie besteht für Sachverhalte, die den Aktienkurs potenziell erheblich beeinflussen können. Die Mitteilung muss unverzüglich, also ohne schuldhaftes Zögern erfolgen, und es muss sichergestellt sein, dass sie alle Aktionäre gleichmäßig und gleichzeitig erreichen kann (Presse, Internet, eigene Bekanntmachungsmedien). Verstöße hiergegen sind wiederum Pflichtverletzungen, die zu persönlicher Schadenersatzpflicht führen können.

e) Auch die Bildung eines *kompetenten Verhandlungsteams* ist von großer Bedeutung, wenn es darum geht, ob eine Pflichtverletzung bei der Entscheidungsfindung vorgelegen hat. In der Regel wird sich das Vorstands-/Geschäftsleitungsmitglied der geeignetsten Repräsentanten der Fachabteilungen bedienen, die ohnehin in den Entscheidungs- und Entwicklungsprozess eingebunden sind.

f) Als Fazit bleibt also festzuhalten: Ein Vorstand, Aufsichtsrat oder Geschäftsführer, der im Rahmen seiner durch Gesetz, Satzung und Geschäftsordnung festgelegten Pflichten – aber auch Rechte – umsichtig nach dem hier beschriebenen und auf den Einzelfall anzupassenden Muster handelt, dürfte nicht in die Gefahr geraten, sich dem Vorwurf einer Pflichtverletzung ausgesetzt zu sehen.

4.3 Die D&O-Versicherung als persönliche Risikovorsorge

Um einem niemals ganz auszuschließenden Restrisiko zu begegnen, ist über alle oben beschriebenen Maßnahmen hinaus an den Abschluss einer Versicherung zu denken. Dabei ist zu berücksichtigen, dass gerade durch die persönliche Haftung für Beträge, die die Leistungsfähigkeit einer Privatperson rasch übersteigen können, ein erhebliches Risiko für die Existenz eines Organmitglieds oder Unternehmensleiters besteht. Hier bietet sich die D&O-Versicherung an.

Es handelt sich dabei um ein aus dem angloamerikanischen Rechtskreis nach Deutschland gekommenes Versicherungsprodukt, dort bekannt als »Directors' and Officers' Liability Insurance«, also um eine Vermögensschaden-Haftpflichtversicherung für Organe, Unternehmensleiter und Leitende Angestellte.

Zum besseren Verständnis der für Deutschland eigentlich fremden Rechts- und Versicherungskonstruktion soll auf einige Grundlagen eingegangen werden, um sodann darzustellen, wann und in welcher Ausgestaltung der Abschluss einer D&O-Versicherung sinnvoll sein könnte.

4.3.1 Die Entwicklung der D&O-Versicherung in Deutschland

Die D&O-Versicherung fand ihren Weg nach Deutschland im Jahre 1986, als zwei US-amerikanische Versicherungsunternehmen diese in den USA gebräuchliche Form der Vermögensschadenhaftpflichtversicherung für Unternehmensleiter über ihre deutschen Niederlassungen hier einführten.

Das Produkt galt seinerzeit als exotisch, und vom damaligen Bundesaufsichtsamt für das Versicherungswesen (BAV) wurde eingehend geprüft, ob eine derartige Versicherung in Deutschland überhaupt zulässig sei. Deutsche Versicherungsunternehmen zeigten zunächst keinerlei Interesse.

Die Situation änderte sich erst 1995, als deutsche Versicherer ihre Meinung über die D&O-Versicherung änderten. Die D&O-Versicherung wurde nun als Türöffnerprodukt für andere Versicherungszweige gesehen. Hinzu kam, dass die D&O-Versicherungsbedingungen in der Regel mit dem Vorstand oder dem Aufsichtsrat verhandelt wurden. Damit war man als Versicherer an der Schaltstelle des Unternehmens und konnte seine übrigen Versicherungsprodukte effizient vorstellen. Gegenwärtig bieten etwa 20 Gesellschaften die D&O-Versicherung in Deutschland an.

4.3.2 Einige Zahlen

Das Prämienaufkommen in Deutschland wird heute auf ca. 300 Mio. Euro geschätzt. Gesichert ist diese Angabe allerdings nicht. Auf jeden Fall ist der deutsche Markt klein im Verhältnis zu ausländischen, insbesondere den angloamerikanischen Märkten. Beispielsweise ist das Prämienaufkommen in den USA mit rund 4 bis 5 Mrd. US-Dollar, auch in Anbetracht der Größenverhältnisse der beiden Länder und ihrer Wirtschaft, gegenüber dem deutschen unvergleichlich größer.

Die Prämien sind durchaus verhandelbar. Als Faustregel mögen 5 000 Euro pro 1 Mio. Euro Versicherungssumme gelten. Die Tendenz ist steigend. Allerdings sind auch Prämien im Markt, die allenfalls die Hälfte der genannten Höhe erreichen.

Die Kapazitäten liegen in der Regel zwischen 500 000 Euro und 25 Mio. Euro. Durch Mitversicherungskonsortien werden auch schon Haftungssummen bis zu 500 Mio. Euro erreicht.

4.3.3 Der Aufbau der D&O-Versicherung

Die D&O-Versicherung unterscheidet sich im Aufbau von normalen Haftpflichtversicherungen. Die Besonderheiten beziehen sich auf die Versicherungsnehmer, die versicherten Personen, auf das zu versichernde Risiko und auf die Ausschlüsse.

Wer wird versichert?

Der Versicherungsnehmer ist immer die Gesellschaft, die sich gegen Fehlverhalten ihrer Organe schützen möchte. Die Organe sind versicherte Personen. Auf den ersten Blick könnte man also an eine Versicherung für fremde Rechnung denken. Allerdings ist hierbei zu berücksichtigen, dass keineswegs in allen Fällen die versicherten Personen von dem Abschluss der D&O-Versicherung überhaupt erfahren. Es kann durchaus sowohl im Interesse des Versicherers als auch des Versicherungsnehmers liegen, den versicherten Personen gerade nicht mitzuteilen, dass eine derartige Versicherung besteht, um eventuelle Sorglosigkeit in Grenzen zu halten. Andererseits darf nicht verkannt werden, dass die wachsende Bekanntheit der D&O-Versicherung in der Öffentlichkeit dazu geführt hat, dass bei der Einstellung und auch im Anstellungsvertrag hierüber Aussagen gemacht werden. Oft geschieht dies auf Verlangen der versicherten Personen. Dennoch ist anerkannt und im Zusammenhang mit Lohnsteuerfragen vom Bundesministerium der Finanzen mit Schreiben vom 24. Januar 2002 bestätigt worden, dass eine D&O-Versicherung im Interesse des Unternehmens, das sich gegen Schadenersatzansprüche aufgrund von Fehlverhalten seiner Organe versichern möchte, abgeschlossen wird. Die Lohnsteuerfreiheit tritt immer dann ein, wenn die D&O-Versicherung praktisch nicht als Berufshaftpflichtversicherung ausgestaltet ist – wovon in der Regel auszugehen ist.

Somit muss es sich – und das wird oft missverstanden – in erster Linie gerade nicht um eine Absicherung des Organmitglieds handeln, sondern bei der Außenhaftung um die Absicherung des Unternehmenswertes gegen Schadenersatzforderungen Dritter gegenüber dem Unternehmen aufgrund des Tätigwerdens oder Untätigbleibens der verantwortlichen Organe und Leitungsverantwortlichen.

164

4 Persönliches
Risikomanagement
in Aufsichtsrats-,
Vorstands- und ähnlichen
Funktionen

Weiterhin wird von der Finanzverwaltung gefordert, dass durch entsprechende Vertragsgestaltung der Versicherungsanspruch dem Unternehmen als Versicherungsnehmer zusteht und diesem zufließt (sogenanntes Company Reimbursement).

Die Organe und Unternehmensleiter dürfen nicht individuell versichert sein, sondern immer nur das gesamte Management als Ganzes. Grundlage der Prämienkalkulation sind somit nicht individuelle Merkmale der versicherten Organmitglieder, sondern die Betriebsdaten des Unternehmens.

Unter einer D&O-Versicherung können neben den gegenwärtigen Organen auch die leitenden Angestellten (bis zur Höhe der für sie arbeitsrechtlich geltenden Haftungsbeschränkung) mitversichert werden, desgleichen auch ehemalige und zukünftige Organe und Leitende Angestellte.

Der Gegenstand der Versicherung

Die D&O-Versicherung dient in der Regel der Abwehr und Entschädigung in Bezug auf Schadensersatzansprüche, die gegen das Unternehmen oder ihre Organe erhoben werden. Insofern hat die D&O-Versicherung zum einen eine Rechtsschutzfunktion, in deren Rahmen sowohl die Haftungsfrage vom Versicherer zu prüfen ist, als auch eine Abwehrfunktion insoweit, als der Versicherer verpflichtet ist, das schädigende Organmitglied gegen unberechtigte Ansprüche zu verteidigen. Es liegt auf der Hand, dass dies zu Interessenkonflikten führen kann, wenn der Versicherer den Schädiger gegen den Versicherungsnehmer verteidigen muss.

Sind Haftung und Schaden festgestellt, kommt die Zahlungsfunktion der D&O-Versicherung zum Zuge. Der Versicherer übernimmt die Entschädigungsleistungen im Rahmen der Versicherungssumme. Allerdings kann er nicht auf Vertragserfüllung selbst in Anspruch genommen werden, sondern nur auf Schadensersatzleistungen.

Nicht versicherbar sind in der Regel sogenannte Startup-Unternehmen. Auch muss die Gründung in der Regel mindestens drei Jahre zurückliegen. Allerdings ist auch dies mittlerweile im Markt verhandelbar.

Schwer versicherbar sind Finanzdienstleister, Unternehmen aus dem Bau- und Immobiliensektor sowie High Technology Unternehmen. Hier gibt es die Möglichkeit des Abschlusses einer D&O-Versicherung in der Regel nur gegen teilweise erhebliche Prämienaufschläge oder weitgehende Ausschlüsse.

4.3.4 Zeichnungskriterien

Erstes Zeichnungskriterium beim Abschluss einer D&O-Versicherung ist die befriedigende Bilanz- und Vermögenslage eines Unternehmens. Dabei spielt die Bilanzsumme eine Rolle. Diese muss erwarten lassen, dass das Unternehmen auf Dauer gesund und entwicklungsfähig bleibt. In der Regel spielt auch das Unternehmensalter eine Rolle. Zur Risikoprüfung müssen dem Versicherer grundsätzlich mindestens drei Bilanzen vorgelegt werden. Auch der Grad der direkten Beteiligung des zu versichernden Organs an der Gesellschaft spielt eine Rolle. Je stärker die Kapitalverflechtung ist, als desto größer wird das Risiko vom Versicherer eingeschätzt.

Auf jeden Fall spielen die Schadenverläufe der Vergangenheit eine große Rolle. Dabei wird in der Regel auf konkrete Vorversicherungen abgestellt, zumindest aber auf Schadenersatzansprüche, die in der Vergangenheit erhoben wurden oder zumindest drohten, und die unter die jetzt abzuschließende Versicherung gefallen wären. Diese Details werden in mehr oder weniger exakt formulierten Fragebögen abgefragt, und es ist zu raten, bei der Beantwortung äußerste Vorsicht und Sorgfalt walten zu lassen. Der Hauch des Verdachts einer falschen oder nicht vollständigen Beantwortung des Fragebogens kann zum Leistungsausschluss führen.

Veranschaulicht werden mag der typische Deckungsumfang am besten durch die Abbildung 4.4.

Außenhaftung
- Sachwalterhaftung (inkl. Prospekthaftung)
- Konkursverschleppungshaftung
- Verfolgungsrecht der Gläubiger (§ 93 V AktG)
- Haftung gegenüber Anteilseignern, abhängigen Gesellschaften, Lieferanten, Kunden, Wettbewerbern

Innenhaftung
- Alle Pflichtverletzungen und alle Schäden

Außer:
- Bei wissentlicher Pflichtverletzung
- Bei Ansprüchen, die vor ausländischen Gerichten geltend gemacht werden
- Bei Körper- und Sachschäden
- Haftung gegenüber Konsumenten (Produkthaftung)
- Umwelthaftung
- Haftung gegenüber Arbeitnehmern
- Haftung für Steuern und Sozialversicherung
- Handelnden-Haftung
- Durchgriffshaftung
- Konzernrechtliche Ausfallhaftung

Außer:
- Ansprüche, die auf Weisung, Veranlassung oder Empfehlung eines Organs gemacht worden sind
- Wissentliche Pflichtverletzungen (inkl. dolus eventualis)
- Schäden innerhalb des Selbstbehalts oder im Rahmen der Eigenbeteiligung des Organs am Unternehmen

Abb. 4.4: Deckungsbereich der Musterbedingungen

4.3.5 Die Innenverhältnisdeckung

Im Gegensatz zu anderen Ländern wird in Deutschland die sogenannte Innenverhältnisdeckung angeboten. Diese deckt Schadensersatzansprüche des eigenen Unternehmens gegen ihre Organe und gegebenenfalls leitende Angestellte. Sie ist aufgrund der oben beschriebenen Haftungssituation unverzichtbar.

4.3.6 Besonderheiten der Deckung

Als weitere Besonderheit der D&O-Deckung ist zu erwähnen, dass die Police nach dem Anspruchserhebungsprinzip (claims made), also im Gegensatz zur Ereignisdeckung, konzipiert ist. Aus diesem Grunde ist es unerlässlich, zur Vermeidung von Deckungslücken sowohl eine Rückwärtsversicherung als auch Nachhaftungsfristen stets gesondert zu vereinbaren. Dabei empfiehlt sich die Vereinbarung einer Nachhaftungsfrist selbst dann, wenn unter dem neuen Vertrag eine Rückwärtsversicherung vereinbart ist. Nur so kann ohne größere Komplikationen inzwischen eingetretenen Bedingungsänderungen oder auch Änderungen der Rechtslage tatsächlich begegnet werden.

In der Praxis heißt dies, dass zwar im Normalfall sowohl der Verstoß, der zur Schadensersatzpflicht führt, als auch die Geltendmachung des Schadens innerhalb der Laufzeit der D&O-Police liegen müssen. Dies ergibt sich aus Abbildung 4.5.

01.01   31.12

Abb. 4.5: Normalfall

Bei der Rückwirkungsversicherung wird hingegen vereinbart, dass der Verstoß auch in der – gegebenenfalls zeitlich einzugrenzenden – Vergangenheit liegen kann, während es nur darauf ankommt, dass die Geltendmachung des Schadens innerhalb der Versicherungsvertragslaufzeit erfolgt. Dies ergibt sich aus Abbildung 4.6.

Bei der Vereinbarung einer Nachhaftungsfrist hingegen geht man davon aus, dass der Verstoß innerhalb der Vertragslaufzeit liegen muss, während

Abb. 4.6: Rückwärtsversicherung

die Geltendmachung nach dem Ende der Laufzeit der Police – gegebenenfalls wiederum zeitlich eingegrenzt – erfolgen darf. Dies ergibt sich aus *Abbildung 4.7*.

Rückwärtsversicherung und Nachhaftung werden in der Regel gegen Prämienaufschläge angeboten. Bei der Nachhaftung werden im letzten Jahr der Versicherungslaufzeit gezahlte Schäden von der Nachhaftungssumme abgezogen. Dies könnte im Extremfall die Nachhaftungsfrist obsolet machen.

Abb. 4.7: Nachhaftung

Mit Blick auf die fünfjährige Verjährungsfrist für Ansprüche gegen Organe und Unternehmensleiter, die nicht abgekürzt werden kann, empfiehlt sich die Vereinbarung einer entsprechenden Nachhaftungsfrist unter der bestehenden Versicherung oder aber eine entsprechende Rückwärtsdeckung unter der neuen Versicherung. Dabei ist aber zu beachten, dass bekannte oder als bekannt geltende Pflichtverletzungen von einer Rückwärtsversicherung regelmäßig nicht gedeckt sind.

4.3.7 Besondere Deckungserweiterungen

In der Regel ausgeschlossene Deckungsbestandteile können ebenfalls gegen Mehrprämie gesondert vereinbart werden. Dies bezieht sich in der Regel auf alle Sachverhalte, die mit den USA, Kanada und sonstigen Common Law-Ländern im Zusammenhang stehen. Gleiches gilt für die sogenannte Employment Practices Liability (EPL), die aufgrund des sich verändernden Betriebsklimas in den Unternehmen auch in Deutschland zum Thema wird.

Im Falle eines Börsengangs, besonders in den USA, empfiehlt sich auf jeden Fall eine D&O-Versicherung, die dann allerdings ebenfalls nur gegen empfindliche Mehrprämien zu erlangen ist. Außerdem ist dann der Abschluss einer D&O-Versicherung für die SEC-Börsenhaftung dringend zu empfehlen, auch wenn sie nicht billig zu bekommen ist.

4.3.8 Ausschlüsse

Vorsatz und wissentliche Pflichtverletzungen sind immer ausgeschlossen. Dies ist auch nicht verhandelbar. Hingegen sind die Versicherer nicht immer in der Lage, den sogenannten Standardausschluss für die Umwelthaftung tatsächlich durchzusetzen. Steuerverbindlichkeiten und ihre Nichterfüllung, Verstöße gegen Sozialversicherungsgesetze, Strafen, Bußgelder und auch die in den USA drohenden und berüchtigten sogenannten Punitive Damages (Schadensersatz mit Strafcharakter in oft exorbitanten Summen) sind hingegen immer ausgeschlossen und in der Regel auch nicht oder nur sehr schwer verhandelbar.

4.3.9 Selbstbehalt

In diesem Zusammenhang sollten auch die Selbstbehalte erwähnt werden. Es ist zu beobachten, dass einerseits die meisten DAX-Unternehmen Selbstbehalte mit ihren D&O-Versicherern vereinbart haben. Von vielen Gesellschaften werden Selbstbehalte auch gewünscht, um die Prämien möglichst niedrig zu halten. Allerdings gibt es auch Ausnahmen. Beispielsweise hat ein großes internationales Automobilunternehmen wegen der internationalen Besetzung von Vorstand und Aufsichtsrat auf Selbstbehalte verzichtet, da diese im Ausland nicht üblich seien. Dies steht dem Corporate Governance Kodex entgegen, der einen angemessenen Selbstbehalt beim Abschluss einer D&O-Versicherung fordert. Andererseits ist zu beobachten, dass Selbstbehalte bisher bei kleinen und mittleren Unternehmen, die eine D&O-Versicherung kaufen, nicht vereinbart und von den Versicherern oft auch gar nicht angeboten werden. Zur Zeit ist eine Tendenz dahin zu beobachten, dass im Falle der Vereinbarung eines Selbstbehalts von einem Jahresgehalt des betreffenden Organmitglieds ausgegangen wird.

4.3.10 Eigenschadenklausel

Standard ist in allen D&O-Versicherungsverträgen die sogenannte Eigenschadenklausel. Danach bleibt bei Innenhaftungsansprüchen die Quote des Haftungsanspruchs ungedeckt, die der Beteiligung des Organs an der Gesellschaft entspricht. Für Geschäftsführer von Gesellschaften mit beschränkter Haftung beispielsweise, sofern diese alleinige Gesellschafter sind, besteht somit keine Möglichkeit zum Abschluss einer Innenverhältnisdeckung. Die Versicherung bliebe auf Ansprüche Dritter, die unmittelbar gegen den Geschäftsführer geltend gemacht werden, beschränkt – kann aber in dieser Konstellation im Einzelfall immer noch sinnvoll sein.

Oft wird die Eigenschadenklausel auf Familienangehörige erstreckt, wobei die Versicherer sich oft an der Angehörigendefinition des § 15 der Abgabenordnung (AO) orientieren.

4.4 Ausblick

Es zeigt sich, dass ein Organ bzw. Geschäftsleitungsmitglied zwar erheblichen persönlichen Haftungsrisiken ausgesetzt ist. Diesen aber kann sowohl durch sorgfältiges persönliches Risikomanagement als auch durch eine dies abrundende Versicherungslösung begegnet werden. Wichtig erscheint in diesem Zusammenhang, dass sich der Vorstand, Aufsichtsrat oder Geschäftsführer dieser Situation in seiner täglichen Arbeit stets bewusst ist.

4.5 Literatur

ARAG/Garmenbeck-Urteil vom 21. April 1997 (BGHZ 135, 244; NJW 1997, S. 1926. Leisch, F.C.: Vorstandshaftung für falsche Ad-hoc-Mitteilungen – ein höchstrichterlicher Beitrag zur Stärkung des Finanzplatzes Deutschland, ZIP 2004/1573 ff.

4 Persönliches
Risikomanagement
in Aufsichtsrats-,
Vorstands- und ähnlichen
Funktionen

5
Internes und Externes Chancen-Risiko-Reporting

Ralf Kimpel

5.1 Adressatenorientiertes Chancen-Risikoreporting

5.1.1 Definitionen und rechtlicher Überblick

Nach § 264 Abs. 1 S.1 HGB ist von großen und mittelgroßen Kapitalgesellschaften neben dem Jahresabschluss ein Lagebericht nach den Vorschriften des § 289 HGB aufzustellen.[1] Kredit- und Finanzdienstleistungsinstitute sowie Versicherungsunternehmen sind darüber hinaus nach § 340a Abs. 1 bzw. § 341a Abs. 1 HGB unabhängig von ihrer Größe zur Aufstellung eines Lageberichts verpflichtet. Im Rahmen dieser Lageberichterstattung ist nach § 289 Abs. 1 Satz 4 HGB auch auf die Risiken und Chancen der künftigen Entwicklung einzugehen. Für Konzerne ergibt sich die Pflicht zur Aufstellung eines Konzernlageberichts, in dem auf die wesentlichen Chancen und Risiken aus Konzernsicht einzugehen ist, aus § 290 i.V.m. § 315 Abs. 1 Satz 5 HGB.

Die entsprechenden Teile dieses Lage- bzw. Konzernlageberichts, in denen über die wesentlichen Chancen und Risiken zu berichten ist, stellen den Chancen-/Risikobericht aus Unternehmens- bzw. Konzernsicht dar.[2]

Da der Lagebericht gemäß § 325 HGB zusammen mit dem Jahresabschluss im Bundesanzeiger zu publizieren ist, kommt es zu einer Veröffentlichung des Chancen-/Risikoberichts, der somit den externen Risikobericht darstellt. Beim internen Risikobericht handelt es sich dagegen um ein Instrument zur Information von Vorstand/Geschäftsführung, Management und ggf. weiterer Mitarbeitern innerhalb des Unternehmens bzw. Konzerns.

Die Informationsbedürfnisse externer Adressaten der Risikoberichterstattung sind regelmäßig darauf gerichtet, über bestandsgefährdende Risiken und Risiken mit einem wesentlichen Einfluss auf die Vermögens-, Fi-

---

[1] Kleine Kapitalgesellschaften i.S.v. § 267 Abs. 1 HGB sind nach § 264 Abs. 1 Satz 3, 1. Halbsatz HGB von der Aufstellung eines Lageberichts befreit.

[2] Vgl. hierzu auch die ausführliche Darstellung in Kapitel 3, Rechtliche Grundlagen.

Risikomanagement in der Unternehmensführung. Rainer Kalwait, Ralf Meyer, Frank Romeike,
Oliver Schellenberger und Roland Franz Erben
Copyright © 2008 WILEY-VCH Verlag GmbH & Co. KGaA, Weinheim
ISBN 978-3-527-50302-5

nanz- und Ertragslage des Unternehmens informiert zu werden. Die internen Adressaten der Risikoberichterstattung haben dagegen erheblich weitergehende Informationsbedürfnisse, die beispielsweise operative Risiken auf Prozessebene einschließen. Dementsprechend sind Informationsinhalt, –aufbereitung und –verteilung an den Informationsinteressen der Adressaten auszurichten, wobei hinsichtlich der externen Risikoberichterstattung im Gegensatz zum internen Risikobericht bestimmte rechtliche Vorgaben zu beachten sind.

Der Referentenentwurf eines Gesetzes zur Modernisierung des Bilanzrechts (Bilanzrechtsmodernisierungsgesetz – BilMoG[3]) des Bundesjustizministeriums vom 9. November 2007 sieht neben einer umfassenden Modernisierung des deutschen Bilanzrechts auch eine ergänzende Verpflichtung für kapitalmarktorientierte Kapitalgesellschaften[4] vor, im Lagebericht die wesentlichen Merkmale des internen Risikomanagementsystems im Hinblick auf den Rechnungslegungsprozess zu beschreiben (§ 289 Abs. 5 HGB n.F.). Die Regelung soll für nach dem 5. September 2008 beginnende Geschäftsjahre gelten. Für Konzerne gilt dies analog (§ 315 Abs. 5 HGB n.F.).

Der Begriff »Risikomanagement« ist dabei nach der Gesetzesbegründung zwar im weiten Sinn zu verstehen und beinhaltet danach auch das interne Kontrollsystem. Interessanterweise leitet der Gesetzgeber aber aus der Berichterstattungspflicht keine Pflicht ab, ein solches Risikomanagement- und internes Kontrollsystem überhaupt vorzuhalten bzw. zu implementieren. Es soll den geschäftsführenden Organen des Unternehmens weiterhin überlassen bleiben, in Abhängigkeit von den Anforderungen des Unternehmens (Unternehmensstrategie, Geschäftsumfang und andere wesentliche Wirtschaftlichkeits- und Effizienzgesichtspunkte) die Ausgestaltung des internen Risikomanagementsystems vorzunehmen. Besteht kein internes Risikomanagementsystem, ist dies zu berichten.

Auch werden vom Gesetzgeber explizit keine Ausführungen zur Effektivität eines Risikomanagementsystems eingefordert, sondern unterstellt, dass sich die Unternehmensführung allein durch die Beschreibung des Risikomanagementsystems mit dieser Frage ausreichend beschäftigt haben wird und für den Schadensfall auf die Regressmöglichkeiten wegen Sorgfaltspflichtverletzung gegenüber der Unternehmensleitung verwiesen, falls das interne Risikomanagementsystems nicht effektiv war.

3) www.bmj.bund.de/files/-/2567/RefE%20Bil MoG.pdf
4) Eine Kapitalgesellschaft ist nach § 264d HGB n.F. kapitalmarktorientiert, wenn sie einen organisierten Markt i.S.d. § 2 Abs. 5 des Wertpapierhandelsgesetzes durch von ihr ausgegebene Wertpapiere i.S.d. § 2 Abs.1 S.1 des Wertpapierhandelsgesetzes in Anspruch nimmt oder die Zulassung an einem organisierten Markt beantragt hat.

Insgesamt gesehen hat es der Gesetzgeber also unterlassen bzw. versäumt, die Anforderungen an die Risikoberichterstattung zu konkretisieren und in einer Weise zu definieren, die das Entstehen einer neuen Erwartungslücke hinsichtlich der Qualität des Risikomanagements verhindern könnte. Inwiefern sich damit eine Verbesserung der Qualität der externen Risikoberichterstattung erreichen lässt, ist damit fraglich und bleibt abzuwarten.

5.1.2 Externe Adressaten des Risikoberichts

Erste Adressaten des externen Risikoberichts sind Aufsichtsrat/Prüfungsausschuss und Abschlussprüfer, die den Risikobericht einer Prüfung zu unterziehen haben, bevor es zu einer Veröffentlichung kommt.[5] Der Vorstand einer Aktiengesellschaft hat nach § 170 Abs. 1 AktG den aufgestellten Lagebericht unverzüglich dem *Aufsichtsrat* vorzulegen, der ihn nach § 171 Abs. 1 S.1 AktG zu prüfen hat. Der *Abschlussprüfer* einer Kapitalgesellschaft hat nach § 317 Abs. 2 S.2 HGB ebenfalls den Lagebericht zu prüfen. Aufgrund dieser Prüfungspflichten sind die Informationsanforderungen von Aufsichtsrat und Abschlussprüfer vergleichsweise hoch. Von beiden wird eine Aussage aus der Prüfung des Lageberichts erwartet, die belastbar ist und für beide sind mit dieser Aussage insbesondere Haftungsrisiken verbunden.

Mit dem Entwurf des Bilanzrechtsmodernisierungsgesetzes wird auch die Revision der 8. EU-Richtlinie (»Abschlussprüferrichtlinie«) in nationales Recht umgesetzt. Neben der Verpflichtung zur Einrichtung eines Prüfungsausschusses für Unternehmen des öffentlichen Interesses wird in Artikel 41 der neuen Abschlussprüferrichtlinie gefordert,

- den Rechnungslegungsprozess zu überwachen;
- die Wirksamkeit des internen Kontrollsystems, gegebenenfalls des internen Revisionssystems, und des Risikomanagementsystems des Unternehmens zu überwachen;
- die Abschlussprüfung des Jahres- und des konsolidierten Abschlusses zu überwachen;
- die Unabhängigkeit des Abschlussprüfers ..., insbesondere die von diesen für das geprüfte Unternehmen erbrachten zusätzlichen Leistungen, zu überprüfen und zu überwachen

5) Vgl. Salzberger, W.: Die Überwachung des Risikomanagements durch den Aufsichtsrat. In: Die Betriebswirtschaft 2000, S.767.

Die Anforderung der Einrichtung eines Prüfungsausschusses wird im Bil-MoG durch den neuen § 342f HGB nur auf kapitalmarktorientierte Kapitalgesellschaften i.S.d. neuen § 264d HGB bezogen und befreit damit – anders als es die EU vorsah – nicht-kapitalmarktorientierte Kreditinstitute und Versicherungsunternehmen. Weitere Befreiungsvorschriften werden in der Gesetzesbegründung ausführlich erläutert.

Die Übertragung der Verpflichtung zur Überwachung des Risikomanagementsystems durch einen Prüfungsausschuss wird durch den neuen § 107 Abs. 3 S.2 AktG ermöglicht. Richtet der Aufsichtsrat keinen Prüfungsausschuss ein, hat er diese Aufgaben selbst zu übernehmen.

Es ist davon auszugehen, dass sich die Auseinandersetzung des Aufsichtsrates bzw. des Prüfungsausschusses und damit der Berichterstattungsumfang der Unternehmensleitung durch die explizite Aufnahme dieser Überwachungsaufgabe in das Aktienrecht intensivieren wird. Aus der bisher sehr formellen Prüfung des Risikomanagementsystems durch den Aufsichtsrat wird damit zukünftig eine stärkere inhaltliche Auseinandersetzung mit den Chancen und Risiken des Unternehmens und der Berichterstattung hierüber durch den Aufsichtsrat/Prüfungsausschuss erfolgen müssen.

Die zweite Gruppe von Adressaten mit einem speziellen Interesse an der externen Risikoberichterstattung bilden Aktionäre bzw. Gesellschafter, die über ihre Anteile am Unternehmen im Rahmen der Hauptversammlung bzw. Gesellschafterversammlung besondere Rechte zur Information über die Risikolage geltend machen können. Außerdem sind dieser Gruppe Fremdkapitalgeber sowie Kunden, Lieferanten und Wettbewerber zuzurechnen, die aufgrund ihrer finanz- oder leistungswirtschaftlichen Beziehungen ein besonderes Interesse an der Risikoberichterstattung des Unternehmens haben.

Aktionäre/Gesellschafter haben ein besonderes Interesse an der Lage- und Chancen-/Risikoberichterstattung, da ihre Anlageentscheidungen neben der Dividendenpolitik vor allem von den künftigen Ertragsaussichten des Unternehmens abhängen, die eine Wertsteigerung bzw. -minderung bedeuten können. Dabei spielt die Angabe der wesentlichen Chancen und Risiken des Unternehmens im Lagebericht eine wichtige Rolle.

Über die Teilnahme an der Hauptversammlung haben sie als Aktionäre besondere Informationsrechte (§ 131 AktG), aufgrund derer sie weitergehende Informationen über Chancen und Risiken der künftigen Entwicklung des Unternehmens einholen können. Als Gesellschafter anderer Kapitalgesellschaften bzw. von Personengesellschaften können sie im Rahmen der Gesellschafterversammlung entsprechende Informationen von der Geschäftsführung einholen.

Die Notwendigkeit durch ein adäquates Risikomanagement, frühzeitig Entwicklungen mit hohem Veränderungspotenzial aufzuspüren, die eingegangenen Risiken systematisch zu steuern und zu überwachen sowie rechtzeitig Gegensteuerungsmaßnahmen einzuleiten, ist letztlich auch vor dem Hintergrund der immer stärker an Bedeutung gewinnenden Kapitalmarkteinschätzung durch Ratingagenturen und Analysten nicht zu unterschätzen. Ein aktives Risikomanagement, das auf eine Reduktion des Risikopotenzials bzw. einen bewussten und somit einschätzbaren Risikoumgang abzielt, führt langfristig dazu, dass potenzielle Investoren und Fremdkapitalgeber eine reduzierte Mindestrendite verlangen (hierdurch wird gleichzeitig eine Steigerung des Shareholder Value erreicht). Somit bietet ein wirksames Risikomanagementsystem für den Kreditnehmer die Möglichkeit, eine bessere Rating-Einstufung zu erhalten und somit die Fremdfinanzierung zu günstigeren Konditionen zu erhalten. Über die externe Risikoberichterstattung hinaus werden den Ratinginstituten daher in der Regel weitere Informationen zum Risikomanagement zur Verfügung gestellt.

Die Informationsrechte der Fremdkapitalgeber sind häufig eng mit der betreffenden Finanzierungsmaßnahme verbunden, dann aber sehr weitgehend. Darüber hinaus muss der Fremdkapitalgeber eine allgemeine Einschätzung der Kreditwürdigkeit des Unternehmens vor dem Hintergrund der wesentlichen Chancen und Risiken des Unternehmens insgesamt vornehmen und wird entsprechende Informationen einfordern bzw. der Risikoberichterstattung entnehmen.

In diesem Kontext sei darauf hingewiesen, dass sich weitere Konsequenzen für den Bereich Risikomanagement auch aus den Eigenkapitalvorschriften des Basler Ausschusses für Bankenaufsicht ergeben, da im Rahmen von Basel II die Vergabe von Bankkrediten verstärkt von der angesprochenen Rating-Einstufung abhängt. Im Zuge von Basel II wird zukünftig die pauschale Hinterlegung mit Eigenkapital durch eine Berücksichtigung der Risiken des einzelnen Kreditengagements ersetzt. Zur Ermittlung und Bewertung der individuellen Kreditrisiken wird dabei auf Ratings zurückgegriffen. Die Anforderungen an die Risikoberichterstattung seitens der Fremdkapitalgeber werden daher auch vor diesem Hintergrund die Ansprüche an die Tiefe und Breite der Informationen im externen Risikobericht regelmäßig übersteigen.

Für die Kunden des Unternehmens ist die Risikoberichterstattung für den Fall von besonderem Interesse, dass es sich bei dem Unternehmen um einen bedeutsamen Lieferanten des Kunden handelt und ggf. eine Lieferab-

Adressatenorientiertes
Chancen-Risikoreporting

hängigkeit besteht. In diesem Fall muss sich der Kunde einen Eindruck von der nachhaltigen Lieferfähigkeit des Lieferanten verschaffen und wird dabei auch den Risikobericht in die Betrachtung mit einbeziehen.

Lieferanten haben ein spezielles Interesse an der Risikolage und Risikoberichterstattung des Unternehmens, da sie ggf. mit einem Ausfall von Forderungen rechnen müssen. Dies haben sie schon bei der Auftragsannahme zu beurteilen, vor Auslieferung/Leistung nochmals zu bewerten und spätestens bei der Bewertung überfälliger Forderungen zu betrachten.

Ein spezielles Interesse an der Risikoberichterstattung des Unternehmens haben auch Wettbewerber, um ggf. auf Aktivitäten des Unternehmens zur Verbesserung der Wettbewerbsfähigkeit, die sich aus dem Risikobericht ergeben, reagieren zu können. Hierin liegt häufig auch ein Spannungsfeld für das Unternehmen, einerseits den gesetzlichen Anforderungen an einer angemessenen Berichterstattung gerecht zu werden und andererseits der Konkurrenz keine zusätzlichen Informationen zur Verfügung zu stellen, die der Wettbewerber zu seinem Vorteil ausnutzen könnte.

In eine dritte Gruppe fallen Adressaten mit einem eher allgemeinen Interesse an der externen Risikoberichterstattung und der Lage des Unternehmens. Das Interesse von Öffentlichkeit und Staat an der Risikoberichterstattung von Unternehmen ist insbesondere bei Großunternehmen hoch, wenn es um Schieflagen von Unternehmen geht, bei denen der Verlust einer hohen Anzahl von Arbeitsplätzen oder Verlagerung von Arbeit ins Ausland droht. Dies wurde z. B. im Fall »Holzmann« deutlich, bei dem sich der damalige Bundeskanzler Schröder medienwirksam in die Debatte um die Schieflage des Konzerns einschaltete.

Die natürliche Informationsasymmetrie zwischen diesen Interessengruppen aufgrund der unterschiedlichen Nähe zum Unternehmen darf nicht dazu führen, dass z. B. Informationen weglassen und Risiken nicht erläutert werden, nur weil z. B. die Aktionäre/Gesellschafter diese Informationen schon haben oder auf diese Angaben verzichten möchten. Nach dem Grundsatz der Adressatengerechtigkeit[6] ist außerdem darauf zu achten, dass Informationen in Form und Umfang am Verwendungszweck und an der Verwertungsfähigkeit der Empfänger ausgerichtet sein müssen. Informationen sollten für die Zielgruppe problemlos verwertbar und leicht zugänglich gemacht werden. Außerdem ist nach dem Grundsatz der Gleichbehandlung abgeleitet aus § 53a AktG darauf zu achten, dass Aktionäre unter gleichen Voraussetzungen gleich zu behandeln sind.

6) Vgl. Diehl, U. et al.: Effiziente Kapitalmarktkommunikation, Stuttgart 1998, S. 14–24.

5.1.3 Interne Adressaten des Risikoberichts

Die Adressaten der internen Risikoberichterstattung (Vorstand/Geschäftsführung, Management und ggf. Mitarbeiter) haben ein ureigenes Interesse an verlässlichen und zeitnah bereitgestellten Risikoinformationen[7], da sie damit ihr Geschäft bzw. ihren Verantwortungsbereich steuern. Sie müssen schnell reagieren können, wenn sich auf Absatz- oder Beschaffungsmärkten neue oder veränderte Geschäftsrisiken ergeben, wenn sich Personal- oder IT-Risiken verändern oder neu entstehen. Die zur Verfügung gestellten Informationen müssen dabei relevant (Gefahr des »information overload«), aktuell und korrekt sein.

Es ist festzustellen, dass das Interesse der internen Adressaten an einer effektiven internen Risikoberichterstattung in den letzten Jahren, insbesondere vor dem Hintergrund zunehmender Komplexität von Geschäftsfeldern und Prozessen, stark gestiegen ist. Damit einhergehend ist auch das Verständnis für Risikomanagement und Risikoberichterstattung auf allen Unternehmensebenen besser geworden. Letztlich hat dies zu einer gestiegenen Erwartungshaltung an die Aktualität und Qualität der internen Risikoberichterstattung geführt, die nur durch geeignete moderne Reportinginstrumente erfüllt werden kann.

Idealerweise erfolgt das Risikoberichtswesen dabei integriert im Rahmen der üblichen Bereitstellung von Managementinformationen im jeweiligen Unternehmen bzw. Konzern.

5.2 Internes Reporting als Entscheidungshilfe für das Management – Kennzahlencockpit und andere moderne Instrumente

Das interne Risikoreporting wird dem Ziel, als Entscheidungshilfe für das Management zu dienen, nur gerecht, wenn es folgende Anforderungen erfüllt:

- Inhaltliche Korrektheit und Aussagekraft
- Vollständigkeit
- Aktualität
- Relevanz
- Verständlichkeit

---

7) Vgl. Bange, C./Gölkel, V.: Steuerungs- und Informationssysteme – Motor für Corporate Governance, Eine Studie über 105 deutsche Großunternehmen, München, 2005

- Klarheit
- Übersichtlichkeit

Die Erfüllung dieser Anforderungen hängt wesentlich von der Ausgestaltung der zugrundeliegenden Kernprozesse des Risikomanagements von der Identifikation und Bewertung von Risiken, der Aggregation und Betrachtung ihrer Wechselwirkungen bis hin zur Risikoüberwachung durch geeignete Indikatoren und dem Ergreifen von risikosteuernden Maßnahmen ab.

Verständlichkeit, Klarheit und Übersichtlichkeit werden unterstützt durch Einsatz moderner Instrumente des Risikoreportings wie z. B. Ampelsysteme, grafische Darstellungen, Risikomatrizen, Risikolandkarten/Risk Maps und zusammenfassende Risiko-Cockpits, die im Folgenden beschrieben werden.

5.2.1 Ampelsysteme

Der Einsatz von Ampelsystemen bietet sich insbesondere für die Darstellung der Entwicklung von Risikofrühindikatoren (Key Risk Indicators) und für die Präsentation der Wirksamkeit von risikosteuernden Maßnahmen an.

Risikofrühindikatoren

Eine der wesentlichen Anforderungen, die durch das KontraG und § 91 Abs. 2 AktG eingeführt wurde, war es, die Risikoposition des Unternehmens bzw. Konzerns anhand geeigneter Risikofrühindikatoren kontinuierlich zu überwachen. Analog zu einer Verkehrsampel kann die Entwicklung eines Risikofrühindikators bzw. das Erreichen bzw. Überschreiten zuvor definierter Schwellenwerte durch entsprechende Farbgebung deutlich gekennzeichnet und hervorgehoben werden:

Schwarz Schwellenwert erheblich überschritten → Maßnahme dringend erforderlich

Grau Schwellenwert überschritten → ggf. weitere Maßnahmen ergreifen

Weiß innerhalb des Akzeptanzbereichs → keine Maßnahme erforderlich

Die Risikomanagement-Lösung der Fa. Schleupen AG, Moers, R2C (»Risk-to-Chance«) beinhaltet hinsichtlich der Berichterstattung über die Entwicklung von Risikoindikatoren beispielhaft folgende Darstellung:

5 Internes und
Externes Chancen-
Risiko-Reporting

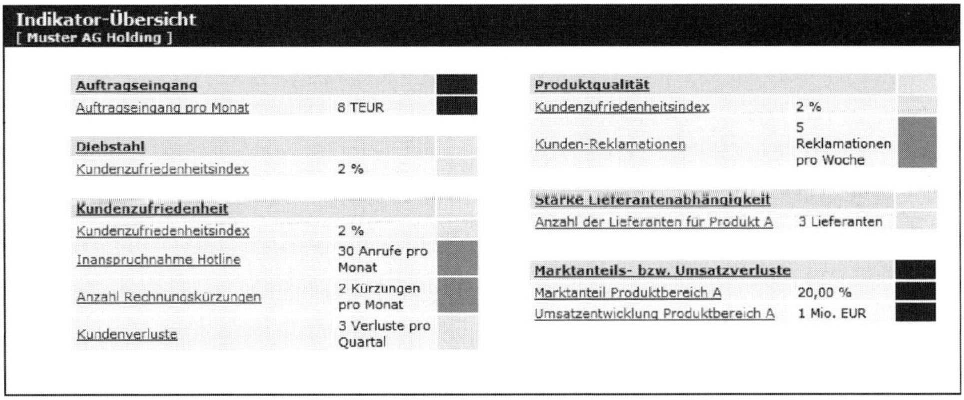

Abb. 5.1: Beispiel Indikator-Übersicht

Hierbei werden verschiedene Risikoindikatoren zusammengeführt und risikobezogen dargestellt. So wurden z. B. für den Risikobereich »Kundenzufriedenheit« insgesamt vier verschiedene Risikoindikatoren identifiziert, mit ihrem jeweiligen Status zum Berichtszeitpunkt erhoben und mittels Gewichtung zu einem Gesamtstatus, in diesem Fall »grau«, zusammengefasst. Offensichtlich wurden in diesem Beispiel den Indikatoren zur Messung der Kundenzufriedenheit, (mittels Umfrage), und der Kundenverluste (Anzahl pro Quartal) ein höheres Gewicht gegeben als den beiden anderen Indikatoren, die sich auf die Inanspruchnahme der Hotline und die Anzahl der Rechnungskürzungen beziehen und jeweils auf »weiß« standen.

Risikomanagement-Maßnahmen

In Bezug auf erkannte wesentliche Risiken, zu denen Maßnahmenpläne entwickelt wurden, um das Risiko auf ein akzeptable(re)s Maß zu reduzieren, bieten sich ebenfalls Ampelsysteme an, anhand derer der aktuelle Umsetzungsstand visualisiert werden kann:

Schwarz   erhebliche Defizite bei der Umsetzung → Aktion dringend erforderlich

Grau   Umsetzung entspricht nicht dem erwarteten Stand → Handlungsbedarf

Weiß   Umsetzung Maßnahme im Plan → keine Aktion erforderlich = beobachten

179

Internes Reporting als
Entscheidungshilfe für
das Management –
Kennzahlencockpit und
andere moderne
Instrumente

Auch hier bietet die Risikomanagementlösung R2C der Schleupen AG unter Verwendung von Ampelfarben Auswertungsmöglichkeiten zur Überwachung des Umsetzungsstands eingeleiteter Maßnahmen für die interne Risikoberichterstattung an:

Maßnahmen-Übersicht
[aktive Risiken Muster_AG]

	Überfällig	heute	in 7 Tagen	in 30 Tagen	später	nicht terminiert
möglich	6/-	-/-	-/-	-/-	-/-	3/3
beschlossen	6/2	-/-	-/-	1/-	1/-	-/4
eingeleitet	11/-	-/-	-/-	-/-	1/-	-/-
Gesamt	23/2	-/-	-/-	1/-	2/-	3/7

Abb. 5.2: Beispiel Maßnahmen-Übersicht

Die Maßnahmen werden dabei in drei Kategorien (»möglich«, »beschlossen« und »eingeleitet«) unterschieden und hinsichtlich ihrer Fälligkeit (überfällig = »schwarz«; heute fällig = »grau«; in 7, 30 oder mehr Tagen fällig = »weiß«) berichtet.

So einfach die Darstellung von Risikoinformationen mit einer Ampel ist, so gering und ungenau ist der Differenzierungsgrad in der Aussage aufgrund der Reduzierung auf nur drei Ausprägungen. Da es aber beim Einsatz von Ampelfunktion in der internen Risikoberichterstattung weniger auf den Genauigkeitsgrad der Aussage und vielmehr auf die Dringlichkeit des Ergreifens von Maßnahmen und Aktionen ankommt, spielt dieser Nachteil eine untergeordnete Rolle. Problematisch erscheint eher die Gefahr der Tendenz zur Mitte, also zur grauen Farbe, der man teilweise begegnen kann, indem bei gelben Ampeln ergänzende verbale Erläuterungen zum Status bzw. zur Risikoposition durch den Risikoverantwortlichen eingefordert werden.

5.2.2 Risikomatrizen – Risk Maps

Eine einfache visuelle Darstellung der Risiken ist über *Risikomatrizen* möglich, die ohne größeren Aufwand z. B. aus einem Tabellenkalkulationsprogramm generiert werden können.

Hiermit kann man zum einen in übersichtlicher Form eine auf dem Organisationsmodell des Unternehmens aufbauende zusammenfassende Abbildung der Risiken vornehmen und z. B. die Geschäftsbereiche 1 bis n mit den Risiken der Risikokategorien 1 bis m abbilden. Diese können dann auch aggregiert werden und die Gesamtrisikosituation eines Geschäftsbereichs und des gesamten Unternehmens wiedergeben. Dies setzt allerdings voraus, dass die Risiken auf die gleiche Art und Weise gemessen werden.

Um die Übersichtlichkeit der Gesamtdarstellung zu wahren, sollte die Risikomatrix aus maximal 10 Risikokategorien bzw. 10 Organisationseinheiten bestehen, optimal wären jeweils 5 bis 8 Kategorien bzw. Einheiten. Je nach Unternehmensgröße müssten bei Überschreiten dieser kritischen Werte ggf. mehrere Risikomatrizen erstellt werden:

Tab. 5.1: Beispiel Risiko-Matrix

	Risikokategorie 1	Risikokategorie 2	Risikokategorie m	Gesamt
Geschäftsbereich 1				
Geschäftsbereich 2		Anzahl/Höhe der Risiken		
Geschäftsbereich n				
Gesamt				

Eine andere Art der Risikomatrix ist die Abbildung sämtlicher Risiken einer Organisationseinheit mit der Eintrittswahrscheinlichkeit und Schadenshöhe je Risiko (»*Risk Map*«). Die Risiken werden typischerweise Risikoklassen zugeordnet, die unternehmensspezifisch festzulegen sind. Bei der Schadenshöhe werden z. B. Klassen nach der Höhe der möglichen negativen Auswirkung auf das Eigenkapital oder auf das Betriebsergebnis definiert. Hinsichtlich der Bildung von Klassen für die Eintrittswahrscheinlichkeit bietet sich an, die mögliche Häufigkeit des Eintretens des Risikos in Intervallen von z. B. »monatlich« bis »kann alle 10 Jahre vorkommen« zu schätzen oder nach Klassen der Eintrittswahrscheinlichkeit in % zu differenzieren:

Tab. 5.2: Beispiel Risikoklassen Eintrittswahrscheinlichkeit

Dimension	Eintrittshäufigkeit	%
Unvorstellbar	> 10 Jahre	< 1
Niedrig	5–10 Jahre	1–20
Mittel	3–5 Jahre	20–40
Häufig	1–3 Jahre	40–60
Sehr häufig	jährlich	60–80
Fast sicher	monatlich	> 80

Für die Bestandsgefährdung wird regelmäßig auf die Verfügbarkeit einer bestimmten Höhe des Eigenkapitals nach Eintritt des Risikos abgestellt, wo-

181

Internes Reporting als
Entscheidungshilfe für
das Management –
Kennzahlencockpit und
andere moderne
Instrumente

bei die Festlegung dieses Anteils in der Praxis je nach Risikoneigung zwischen 25% und 50% schwankt:

Tab. 5.3: Beispiel Risikoklassen Schadensausmaß

Dimension	Mio. €
Sehr niedrig	< 1
Niedrig	1–5
Mittel	5–10
Hoch	10–15
Erheblich	15–30
Bestandsgefährdend	> 30

In der folgenden Beispiel-Risikomatrix, wiederum der Risikomanagementlösung R2C entnommen, werden z. B. jeweils 4 Risikoklassen gebildet und eine entsprechende 4x4-Matrix abgebildet:

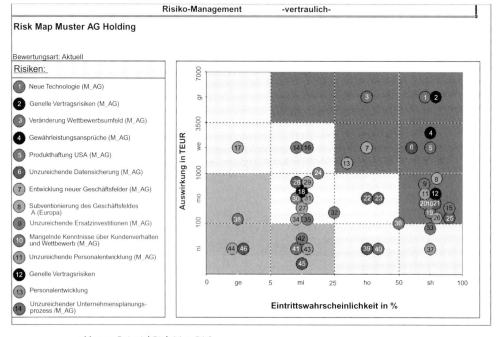

Abb. 5.3: Beispiel Risk Map R2C

Die schwarz markierten Felder stellen dabei die Bereiche mit hohen Risiken, die grünen Bereiche mit geringeren Risiken dar. Hinsichtlich der in den schwarzen Feldern liegenden Risiken hat das Management entschieden bzw. zu entscheiden, ob (weitere) risikosteuernde Maßnahmen zu ergreifen sind oder das Risiko akzeptiert wird.

Die Risikolage kann zusätzlich mit Hilfe von Risikostatistiken zusammengefasst in R2C wie folgt dargestellt werden:

Risikostatistik [Stand: 29.10.2007 16:29:56]				
Insgesamt 25 aktive Risiken bei Muster AG Holding. Insgesamt 17 aktive Risiken bei den Tochtergesellschaften. [Ansicht aktualisieren] Einteilung der aktiven Risiken: ● 5 ● 15 ● 22				
[Auswirkung]				
gravierend	-/-	1/-	1/-	2/-
wesentlich	1/-	-/-	-/1	7/1
moderat	-/1	3/7	1/1	5/4
niedrig	-/1	2/1	2/-	-/-
	gering	mittel	hoch	sehr hoch
	[Eintrittswahrscheinlichkeit]			

Abb. 5.4: Beispiel Risikoklassen Eintrittswahrscheinlichkeit

Mehr Transparenz über die Risikolage erhält man, wenn die Risikolage brutto und netto, also vor und nach Berücksichtigung der Wirkung von risikosteuernden Maßnahmen, dargestellt wird. Damit wird dem Adressaten verdeutlicht, welchen Effekt das Risikomanagement im Einzelnen erzielt und was passieren könnte, wenn man auf diese Maßnahmen verzichtet, z. B. um Kosten zu sparen.

Bei Betrachtung der Nettorisikoposition könnte darüber hinaus deutlich werden, dass weiterer Maßnahmenbedarf besteht, wenn die Risikoakzeptanzlinie nach wie vor nicht erreicht ist (»As-Is« und »Zielmodell«).

Im folgenden Beispiel könnten die Risiken 1 und 8 offensichtlich durch weitere Maßnahmen reduziert werden, während die Risiken 5 und 6 nicht weiter reduzierbar sind oder nicht weiter vermindert werden sollen, weil Kosten und Nutzen des Risikomanagements vielleicht in keinem angemessenen Verhältnis stünden. Bei den Risiken 2 und 3 besteht im Beispiel Klärungsbedarf, um die weitere Risikostrategie festzulegen:

Internes Reporting als
Entscheidungshilfe für
das Management –
Kennzahlencockpit und
andere moderne
Instrumente

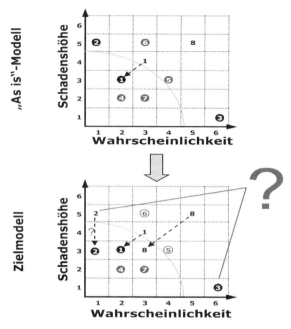

Abb. 5.5: Beispiel Brutto-/Nettorisiko-Matrizen

Risiko 2 ist hier gekennzeichnet durch eine sehr geringe Eintrittswahr-scheinlichkeit, aber ein hohes potenzielles Schadensausmaß wie es z. B. bei der Bewertung von Naturkatastrophen häufig der Fall ist. Hier stellt sich dann eher die Frage der Existenz eines geeigneten Notfallplans, als das Er-greifen weiterer aktiver Risikomanagementmaßnahmen.

Bei Risiko 3 muss im Rahmen der Festlegung der Risikomanagement-strategie dagegen eher darauf geachtet werden, ob Zusammenhänge mit an-deren Risiken mit ähnlich hohen Eintrittswahrscheinlichkeiten und jeweils geringen Schadenshöhen bestehen und es zu einem »Domino-Effekt« durch Zusammenwirken dieser Risiken kommen kann, der erheblich wer-den könnte.

Die Vorteile einer Risikomatrix liegen eindeutig in der klaren Struktur und in der Übersichtlichkeit der Darstellung. Dem steht vor allem der Nach-teil der Beschränkung auf zwei Dimensionen gegenüber. Nicht zu unter-schätzen ist auch der Pflegeaufwand aus der Aktualisierung der Risikoma-trizen in sich stark verändernden Organisationen. Letztlich bietet sich aber der Einsatz von Risikomatrizen in einer Managementübersicht aufgrund der hohen Aggregationsmöglichkeiten regelmäßig an, um schnell einen umfassenden Überblick zu gewähren.

5.2.3 Risikocockpit

Ein gutes Risiko-Cockpit zeichnet sich dadurch aus, dass es in übersichtlicher Form alle wesentlichen Risikoinformationen so zusammenführt, dass der Anwender je nach Bedarf durch »Drill-Down-Funktionalitäten« schnell auf detailliertere Risikoinformationen zugreifen kann. Dabei integriert das Risiko-Cockpit idealerweise Daten aus verschiedensten Quellen im Unternehmen.

Dabei sollten Risiko-Cockpits adressatengerecht die relevanten Informationen aufbereiten und mindestens folgende »Sichten« ermöglichen:

- Risikoverantwortlicher
- Management und Zentraler Risikomanager

In der Risikomanagementlösung R2C sieht das Risiko-Cockpit für den Risikoverantwortlichen z. B. wie folgt aus:

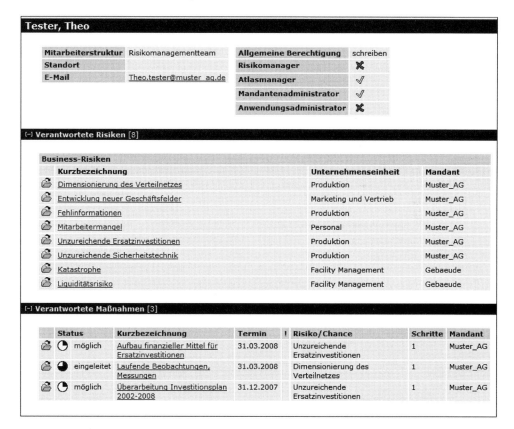

Abb. 5.6: Beispiel Risiko-Cockpit Risikoverantwortlicher

Neben den allgemeinen Daten besteht das Cockpit vor allem aus dem Bereich der dem Risikoverantwortlichen zuzuordnenden Risiken sowie aus einer Übersicht über die vom Risikoverantwortlichen iniitierten Maßnahmen und deren Status. Details kann er/sie jeweils durch »Drill-down« direkt einsehen.

Im nachfolgenden R2C-Risiko-Cockpit für das Management und den zentralen Risikomanager sind sämtliche Risiken und Chancen zusammengefasst. Durch entsprechende »Drill-down«-Funktionalitäten hat man einen direkten Zugang zu den Details des jeweiligen Risikos.

Die Felder »Freigeben« können dazu genutzt werden, ein 4-Augen-Prinzip auch im Risikoreporting zu implementieren, in dem z. B. der zentrale Risikomanager die Risikobewertung des dezentralen Risikoverantwortlichen einem Review unterzieht und die erfolgreich durchgeführte Kontrolle der Risikoeinschätzung durch eine »Freigabe« dokumentiert. Alternativ kann die »Freigabefunktion« zur Feststellung der aktualisierten Risikobewertung durch den Risikoverantwortlichen verwendet werden, so dass der zentrale Risikomanager jederzeit erkennen kann, ob die erforderliche Aktualisierung erfolgt ist.

Das Risiko-Cockpit des zentralen Risikomanagers sollte so beschaffen sein, dass hierüber der gesamte Risikomanagementprozess gesteuert werden kann und gleichzeitig ein Zugriff auf sämtliche relevanten Informationen ohne großen Aufwand möglich ist.

Reporting-Cockpit Muster AG Holding

Letzte Historisierung	30.09.2006
Durchgeführt von	Administrator
Kommentar	

Übersicht für Tester, Theo

Übersicht aktive Risiken

	Alle Risiken	Business-Risiken	Projekt-Risiken
Gesamt	47/20	29/17	18/3
davon nicht aktualisiert	40/19	27/16	13/3

Übersicht aktive Chancen

	Alle Chancen	Business-Chancen	Projekt-Chancen
Gesamt	8/-	8/-	-/-
davon nicht aktualisiert	3/-	3/-	-/-

mögliche Freigaben

Bezeichnung	Risiken [aktiv / davon nicht aktualisiert]	Chancen [aktiv / davon nicht aktualisiert]	Freigeben	Freigegeben von
Finanzen und Verwaltung	4/4	2/1	✓	Theo Tester [31.07.2007]
Finanzen	1/1	2/1	✓	Theo Tester [31.07.2007]
Controlling	4/3	-/-	✓	Theo Tester [31.07.2007]
Personal	1/1	1/-	✓	Theo Tester [31.07.2007]
Marketing und Vertrieb	3/3	1/-	Freigeben	
Vertrieb	2/2	-/-	Freigeben	
Marketing	2/1	-/-	Freigeben	
Technik	1/1	1/-	Freigeben	
Produktion	6/6	1/1	Freigeben	
Interne IT	4/4	-/-	Freigeben	
Forschung und Entwicklung	1/1	-/-	Freigeben	

Abb. 5.7: Beispiel Risiko-Cockpit Risikomanager

5.2.4 Der interne Risikobericht

Ergänzend zu den einzelnen Elementen des Risikoreportings fasst der Risikobericht die Ergebnisse der Risikoidentifikation und –bewertung monatlich, quartalsweise und/oder jährlich zusammen. Dies kann integriert im Rahmen des Standardreportings an das Management oder separat erfolgen. Für die Erläuterung einzelner Risiken bietet sich z. B. die folgende zusammenfassende Darstellung aus einer Risikomanagement-Lösung des Prüfungs- und Beratungsunternehmens Deloitte & Touche GmbH, Wirtschaftsprüfungsgesellschaft, München, an:

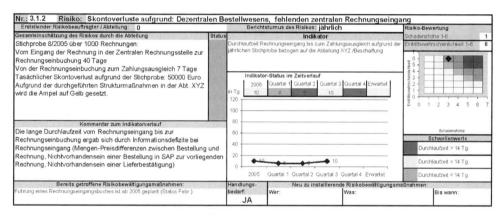

Abb. 5.8: Beispiel Interner Risikobericht

Hier ist das Risiko verbal erläutert, der zugehörige Risikoindikator und dessen Verlauf im Zeitablauf mit Schätzung des Erwartungswertes in der nächsten Betrachtungsperiode, die Einordnung in der Risikomatrix und ein möglicherweise notwendiger Handlungsbedarf mit Angabe der Verantwortlichkeiten und Terminierung zusammenfassend dargestellt.

Die Risikomanagementlösung R2C bietet z. B. ergänzend zu den bereits vorgestellten Instrumenten bezogen auf ein einzelnes Risiko den folgenden Risikobericht an:

Internes Reporting als
Entscheidungshilfe für
das Management –
Kennzahlencockpit und
andere moderne
Instrumente

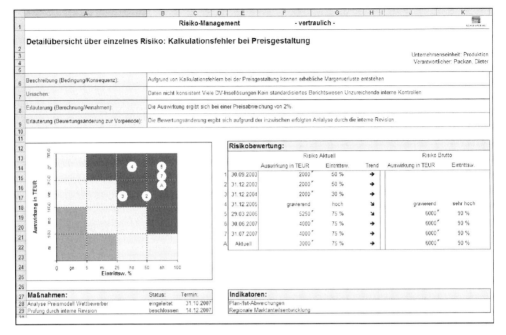

Abb. 5.9: Beispiel Interner Risikobericht R2C

In dieser Darstellung ist zusätzlich die Entwicklung des Risikos hinsichtlich Eintrittswahrscheinlichkeit und potenzielles Schadensausmaß im Zeitablauf erkennbar.

Letztlich richten sich die Ausgestaltung der internen Risikoberichterstattung und die Auswahl der eingesetzten Instrumente an den spezifischen Bedürfnissen der internen Adressaten aus, die wiederum von der Unternehmensgröße, der Art der Geschäftstätigkeit und nicht zuletzt von den Gewohnheiten und den bereits eingesetzten Managementinformationssystemen abhängen.

5.3 Reportingpflichten nach HGB, IFRS und US GAAP

5.3.1 Nationale Anforderungen (HGB)

Die Pflicht, einen Lagebericht einschließlich des darin enthaltenen Risikoberichts extern zu veröffentlichen, ergibt sich für Kapitalgesellschaften, bestimmte Personengesellschaften und Konzerne aus dem Handelsgesetzbuch

(§§ 289 Abs. 1 und 315 Abs. 1 HGB). Spezielle Angabepflichten zu den Risiken aus dem Einsatz von Finanzinstrumenten erfordern §§ 289 Abs. 2 Nr.2 und 315 Abs. 2 Nr.2 HGB. Zu den geplanten ergänzenden Berichtspflichten über das rechnungslegungsbezogene Risikomanagementsystem durch das Bilanzrechtsmodernisierungsgesetz siehe Abschnitt 5.1 dieses Kapitels.

Im Übrigen hat der Gesetzgeber auf eine weitere Konkretisierung seiner Anforderungen an die externe Risikoberichterstattung verzichtet und es damit im Wesentlichen der Praxis überlassen, wie und wie umfangreich berichtet wird.

Die Standards des Deutschen Standardisierungsrates (DSR) erlangen über deren Bekanntmachung im Bundesanzeiger gemäß § 342 HGB als Grundsätze ordnungsmäßiger Rechnungslegung von Konzernen Gesetzeskraft. Für Kapital- und bestimmte Personengesellschaften wird vermutet, dass die DSR Standards ebenfalls verpflichtend anzuwenden sind.

Der Deutsche Rechnungslegungs-Standard Nr. 5 (DRS 5) i.d.F. vom 7. November 2003 (Bekanntmachung am 2. Juli 2004) legt die Grundsätze ordnungsmäßiger Risikoberichterstattung für Konzerne fest und konkretisiert die gesetzlichen Anforderungen an den Risikobericht als Teil des Lageberichts. Eine entsprechende Anwendung auf Ebene des Lageberichts der Kapitalgesellschaft (§ 289 Abs. 1 2. Hs. HGB) wird empfohlen. Für die Risikoberichterstattung von Kredit- und Finanzdienstleistungsinstituten gilt zusätzlich DRS 5–10, für Risikoberichte von Versicherungsunternehmen DRS 5–20.

Der Deutsche Rechnungslegungs Standard Nr. 15 (DRS 15) konkretisiert die Anforderungen des Gesetzgebers an die Lageberichterstattung von Konzernen insgesamt. Der Standard wurde am 7. Dezember 2004 durch den DSR verabschiedet und am 26. Februar 2005 bekannt gemacht. In Tz. 83 des DSR 15 wird zwar hinsichtlich der Grundsätze der Risikoberichterstattung auf den spezifischen DSR 5 verwiesen. Da aber in Tz. 84 bis 91 auf den Prognosebericht eingegangen wird, der die voraussichtliche Entwicklung des Konzerns mit ihren wesentlichen Chancen und Risiken beinhalten soll, ist er ergänzend zu beachten[8].

5.3.2 Internationale Anforderungen (EU/IFRS, US GAAP)

Mit der Ende 2004 verabschiedeten EU-Transparenzrichtlinie wurde EU-weit ein Lagebericht (»Management Commentary«) neben dem IFRS-Ab-

8) Vgl. zu den DRS 5 und 15 ebenfalls die ausführliche Darstellung in Kapitel 3.

schluss ab 2007 als Pflichtbestandteil des jährlichen Finanzberichts aller an einem organisierten Markt notierten Emittenten eingeführt. Außerdem ergibt sich aus der EU-Transparenzrichtlinie die Anforderung, jährlich eine Erklärung darüber abzugeben, dass »der Lagebericht den Geschäftsverlauf, das Geschäftsergebnis und die Lage der Gesamtheit der in die Konsolidierung einbezogenen Unternehmen so darstellt, dass ein den tatsächlichen Verhältnissen entsprechendes Bild entsteht, und dass er die wesentlichen Risiken und Ungewissheiten, denen sie ausgesetzt sind, beschreibt«.

Die Forschungsarbeitsgruppe Management Commentary des IASB hat unterdessen einen Vorschlag für einen Standard des IASB entwickelt, der die Anforderungen an den ab 2007 verpflichtend zu erstellenden Lagebericht konkretisiert. Aufgrund dieses im Herbst 2005 erschienenen Diskussionspapiers hat das IASB insgesamt 116 Kommentare und Anmerkungen erhalten. Diese wurden bei einem Treffen im Januar 2007 eingehend diskutiert und ein Entwurfsvorschlag für die Programmplanung des IASB erstellt. Der Entwurfsvorschlag wurde dem Gremium des IASB im Juni 2007 vorgelegt. Im Dezember 2007 soll entschieden werden, ob das Thema zur aktuellen Programmplanung hinzugefügt wird.

Davon abgesehen bestehen Vorschriften bzw. Empfehlungen mit Bezug zur Risikoberichterstattung an verschiedenen Stellen in den IAS/IFRS, insbesondere im Bereich der Finanzrisiken. Hier ist vor allem der zum 1. Januar 2007 in Kraft getretene IFRS 7 »Finanzinstrumente: Angaben« zu nennen, der sämtliche Angabepflichten für Finanzinstrumente zusammenfasst, die bereits vorhandenen Angabepflichten zu Finanzinstrumenten gemäß IAS 32 erweitert und geltende Angabepflichten gemäß IAS 30 ersetzt. Durch IFRS 7 nicht übernommene Teile von IAS 32 beschäftigen sich lediglich noch mit Aspekten der Darstellung von Finanzinstrumenten.

Nach IFRS 7 muss eine Gesellschaft ihre Finanzinstrumente in Klassen ähnlicher Instrumente einteilen und dort, wo Angaben gefordert werden, diesen Angabepflichten auf Ebene der Einzelklassen nachkommen (IFRS 7.6). Die beiden gemäß IFRS 7 geforderten Hauptkategorien an Angabepflichten betreffen Informationen über die Bedeutung der Finanzinstrumente und Informationen über Art und Ausmaß der mit den Finanzinstrumenten verbundenen Risiken. Es werden detaillierte Angaben in Bezug auf die Auswirkungen von Finanzinstrumenten auf die Bilanz, Gewinn- und Verlustrechnung und das Eigenkapital verlangt. In der Risikoberichterstattung ist hinsichtlich Art und Ausmaß der sich aus den Finanzinstrumenten ergebenden Risiken zu berichten:

- Qualitative Angaben (IFRS 7.33)
  - Risiken für jede Art von Finanzinstrumenten
  - Ziele, Methoden und Verfahrensweisen des Managements zum Umgang mit solchen Risiken
  - Änderungen gegenüber dem Vorjahr
- Quantitative Angaben
  - Informationen über das Ausmaß, in dem das Unternehmen Risiken ausgesetzt ist, basierend auf Informationen, die intern den obersten Leitungsebenen zur Verfügung gestellt werden.
  - Diese Angaben beinhalten:
    - Zusammenfassung quantitativer Daten über das Ausmaß jedes Risikos am Abschlussstichtag (IFRS 7.34)
    - Klumpenrisiken (IFRS 7.35)
    - Kreditrisiken (IFRS 7.36–38)
    - Liquiditätsrisiken (IFRS 7.39)
    - Marktrisiken (IFRS 7.40–42)

IFRS 7 ist für Geschäftsjahre, die am oder nach dem 1. Januar 2007 beginnen, anzuwenden.

Auch in den USA besteht bisher kein gesonderter Standard, der die Anforderungen an die Risikoberichterstattung zusammenfassend regelt. Neben den Regelungen des Sarbanes-Oxley-Acts 2002, Section 404, der das Risiko einer fehlerhaften Finanzberichterstattung betrifft, bestehen z. B. besondere Berichterstattungspflichten im Bereich der Finanzrisiken (SFAS 133), zu Eventualverlusten (SFAS 5) und zu sonstigen Risiken und Unsicherheiten gemäß SOP 94.6.

5.4 Prüfung des externen Risikoberichts durch den Abschlussprüfer

Nach § 317 Abs. 2 HGB hat der Abschlussprüfer den Lagebericht bzw. Konzernlagebericht darauf zu prüfen, ob er mit dem Jahresabschluss bzw. Konzernabschluss sowie mit den bei der Prüfung gewonnen Erkenntnissen des Abschlussprüfers in Einklang stehen und ob er insgesamt eine zutreffende Vorstellung von der Lage des Unternehmens bzw. Konzerns vermittelt. Ferner ist zu prüfen, ob die Chancen und Risiken der künftigen Entwicklung zutreffend dargestellt sind.

Über das Ergebnis dieser Prüfung hat der Abschlussprüfer nach § 321 Abs. 1 S.2 HGB vorweg zu berichten. Er hat im Prüfungsbericht Stellung zu nehmen zu der Beurteilung der Lage des Unternehmens bzw. Konzerns durch die gesetzlichen Vertreter, wobei insbesondere auf die Beurteilung des Fortbestands und der künftigen Entwicklung einzugehen ist.

Nach § 321 Abs. 1 S.3 HGB hat der Abschlussprüfer auch über Tatsachen zu berichten, die den Bestand des geprüften Unternehmens oder des Konzerns gefährden könnten. Wird die Gefährdung des Fortbestands der Gesellschaft im Lagebericht nicht angemessen dargestellt, so sind die bestehenden Risiken und ihre möglichen Auswirkungen anzugeben und der Bestätigungsvermerk ist einzuschränken.

Nach § 322 Abs. 6 S.1 HGB ist bei der Erläuterung des Prüfungsergebnisses im Bestätigungsvermerk ausdrücklich darauf einzugehen, ob der Lagebericht bzw. Konzernlagebericht in Einklang mit dem Einzel- bzw. Konzernabschluss steht und insgesamt ein zutreffendes Bild von der Lage des Unternehmens bzw. Konzerns vermittelt.

Nach § 322 Abs. 6 S.2 HGB ist im Bestätigungsvermerk auch eine Aussage des Abschlussprüfers darüber zu machen, ob die Chancen und Risiken der künftigen Entwicklung zutreffend dargestellt wurden.

Der Prüfungsstandard IDW PS 350 des Institutes der Wirtschaftsprüfer in Deutschland legt Prüfungsumfang, Prüfungsablauf und Prüfungshandlungen sowie die Berichterstattungsgrundsätze über die Prüfung des Lageberichts durch den Abschlussprüfer fest.

§ 317 Abs. 4 HGB schreibt darüber hinaus eine Prüfung des Risikofrüherkennungssystems für Aktiengesellschaften vor, die Aktien mit amtlicher Notierung herausgeben. Unternehmen, die nicht unter diese gesetzliche Prüfungspflicht fallen, können sich durch den Abschlussprüfer einer freiwilligen Prüfung unterziehen. § 321 Abs. 4 HGB fordert eine gesonderte Berichterstattung über das Ergebnis der Prüfung des Risikofrüherkennungssystems. Die Prüfung des Risikofrüherkennungssystems nach § 317 Abs. 4 HGB hat gemäß IDW Prüfungsstandard 340 zu erfolgen.[9]

Die Auswirkungen des Bilanzrechtsmodernisierungsgesetzes beschränken sich hinsichtlich der Pflichten des Abschlussprüfers und des Themas Risikomanagement auf zwei Teilaspekte. Die Prüfung des Lageberichts wird sich zukünftig auch auf die Beschreibung des rechnungslegungsbezogenen Risikomanagementsystems beziehen und ein Urteil über die Korrektheit der Ausführungen der Unternehmensleitung von kapitalmarktorientierten Kapitalgesellschaften beinhalten. Für Aktiengesellschaften regelt der neue § 171 Abs. 1 S. 2 AktG darüber hinaus, dass der Abschlussprüfer dem Aufsichtsrat oder Prüfungsausschuss »über das wesentliche Ergebnis seiner Prüfung,

---

9) Vgl. : Die Prüfungspflicht des Abschlussprüfers nach § 317 Abs. 4 HGB. In: WPK-Mitt. 2/2002, S. 96–105

insbesondere wesentliche Schwächen des internen Risikomanagementsystems bezogen auf den Rechnungslegungsprozess, zu berichten« hat.

5.5 Literatur

Bange, C./Gölkel, V.: Steuerungs- und Informationssysteme – Motor für Corporate Governance, Eine Studie über 105 deutsche Großunternehmen, München 2005

Diehl, U. et al.: Effiziente Kapitalmarktkommunikation, Stuttgart 1998

Lengerke, K.: Die Prüfungspflicht des Abschlussprüfers nach § 317 Abs. 4 HGB. In: WPK-Mitt. 2/2002, S. 96–105

Salzberger, W.: Die Überwachung des Risikomanagements durch den Aufsichtsrat. In: Die Betriebswirtschaft 2000, S.767

6
Integriertes Chancen- und Risikomanagement: Verknüpfung mit strategischer Planung, wertorientierter Unternehmenssteuerung und Controlling

Werner Gleißner, Frank Romeike

6.1 Risiken sind komplex miteinander verknüpft

In der unternehmerischen Praxis sind Risiken hochgradig komplex miteinander verknüpft und lassen sich daher nicht trennscharf in einzelne Risikokategorien einordnen. So sind beispielsweise bei einer Bank operationelle Risiken mit Kreditrisiken bzw. Marktrisiken verknüpft.

Insbesondere bei der Analyse von Unternehmenszusammenbrüchen und Insolvenzursachen wird deutlich, dass Risikokategorien nicht losgelöst voneinander erfasst werden können, sondern vielmehr durch positive und negative Rückkoppelungen miteinander verbunden sind. Sehr häufig ist ein ganzes Bündel von unterschiedlichen Risikokategorien für den Zusammenbruch eines Unternehmens verantwortlich. Vor diesem Hintergrund wird auch die Bedeutung einer integrierten Gesamtrisikosteuerung deutlich.

In der Praxis der Unternehmen lässt sich jedoch beobachten, dass Risiken in einzelnen Silos (Marktrisiko, Kreditrisiko, operationelle Risiken, versicherungstechnische Risiken) analysiert und gesteuert werden. Die Ursache hierfür liegt u. a. an den »siloorientierten« Organisationsstrukturen sowie den daran ausgerichteten Problemlösungswerkzeugen. Dabei erfolgt die isolierte Betrachtung nicht nur in einzelnen organisatorischen Einheiten, sondern häufig auch in unterschiedlichen regionalen Einheiten und für unterschiedliche Risikoarten. Die Folgen sind insbesondere: hohe Integrationskosten, keine adäquaten IT-Systeme zur Gesamtrisikosteuerung, fehlende Methoden für ein integriertes Gesamt-Risikomanagement (Enterprise Risk Management).

Bei der Bewertung der Gesamtrisikolage (»Risk Exposure«) ist zu berücksichtigen, dass kompensatorische bzw. kumulative Effekte der Einzelrisiken dazu führen, dass das Gesamtrisiko nicht identisch mit der Summe der Einzelrisiken ist. Diese Tatsache wird in der betrieblichen Praxis nicht selten ebenso vernachlässigt wie die Frage, welche relative Bedeutung Einzelrisi-

Risikomanagement in der Unternehmensführung. Rainer Kalwait, Ralf Meyer, Frank Romeike, Oliver Schellenberger und Roland Franz Erben
Copyright © 2008 WILEY-VCH Verlag GmbH & Co. KGaA, Weinheim
ISBN 978-3-527-50302-5

ken für die Gesamtrisikolage haben (Sensitivitätsanalyse). Möglicherweise sind bestimmte Einzelrisiken isoliert betrachtet von nachrangiger Bedeutung, während sie kumulativ ein bestandsgefährdendes Risiko darstellen.

In der Praxis werden zur integrierten Gesamtrisikosteuerung immer häufiger so genannte »Management Cockpits« (siehe Abbildung 6.1) eingesetzt, die risikorelevante Informationen verdichten und in einer aggregierten und übersichtlichen Form darstellen. Der Wettbewerbsdruck, die regulatorischen Veränderung sowie der hohe Kosten- und Erlösdruck zeigen die Notwendigkeit auf, das Risikomanagement in konsistenter Weise unternehmensweit umzusetzen und eng mit einer risk-/returnorientierten Portfoliosteuerung zu verzahnen ist. Die vom Baseler Komitee eingesetzte »Working Group on Risk Assessment and Capital« stellte daher fest, dass

- ein integriertes Risikomanagement zunehmend an Bedeutung gewinnt,
- dies aus aufsichtsrechtlicher Sicht von wachsender Bedeutung ist und
- dies ein höheres Risikobewusstsein schaffen wird und die Sicherheit in den Unternehmen erhöhen wird.

6.2 Risikoorientierte Unternehmensführung

Eine risikoorientierte Unternehmensführung setzt eine integrierte Betrachtung der Risikolandkarte eines Unternehmens voraus und wird in die-

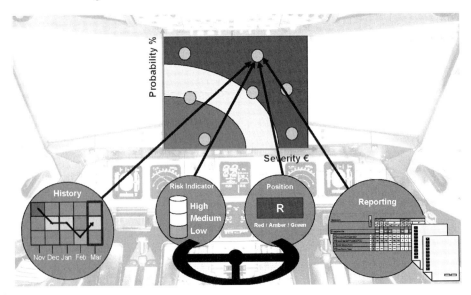

196

Abb. 6.1: Integriertes »Risiko-Cockpit«

6 Integriertes Chancen-
und Risikomanagement:
Verknüpfung mit
strategischer Planung,
wertorientierter
Unternehmenssteuerung
und Controlling

sem Beitrag als ein Managementkonzept verstanden, das insgesamt dazu beiträgt, Transparenz über den Risikoumfang im Unternehmen zu schaffen und Entscheidungen unter Unsicherheit durch die Unternehmensführung zu unterstützen. Dementsprechend werden insbesondere auch die vielfältigen Verknüpfungspunkte zwischen Risikomanagement einerseits und Controlling, Budgetierung, Planung, Unternehmensstrategie und wertorientierten Managementkonzepten sowie Rating andererseits verdeutlicht. Im Folgenden wird damit die Konzeption eines unternehmensweiten, integrierten Risikomanagements vorgestellt (»Corporate Risk Management« bzw. »Enterprise Risk Management«, ERM).

Dies bedeutet, dass

- eine einseitige Schwerpunktsetzung auf ein finanzwirtschaftliches Risikomanagement (mit Risiken aus Zins-, Wechselkurs- und Rohstoffpreisveränderungen sowie Kreditrisiken) vermieden wird,
- die strategische Dimension des Risikomanagements besonders beachtet wird, da gerade hier die Ursachen für eine potenzielle Bestandsgefährdung (Insolvenz) des Unternehmens zu finden sind,
- die Möglichkeit der Nutzung bestehender Managementsysteme (beispielsweise des Controllings) für Risikomanagementfunktionalitäten verdeutlicht wird und
- die Nutzung von (aggregierten) Risikoinformationen für betriebswirtschaftliche Entscheidungen unter Unsicherheit (beispielsweise Investitionen), Ratingprognosen, Finanzierungsplanung oder eine wertorientierte Unternehmensführung aufgezeigt wird.

6.3 Chancen- und risikoorientiertes Controlling als Bestandteil einer wertorientierten Unternehmensführung

Die explizite Berücksichtigung von Risiken – hier als Überbegriff für Chancen (mögliche positive Abweichungen) und Gefahren (mögliche negative Abweichungen) verstanden – erlaubt zunächst den Umfang »üblicher« risikobedingter Abweichungen der Plangrößen einzuschätzen. So gelingt es, die Zuverlässigkeit der Unternehmensplanung – beispielsweise im Sinne einer Financial Due Diligence-Prüfung – als Ganzes und jedes einzelnen Teilaspektes zu beurteilen.

Für unternehmerische Entscheidungen hat dieses explizite Aufzeigen von risikobedingten Abweichungen den wesentlichen Vorteil, dass nicht eine illusorische Planungszuverlässigkeit suggeriert wird. Hinsichtlich jedes

Planwertes wird transparent, wie sicher bzw. risikobehaftet dieser ist. Bisher besteht diesbezüglich lediglich eine intuitive Vorstellung, die naheliegender Weise bei den in dem Planungsprozess involvierten Personen sehr unterschiedlich ausgeprägt sein kann.

Durch die explizite Erfassung solcher Risiken werden oft zugleich Frühindikatoren identifiziert, die auf zukünftige Planabweichungen hinweisen und somit dem chancen- und risikoorientierten Controlling zugleich Frühaufklärungsfähigkeit verleiten. Die Kenntnis der risikobedingten Bandbreiten für geplante Kenngrößen des Unternehmens lässt zudem Handlungsbedarf hinsichtlich der Initiierung von Risikobewältigungsmaßnahmen erkennen.

Durch die explizite Einbeziehung der Risiken in die Unternehmensplanung wird die grundlegende Voraussetzung dafür geschaffen,
- die erwarteten Erträge und
- die mit der (möglichen) Ertragsrealisation verbundenen Risiken eines Unternehmens gegeneinander abzuwägen.

Bekanntlich ist dies im Rahmen einer wertorientierten Unternehmenssteuerung zwingend erforderlich, da der Unternehmenswert von den zukünftig erwarteten Erträgen bzw. Free Cash Flows und eben den damit verbundenen Risiken, welche sich bspw. in dem risikoadjustierten Diskontierungszinssatz (WACC) niederschlagen, abhängig ist.

Ein wertorientiertes Steuern des Unternehmens ist demnach ohne die explizite Berücksichtigung der Risiken und deren Konsequenzen für den Unternehmenswert nicht möglich. Heute implementierte wertorientierte Steuerungssysteme stellen üblicher Weise keinen Bezug zwischen Unternehmenswert und den im Unternehmen analysierten Risiken her. Weiterhin ist problematisch, dass sich das aus Finanzmarktanalysen beobachtbare »Risiko« des Unternehmens nicht für die Risiko-Ertragsanalyse und Auswahl potenzieller Maßnahmen eignet – wenn man nicht den Mut hat auch noch zu unterstellen, dass die rationalen Finanzmarktteilnehmer stets bereits im Vorhinein wüssten, welche Entscheidung die Unternehmensführung tatsächlich treffen wird.

Dies hat u. a. zur Konsequenz, dass unternehmerische Maßnahmen (etwa Veränderungen beim Versicherungsschutz) lediglich hinsichtlich ihrer Ertrags-, nicht aber hinsichtlich ihrer Risikowirkung beurteilt werden (können). Insgesamt muss man damit die heute üblichen wertorientierten Steuerungssysteme – bspw. den EVA®-Ansatz von Stern/Stewart – noch weitgehend als leicht verbesserte Rentabilitäts-Steuerungssysteme charakterisieren, da die Konsequenzen einer (geplanten) Veränderung der Risikoposition

198

6 Integriertes Chancen-
und Risikomanagement:
Verknüpfung mit
strategischer Planung,
wertorientierter
Unternehmenssteuerung
und Controlling

eines Unternehmens nicht explizit auf den Unternehmenswert abgebildet werden können.

Erst ein chancen- und risikoorientiertes Controlling erlaubt es schließlich, den Eigenkapitalbedarf eines Unternehmens fundiert zu beurteilen. Der Bedarf eines Unternehmens an Eigenkapital ergibt sich aus dem Umfang möglicher risikobedingter Verluste, die durch das Eigenkapital (Risikodeckungspotenzial) aufgefangen werden müssen.

Entsprechend lässt sich dann der Bedarf an freien Liquiditätsreserven eines Unternehmens aus dem Umfang des (bei einer bestimmten, als akzeptabel erachteten Restwahrscheinlichkeit) möglichen risikobedingten Liquiditätsbedarfs ableiten. In Abbildung 6.2 wird auf der Basis der Verteilung der minimalen Eigenkapitalquote (min. EKQ) der Anteil derjenigen (möglichen) Szenarien bestimmt, bei denen die über einen Zeitraum von 10 Jahren ermittelte minimale Eigenkapitalquote eines Jahres negativ und demzufolge das Unternehmen insolvent wird. Wird die so ermittelte 10-Jahres-Ausfallwahrscheinlichkeit (hier: 11 Prozent) mit den von Standard & Poors (S&P) ermittelten Ausfallwahrscheinlichkeiten einzelner Rating-Klassen verglichen, so ist dem Unternehmen die Rating-Klasse »BB« zuzuordnen. Ag-

Bestimmung von Ausfallwahrscheinlichkeiten:

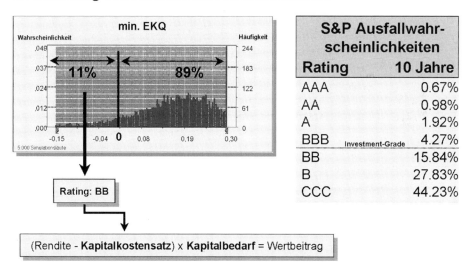

Abb. 6.2: Die Bestimmung von Ausfallwahrscheinlichkeiten und den damit verbundenen Rating-Klassen auf der Basis eines chancen- und risikoorientierten Controllings[1]

1) Quelle: FutureValue Group AG

gregierte Risikoinformationen ermöglichen damit Ratingprognosen, die der Krisenfrühdiagnose dienen.

So wird wertorientiertes Management auf ein solides Fundament gestellt. Für Unternehmen bzw. Unternehmensbereiche mit einem relativ hohen Bedarf an teurem Eigenkapital und/oder einem relativ schlechten Rating wird zwangsläufig ein relativ hoher Kapitalkostensatz ermittelt, woraus sich eine hohe Mindestanforderung an die erwartete Rentabilität ergibt (um einen positiven Wertbeitrag nachweisen zu können).

Mit Hilfe eines risiko- und chancenorientierten Controllings wird es folglich möglich, die im Kontext der wertorientierten Steuerung wichtigen Kapitalkostensätze für die Diskontierung zukünftiger Cashflows fundiert aus unternehmensinternen Informationen abzuleiten und auf dieser Grundlage auch den Wertbeitrag von Aktivitäten aufzuzeigen.[2]

Einen erheblichen Mehrwert generiert ein chancen- und risikoorientiertes Controlling auch dadurch, dass es – anders als traditionelle Controllingsysteme – in der Lage ist, die Funktionalität eines Risikomanagement-Systems (auch gemäß KonTraG) abzudecken. Die Weiterentwicklung bestehender Controllingsysteme hin zu derartigen innovativen Ansätzen führt zu einer Integration traditioneller Risikomanagement-Systeme in Controlling und (stochastischer) Unternehmensplanung auf Grundlage der bestehenden Systeme.

Neben den offenkundigen Vorteilen einer derartigen Integration für unternehmerische Entscheidungen ist durch ein derartiges Vorgehen auch eine erhebliche Effizienzsteigerung zu erreichen. Einerseits wird es möglich, durch eine systematische Analyse der wesentlichen Annahmen des Controllings (bzw. der Unternehmensplanung) gezielt maßgebliche Risiken zu identifizieren und anschließend in einem Risikoinventar zusammenzufassen (»Controllingansatz«). Andererseits können unabhängig vom Controlling identifizierte Risiken – bspw. aus einer Analyse der Wertschöpfungskette – in den Kontext der Unternehmensplanung gestellt werden. Das verdeutlicht, wo zusätzliche risikobehaftete Annahmen bestehen (»Risikomanagementansatz«).

2) »Risikodeckungsansatz« der Bewertung: *Gleißner, W.:* Kapitalkosten: Der Schwachpunkt bei der Unternehmensbewertung und im wertorientierten Management, in: Finanz Betrieb, 4/2005, S. 217–229 und *Gleißner, W.; Kamaras, E.; Wolfrum, M.:* Simulationsbasierte Bewertung von Akquisitionszielen und Beteiligungen, in: Gleißner, W.; Schaller, A.: Private Equity – Beurteilungs- und Bewertungsverfahren von Kapitalbeteiligungsgesellschaften, Weinheim, 2008.

6.4 Bestimmung der Gesamtrisikoposition des Unternehmens

Zielsetzung der Risikoaggregation ist die Bestimmung der Gesamtrisikoposition eines Unternehmens sowie eine Ermittlung der relativen Bedeutung der Einzelrisiken unter Berücksichtigung von Wechselwirkungen (Korrelationen) zwischen diesen Einzelrisiken.[3]

Die Risikoaggregation kann erst durchgeführt werden, wenn die Wirkungen der Risiken unter Berücksichtigung ihrer jeweiligen Eintrittswahrscheinlichkeit, ihrer Schadensverteilung (quantitative Auswirkung) sowie ihrer Wechselwirkungen untereinander durch ein geeignetes Verfahren ermittelt werden. Die Notwendigkeit eines solchen Verfahrens wird auch von den Wirtschaftsprüfern betont, wie die folgende Stellungnahme des IDW (Institut der Wirtschaftsprüfer) zum KonTraG (IDW PS 340) zeigt: »Die Risikoanalyse beinhaltet eine Beurteilung der Tragweite der erkannten Risiken in Bezug auf Eintrittswahrscheinlichkeit und quantitative Auswirkungen. Hierzu gehört auch die Einschätzung, ob Einzelrisiken, die isoliert betrachtet von nachrangiger Bedeutung sind, sich in ihrem Zusammenwirken oder durch Kumulation im Zeitablauf zu einem bestandsgefährdenden Risiko aggregieren können.«[4]

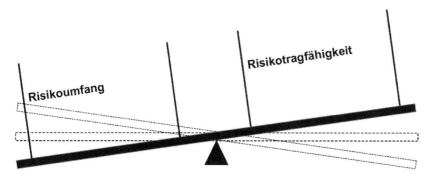

Abb. 6.3: Die Risikotragfähigkeit eines Unternehmens wird durch die Größe des Eigenkapitals und die Liquiditätsreserve bestimmt.

3) Vgl. *Gleißner, W.; Romeike, F.*: Risikomanagement – Umsetzung, Werkzeuge, Risikobewertung, Freiburg i. Br. 2005, S. 31 ff und *Gleißner, W.*: Grundlagen des Risikomanagements, München, 2008.

4) Vgl. *Romeike, F.*: Integriertes Risk Controlling und Risikomanagement im global operierenden Konzern, in: Schierenbeck, H.: Risk Controlling in der Praxis, Zürich 2006, S. 429ff.

Eine Aggregation aller relevanten Risiken ist erforderlich, weil sie auch in der Realität zusammen auf Gewinn und Eigenkapital wirken. Es ist damit offensichtlich, dass alle Risiken gemeinsam die Risikotragfähigkeit eines Unternehmens belasten (siehe Abbildung 6.3). Diese Risikotragfähigkeit wird letztendlich von zwei Größen bestimmt, nämlich zum einen vom Eigenkapital und zum anderen von den Liquiditätsreserven. Die Beurteilung des Gesamtrisikoumfangs ermöglicht eine Aussage darüber, ob die oben bereits erwähnte Risikotragfähigkeit eines Unternehmens ausreichend ist, um den Risikoumfang des Unternehmens tatsächlich zu tragen und damit den Bestand des Unternehmens zu gewährleisten. Sollte der vorhandene Risikoumfang eines Unternehmens gemessen an der Risikotragfähigkeit zu hoch sein, werden zusätzliche Maßnahmen der Risikobewältigung erforderlich. Die Kenntnis der relativen Bedeutung der Einzelrisiken (Sensitivitätsanalyse) ist für ein Unternehmen in der Praxis wichtig, um Risikomanagementmaßnahmen zu priorisieren. In den Abbildungen 6.4 und 6.5 ist die grundsätzliche Vorgehensweise der Risikoaggregation abgebildet.

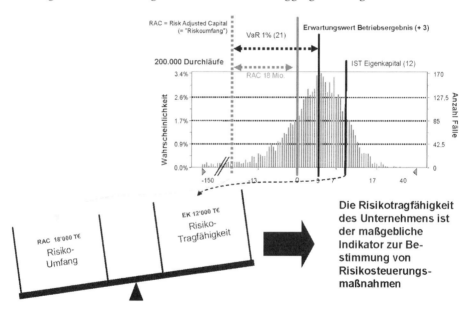

Abb. 6.4: Risikoaggregation[5]

5) Quelle: Romeike, Frank (gemeinsam mit Hendrik Florian Löffler): Ergebnisse der Expertenstudie »Wert- und Effizienzsteigerung durch ein integriertes Risiko- und Versicherungsmanagement«, in: Zeitschrift für Versicherungswesen, 12/2007, S. 402–408 sowie *Füser, K.; Gleißner, W.; Meier, G.*: Risikomanagement (KonTraG) – Erfahrungen aus der Praxis, in: Der Betrieb, Heft 15/1999, S. 753–758.

6 Integriertes Chancen- und Risikomanagement: Verknüpfung mit strategischer Planung, wertorientierter Unternehmenssteuerung und Controlling

Für die Risikoaggregation kann man sich der so genannten »Monte-Carlo-Simulation« bedienen. Hier werden zunächst die Wirkungen der Einzelrisiken bestimmten Positionen etwa der Plan-Erfolgs-Rechnung oder der Plan-Bilanz zugeordnet: Beispielsweise wird sich eine ungeplante Erhöhung der Rohstoffpreise auf die Position »Materialaufwand« auswirken. Ein seltener, hoher Produkthaftpflichtschaden wird die Position »Außerordentlicher Aufwand« treffen. Eine Voraussetzung für die Bestimmung des »Gesamtrisikoumfangs« mittels Risikoaggregation stellt die Zuordnung von Risiken zu Positionen der Unternehmensplanung dar. Es stellt also die mögliche Ursache einer Planabweichung dar. Dabei können Risiken als Schwankungsbreite um einen Planwert modelliert werden (beispielsweise +/– 8 Prozent Absatzmengenschwankung). In Abbildung 6.5 ist das grundsätzliche Prinzip der Aggregation von Risiken sowie der Sensitivitätsanalyse dargestellt.

Zudem können jedoch auch »ereignisorientierte Risiken« (wie etwa eine Betriebsunterbrechung durch Maschinenschaden) eingebunden werden, die dann über das außerordentliche Ergebnis den Gewinn beeinflussen. Ein Blick auf die verschiedenen Szenarien der Simulationsläufe veranschaulicht, dass sich bei jedem Simulationslauf andere Kombinationen von Ausprägungen der Risiken ergeben. Damit erhält man in jedem Schritt einen simulierten Wert für die betrachtete Zielgröße (beispielsweise Gewinn oder Cashflow). Die Gesamtheit aller Simulationsläufe liefert eine »repräsentative Stichprobe« aller möglichen Risiko-Szenarien des Unternehmens. Aus den ermittelten Realisationen der Zielgröße ergeben sich aggregierte Wahrscheinlichkeitsverteilungen (Dichtefunktionen), die dann für weitere Analysen genutzt werden.

Ausgehend von der durch die Risikoaggregation ermittelten Verteilungsfunktion der Gewinne kann man unmittelbar auf den Eigenkapitalbedarf (Risk-Adjusted-Capital, RAC) des Unternehmens schließen. Zur Vermeidung einer Überschuldung wird zumindest soviel Eigenkapital benötigt, wie auch Verluste auftreten können, die dieses reduzieren. Analog lässt sich der Bedarf an Liquiditätsreserven unter Nutzung der Verteilungsfunktion der Zahlungsflüsse (freie Cashflows) ermitteln. Ergänzend können Risikokennzahlen abgeleitet werden. Ein Beispiel ist die Eigenkapitaldeckung, also das Verhältnis von verfügbarem Eigenkapital zu risikobedingtem Eigenkapitalbedarf.

Risiken beeinflussen die Kapitalkostensätze (Diskontierungszinssätze) von Unternehmen, also die risikoabhängigen Mindestverzinsungsanforderungen. Damit bestimmen sie auch den Unternehmenswert. Folglich kann das Risikomanagement zu einer Steigerung des Unternehmenswertes und damit zum Unternehmenserfolg maßgeblich beitragen. Aus den Ergebnis-

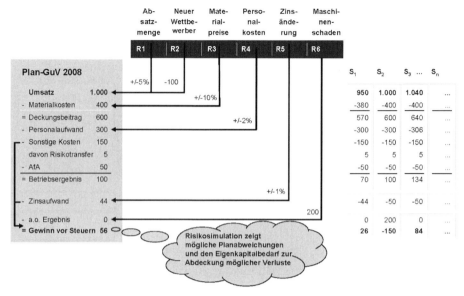

Abb. 6.5: Berücksichtigung von Risiken im Planungsprozess[6]

sen der Risikoaggregation lassen sich auch die Kapitalkostensätze (Diskontierungszinssatz) für das Unternehmen ableiten. Naheliegender Weise sollten die risikoabhängigen Kapitalkostensätze (WACC[7]) vom tatsächlichen Risikoumfang eines Unternehmens abhängig sein. Genau diese Informationen stellt das Risikomanagement bereit. Der bisher anzutreffende »Umweg« bei der Bestimmung der Kapitalkostensätze – nämlich Kapitalmarktdaten statt Unternehmensdaten zu nutzen (wie beispielsweise im CAP-Modell[8]) – ist wenig überzeugend. Als Weg zur Bestimmung eines geeigneten

6) Quelle: *Gleißner, W.*: Identifikation, Messung und Aggregation von Risiken, in: Gleißner, W./Meier, G. (Hrsg.) Wertorientiertes Risikomanagement für Industrie und Handel, 2001, S. 111–137 und *Gleißner, W.; Romeike, F.*: Risikomanagement – Umsetzung, Werkzeuge, Risikobewertung, Freiburg i. Br. 2005, S. 27.

7) WACC (Weighted Average Cost of Capital): Gewichteter durchschnittlicher Kapitalkostensatz, wird auch für die Unternehmensbewertungen nach der DFCF-Methode (Discounted Free Cash flow) verwendet, um den Kapitalisierungszinssatz auszurechnen. Vgl. *Romeike,*

F.: Lexikon Risiko-Management, Weinheim 2004, S. 151 sowie weiterführend *Gleißner, W.*: Kapitalkosten: Der Schwachpunkt bei der Unternehmensbewertung und im wertorientierten Management, in: Finanz Betrieb, 4/2005, S. 217–229.

8) CAPM (Capital Asset Pricing Model): Ein auf der Portfolio-Theorie basierendes Modell des Kapitalmarktes. CAPM ist von großer Bedeutung für die Bewertung von Aktien. Das Modell geht davon aus, dass Risiko explizit in Form einer vom Markt determinierten, zusätzlich geforderten Rendite berücksichtigt wird. Nach CAPM hängt der Wert einer Aktie

6 Integriertes Chancen-
und Risikomanagement:
Verknüpfung mit
strategischer Planung,
wertorientierter
Unternehmenssteuerung
und Controlling

Kapitalkostensatzes bietet sich die Berechnung der WACC in Abhängigkeit des Eigenkapitalbedarfs an. Hier wird unterstellt, dass nur risikotragendes Eigenkapital auch eine Risikoprämie verdient.[9]

6.5 Risikomanagement im Kontext von Planung und Controlling

Die bisher erläuterten Grundprinzipien einer risikoorientierten Unternehmensführung werden in diesem Abschnitt an einem besonders wichtigen Bereich verdeutlicht. Es wird im Folgenden aufgezeigt, wie Unternehmensplanung und Controlling einerseits mit Risikomanagement andererseits verknüpft werden kann. Dies führt zur Entwicklung einer »stochastischen Planung«, die Transparenz über Risikoumfang schafft und damit die Voraussetzungen bietet, Risiken bei Entscheidungen adäquat zu berücksichtigen.

Da Risiken sich als mögliche Planabweichung beschreiben lassen, bezieht sich jedes Risiko auf eine Planungsposition. Alleine schon aus dieser Risikodefinition lässt sich ableiten, dass Risikomanagement und Planung eines Unternehmens eng aufeinander abgestimmt werden müssen. Im Rahmen von Unternehmensplanung (bzw. Controlling) wird versucht, möglichst genau (d. h. erwartungstreu) vorherzusagen, wie sich für das Unternehmen wichtige Kenngrößen (beispielsweise Umsatz oder Gewinn) in Zukunft entwickeln werden. Das Risikomanagement identifiziert und bewertet Ursachen, die zu Abweichungen von diesen Planwerten führen können. Mit Hilfe der Risikoaggregation kann dabei der realistische Gesamtumfang möglicher risikobedingter Planabweichungen von diesen Kenngrößen (realistische Bandbreiten) abgeleitet werden. Mit Hilfe des Risikomanagements ist damit eine Beurteilung der Planungsunsicherheit ebenso möglich, wie ein Abwägen der erwarteten Ergebnisse (Erträge) und der damit verbundenen Risiken (siehe Abbildung 6.6).

von ihrem Risikobeitrag zum Portefeuille ab. Kritisch muss angemerkt werden, dass CAPM von Annahmen ausgeht, die häufig realitätsfern sind. So werden etwa homogene Erwartungen unterstellt. Dies setzt voraus, dass alle Investoren die gleichen bewertungsrelevanten Informationen besitzen. Vgl. *Romeike, F.*: Lexikon Risiko-Management, Weinheim 2004, S. 26.

9) Vgl. *Gleißner, W.*: Future Value – 12 Module für eine strategische wertorientierte Unternehmensführung, Wiesbaden 2004, S. 111–116 und *Gleißner, W.*: Kapitalkosten: Der Schwachpunkt bei der Unternehmensbewertung und im wertorientierten Management, in: Finanz Betrieb, 4/2005, S. 217–229 sowie *Gleißner, W.*: Serie: Risikomaße und Bewertung, in: Risiko Manager, Ausgabe 12/13/14/2006, S. 1–11/17–23/14–20.

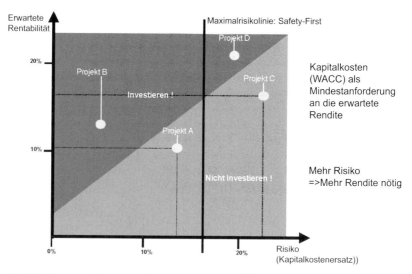

Erwartete
Rentabilität

Maximalrisikolinie: Safety-First

Projekt D

20%

Projekt B

Projekt C

Investieren !

Kapitalkosten
(WACC) als
Mindestanforderung
an die erwartete
Rendite

Projekt A

10%

Nicht Investieren !

Mehr Risiko
=>Mehr Rendite nötig

0%   10%   20%   Risiko
(Kapitalkostenersatz))

Abb. 6.6: Zusammenhang zwischen Rendite und Risiko[10]

6.5.1 Verbindungspunkte von Risikomanagement, Unternehmensplanung und Controlling

Risikomanagement benötigt Plandaten aus Unternehmensplanung und Controlling und liefert umgekehrt neue Erkenntnisse an diese Funktionsbereiche zurück, die ohne Kenntnis über Risiken nicht verfügbar wären. Sowohl die dargestellten methodischen Anknüpfpunkte als auch Überlegungen zur Effizienz der Zusammenarbeit legen es nahe, Controlling und Risikomanagement eng aufeinander abzustimmen und Synergien konsequent zu nutzen.

Im Folgenden sollen wesentliche Verbindungspunkte von operativem und strategischem Controlling einerseits und Risikomanagement andererseits aufgezeigt werden. Die Darstellung basiert auf der Grundidee, dass wesentliche Aufgaben des Risikomanagements hocheffizient unmittelbar im Rahmen der Controlling-, Planungs- und Budgetierungsprozesse eines Unternehmens mit abgedeckt werden können.

10) Quelle: FutureValue Group AG

6 Integriertes Chancen-
und Risikomanagement:
Verknüpfung mit
strategischer Planung,
wertorientierter
Unternehmenssteuerung
und Controlling

6.5.2 Risikoreduzierung durch Verbesserung der Planung

Durch eine Verbesserung der Qualität der Planung selbst lässt sich der Risikoumfang, also der Umfang möglicher Planabweichungen, reduzieren. Aufgrund des Zukunftsbezugs jeglicher Planung kann deshalb durch den Aufbau von Prognose- und Frühaufklärungssystemen (beispielsweise auf Grundlage von Regressionsanalysen) eine bessere (möglichst erwartungstreue) Vorhersage der zukünftig zu erwartenden Entwicklung des Unternehmens ebenso erreicht werden, wie eine Reduzierung der Planabweichungen (also der Risiken).

6.5.3 Nutzung von Planung und Budgetierung für die Risikoidentifikation

Jeder Planwert und jedes Budget basiert auf bestimmten Annahmen, beispielsweise bezüglich der Entwicklung von Rohstoffpreisen und Wechselkursen oder der Erfolgswahrscheinlichkeit von Akquisitionsprozessen. Viele dieser Annahmen stellen zukunftsbezogene Schätzungen dar und sind damit nicht sicher. Immer, wenn bei der Planung auf eine unsichere Annahme Bezug genommen wird, wird automatisch ein Risiko identifiziert. Für die Vollständigkeit und auch die Effizienz der im Unternehmen identifizierten und im Risikoinventar zusammengefassten Risiken bietet es sich daher an, im Planungsprozess solche risikobehafteten Annahmen explizit zu erfassen und diese Informationen dem Risikomanagement (beispielsweise für die Risikoaggregation) zur Verfügung zu stellen. In gemeinsamer Abstimmung zwischen Risikomanagement und Controlling kann dann auch entschieden werden, wie mit dem so identifizierten Risiko hinsichtlich seiner kontinuierlichen Überwachung umgegangen werden soll. Sofern ein neues, ausreichend relevantes Risiko auf diesem Weg identifiziert wird, müssen die üblichen Überwachungsregelungen im Sinne eines KonTraG-konformen Risikomanagements festgelegt werden, was insbesondere die Zuordnung eines für die Risikoüberwachung verantwortlichen Risk-Owners und der entsprechenden Überwachungsregelungen bedeutet.

6.5.4 Identifikation von Risiken mittels Abweichungsanalyse

Eingetretene Planabweichungen, die im Rahmen des Controlling-Prozesses analysiert werden, bieten weitere Ansatzpunkte für die Identifikation von Risiken. Immer wenn eine Planabweichung auf eine Ursache zurückzuführen ist, die bisher noch nicht im Risikomanagement erfasst ist, wird ein neues Risiko identifiziert. Entsprechend ist es erforderlich, dass die Erkenntnisse aus den Abweichungsanalysen aus dem Controlling dem Risikomanagement zur Verfügung gestellt werden.

6.5.5 Quantifizierung von Risiken auf Basis von Abweichungsanalysen des Controllings

Abweichungsanalysen des Controllings, die zum Zweck der Unternehmenssteuerung und der Initiierung von Gegenmaßnahmen durchgeführt werden, sollten regelmäßig stattfinden. Dadurch entsteht eine Zeitreihe mit Planabweichungen, die die quantitativen Konsequenzen des Wirksamwerdens von Risiken darstellen. Mittels statistischer Analysen (im einfachsten Fall der Berechnung einer Standardabweichung) können diese Informationen genutzt werden, um Risiken zu quantifizieren oder eine existierende quantitative Risikoeinschätzung zu überprüfen.

6.5.6 Integration von Risikobewältigungsmaßnahmen in die allgemeine Unternehmenssteuerung

Die bei der Bestimmung von Planwerten identifizierten unsicheren Maßnahmen können unmittelbar aufgegriffen werden, um (sofern realistisch möglich) Maßnahmen zu initiieren, die Planabweichungen in ihrer Eintrittswahrscheinlichkeit oder ihrem quantitativen Umfang entgegenwirken. Derartige Maßnahmen sind Risikobewältigungsmaßnahmen, die gemeinsam mit dem Risikomanagement entwickelt werden sollten. Während viele operative und strategische Maßnahmen (beispielsweise der Kostenreduzierung) darauf ausgerichtet sind, bestimmte Planwerte (etwa des Umsatzes) »im Mittel« zu erreichen, helfen die Risikobewältigungsmaßnahmen, Planabweichungen zu reduzieren.

6.5.7 Integration von Risiken in das strategische Controlling

Strategische Management- und Controllingsysteme (beispielsweise die Balanced Scorecard) werden genutzt, um die Unternehmensstrategie durch eine klare Beschreibung anhand von strategischen Zielen (Kennzahlen) so-

6 Integriertes Chancen-
und Risikomanagement:
Verknüpfung mit
strategischer Planung,
wertorientierter
Unternehmenssteuerung
und Controlling

wie die Zuordnung von Maßnahmen und Verantwortlichkeiten operativ umzusetzen. Mit Hilfe der Zuordnung von Risiken zu denjenigen Kennzahlen,
bei denen sie Planabweichungen auslösen können, wird eine Weiterentwicklung des traditionellen Balanced Scorecard-Ansatzes hin zu einer Futu-
reValue™ Scorecard möglich (vgl. Abbildung 6.7). Der Vorteil einer derartigen Verbindung besteht zum einen in der höheren Effizienz, weil die Verantwortlichen für eine bestimmte Kennzahl zugleich Risk-Owner der zuge-
ordneten Risiken sind. Zudem wird im Rahmen einer Abweichungsanalyse
eine faire Zuordnung der Verantwortlichkeit für solche Abweichungen möglich, weil Abweichungen aufgezeigt werden können, die durch »exogene«
Risiken verursacht worden sind. Diese können in der Regel den Verantwortlichen für eine bestimmte Kennzahl nicht angelastet werden. Die Übertragung der Verantwortung für die Identifikation von Risiken, die eine bestimmte Kennzahl beeinflussen, an den entsprechenden Verantwortlichen
der Kennzahl erhöht die Anreize wirklich konsequent, die hier relevanten
Risiken zu identifizieren. Insgesamt erhöht ein derartiger Ansatz der Integration von Risiken in das strategische Controlling die Akzeptanz von
Balanced Scorecard-Ansätzen und damit eine konsequente Ausrichtung

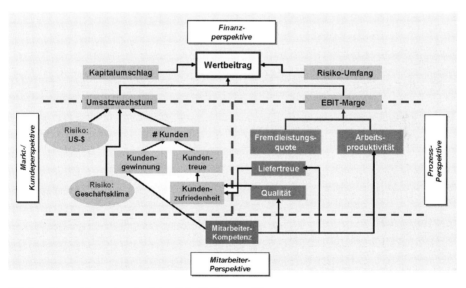

Abb. 6.7: Kennzahlensystem der FutureValue™ Scorecard[11]

11) Quelle: *Gleißner, W.*: FutureValue – 12 Module für eine strategische wertorientierte Unternehmensführung, Wiesbaden,
2004.

Risikomanagement
im Kontext von Planung
und Controlling

des Unternehmens auf die von der Unternehmensführung eingeschlagene Strategie.

6.5.8 Integration der Prozesse von Controlling und Risikomanagement

Wie an den oben aufgezeigten Beispielen deutlich wurde, lassen sich wesentliche Teilaufgaben des Risikomanagements unmittelbar in die Controlling-Prozesse integrieren. An diesen Stellen wird eine hocheffiziente Übernahme von originären Risikomanagement-Aufgaben (beispielsweise der Identifikation und der Bewertung) durch das Controlling möglich, was dort kaum zusätzlichen Arbeitsaufwand auslöst. Zudem wird sichergestellt, dass gerade die im Controlling implizit sowieso vorhandenen Informationen über Risiken konsequent genutzt werden. Mit dem Controlling wird damit (ähnlich wie dies auch für das Qualitätsmanagement möglich ist) ein bereits im Unternehmen etabliertes Managementsystem für die Aufgabenstellung des Risikomanagements genutzt, was als einen erheblichen Beitrag für die anzustrebende Integration des Risikomanagements in alle Prozesse und Funktionen eines Unternehmens ermöglicht.

Insgesamt lässt sich festhalten, dass Controlling und Risikomanagement in einer engen Wechselbeziehung stehen. Der zentralen Stabsfunktion des »Risikocontrollers« oder »Risikomanagers« bleibt in diesem Zusammenhang vor allem die Koordination und die Methodenentwicklung für das Risikomanagement sowie in der Regel sehr risikospezifische Aufgaben, wie die Ableitung von Gesamtrisikoumfang und Eigenkapitalbedarf mit Hilfe der Risikoaggregation (Monte Carlo-Simulation). Neben der Effizienzsteigerung des Risikomanagements profitiert auch das operative und strategische Controlling von dieser engeren Verbindung mit dem Risikomanagement. In Planungs- und Budgetierungsprozesse können nämlich neue Risiken identifiziert werden, die dem Risikomanager mitgeteilt werden. Umgekehrt sollten natürlich auch Erkenntnisse des Risikomanagements über Risiken, die beispielsweise im Rahmen von Risk-Assessments oder Prozessanalysen identifiziert wurden, dem Controlling mitgeteilt werden.

Das Zusammenspiel von Risikomanagement und Controlling führt zu einer Übernahme wesentlicher Basisaufgaben für das Risikomanagement durch vorhandene Managementsysteme des Unternehmens, was zu einer hohen Effizienz der Erfüllung von Risikomanagementaufgaben bei gleichzeitig erhöhter Aussagefähigkeit der Risikoinformation insgesamt beiträgt. Die Zukunft des Risikomanagements werden integrierte Manage-

6 Integriertes Chancen-
und Risikomanagement:
Verknüpfung mit
strategischer Planung,
wertorientierter
Unternehmenssteuerung
und Controlling

mentsysteme sein, die Risikomanagement gerade im Mittelstand im Wesentlichen als Aufgabe und weniger als eigenständige Organisationseinheit verstehen.

6.6 Chancen- und Risikomanagement-Standard der Risk Management Association (RMA e. V.)

Die Risk Management Association e.V. (RMA) hat im Jahr 2005 einen Standard entwickelt, welcher den Rahmen zur Begründung eines effektiven und effizienten Chancen- und Risikomanagements (CRM) im Unternehmen vorgibt. Dabei berücksichtigt der RMA-Standard (nachfolgend »Standard« genannt) nicht nur die gesetzlich und regulatorisch verpflichtenden Aspekte, sondern stellt auch die unternehmensethische und unternehmerische Notwendigkeit von CRM in den Vordergrund.[12]

Aus rechtlicher Sicht genügt der Standard allen maßgeblichen Anforderungen, insbesondere denen der Prüfungsstandards IDW PS 260, IDW PS 340 sowie denen des Deutschen Rechnungslegungsstandards Nr. 5 (DRS 5). Ferner steht der Standard grundsätzlich im Einklang mit den Aussagen des Sarbanes-Oxley-Act (SOA), Sec. 404 und den Ausführungen dazu im COSO ERM Framework.

Aus unternehmerischer Sicht stellt der Standard eine Zusammenstellung aller Aspekte des CRM in einem ganzheitlichen Modell dar. Durch die Mitwirkung von Unternehmen verschiedenster Branchen werden ergänzend zu diesem Standard in einem dazugehörenden Handbuch praxisorientierte Methoden vorgestellt, die eine Orientierung bei der konkreten Umsetzung des Standards bieten. Aus unternehmensethischer Sicht orientiert sich der Standard an den Empfehlungen des Deutschen Corporate Governance Kodex, welcher die Richtlinien für eine verantwortungsbewusste Unternehmensführung und -kontrolle enthält. Empfehlungen des Standards sind im Text durch die Verwendung des Indikativs und der Wendungen »muss«[13] oder »hat zu (...)« gekennzeichnet. Ferner enthält der Standard Anregungen, von denen ohne Offenlegung abgewichen werden kann; hierfür werden im Standard der Konjunktiv und Begriffe wie »sollte« oder »kann« verwendet. Das Handbuch ist i. d. S. eine Anregung. Es enthält ei-

---

12) Vgl. RMA-Standards in der Fassung vom 09.02.2006 (www.risknet.de/Risk-Management-Standards.140.0.html)

13) In der Negation wird entsprechend die Formulierung »darf nicht« verwendet. Empfehlungen in der Negation werden mit »sollte nicht« ausgedrückt.

211

Chancen- und
Risikomanagement-
Standard der Risk
Management Association
(RMA e. V.)

ne Checkliste, an welcher die anwendenden Unternehmen eine Überprüfung der Einhaltung sowie eine Standortbestimmung im Sinne von Best Practice durchführen können.

6.6.1 Ziele des RMA-Standards

Ziel des Standards ist es, ein einheitliches Verständnis zum Thema CRM zu etablieren. Dies gilt sowohl hinsichtlich der Terminologie der Fachbegriffe, des CRM-Prozesses, der Organisation des CRM im Unternehmen und des Rollenverständnisses. Letztendlich ist der Standard auch eine praxisnahe und anwendbare Hilfestellung für alle Unternehmen, die sich mit dem Thema CRM beschäftigen. So wird nicht nur ein Überblick über die Mindestanforderungen für CRM im Unternehmen gegeben, sondern auch über die Best Practices im Bereich CRM.

Einheitliche Terminologie

Um CRM und deren Bestandteile beschreiben zu können, ist es notwendig, eine »gemeinsame Sprache« zu sprechen. Hierzu werden die einschlägigen Schlüsselbegriffe definiert, erklärt und abgegrenzt.

Einheitlicher CRM Prozess

Der Standard etabliert ein Verständnis eines einheitlichen CRM-Prozesses. Dazu werden in der Praxis bewährte Vorgehensweisen herangezogen und beschrieben. So entsteht ein CRM-Prozess, der für sämtliche Branchen, Unternehmensformen und -größen anwendbar ist.

Organisation des CRM im Unternehmen

Ebenso gibt der Standard grundsätzliche Empfehlungen für eine Eingliederung des CRM in die Organisation des Unternehmens.

Einheitliches Rollenverständnis

Der Standard beschreibt, welche Rollen und Verantwortlichkeiten im Zusammenhang mit CRM relevant sind, um auch hier ein einheitliches Verständnis zu begründen.

Mindestanforderungen/Best Practices im CRM

Der Standard empfiehlt generelle Mindestanforderungen für das CRM und gibt ferner einen Überblick über die Best Practices im CRM, welche über die Mindestanforderungen an das Risikomanagement hinausgehen.

6 Integriertes Chancen-
und Risikomanagement:
Verknüpfung mit
strategischer Planung,
wertorientierter
Unternehmenssteuerung
und Controlling

Dies stellt den wirtschaftlichen Nutzen von CRM für das Unternehmen in den Vordergrund und bietet eine praxisbezogene Orientierungshilfe.

6.6.2 Begriffsdefinitionen

Risiko und Chance

Der Begriff des Risikos – wie er auch in der Umgangssprache verwendet wird – bezeichnet Risiko als ein Ereignis, welches zu einer negativen Abweichung von einem erwarteten Ziel führen kann. Es handelt sich dabei um eine einseitige Risikodefinition, da nur die negative Abweichung berücksichtigt wird. Dementsprechend wird ein Ereignis, welches zu einer positiven Abweichung von einem erwarteten Ziel führen kann, als Chance bezeichnet.

Im Standard wird auf Grund der besseren Verständlichkeit diese einseitige Definition des Begriffes »Risiko« verwendet, präziser aber wird Risiko (im engeren Sinne) als Gefahr aufgefasst. Zu beachten ist dabei dennoch die unmittelbare Koexistenz von Risiko und Chance. Jede Chance birgt auch ein Risiko in sich und umgekehrt. Der im Standard gebrauchte Risikobegriff ist demnach wie folgt definiert:

Ein Risiko ist ein Ereignis, welches zu einer negativen Abweichung von einem Ziel führen kann, welches unter dem Einfluss von Unsicherheit geplant oder entschieden worden ist.

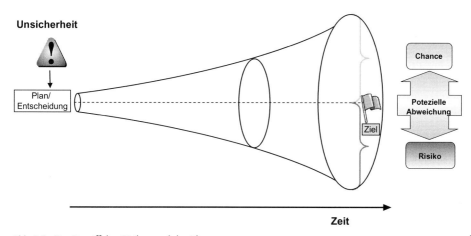

Abb. 6.8: Der Begriff des Risikos und der Chance

Chancen- und
Risikomanagement-
Standard der Risk
Management Association
(RMA e. V.)

Dementsprechend wird von einer Chance wie folgt gesprochen:

> Eine Chance ist ein Ereignis, welches zu einer positiven Abweichung von einem Ziel führen kann, welches unter dem Einfluss von Unsicherheit geplant oder entschieden worden ist.

Chancen- und Risikomanagement (CRM)

CRM ist der systematische Umgang mit Chancen und Risiken im Unternehmen. CRM beinhaltet die frühzeitige Identifizierung und Bewertung von Chancen und Risiken, deren Korrelation und Aggregation, sowie die Kommunikation der Chancen und Risiken. Es enthält zudem die Auswahl der Optionen für den Umgang mit diesen Chancen und Risiken und die Umsetzung der ausgewählten Maßnahmen, sowie die Kontrolle derselben.

6.6.3 Integriertes Chancen- und Risikomanagement Modell (ICRM-Modell)

Anhand des ICRM-Modells wird der ganzheitliche Ansatz von CRM im Standard schematisch dargestellt. Das Modell besteht aus folgenden fünf Dimensionen (siehe Abbildung 6.9):

1. CRM im Zusammenhang mit der Unternehmensumwelt (»Außendimension« des ICRM)
2. CRM im Zusammenhang mit den Unternehmenszielen (Dimension »Ziele«)
3. CRM als ganzheitlicher Prozess (Dimension »CRM-Prozess«)
4. CRM als Element aller Unternehmensebenen (Dimension »Unternehmensebenen«)
5. CRM als Bestandteil der Unternehmenskultur, -führung und -kontrolle (»Innendimension« des ICRM)

Die Dimension CRM-Prozess bildet den operativen Kern des ICRM. Bei diesem Prozess handelt es sich um einen systematischen, ganzheitlichen und iterativen Vorgang, der den gesamten »Chancen- und Risikozyklus« – von der Identifikation einer Chance oder eines Risikos bis zur Kontrolle der getroffenen Reaktionsmaßnahmen auf diese – abdeckt.

Ausgehend von der Unternehmensvision werden die Unternehmensziele bis hin zu Einzelzielen kaskadiert. Die Dimension Ziele steht in direktem Verhältnis zu der Dimension CRM-Prozess. Jeder Teilschritt des CRM-Pro-

6 Integriertes Chancen-
und Risikomanagement:
Verknüpfung mit
strategischer Planung,
wertorientierter
Unternehmenssteuerung
und Controlling

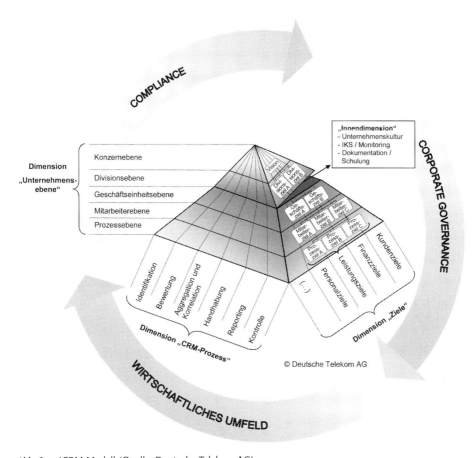

Abb. 6.9: ICRM-Modell (Quelle: Deutsche Telekom AG)

zesses bezieht sich auf jedes Einzelziel, Bereichsziel, Divisionsziel. Jedes Ziel durchläuft diesen Prozess und ist mit diesem verzahnt.

Die Dimension Unternehmensebenen visualisiert die Hierarchie im Unternehmen. In dieser Dimension liegt die Pyramidenform des Modells begründet, da sich die Unternehmenshierarchie von unten nach oben zuspitzt. Die Verknüpfung dieser Dimension mit der Dimension CRM-Prozess begründet sich darin, dass CRM nicht nur in einigen ausgewählten Hierarchieebenen des Unternehmens stattfindet, sondern in die Organisation und in sämtlichen Ebenen verankert sein muss, um einen ganzheitlichen, integrierten Ansatz zu garantieren. Ebenso verhält es sich bei der Verknüpfung mit der Dimension Ziele, da gesetzte Ziele ebenfalls alle Unternehmensebenen umfassen.

Chancen- und
Risikomanagement-
Standard der Risk
Management Association
(RMA e. V.)

Ebenso muss CRM im Zusammenhang mit der Unternehmensumwelt – also der Außendimension des Unternehmens – gesehen werden. Es sind sowohl die Anforderungen an eine verantwortungsvolle Unternehmensführung und -kontrolle (Corporate Governance) als auch die Einhaltung von Gesetzen und Richtlinien, aber auch freiwilligen Kodizes in Unternehmen (Compliance) als auch die wirtschaftlichen Anforderungen zu erfüllen. Auch diese Dimension bezieht sich auf jede Unternehmensebene, auf den CRM-Prozess und auf die Ziele des Unternehmens, so dass alle Dimensionen miteinander verknüpft sind.

Weiter ist eine Integration des CRM in die Kultur und die internen Kontrollmechanismen des Unternehmens erforderlich, welche die Innendimension des Unternehmens – also das Innere der Pyramide – darstellen. Sowohl die Dimension Ziele als auch die Dimension CRM-Prozess müssen über alle Hierarchieebenen in der Kultur des Unternehmens verankert sein. Ohne eine derartige Verankerung besteht die Gefahr, dass CRM lediglich als Formalismus zur Deckung gesetzlicher Anforderungen im Unternehmen gesehen wird. Auch wird die Unternehmenskultur durch die Unternehmensumwelt beeinflusst.

Alle fünf Dimensionen weisen untereinander Verknüpfungen auf und sollten stets im Gesamtzusammenhang betrachtet werden.

6.7 Zusammenfassung

Bei vielen Unternehmen wurde Risikomanagement in den vergangenen Jahren eher als lästige Pflichtübung verstanden und nicht als Kernaufgabe der (wert- und risikoorientierten) Unternehmensführung. Formale Risikomanagementsysteme, die durch den Druck des KonTraG aufgebaut wurden, zeigen daher teilweise erhebliche Defizite:[14]

- Schwächen bei der Risikoanalyse: Im Rahmen der Risikoanalyse werden Risiken vielfach wenig systematisch identifiziert und unbefriedigend quantifiziert. Entweder fehlt die Quantifizierung komplett oder es werden lediglich sehr einfache Beschreibungen des Risikos vorgenommen – beispielsweise anhand von Schadenshöhe und Eintrittswahrscheinlichkeit. Moderne Methoden der Risikoquantifizierung werden nicht genutzt. Auch die Wechselwirkungen zwischen Risiken werden oft nicht

14) Vgl. *Gleißner, W; Romeike, F.*: Risikomanagement – Umsetzung, Werkzeuge, Risikobewertung, Freiburg i. Br. 2005, S. 376 ff.

6 Integriertes Chancen- und Risikomanagement: Verknüpfung mit strategischer Planung, wertorientierter Unternehmenssteuerung und Controlling

erfasst. Häufig lässt sich bei der Risikoidentifikation zudem feststellen, dass ein strategischer Bezug fehlt. Es wird insbesondere nicht analysiert, welchen Bedrohungen die langfristigen Erfolgsfaktoren des Unternehmens – wie Wettbewerbsvorteile und Kernkompetenzen – ausgesetzt sind.

- Fehlen von Risikoaggregationsverfahren: Eine akzeptable Risikoaggregation schließt aus der Menge der identifizierten und bewerteten Einzelrisiken auf den Gesamtrisikoumfang des Unternehmens. Die Risikoaggregation soll einerseits aufzeigen, in welchen risikobedingten Streuungsbändern sich wichtige Unternehmenszielgrößen – wie beispielsweise der Cashflow – bewegen. Andererseits wird durch die Risikoaggregation deutlich, wieviel Eigenkapital erforderlich ist, um die durch die Risiken möglicherweise entstehenden Verluste aufzufangen und damit eine Überschuldung bzw. Illiquidität des Unternehmens wirksam zu verhindern. Wegen der damit verbundenen methodischen Herausforderungen – beispielsweise den relativ komplexen Simulationsverfahren – ist diese wichtigste Aufgabe des Risikomanagements in vielen Unternehmen kaum entwickelt. Ist es nicht möglich, den Eigenkapitalbedarf eines Unternehmens zu bestimmen, können auch keine risikogerechten Kapitalkostensätze für die wertorientierte Unternehmensführung abgeleitet werden.

- Fehlende Integration des Risikomanagements in Unternehmensplanung und Controlling: Risiken führen zu Abweichungen der tatsächlichen von den geplanten Unternehmensergebnissen. Für einen ökonomisch sinnvollen Umgang mit Risiken müssen diese daher in den Kontext der Unternehmensplanung gestellt werden. Ein so verstandenes Risikomanagement ermöglicht eine »Aufrüstung« der vorhandenen Systeme zur Unternehmensplanung und zum Controlling. Risikomanagement ist folglich keine eigenständige Aufgabe, sondern ein integraler Bestandteil eines fundierten Unternehmenssteuerungskonzepts.

- Bürokratische Organisation der Risikomanagementsysteme: Sinnvolle Risikomanagementsysteme nutzen möglichst die vorhandenen Organisations- und Berichtsstrukturen des Unternehmens. Die Kritik an den heute implementierten KonTraG-orientierten Risikomanagementsystemen resultiert zum einen daher, dass unnötiger bürokratischer Aufwand betrieben wurde. Zum anderen wird kritisiert, dass sich Risikomanagementsysteme mit einer Vielzahl von Risiken auseinandersetzen, die eigentlich nur von geringer Bedeutung für das jeweilige Unternehmen sind. Häufig haben die implementierten Risikomanagementsysteme im wesentlichen noch statischen Charakter. Dynamische Frühaufklärungs-

217

und Prognosesysteme zur frühzeitigen Signalisierung einer unerfreulichen Umsatzentwicklung fehlen meist.

- Defizite bei der Risikobewältigung: Ökonomischen Nutzen entfalten Risikomanagementsysteme erst dann, wenn die zusätzlich vorhandenen Informationen über die Risiken des Unternehmens auch zur Optimierung der Risikobewältigung genutzt werden. Da Unternehmertum zwangsläufig mit dem Eingehen von Risiken verbunden ist, geht es bei der Risikobewältigung keinesfalls um die Verbannung sämtlicher Risiken aus dem Unternehmen. Vielmehr soll das Chancen-Risiko-Profil des Unternehmens optimiert werden. Die Maßnahmen zur Risikobewältigung beschränken sich aber in vielen Unternehmen immer noch auf den Abschluss von Versicherungen.
- Umgang mit Managementrisiken: Viele Risiken sind letztlich auf ein mögliches Fehlverhalten von Menschen zurückzuführen. Unter den personenbezogenen, operationellen Risiken haben die Managementrisiken mit weitem Abstand die größte Bedeutung. Dieser Typ von Risiken kennzeichnet die Möglichkeit, dass die Unternehmensführung eine grundlegende strategische Fehlentscheidung trifft, die bei den vorhandenen Informationen eigentlich vermeidbar wäre. Vielfach wird gar nicht erst versucht, alle für eine wesentliche Entscheidung relevanten Informationen zu beschaffen und diese zielorientiert auszuwerten. Natürlich kann – wegen der Unvorhersehbarkeit der Zukunft – nicht erwartet werden, dass das Management stets die – im Nachhinein – optimale Entscheidung trifft. Managementrisiken sollten daher immer bewertet werden unter Berücksichtigung derjenigen Informationen, die dem Management zum Entscheidungszeitpunkt zur Verfügung standen oder mit vertretbarem Aufwand hätten beschafft werden können.

Mit diesen und vielen hier nicht genannten Schwächen wird sich das Risikomanagement in Zukunft auseinandersetzen müssen. Aus der Perspektive des wertorientierten Managements kommt dem Risikomanagement eigentlich ein ähnlich hoher Stellenwert zu wie dem Kostenmanagement oder dem Vertriebsmanagement. Diese Stellung in den Unternehmenssteuerungssystemen und im Selbstverständnis der Unternehmensführung hat das Risikomanagement heute aber noch lange nicht erreicht. Abbildung 6.10 zeigt die Evolutionsstufen im Risikomanagement ausgehend von einer »statischen Risikobuchhaltung« hin zu einer strategischen Unternehmens- und Kapitalsteuerung basierend auf Enterprise Risk Management (ERM).

Außerdem wird immer mehr deutlich, dass mit Hilfe von »unternehmerischer Intuition« und »Bauchgefühl« sowie reaktiven Steuerungssyste-

6 Integriertes Chancen-
und Risikomanagement:
Verknüpfung mit
strategischer Planung,
wertorientierter
Unternehmenssteuerung
und Controlling

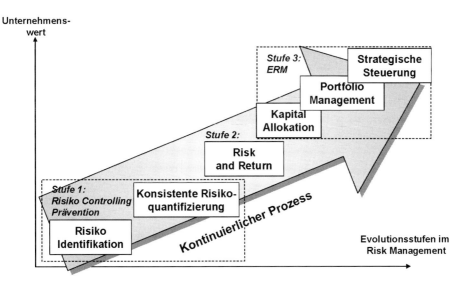

Abb. 6.10: Evolutionsstufen im Risikomanagement

Quelle: Romeike, F. Schierenbeck, H.: Risk Controlling in der Praxis, Zürich 2006, S. 457.

men es für global operierende Unternehmen immer schwieriger wird, die Komplexität der Risikolandkarte zu erfassen und zu analysieren.[15] Die Fähigkeit Risiken zu beherrschen und in der unternehmerische Entscheidung adäquat zu berücksichtigen, ist zu den wesentlichen Kompetenzen nachhaltig erfolgreicher Unternehmer zu zählen.

15) Vgl. *Gleißner, W.; Romeike, F.*: Risikomanagement – Umsetzung, Werkzeuge, Risikobewertung, Freiburg i. Br. 2005, S. 154.

6.8 Literatur

Erben, R.; Romeike, F.: Allein auf stürmischer See – Risiko-Management für Einsteiger, Weinheim 2003.

Füser, K.; Gleißner, W.; Meier, G.: Risikomanagement (KonTraG) – Erfahrungen aus der Praxis, in: Der Betrieb, Heft 15/1999, S. 753–758.

Gleißner, W.: Identifikation, Messung und Aggregation von Risiken, in: Gleißner, W./Meier, G. (Hrsg.): Wertorientiertes Risikomanagement für Industrie und Handel, 2001, S. 111–137.

Gleißner, W.: Future Value – 12 Module für eine strategische wertorientierte Unternehmensführung, Wiesbaden 2004.

Gleißner, W.: Kapitalkosten: Der Schwachpunkt bei der Unternehmensbewertung und im wertorientierten Management, in: Finanz Betrieb, 4/2005, S. 217–229.

Gleißner, W.: Serie: Risikomaße und Bewertung, in: Risiko Manager, Ausgabe 12/13/14/2006, S. 1–11/17–23/14–20. http://www.risknet.de/typo3conf/ext/bx_elibrary/elibrarydownload.php?&downloaddata=215-

Gleißner, W.: Grundlagen des Risikomanagement, München 2008.

Gleißner, W.; Kamaras, E.; Wolfrum, M.: Simulationsbasierte Bewertung von Akquisitionszielen und Beteiligungen, in: Gleißner, W.; Schaller, A.: Private Equity – Beurteilungs- und Bewertungsverfahren von Kapitalbeteiligungsgesellschaften, Weinheim, 2008.

Gleißner, W.; Saitz, B.: Kapitalkostensätze: Vom Risikomanagement zur wertorientierten Unternehmensführung, in: Accounting, September 2000.

Risk Management Association: RMA-Standard »Risiko- und Chancenmanagement« i. d. F. vom 09.02.2006 (Download unter: www.risknet.de/RMA-Standard-Risiko-und-Chancenmanagement.215.0.html)

Romeike, F.; Müller-Reichart, M.: Risiko-Management in Versicherungsunternehmen, Weinheim 2008.

Romeike, F.; Finke, R.: Erfolgsfaktor Risiko-Management: Chance für Industrie und Handel – Methoden, Beispiele, Checklisten, Wiesbaden 2003.

Romeike, F.: Risiko-Management als Grundlage einer wertorientierten Unternehmenssteuerung, in: RATING aktuell, Juli/August 2002, Heft 2, S. 12–17.

Romeike, F.: Integration des Managements der operationellen Risiken in die Gesamtbanksteuerung, in: BIT (Banking and Information Technology), Band 5, Heft 3/2004, S. 41–54.

Romeike, F.: Lexikon Risiko-Management, Weinheim 2004.

Romeike, F.: Integriertes Risk Controlling und Risikomanagement im global operierenden Konzern, in: Schierenbeck, H.: Risk Controlling in der Praxis, Zürich 2006, S. 429ff.

Schierenbeck, H.: Risk Controlling in der Praxis, Zürich, 2006.

6 Integriertes Chancen-
und Risikomanagement:
Verknüpfung mit
strategischer Planung,
wertorientierter
Unternehmenssteuerung
und Controlling

7
Lessons Learned: Kritische (Miss-) Erfolgsfaktoren im Chancen- und Risikomanagement – Swissair vs. Ryanair

Roland Franz Erben

7.1 Einführung

»Alle Menschen sind klug – die einen vorher, die anderen nachher.« Zutreffender als im Chancen- und Risikomanagement dürfte dieser Satz wohl in kaum einem anderen Bereich des Lebens im Allgemeinen und der Wirtschaft im Besonderen sein. Im Sinne der weitverbreiteten Definition des Risikobegriffs von *Nicklisch*,[1] derzufolge Risiken (respektive Chancen) als »Möglichkeiten einer negativen (respektive positiven) Zielabweichung« aufzufassen sind, verweist das Zitat auf die Unsicherheit zukünftiger Umweltzustände (und die daraus resultierenden Gefahrenpotenziale bzw. Gelegenheiten) als quasi konstituierendes Charakteristikum des Risikophänomens – eine Unsicherheit, die in der unvollkommenen Information bezüglich zukünftiger Entwicklungen und Ereignisse begründet ist, deren Eintreten und/oder genaue Ausprägung zum Betrachtungszeitpunkt noch nicht bestimmbar sind.[2] Folgerichtig ist es seit jeher ein zentrales Ziel des Risikomanagements, einen Beitrag zur Überwindung bzw. Reduzierung dieses Zustands der unvollkommenen Information eines Entscheiders zu leisten. Um dieses Ziel zu erreichen, sind in den letzten Jahren – insbesondere bei der Entwicklung mathematisch/quantitativer Modelle – erhebliche Anstrengungen in Forschung und Praxis unternommen und teilweise auch beeindruckende Ergebnisse erzielt worden. Neben dem Versuch, die Realität mithilfe dieser Modelle greifbarer zu machen, hat es sich jedoch auch als ziel-

---

1) Vgl. hierzu ausführlich Nicklisch, H.: Allgemeine Betriebslehre als Privatwirtschaftslehre des Handels und der Industrie, Band 1, Leipzig 1912 sowie u. a. die Definitionen bei Neubürger, K. W.:Risikobeurteilung bei strategischen Unternehmensentscheidungen, Stuttgart 1980; Imboden, C.: Risikohandhabung: Ein entscheidbezogenes Verfahren, Bern; Stuttgart 1983; Braun, H.: Risikomanagement, Darmstadt 1984.

2) Vgl. Neubürger, K. W.:Risikobeurteilung bei strategischen Unternehmensentscheidungen, Stuttgart 1980; Haas, C.:Unsicherheit und Risiko in der Preisbildung, Köln 1965; Weck, W.: Multikriterielle Risikoanalyse und -steuerung von Projekten im industriellen Anlagengeschäft, Diss., Wuppertal 1992.

Risikomanagement in der Unternehmensführung. Rainer Kalwait, Ralf Meyer, Frank Romeike, Oliver Schellenberger und Roland Franz Erben
Copyright © 2008 WILEY-VCH Verlag GmbH & Co. KGaA, Weinheim
ISBN 978-3-527-50302-5

führend erwiesen, durch die Analyse von »Erfolgsstories« einerseits und Krisen andererseits die dort ausschlaggebenden Erfolgs- und Misserfolgsfaktoren im Rahmen der eigenen Entscheidungen zu berücksichtigen. Auf der Basis dieser »Lessons learned« kann die Betrachtung des »Nachhers« einer besonders geglückten oder missglückten Unternehmung somit einen wesentlichen Beitrag leisten, um eine anstehende Unternehmung im »Vorher« auf eine Art und Weise zu gestalten, dass andernorts bereits bewährte Alternativen genutzt bzw. die erkannten »Stolpersteine« tunlichst vermieden werden.

7.2 Fallbeispiele zum Chancen- und Risikomanagement

Im Folgenden werden einige wichtige kritische (Miss-)Erfolgsfaktoren am Beispiel zweier bekannter Unternehmen aus der Luftverkehrsbranche analysiert: Der irischen Ryanair einerseits sowie der schweizerischen Swissair andererseits. Die Tatsache, dass es sich bei den betrachteten Unternehmen um zwei Fluggesellschaften handelt, sollte dabei jedoch keinesfalls zur Annahme verleiten, dass die hier dargestellten Zusammenhänge und Folgerungen nur für die betrachtete Branche relevant wären. Vielmehr sollte es ein Leichtes sein, analoge Überlegungen auch für andere Unternehmen in anderen Wirtschaftszweigen anzustellen und die im Folgenden getroffenen Schlüsse entsprechend zu übertragen. Die Analyse vollzieht sich dabei in zwei Stufen: Zunächst erfolgt eine Darstellung der wesentlichen Entwicklungen beider Unternehmen. Im Anschluss wird eine Untersuchung der einzelnen Chancen- und Risikofaktoren vorgenommen.

7.2.1 Der Aufstieg der Ryanair

Die irische Fluglinie Ryanair gilt als Prototyp der »Billig-Airline« und als erfolgreichstes Unternehmen dieses Teilsegments der Luftfahrtindustrie. Aktuell (Stand: März 2008) bedient das Unternehmen mit seinen 163 Maschinen insgesamt 628 Strecken zu 136 Destinationen in 26 europäischen Ländern.[3] Im Jahr 2007 konnte die Gesellschaft das Passagiervolumen gegenüber den vorangegangenen zwölf Monaten um knapp 21 Prozent auf über 49 Mio. steigern. Da das Unternehmen somit mehr Passagiere im

---

3) Vgl. Ryanair Holdings plc (Hrsg.): About us, elektronisch veröffentlicht unter www.ryanair.com.

7 Lessons Learned:
Kritische (Miss-)
Erfolgsfaktoren im
Chancen- und
Risikomanagement –
Swissair vs. Ryanair

grenzüberschreitenden Luftverkehr befördert als jede andere Fluggesellschaft, bezeichnet sich Ryanair selbst als »weltweit größte Fluggesellschaft«.[4]

Das am 31. März 2007 beendete Geschäftsjahr schloss das Unternehmen bei einem Umsatz von über 2,2 Mrd. Euro mit einem Reingewinn von gut 400 Mio. Euro ab – im Vergleich zum Vorjahr stiegen Umsatz und Ertrag somit jeweils um ca. ein Drittel.[5] In den ersten sechs Monaten des laufenden Geschäftsjahres (Stichtag: 30. September 2007) erzielte das Unternehmen eine Umsatzrendite (nach Steuern) von über 26 Prozent und beschäftigte 4 875 Mitarbeiter. Auch andere Kennzahlen des Unternehmens markieren vielfach Spitzenwerte in der Branche: 87 Prozent aller Flüge sind pünktlich (zum Vergleich: Die Lufthansa kommt hier auf einen Wert von 82 Prozent, British Airways erreicht nur 64 Prozent) und die Fluggesellschaft hat pro 1 000 Passagiere lediglich 0,4 verlorene Gepäckstücke zu verzeichnen (Lufthansa: 16,0/British Airways: 28,0). Zudem nimmt das Unternehmen für sich in Anspruch, die sauberste Airline der Welt zu sein und ihre Konkurrenten beim CO_2-Ausstoß deutlich zu unterbieten.[6] Schließlich rangiert Ryanair auch in den einschlägigen Sicherheits-Rankings stets in der Spitzengruppe – die Gesellschaft hatte in ihrer über zwanzigjährigen Geschichte noch nie einen Unfall mit Todesfolge zu beklagen.[7]

Ähnlich wie der britische Hauptkonkurrent easyjet verfolgt Ryanair auf äußerst radikale Weise das Konzept einer so genannten »No frills«-Airline, die ihre Produkte zu Discountpreisen anbietet, sich im Gegenzug aber auf das Angebot der eigentlichen Kernleistung konzentriert und alle hierfür nicht essenziellen Nebenleistungen wegfallen lässt.[8] Die Auswirkungen dieses Konzeptes lassen sich gut anhand der Erlös-/Kostenrelation des Unternehmens illustrieren: Pro Passagier erzielte Ryanair in der ersten Hälfte des Geschäftsjahres 2008 Durchschnittserlöse von 53 Euro bei Durchschnittskosten von 43 Euro. Die hieraus resultierende Marge von 23 Prozent liegt somit signifikant über den Vergleichswerten der Wettbewerber unter den etablierten Airlines: Beispielsweise beträgt die entsprechende Kennziffer bei

4) Vgl. Ryanair Holdings plc (Hrsg.): About us, elektronisch veröffentlicht unter www.ryanair.com.

5) Vgl. zum vorangegangenen Absatz: Ryanair Holdings plc (Hrsg.): Annual Report and Financial Statements, Dublin 2007, elektronisch veröffentlicht unter www.ryanair.com.

6) Vgl. zum vorangegangenen Absatz: Ryanair Holdings plc (Hrsg.): Half year results 2008, Dublin 2008, elektronisch veröffentlicht unter www.ryanair.com.

7) Vgl. Jet Airliner Crash Data Evaluation Centre/JACDEC (Hrsg.): JACDEC-Safety-Ranking 2006, Hamburg 2007, elektronisch veröffentlicht unter www.jacdec.de.

8) Vgl. Ryanair Holdings plc (Hrsg.): Our strategy, Dublin 2008, elektronisch veröffentlicht unter www.ryanair.com; Creaton, S.: Ryanair – The Full Story of the Controversial Low-cost Airline, Aurum Press 2007.

der Deutschen Lufthansa lediglich vier Prozent (Durchschnittserlösen von 371 Euro stehen hier Durchschnittskosten 356 Euro gegenüber).[9]

Ryanair war von Beginn an als so genannter »Low-Cost-Carrier« konzipiert. Gegründet wurde die Fluglinie im Jahr 1985 von der Familie des irischen Unternehmers Tony Ryan (1936–2007). Bereits zum Zeitpunkt der Gründung zeigte sich die Philosophie der strikten Orientierung am Notwendigsten bzw. Zweckmäßigsten – so betrug das Gründungskapital lediglich ein irisches Pfund (dies entspricht in etwa 1,30 Euro) und das Bordpersonal durfte nicht größer sein als 1,58 Meter, um in den beengten Kabinen der ersten Ryanair-Maschinen ungehindert arbeiten zu können.[10]

Zunächst bediente Ryanair mit seinen damals 25 Mitarbeitern die Strecke vom südostirischen Waterford zum Flughafen London Gatwick. Ein Jahr nach der Gründung erhielt die Gesellschaft die Genehmigung der Regulierungsbehörden, den beiden »Platzhirschen« im Verkehr zwischen Irland und Großbritannien – British Airways and Aer Lingus – auch auf anderen Strecken Konkurrenz machen zu dürfen. Ryanair bot daraufhin unmittelbar eine Verbindung zwischen Dublin und dem Flughafen London Luton an – und zwar zum Kampfpreis von 99 Pfund, mit dem der »Newcomer« die etablierten Anbieter um über 50 Prozent unterbot und seinen direkten Konkurrenten einen erbitterten Preiskrieg aufzwang. 1988 startet die Fluggesellschaft ihr internationales Geschäft mit Verbindungen zwischen Dublin und München sowie Brüssel. Mit der Einrichtung einer Business Class und eines Vielfliegerprogramms entfernte sie sich zu dieser Zeit vom reinen Billigflieger-Konzept. Aufgrund des mangelnden Erfolges wurden beide Angebote jedoch bereits nach einem Jahr wieder eingestellt.[11]

Der scharfe Preiskampf und das schnelle Wachstum der Airline – im Jahr 1990 transportierte die Ryanair bereits 745 000 Passagiere – forderten schon bald ihren Tribut: Seit der Gründung hatte das Unternehmen 20 Mio. Pfund an Verlusten angehäuft, so dass eine tief greifende Restrukturierung erforderlich wurde. Tony Ryan und seine Familie investierten weitere 20 Mio. Pfund in die Airline, vereinfachten das Geschäftsmodell nochmals radikal und positionierten die Ryanair im Endeffekt als ersten lupenreinen Billig-

9) Vgl. zum vorangegangenen Absatz: Ryanair Holdings plc (Hrsg.): Half year results 2008, Dublin 2008, elektronisch veröffentlicht unter www.ryanair.com.

10) Vgl. Ryanair Holdings plc (Hrsg.): Ryanair – the story so far, Dublin 2008, elektronisch veröffentlicht unter www.ryanair.com; Calder, S.: No Frills – The Truth Behind the Low Cost Revolution in the Skies, London 2004.

11) Vgl. zum vorangegangenen Absatz: Ryanair Holdings plc (Hrsg.): Ryanair – the story so far, Dublin 2008, elektronisch veröffentlicht unter www.ryanair.com; Creaton, S.: Ryanair – The Full Story of the Controversial Low-cost Airline, Aurum Press 2007.

7 Lessons Learned:
Kritische (Miss-)
Erfolgsfaktoren im
Chancen- und
Risikomanagement –
Swissair vs. Ryanair

flieger in Europa. Als Vorbild für diese Strategie diente die US-amerikanische Southwest Airlines, die damals als Maßstab der Branche galt. Durch »Abspecken« der Leistungen – etwa den Verzicht auf Bordverpflegung – und strenges Kostenmanagement – etwa die Vereinheitlichung der Flugzeugflotte – gelang es Ryanair, die Flugpreise von 99 auf 59 Pfund pro Strecke zu senken.[12]

Mit ihrer neuen Strategie entwickelte sich die Ryanair fortan deutlich erfolgreicher. Zwar verursachte der Ausbruch des ersten Golfkriegs im Januar 1991 einen scharfen Einbruch des gesamten Luftverkehrsmarktes und hatte auch bei der Ryanair zum ersten (und bislang einzigen Mal) in der Unternehmensgeschichte einen Rückgang der Passagierzahlen zur Folge. Trotz der widrigen Umstände gelang es der Fluggesellschaft aber (zum ersten Mal seit ihrer Gründung) ein Geschäftsjahr mit Gewinn abzuschließen.[13]

Um auch für künftiges Wachstum gerüstet zu sein, verlagerte Ryanair die zentrale Operationsbasis in London vom Flughafen Luton nach Stansted und konnte dort von der guten Infrastruktur des Airports sowie der verbesserten Verkehrsanbindung ans Zentrum der britischen Hauptstadt profitieren. In der Folge strich die Airline zwar einige Destinationen aus ihrem Flugplan. Gleichzeitig erhöhte sie jedoch die Anzahl der Verbindungen auf den verbliebenen Hauptstrecken, vereinheitlichte die Flugzeugflotte weiter und nutzte die dadurch erzielten Kosteneinsparungen für abermalige Preissenkungen. Als Ergebnis konnten die Passagierzahlen 1992 im Jahresvergleich um 45 Prozent gesteigert werden.[14]

1993 übergab Tony Ryan seinen Posten als CEO an Micheal O'Leary (Jahrgang 1961), der die Ryanair in den Folgejahren stark prägen sollte. Der Sohn eines irischen Bauern entwickelte sich durch sein demonstrativ zur Schau gestelltes Selbstbewusstsein und seine extravaganten Auftritte und Eskapaden schnell zum »enfant terrible« der Luftfahrtbranche. Die aggressiven Marketingaktionen, die unter seiner Ägide gestartet wurden und das provokante Auftreten von O'Leary selbst trugen zwar zu einer starken Polarisierung der Öffentlichkeit bei. Dadurch gelang es dem stets lässig gekleideten

12) Vgl. zum vorangegangenen Absatz: Ryanair Holdings plc (Hrsg.): Ryanair – the story so far, Dublin 2008, elektronisch veröffentlicht unter www.ryanair.com.

13) Vgl. zum vorangegangenen Absatz: Ryanair Holdings plc (Hrsg.): Ryanair – the story so far, Dublin 2008, elektronisch veröffentlicht unter www.ryanair.com; Creaton, S.: Ryanair – The Full Story of the Controversial Low-cost Airline, Aurum Press 2007.

14) Vgl. zum vorangegangenen Absatz: Ryanair Holdings plc (Hrsg.): Ryanair – the story so far, Dublin 2008, elektronisch veröffentlicht unter www.ryanair.com; Calder, S.: No Frills – The Truth Behind the Low Cost Revolution in the Skies, London 2004.

Manager jedoch, der irischen Fluggesellschaft über Jahre hinweg eine annähernd permanente Medienpräsenz zu verschaffen.[15]

Als wichtiger Meilenstein für das weitere Wachstum des Unternehmens erwiesen sich insbesondere die Deregulierungsschritte der Europäischen Union. Im Zuge der 1996 verabschiedeten »Open Skies«-Vereinbarung wurden die europäischen Airlines in einen praktisch ungehinderten Wettbewerb entlassen. Ryanair nutzte die neu gewonnene Freiheit, um den Expansionskurs im Folgenden auch in Kontinentaleuropa konsequent umzusetzen. Nachdem das Unternehmen im Mai 1997 erfolgreich an die Börse gegangen war, standen genügend Mittel für neue Flugzeuge und den aggressiven Ausbau des Streckennetzes zur Verfügung. Relativ früh erkannte das Unternehmen darüber hinaus die Möglichkeiten des aufkommenden Internets und setzte dieses Medium konsequent zur Effizienzsteigerung seiner Vertriebsprozesse ein.

Auch schwierige Marktverhältnisse, wie etwa der Einbruch des Luftverkehrs nach den Terroranschlägen vom 11. September 2001 und die im Anschluss stark steigenden Ölpreise, überstand die Fluglinie mit vergleichsweise geringen Blessuren.[16]

Im Jahr 2002 wurde mit Hahn im Hunsrück eine weitere wichtige Basis in Kontinentaleuropa eröffnet, die bei deutschen Kunden von Beginn an auf sehr gute Resonanz stieß. Begleitet wurde der Markteintritt von Ryanair vom erbitterten Widerstand der Lufthansa. Diese versuchte u. a. erfolglos, die Unterstützung des Flughafens Hahn für den neuen Wettbewerber (durch reduzierte Flughafenentgelte oder Werbezuschüsse) gerichtlich untersagen zu lassen, da es sich hierbei um eine Gewährung vermeintlich unzulässiger staatlicher Beihilfen handle. Im Laufe der nächsten Jahre sollten sich die beiden Kontrahenten noch häufig gegenseitig (und mit wechselnden Erfolgen) vor Gericht zerren, ohne dass die Lufthansa die weitere Expansion der Ryanair jedoch substanziell behindern konnte.[17]

In der Folge wuchs die irische Billigfluglinie jedoch nicht nur auf organischem Wege, sondern führte im April 2002 mit dem Kauf des Low-Cost-Car-

15) Vgl. Ruddock, A.: Michael O'Leary: A Life in Full Flight, Dublin 2008; Linzer, U.: Der lärmende Mister O´Leary, in: Financial Times Deutschland vom 11.10.2007; Kroder, T.: Michael O'Leary – Hyperaktives Raubein, in: Financial Times Deutschland vom 06.10.2006, Heilmann, D.: Ein irrer Ire, in: Handelsblatt vom 06. Oktober 2006.

16) Vgl. zum vorangegangenen Absatz: Ryanair Holdings plc (Hrsg.): Ryanair – the story so far, Dublin 2008, elektronisch veröffentlicht unter www.ryanair.com; Creaton, S.: Ryanair – The Full Story of the Controversial Lowcost Airline, Aurum Press 2007.

17) Vgl. zum vorangegangenen Absatz: Ryanair Holdings plc (Hrsg.): Ryanair – the story so far, Dublin 2008, elektronisch veröffentlicht unter www.ryanair.com; Calder, S.: No Frills – The Truth Behind the Low Cost Revolution in the Skies, London 2004.

riers Buzz, einer Tochter der niederländischen KLM, erstmals eine bedeutende Firmenakquisition durch.[18]

Zunehmend machten sich auch die Investitionen in den Online-Vertrieb bezahlt: Die Homepage »www.ryanair.com« wurde zur meistbesuchten Touristikwebsite Europas und über 99 Prozent der Passagiere wickelten ihre Flugbuchungen online ab. Durch zusätzliche Serviceangebote wie die Möglichkeit des Online-Check-Ins versuchte der Billigflieger, die Effizienz seiner Geschäftsprozesse weiter zu steigern.[19]

Nach einem weiteren sukzessiven Ausbau der Kapazitäten in ganz Europa und dem kontinuierlichen Angebot immer neuer Destinationen und Verbindungen beförderte Ryanair im August 2005 erstmals mehr Passagiere als der »Erzfeind« British Airways. Auch Aer Lingus – neben der British Airways der zweite wichtige Rivale aus den Anfangszeiten der Ryanair – geriet in jüngster Zeit zunehmend unter Druck. Im November 2006 – kurz nach dem Börsengang der Aer Lingus – gab Ryanair ein Übernahmeangebot in Höhe von ca. 1,5 Mrd. Euro für den irischen Konkurrenten ab. Die Akquisition wurde aufgrund kartellrechtlicher Bedenken von der EU-Kommission zunächst untersagt, momentan versucht Ryanair weiter, das Vorhaben auf gerichtlichem Wege durchzusetzen.[20]

Ein wesentlicher Grund für die Erfolgsgeschichte der Ryanair ist zweifellos in der konsequenten Umsetzung ihrer »No frills«-Strategie zu sehen. Die Beschränkung auf die absolut essenziellen Bestandteile der angebotenen Produkte und Dienstleistungen verschafft dem Unternehmen eine Kostenstruktur, mit der es trotz der geringen Durchschnittserlöse profitabel arbeiten kann und seinen Konkurrenten überlegen ist. Die Strategie des Unternehmens fußt dabei insbesondere auf folgenden Kernelementen:[21]

- Prozesseffizienz: Mit der Boeing 737 betreibt Ryanair nur einen einzigen Flugzeugtyp. Neben hohen Rabatten bei der Anschaffung senkt die-

18) Vgl. zum vorangegangenen Absatz: Ryanair Holdings plc (Hrsg.): Ryanair – the story so far, Dublin 2008, elektronisch veröffentlicht unter www.ryanair.com.

19) Vgl. zum vorangegangenen Absatz: Ryanair Holdings plc (Hrsg.): Ryanair – the story so far, Dublin 2008, elektronisch veröffentlicht unter www.ryanair.com; Creaton, S.: Ryanair – The Full Story of the Controversial Lowcost Airline, Aurum Press 2007.

20) Vgl. zum vorangegangenen Absatz: Ryanair Holdings plc (Hrsg.): Ryanair – the story so far, Dublin 2008, elektronisch veröffentlicht

unter www.ryanair.com; Heilmann, D.: Inside Aer Lingus – Stock zwischen den Speichen, in: Handelsblatt vom 18.10.07; Heilmann, D./Hauschild, H.: EU-Kommission stutzt Ryanair die Flügel, in: Handelsblatt vom 28.06.07.

21) Vgl. zum vorangegangenen Absatz: Ryanair Holdings plc (Hrsg.): Our strategy, Dublin 2008, elektronisch veröffentlicht unter www.ryanair.com; Calder, S.: No Frills – The Truth Behind the Low Cost Revolution in the Skies, London 2004.

Fallbeispiele zum
Chancen- und
Risikomanagement

se »Monokultur« u. a. auch die Wartungskosten für die Maschinen, die Lagerhaltung für Ersatzteile und die Schulungskosten des Flug- und Bodenpersonals. Zudem eröffnet die Vereinheitlichung der Flotte erhebliche Anpassungspotenziale, da sowohl das Fluggerät als auch die Besatzungen flexibel einsetz- und disponierbar sind. Aufgrund des relativ geringen Alters der Flotte verursachen die Jets auch vergleichsweise geringe Treibstoffkosten. Durch das ausschließliche Angebot von Punkt-zu-Punkt-Verbindungen und die Konzentration auf verkehrsarme Regional-Flughäfen können die Standzeiten deutlich gesenkt werden – bei der Ryanair betragen diese im Durchschnitt lediglich 25 Minuten. Darüber hinaus sinkt die Gefahr, dass Verspätungen entstehen, Gepäckstücke fehlgeleitet oder Anschlussflüge verpasst werden. Des Weiteren entstehen bei dem Punkt-zu-Punkt-Modell auch kaum Kosten für die Übernachtungen der Crews an »Fremdflughäfen« und die sonst erforderlichen »Einsatzflüge«. Auf größeren Airports achtet Ryanair darüber hinaus auf eine möglichst kostengünstige Abwicklung am Boden, indem die Flugzeuge beispielsweise die (billigen) Außenpositionen anstatt der (teureren) Standplätze an den Fluggastbrücken besetzen.[22]

Die fast ausschließliche Bedienung von verhältnismäßig kurzen, innereuropäischen Routen erlaubt eine hohe Flugfrequenz und den Verzicht auf andernorts übliche Zusatzleistungen wie etwa die Verpflegung an Bord. Die Beachtung scheinbar kleiner Details (etwa das Weglassen von Sitztaschen oder die Verwendung wischfester Bezugsstoffe bei den Sitzen bzw. der Verzicht auf verstellbare Sitzlehnen und Fensterschließer oder Entertainmentsysteme) trägt darüber hinaus zur Senkung der Reinigungs- bzw. Wartungskosten bei.[23]

Neben der effizienten Erbringung der eigentlichen Kernleistung legt die Fluglinie auch großen Wert auf die Reduzierung der Kosten bei unterstützenden Geschäftsprozessen. Viele Serviceleistungen werden im Zuge eines konsequenten »Outsourcings« an spezialisierte Partner vergeben. Buchung und Einchecken erfolgen fast ausschließlich online und die Passagiere erhalten keine fest zugewiesenen Sitzplätze. Ryanair selbst bezeichnet seine Kunden gerne als »well-trained passengers« und

22) Vgl. zum vorangegangenen Absatz: Ryanair Holdings plc (Hrsg.): Our strategy, Dublin 2008, elektronisch veröffentlicht unter www.ryanair.com; Creaton, S.: Ryanair – The Full Story of the Controversial Low-cost Airline, Aurum Press 2007.

23) Vgl. zum vorangegangenen Absatz: Ryanair Holdings plc (Hrsg.): Our strategy, Dublin 2008, elektronisch veröffentlicht unter www.ryanair.com; Calder, S.: No Frills – The Truth Behind the Low Cost Revolution in the Skies, London 2004; Creaton, S.: Ryanair – The Full Story of the Controversial Low-cost Airline, Aurum Press 2007.

228

7 Lessons Learned: Kritische (Miss-) Erfolgsfaktoren im Chancen- und Risikomanagement – Swissair vs. Ryanair

erwartet von diesen, dass sie die Sparbemühungen der Fluglinie unterstützen.[24]

- Kostenpflichtige Zusatzservices: Produkte und Dienstleistungen, die über die eigentliche Kernleistung hinausgehen (und die bei etablierten Wettbewerbern zumeist selbstverständlich sind), werden von der Ryanair in aller Regel nur gegen eine zusätzliche Gebühr angeboten. Dies gilt u. a. für die telefonische Buchung eines Fluges, die Inanspruchnahme der Service-Hotline, Getränke und Snacks während des Fluges, die Zahlung per Kreditkarte und sogar die Aufgabe von Gepäck am Schalter. Zusätzliche Erlöse in Form von Provisionen von den betreffenden Anbietern erzielt Ryanair darüber hinaus an Bord (etwa durch den Verkauf von Tickets für den Zug-Transfer und Losen für Gewinnspiele oder Werbung in und auf den Flugzeugen) sowie im Rahmen des Buchungsprozesses (etwa durch das Angebot von Mietwagen und Hotels oder Reiseversicherungen).[25] Derzeit machen diese so genannten »Ancillary Sales« bereits über 15 Prozent des Gesamtumsatzes aus. Das starke Wachstum dieser Erlösquellen von aktuell über 50 Prozent p. a. leistet einen erheblichen Beitrag, um die Abhängigkeit der Fluglinie vom eigentlichen Fluggeschäft zu reduzieren.[26]

- Konzentration auf kleine Regionalflughäfen: Ryanair fliegt fast ausschließlich vergleichsweise kleine, verkehrsarme und schlecht ausgelastete Regionalflughäfen in der Nähe von Ballungszentren an. Diese ermöglichen zum einen kurze Standzeiten der Flugzeuge sowie effiziente Abfertigungsprozesse.[27] Zum anderen erheben sie in aller Regel äußerst günstige Flughafengebühren oder locken die Fluglinie sogar mit umfangreichen Subventionen an. In einigen Fällen soll Ryanair sogar keinerlei Gebühren zahlen, sondern stattdessen von den Flughäfen eine Vergütung für Marketingmaßnahmen erhalten. Aus Sicht kleinerer Regional-Airports ist dies ökonomisch durchaus sinnvoll, da sie vom steigenden Passagieraufkommen und den damit verbundenen Möglichkei-

24) Vgl. zum vorangegangenen Absatz: Ryanair Holdings plc (Hrsg.): Our strategy, Dublin 2008, elektronisch veröffentlicht unter www.ryanair.com; Calder, S.: No Frills – The Truth Behind the Low Cost Revolution in the Skies, London 2004; Creaton, S.: Ryanair – The Full Story of the Controversial Low-cost Airline, Aurum Press 2007.

25) Vgl. zum vorangegangenen Absatz: Ryanair Holdings plc (Hrsg.): Our strategy, Dublin 2008, elektronisch veröffentlicht unter www.ryanair.com; Creaton, S.: Ryanair – The Full Story of the Controversial Low-cost Airline, Aurum Press 2007.

26) Vgl. Ryanair Holdings plc (Hrsg.): Half year results 2008, Dublin 2008, elektronisch veröffentlicht unter www.ryanair.com.

27) Vgl. zum vorangegangenen Absatz: Ryanair Holdings plc (Hrsg.): Our strategy, Dublin 2008, elektronisch veröffentlicht unter www.ryanair.com; Creaton, S.: Ryanair – The Full Story of the Controversial Low-cost Airline, Aurum Press 2007.

ten der Erlössteigerung (beispielsweise in der Flughafengastronomie, oder bei Hotels und Shoppingangeboten) profitieren. Ohne den irischen Billigflieger hätten manche Flughäfen wohl überhaupt keine Existenzberechtigung.

Für Ryanair stellt das Ausweichen »in die Provinz« dabei offensichtlich keinen entscheidenden Nachteil dar – zumindest scheint es der Fluglinie gut zu gelingen, genügend Passagiere anzulocken, die für den Vorteil günstiger Ticketpreise den Nachteil einer aufwändigen Anreise zum Flughafen in Kauf nehmen.[28] Im Umgang mit den Flughafenbetreibern zeigt sich Ryanair im Allgemeinen wenig zimperlich und setzt seine Marktmacht konsequent ein. Als beispielsweise der Flughafen Cardiff seine Abfertigungsgebühren anheben wollte, strich ihn Ryanair im Frühjahr 2006 kurzerhand aus dem Streckennetz und flog stattdessen den Airport in Bristol an.[29]

Allerdings führten die Subventionspraktiken der Flughäfen in der Vergangenheit immer wieder zu gerichtlichen Auseinandersetzungen: Nach einer Klage von Konkurrenten wurden beispielsweise im Herbst 2003 die Beihilfen des Flughafens Straßburg an die Billigfluglinie für unzulässig erklärt und Ryanair zur Rückzahlung verpflichtet. Dies hatte zur Folge, dass das Unternehmen dem Flughafen schnell wieder den Rücken kehrte. Im Februar 2004 entschied die EU-Kommission des Weiteren, dass der Großteil der Subventionen in Höhe von 15 Mio. Euro, welche die Ryanair vom Flughafen Brüssel-Charleroi erhalten hatte, unrechtmäßig seien und von Ryanair zurückgezahlt werden müssten.[30]

- Mediale Aufmerksamkeit: Wie oben bereits erwähnt, verfolgt die Ryanair, vertreten durch ihren CEO Michael O'Leary, eine äußerst aggressive Werbestrategie. Wie es scheint, ist dem Unternehmen jede Art von Publicity recht, die Ryanair mediale Präsenz sichert. Um der Konkurrenz Kunden im Raum Brüssel abspenstig zu machen, warb Ryanair beispielsweise mit Plakaten, auf denen das berühmte »Männeken Pis« mit dem Werbespruch »Pissed off with SABENA's high fares?« zu sehen war. In einer weiteren Kampagne in Portugal behauptete das Unternehmen, das sagenumwobene »vierte Geheimnis von Fátima« enthalte den

28) Vgl. zum vorangegangenen Absatz: Ryanair Holdings plc (Hrsg.): Our strategy, Dublin 2008, elektronisch veröffentlicht unter www.ryanair.com. Calder, S.: No Frills – The Truth Behind the Low Cost Revolution in the Skies, London 2004; Creaton, S.: Ryanair – The Full Story of the Controversial Low-cost Airline, Aurum Press 2007.

29) Vgl. Ryanair Holdings plc (Hrsg.): Ryanair announces closure of Dublin-Cardiff Route, Pressemitteilung vom 25.04.2006, Dublin 2006, elektronisch veröffentlicht unter www.ryanair.com.

30) Vgl. Scheerer, M.: EU rügt Millionenhilfen für Ryanair als illegal, in: Handelsblatt vom 03.11.2003.

Hinweis auf die niedrigen Preise der Ryanair. 2003 fuhr O'Leary mit einem Panzer vor den Hauptsitz des Konkurrenten Easyjet, um dessen »Hochpreisbastion« zu stürmen und »das Volk von Easyjets hohen Preisen zu befreien«. 2005 demonstrierte er in der Düsseldorfer Innenstadt für Meinungsfreiheit, nachdem die Stadtverwaltung eine Plakatkampagne der Ryanair für den Regionalflughafen Weeze behindert hatte, da sie offensichtlich Nachteile für den Düsseldorfer Airport befürchtete.[31]

Neben der großen Aufmerksamkeit, die der Billigflieger in den Medien hervorruft, haben solche Aktionen darüber hinaus noch einen anderen positiven Nebeneffekt: Obwohl Ryanair im Jahr 2008 voraussichtlich die bisherigen Spitzenreiter Airfrance/KLM und Lufthansa bei den Passagierzahlen in Europa überholen wird, gelingt es ihr offenbar, immer wieder in die Rolle des »Underdogs« zu schlüpfen, der sich den Großkonzernen erfolgreich entgegenstemmt. Dies resultiert in nach wie vor hohen Sympathiewerten in der Bevölkerung.

7.2.2 Der Niedergang der Swissair

Der Beginn der Fehlentwicklungen bei der Swissair lässt sich relativ exakt an einem bestimmten Datum festmachen: Am 2. Dezember 1992 lehnte das Schweizer Volk den Beitritt des Landes zum Europäischen Wirtschaftsraum (EWR), dem Vorläufer der späteren Europäischen Union, in einem Referendum ab. Diese Entscheidung hatte auch weitreichende Folgen für die Swissair, blieb ihr doch durch das Votum der Zugang zum europäischen Binnenmarkt praktisch verwehrt. Während die Fluggesellschaften der damaligen zwölf EG-Staaten auf dem liberalisierten Markt praktisch jede beliebige Destination anfliegen konnten und freie Hand bei ihrer Preisgestaltung hatten, mussten die Schweizer ihre Start-, Lande- und Überflugrechte mit jedem einzelnen Staat bilateral aushandeln und ihre Tarife von der jeweiligen nationalen Luftverkehrsbehörde genehmigen lassen. Durch die Öffnung des europäischen Luftverkehrs setzte zudem ein brutaler Preiskampf ein. Bereits zu Beginn der 90er Jahre war somit absehbar, dass langfristig nur die großen und finanzstarken Airlines überleben würden.[32]

31) Vgl. zum vorangegangenen Absatz: Thornton, N.: Flying Foul – Ryanair flies in the Face of good Taste, in: BrandHome, 08/2001; Barigozzi, F./Peitz, M.: Comparative Advertising and Competition Policy, Working Paper des Dipartimento Sczienze Economiche der Universita di Bologna, Bologna 2004; Capell et al.: Renegade Ryanair, in: BusinessWeek vom 14. Mai 2001.

32) Vgl. Enz, W.: Das Fiasko der Swissair in der Retrospektive, in: Neue Zürcher Zeitung vom 23.04.2001.

Vor dem Hintergrund dieser fundamental veränderten Wettbewerbssituation suchte der damalige Swissair-Chef Otto Loepfe schon bald engeren Kontakt zu anderen Airlines. Mit dem Projekt »Alcázar« startete er eine Initiative, um durch die Fusion der Swissair mit der niederländischen KLM, der skandinavischen SAS und der Austrian Airlines (AUA) eine paneuropäische Fluglinie zu schaffen. Allerdings scheiterten die Verhandlungen bereits im November 1993. Zum einen warf die Beteiligung der einzelnen Partner an dem neuen Unternehmen massive Probleme auf: Angedacht war ein Verhältnis von je 30 Prozent für Swissair, KLM und SAS sowie zehn Prozent für die AUA. Dieser Schlüssel stieß in der Schweiz auf vehementen Widerstand, da man die Selbstaufgabe der Swissair befürchtete und die heimische Fluglinie unbedingt in einer Führungsrolle sehen wollte. Zum anderen konnten sich die Fusionskandidaten nicht darauf einigen, mit welchem US-Carrier kooperiert werden sollte, da weder die KLM noch die Swissair auf ihre bestehenden Partnerschaften mit Northwest bzw. Delta Airlines verzichten wollten. Weiterhin kam es u. a. zu Querelen um personelle Fragen (sowohl der Chef des Verwaltungsrats der Swissair als auch der SAS beanspruchten den Vorsitz im Aufsichtsrat des fusionierten Unternehmens) und Streitigkeiten um den zukünftigen Firmensitz (Zürich oder Amsterdam).[33]

Nach dem Scheitern des Projekts »Alcázar« verfügte die Swissair prinzipiell über drei strategische Optionen: Sie könnte (a) die Rolle eines kleinen Nischenanbieters einnehmen, der primär seinen Heimatmarkt bedient, (b) Juniorpartner eines großen europäischen Carriers werden oder sich von diesem übernehmen lassen oder (c) durch eine Expansionsstrategie im Alleingang ihren Wirkungskreis auf Europa ausweiten.

Auf Empfehlung der Unternehmensberatung McKinsey entschied sich die Swissair für die letzte Alternative. Nachdem die Fusion mit gleichwertigen Partnern gescheitert war, versuchte sie, ihr Ziel mithilfe einer so genannten »Hunter«-Strategie zu erreichen: Durch Beteiligungen an mehreren kleinen Carriern sollte unter Führung der Eidgenossen ein Airline-Verbund entstehen, der genügend kritische Masse besaß, um sich im liberalisierten Luftverkehrsmarkt behaupten zu können und als Kooperationspartner für ausländische Fluglinien attraktiv zu sein. Auch in der Politik stieß dieses Vorhaben auf großes Wohlwollen und tatkräftige Unterstüt-

---

33) Vgl. Schwarz, G.: Das Ende einer (zu) stolzen Geschichte, in: Neue Zürcher Zeitung vom 30.03.2001; Flottau, J.: Ikarus in den Alpen, in: Die Zeit vom 15.11.2001; Enz, W.: Das Fiasko der Swissair in der Retrospektive, in: Neue Zürcher Zeitung vom 23.04.2001.

7 Lessons Learned:
Kritische (Miss-)
Erfolgsfaktoren im
Chancen- und
Risikomanagement –
Swissair vs. Ryanair

zung – hatte die Swissair doch u. a. auch die »nationale Mission« zu erfüllen, Zürich als »Weltstadt auf der Aeronautik-Karte« zu etablieren.[34]

In einem ersten Schritt übernahm die Swissair im Juli 1995 für ca. 180 Mio. Euro einen 49,5-prozentigen Anteil an der belgischen Sabena. Nach dem Ausscheiden von Loepfer Ende 1995 setzte sein Nachfolger Philippe Brugisser die Hunter-Strategie noch aggressiver fort. In wenigen Jahren kauften sich die Schweizer ein Sammelsurium von zweitklassigen Airlines zusammen. Sie engagierten sich u. a. in Frankreich (Air Littoral, Air Liberté, AOM), Polen (LOT), Italien (Volare, Air Europe), Portugal (TAP, Portugália), Südafrika (SAA), Österreich (AUA) und Deutschland (LTU). Dabei musste sich die Swissair jeweils mit Minderheitsbeteiligungen zufriedengeben, da ausländische Unternehmen in der Regel keine Mehrheit an den nationalen Airlines erwerben dürfen. Zudem weiteten die Schweizer ihre Geschäftstätigkeit auch auf »flugnahe« Bereiche wie Wartung, Catering, Duty-Free-Shops und Touristik aus. Um die veränderte strategische Ausrichtung zu dokumentieren, wurde der diversifizierte Konzern in »SAirGroup« umbenannt, der Markenname »Swissair« zierte fortan nur noch die Fluglinie.[35]

Schon bald zeigte sich, dass die hemmungslose Expansion die finanziellen Ressourcen und Managementkapazitäten der Schweizer bei Weitem überforderte: Nach einem katastrophalen Geschäftsjahr musste beispielsweise die Beteiligung an der Sabena bereits 1996 vollständig abgeschrieben werden.[36] Die erhofften Synergieeffekte waren kaum realisierbar, da das Firmengeflecht immer komplexer und schwieriger zu koordinieren war und die SAirGroup auf Grund ihrer Minderheitsbeteiligungen die eigenen Interessen nicht konsequent durchsetzen konnte. Neben unmittelbaren finanziellen Folgen verursachten derartige Probleme auch schwerwiegende Imageschäden. Der Kundenservice und die Pünktlichkeit innerhalb des Verbundes erreichten bei weitem nicht das Niveau, das die Kunden der Swissair von ihrer Fluglinie gewohnt waren. Der Absturz einer Swissair-Maschine vor Halifax am 03. September 1998, bei dem 229 Menschen starben, trug zu

34) Vgl. Schwarz, G. : Das Ende einer (zu) stolzen Geschichte, in: Neue Zürcher Zeitung vom 30.03.2001; Enz, W.: Das Fiasko der Swissair in der Retrospektive, in: Neue Zürcher Zeitung vom 23.04.2001.

35) Vgl. Roth, T.: Corporate Governance and Financial Reporting in the light of corporate crisis, Arbeitspapier der Universität St. Gal-

len, St. Gallen 2001; Flottau, J.: Ikarus in den Alpen, in: Die Zeit vom 15.11.2001.

36) Vgl. Enz, W.: Das Fiasko der Swissair in der Retrospektive, in: Neue Zürcher Zeitung vom 23.04.2001; Roth, T.: Corporate Governance and Financial Reporting in the light of corporate crisis, Arbeitspapier der Universität St. Gallen, St. Gallen 2001.

weiterer Verunsicherung innerhalb des Unternehmens und bei den Passagieren bei.[37)]

Aufgrund der internen Probleme verloren die Schweizer auch zunehmend an Attraktivität für andere Kooperationspartner. Nach und nach verabschiedeten sich die SAS, Singapore Airlines und Austrian Airlines aus ihren Bündnissen mit der Swissair. Schließlich wechselte im Oktober 1999 mit Delta Airlines auch der wichtigste Kooperationspartner die Fronten und trat zum so genannten »SkyTeam« über, der Allianz um die AirFrance.[38)]

Selbst als der steile Sinkflug der Swissair bereits offensichtlich war, wich Burggisser nicht von seiner Hunter-Strategie ab: So verpflichtete er sich beispielsweise gegenüber dem belgischen Staat, den Anteil an der Sabena auf 85 Prozent zu erhöhen, sobald dies durch bilaterale Verträge zwischen der Schweiz und der EU möglich würde. Darüber hinaus drängte er auch auf einen expansiven Ausbau der belgischen Fluglinie, die ihre Kapazitäten innerhalb von nur drei Jahren mehr als verdoppelte. Eine ähnliche Vereinbarung wurde auch mit der französischen Air Littoral getroffen. Hier verfügte die SAirGroup über eine Beteiligung von 46,3 Prozent – die restlichen Anteile wurden von Treuhändern übernommen, wobei sich die Schweizer vertraglich zu einem späteren Ankauf verpflichteten.[39)]

Die kostspieligen Beteiligungen und die sinkenden Passagierzahlen nach dem Ausstieg wichtiger Kooperationspartner und die einsetzende Konkurrenz durch Billigflieger (wie beispielsweise Ryanair und Easyjet) führten in Verbindung mit steigenden Kerosinpreisen dazu, dass die SAirGroup im Jahre 2000 einen Verlust von über zwei Milliarden Euro ausweisen musste.[40)] Diese katastrophale Bilanz löste bei den Verantwortlichen hektischen Aktionismus aus: Im Januar 2001 wurde Philip Bruggisser entlassen, der Chefposten wurde interimsmäßig vom Verwaltungsratpräsidenten Eric Honegger übernommen. Nach internen Querelen verließen kurze Zeit später fast der gesamte Vorstand und Verwaltungsrat das Unternehmen. Schließlich wurde am 15. März 2001 der ehemalige Nestlé-Finanzvorstand Mario Corti auf den Chefsessel berufen.[41)] Dieser machte sich zügig daran, das Beteiligungsportfolio der SAirGroup zu bereinigen. Im Juli 2001 wurde zu-

37) Vgl. Schwarz, G. : Das Ende einer (zu) stolzen Geschichte, in: Neue Zürcher Zeitung vom 30.03.2001.

38) Vgl. Roth, T.: Corporate Governance and Financial Reporting in the light of corporate crisis, Arbeitspapier der Universität St. Gallen, St. Gallen 2001.

39) Vgl. o. V.: Tricksereien bei der Swissair, in: Süddeutsche Zeitung vom 28.06.2002; Schwarz, G. : Das Ende einer (zu) stolzen

Geschichte, in: Neue Zürcher Zeitung vom 30.03.2001.

40) Vgl. Zydra, M.: SAirGroup bestätigt schlimmste Befürchtungen, in: FAZ.net vom 02.04.2001

41) Vgl. Schwarz, G. : Das Ende einer (zu) stolzen Geschichte, in: Neue Zürcher Zeitung vom 30.03.2001; o. V.: Die Swissair-Chronik, in: FAZ.net vom 01.10.2001.

7 Lessons Learned:
Kritische (Miss-)
Erfolgsfaktoren im
Chancen- und
Risikomanagement –
Swissair vs. Ryanair

nächst die von Bruggisser vereinbarte Aufstockung des Sabena-Anteils rückgängig gemacht. Allerdings ließ sich der Belgische Staat die Ausstiegsklausel teuer bezahlen, und die SAirGroup musste sich an einem umfangreichen Sanierungspaket für die marode Airline beteiligen.[42] Des Weiteren gelang es Corti, sich von den defizitären Airline-Beteiligungen in Frankreich zu trennen. Auch für die SAirGroup selbst wurden harte Einschnitte angekündigt: Die Kapazität der Flotte sollte um zehn Prozent reduziert, ca. 1 500 Arbeitsplätze gestrichen und die meisten flugnahen Service-Aktivitäten verkauft werden.[43] Trotz dieser Maßnahmen blieb die Finanzsituation des Unternehmens äußerst angespannt.

Den endgültigen »Todesstoß« versetzten der SAirGroup schließlich die Terroranschläge vom 11. September 2001. Als der Flugverkehr nach diesen Ereignissen mehrere Tage vollständig zum Erliegen kam und die Passagierzahlen in den folgenden Monaten massiv zurückgingen, entstanden der SAirGroup nach eigenen Angaben Schäden in Höhe von über zwei Milliarden Euro. Da die ehemals als »fliegende Bank« titulierte Schweizer Airline zuletzt einen Schuldenstand von fast 11,5 Mrd. Euro und eine Eigenkapitalquote von nur noch lächerlichen 2,5 Prozent aufwies, war sie für kleinste Störungen anfällig geworden – einen Schock in dieser Größenordnung konnte sie nicht mehr verkraften.[44]

Corti reagierte auf die katastrophale Situation mit der Ankündigung eines harten Sanierungskurses, der u. a. eine Zusammenlegung der maroden Swissair mit ihrer noch gesunden Regionalflugtochter Crossair (Anteil der SAirGroup: 70 Prozent), eine Reduzierung der Langstreckenflotte um 25 Prozent und den Wegfall von über einem Drittel der Arbeitsplätze vorsah.[45] Nichtsdestotrotz verweigerte am 26. September ein Konsortium aus Deutscher Bank, Credit Suisse First Boston (CSFB) und Citibank die Inanspruchnahme einer bereits vor Monaten ausgehandelte Kreditlinie von fast 700 Mio. Euro. Laut Aussage der Banken war die Zusage dieser Mittel an Voraussetzungen gebunden (u. a. dem schnellen Verkauf einiger »flugnaher« Beteiligungen), welche die SAirGroup nicht erfüllt hatte.[46]

---

42) Vgl. Zydra, M.: Kein Geld, kein Benzin, in: FAZ.net vom 03.10.2001; o. V.: Die Swissair-Chronik, in: FAZ.net vom 01.10.2001.

43) Vgl. Saxer, M.: Die Politik fliegt mit, in: Neue Zürcher Zeitung vom 17.02.2001.; o. V.: Die Swissair-Chronik, in: FAZ.net vom 01.10.2001.

44) Vgl. Zydra, M.: Swissair meldet Teilkonkurs an, in: FAZ.net vom 01.10.2001; o. V.: Swissair fliegt dank Steuergeldern, in: Spiegel online vom 22.10.2001.

45) Vgl. o. V.: Swissair fliegt dank Steuergeldern, in: Spiegel online vom 22.10.2001..

46) Vgl. Zydra, M.: Swissair meldet Teilkonkurs an, in: FAZ.net vom 01.10.2001.; Saxer, M.: Die Politik fliegt mit, in: Neue Zürcher Zeitung vom 17.02.2001; o. V.: Das Schicksal der Swissair ist weiter ungewiss, in: Frankfurter Allgemeine Zeitung, Nr. 229 vom 02.10.2001.

Trotz dieses Rückschlags schien der angestrebte Sanierungsplan von Corti zunächst von Erfolg gekrönt zu sein: Nachdem das Fluggeschäft der Swissair auf die Crossair übertragen worden war, erklärten sich die Großbanken UBS und CSFB am 30. September 2001 bereit, der SAirGroup den Regionalflieger für über 330 Mio. Euro abkaufen. Gleichzeitig wollten die Banken eine Kapitalerhöhung von gut 230 Mio. Euro bei der Crossair zeichnen und sagten einen Überbrückungskredit in Höhe von 170 Mio. Euro zu. Für die übrigen Konzernteile sollten Vergleichsanträge gestellt werden.[47] Aus bis heute unbekannten Ursachen kam es bei Abwicklung dieser Transaktionen zu katastrophalen Pannen: Da die fest zugesagten Mittel offensichtlich nicht rechtzeitig überwiesen wurden, musste die Schweiz im Oktober 2001 das dunkelste Kapitel ihrer Luftfahrtgeschichte erleben:

Als am 1. Oktober 2001 die erste Rate von 135 Mio. Euro für das Sanierungspaket der Sabena fällig war, konnte die SAirGroup diese nicht bezahlen und war somit gezwungen, einen Vergleichsantrag zu stellen. Umgehend wurden alle Flüge nach Brüssel annulliert, da befürchtet wurde, der Belgische Staat könnte die Flugzeuge beschlagnahmen.[48] Am nächsten Tag musste schließlich die gesamte Swissair-Flotte am Boden bleiben, da das Unternehmen nicht mehr genug Geld hatte, um das Flugbenzin und die Start- und Landegebühren zu bezahlen. Allein dieses »Grounding« böte schon Stoff für mehrere Bücher über katastrophales Krisenmanagement (im Übrigen lieferte das Ereignis auch die Grundlage für einen Spielfilm, der sich als erfolgreichster Schweizer Film des Jahres 2006 erwies)[49]: Selbst die eigenen Angestellten waren nicht über die plötzlichen Stornierungen informiert worden. Über 19 000 Passagiere saßen mit ihren bereits bezahlten Tickets fest, allein in Zürich mussten 4 000 »Flug«-Gäste von der Heilsarmee verpflegt werden. Die Schweizer empfanden diese Situation als nationale Demütigung und gaben vor allem den Banken die Schuld: In der Folge kam es zu mehreren Großdemonstrationen vor den Verwaltungspalästen der Kreditinstitute, tausende Kunden kündigten ihre Konten, und bei der UBS gingen mehrere Bombendrohungen ein.[50]

Obwohl am Tag darauf die versprochene Überweisung endlich eintraf, der Schweizer Staat seine Hilfe zusagte und der Flugbetrieb wieder schrittweise

47) Vgl. Enz, W.: Neues Licht auf das Grounding der Swissair, in: Neue Zürcher Zeitung vom 15.02.2002; o. V.: Die Swissair-Chronik, in: FAZ.net vom 01.10.2001.

48) Vgl. Zydra, M.: Kein Geld, kein Benzin, in: FAZ.net vom 03.10.2001.

49) Steiner, M. (Regie), Brändli, J.; Sauter, M. (Buch): Grounding – die letzten Tage der Swissair, Schweiz 2006.

50) Vgl. Enz, W.: Neues Licht auf das Grounding der Swissair, in: Neue Zürcher Zeitung vom 15.02.2002; Hoß, D.: Swissair am Boden, in: FAZ.net vom 03.10.2001.

7 Lessons Learned: Kritische (Miss-) Erfolgsfaktoren im Chancen- und Risikomanagement – Swissair vs. Ryanair

aufgenommen wurde, zog die Pleite weitere Kreise: Am 6. November 2001 musste die Sabena Konkurs anmelden, die deutsche LTU konnte nur durch massive Unterstützung öffentlicher Banken und eine Bürgschaft des Landes Nordrhein-Westfalen gerettet werden.

Bis zum 31. März 2002 wurde die ursprüngliche SAirGroup schließlich endgültig liquidiert: Dass das Ende der Swissair nicht auch das Ende der Schweizer Luftfahrt bedeutete, ist nur einem beispiellosen finanziellen Kraftakt zu verdanken: Der Schweizer Staat, mehrere Kantone und die Privatwirtschaft brachten über 2,5 Mrd. Schweizer Franken auf, um die aus den Resten der Swissair und der Crossair gebildete Nachfolgegesellschaft SWISS Airlines Ltd. zu finanzieren, die am 1. April 2002 mit einer stark abgespeckten Flotte und deutlich reduziertem Steckennetz an den Start ging.[51] Obwohl sich die wirtschaftliche Situation der Fluggesellschaft mit Hilfe des neuen Geschäftsmodells wieder etwas stabilisierte, wurde sehr schnell klar, dass die SWISS ohne Partner langfristig nicht überleben konnte. Im Frühjahr 2005 wurde die Fluglinie daher von dem ehemaligen Swissair-«Erzfeind», der Deutschen Lufthansa, übernommen.

Im Übrigen hatte die Krise auch noch ein juristisches Nachspiel. So erhob die Staatsanwaltschaft des Kantons Zürich im März 2006 Anklage gegen insgesamt 19 Personen, darunter Mitglieder des Verwaltungsrates sowie der Geschäftsleitung, u. a. wegen Urkundenfälschung, Untreue und Gläubigerschädigung. Der Prozess endete zwar im Juni 2007 mit Freisprüchen für alle Angeklagten, gegen dieses Urteil wurde jedoch umgehend Berufung eingelegt. Auch zahlreiche zivilrechtliche Klagen sind jedoch nach wie vor anhängig.

7.3 Kritische (Miss-)Erfolgsfaktoren im Chancen- und Risikomanagement

Erfolg oder Misserfolg eines Unternehmens können praktisch niemals monokausal auf einen einzigen Einflussfaktor zurückgeführt werden. Vielmehr entspringen sowohl positive als auch negative Entwicklungen fast ausnahmslos dem Zusammenspiel mehrerer kritischer Faktoren, wobei den unterschiedlichen Einflüssen im jeweiligen Einzelfall durchaus eine höchst unterschiedliche Relevanz zukommen mag. Insofern kann und soll der unten angeführte Überblick einiger relevanter Erfolgs- und Misserfolgsfaktoren keinesfalls als vollständig und abschließend angesehen werden. Ziel ist

---

51) o. V.: Swissair fliegt dank Steuergeldern, in: Spiegel online vom 22.10.2001.

Kritische (Miss-) Erfolgsfaktoren im Chancen- und Risikomanagement

es vielmehr, den Blick auf einige Zusammenhänge lenken, denen aus der subjektiven Sicht des Verfassers besondere Relevanz zukommt.

7.3.1 Darstellung kritischer (Miss-)Erfolgsfaktoren

Wie die Analyse der oben beschriebenen Unternehmensentwicklungen zeigt, werden sowohl Chancen als auch Risiken auf strategischer und operationeller Ebene vor allem durch folgende Faktoren beeinflusst:

- Unternehmensstrategie: Seit Jahren ist das Umfeld vieler Unternehmen durch eine stark steigende Umweltkomplexität und -dynamik gekennzeichnet. Der zunehmenden Wahrscheinlichkeit, dass es hierdurch zu unerwünschten Entwicklungen (Risiken) kommt, stehen jedoch auch gewachsene Chancen gegenüber. Die zentrale Aufgabe des Chancen- und Risikomanagements besteht zum einen darin, die relevanten Chancen und Risiken zeitig zu erkennen und eventuelle Maßnahmen früh genug zu ergreifen, um die sich ergebenden Möglichkeiten proaktiv angehen zu können bzw. Krisen gar nicht erst entstehen zu lassen. In diesem Zusammenhang ist es besonders wichtig, die eigene strategische Ausrichtung immer wieder kritisch zu hinterfragen. Ein intelligentes Chancen- und Risikomanagement bildet hierfür allerdings nur die Grundvoraussetzung. In der Praxis dürfte die größere Herausforderung darin bestehen, dass die Unternehmensführung diese Informationen tatsächlich berücksichtigt und auch bereit ist, eventuelle Fehlentwicklungen der Vergangenheit zu korrigieren.
- Interne Kontrollsysteme und Rolle von Aufsichtsgremien und Banken: Die Erfüllung der relevanten Compliance-Vorschriften stellt zweifellos eine »conditio sine qua non« dar, damit ein Unternehmen überhaupt am Wirtschaftsleben teilnehmen kann. Insofern sind eventuelle Verletzungen dieser Vorgaben praktisch ausnahmslos so genannte »unrewarded risks« – also »reine« Risiken, die sich ausschließlich negativ auswirken und denen keine entsprechende Chance auf eine eventuelle Steigerung des Unternehmenswertes gegenüber steht. Aufgrund dieser Charakteristik besitzt die genannte Risikokategorie naheliegender Weise auch nur im Falle von krisenhaften Entwicklungen Relevanz. Bei vielen Unternehmenskrisen sind das Versagen der Aufsichtsgremien sowie unzureichende Kontrollsysteme allerdings eine ganz wesentliche Ursache für die entstandenen Fehlentwicklungen. Nicht zufällig waren die spektakulären Pleiten der Jahrtausendwende (vor allem seien hier die Namen

238

7 Lessons Learned: Kritische (Miss-) Erfolgsfaktoren im Chancen- und Risikomanagement – Swissair vs. Ryanair

»Enron« und »Worldcom« genannt) der Auslöser für umfangreiche regulatorische Neuerungen. Mit Hilfe gesetzlicher Vorgaben (wie dem »Sarbanes-Oxley-Act«[52], den Maßnahmen des so genannten »10-Punkte-Plans« der deutschen Bundesregierung[53] oder der 8. EU-Richtlinie/»Euro-Sox«[54]) sollte die Corporate Governance der Unternehmen gestärkt und die Kontrollmechanismen verbessert werden. Diese Bestimmungen beschränken sich jedoch nicht nur auf die internen Strukturen (wie etwa der Forderung nach einer strikteren Abgrenzung von Vorstand und Aufsichtsrat). Vielmehr verstärken sie auch den Druck auf externe Akteure, allen voran die Wirtschaftsprüfer, ihren Kontrollfunktionen sorgfältiger nachzukommen.[55] Schließlich sollen in diesem Kontext auch die Banken einbezogen werden. Die immer noch weit verbreitete Annahme, dass ein Großunternehmen faktisch nicht Pleite gehen kann (»too big to fail«), da ansonsten die Banken am meisten zu verlieren hätten, ist in der heutigen Zeit nicht mehr aufrecht zu erhalten. Nicht zuletzt durch Basel II sind Banken mehr und mehr gezwungen, ihr Kreditportfolio konsequent von fragwürdigen Engagements zu bereinigen. Hierbei besteht die latente Gefahr, dass es auf Bankenseite zu Überreaktionen kommt und die Kreditinstitute auch einem prinzipiell kreditwürdigen Unternehmen ihre Unterstützung entziehen oder ihr Engagement aus Eigeninteresse beenden – etwa, wenn die Verwertung der Sicherheiten aussichtsreicher erscheint als eine Fortsetzung der Kreditbeziehung.

- (In)transparenz des Geschäftsmodells und der Unternehmensstrukturen: Mit der abnehmender Transparenz und zunehmender Komplexität des Geschäftsmodells oder der Strukturen eines Unternehmens sinkt trivialerweise Kontrolleffizienz. Im Gegensatz dazu trägt eine größtmögliche Transparenz bzw. geringstmögliche Komplexität zum einen

---

52) Vgl. Sarbanes, Paul S.; Oxley, M./US Dept. of Justice (Hrsg.): An Act to protect investors by improving the accuracy and reliability of corporate disclosures made pursuant to the securities laws, and for other purposes, Washington 2002, elektronisch veröffentlicht unter www.usdoj.gov.

53) Vgl. Bundesministerium der Finanzen; Bundesministerium der Justiz (Hrsg.): Maßnahmenkatalog der Bundesregierung zur Stärkung des Anlegerschutzes und der Unternehmensintegrität vom 25. Februar 2003, Berlin 2003, elektronisch veröffentlicht unter www.bmj.de.

54) Vgl. Europäisches Parlament, Rat (Hrsg.): Richtlinie 2006/43/EG des Europäischen Parlaments und des Rates vom 17. Mai 2006 über Abschlussprüfungen von Jahresabschlüssen und konsolidierten Abschlüssen, Brüssel 2006, elektronisch veröffentlicht unter eur-lex.europa.eu

55) Bezogen auf die Situation in Deutschland sind in diesem Zusammenhang insbesondere das Bilanzkontrollgesetz (BilKoG) sowie das Bilanzrechtsreformgesetz (BilReG) zu nennen.

dazu bei, dass sowohl eventuelle Chancen wie auch die hiermit verbundenen Risiken rechtzeitig erkannt und somit auch ergriffen bzw. vermieden werden können. Zum anderen entfaltet Transparenz auch eine selbstdisziplinierende Wirkung, da sich die eigenen Fehler nicht kaschieren und »irgendwo« innerhalb eines unübersichtlichen Konglomerats verstecken lassen. Schließlich spielen die Faktoren »Intransparenz« und »Komplexität« nicht nur eine wesentliche Rolle bei der Krisenentstehung, sondern stellen auch wichtige Ursachen für das Scheitern eventueller Rettungsversuche dar. Häufig entfaltet die Unübersichtlichkeit der betroffenen Unternehmen nämlich eine derart abschreckende Wirkung auf potenzielle Kapitalgeber, dass diese nicht mehr zu weiteren Engagements bereit sind.

- Risikokultur: Die Etablierung einer Unternehmenskultur, die das Risikobewusstsein jedes einzelnen Mitarbeiters gezielt fordert und fördert, stellt das Fundament eines ganzheitlichen Chancen- und Risikomanagements dar. Hierbei muss auch das Topmanagement bereit sein, sich mit interner Kritik und unbequemen Wahrheiten auseinander zu setzen bzw. Anregungen von Mitarbeitern sorgfältig zu evaluieren. Ironischerweise wird der Aufbau einer Risikokultur umso schwieriger, je erfolgreicher ein Unternehmen agiert. Gerade erfolgsverwöhnte Manager tendieren dazu, die eigene Unfehlbarkeit nicht mehr in Frage zu stellen. Als kritisch erweist sich darüber hinaus die strenge Fokussierung eines Unternehmens auf einzelne Führungsfiguren (in vielen Fällen den Unternehmensgründer oder den CEO). Neben der latenten Gefahr, dass ein Ausfall dieser Person ein Vakuum hinterlässt und eine Unternehmenskrise erst auslöst, bringen die Mitarbeiter oftmals nicht den Mut auf, den »Übervater« auf Missstände oder verpasste Möglichkeiten hinzuweisen.

- Politische Einflüsse: Unternehmen sind auf vielfältige Weise mit ihrer Umwelt verflochten. Das politische System bildet hier keine Ausnahme. Ein guter Politiker ist allerdings nicht zwangsläufig auch ein guter Kaufmann. In bestimmten Situationen kann politische Unterstützung zweifellos hilfreich für die Durchsetzung eigener Ziele sein. Die Hilfe für Parteifreunde ist aber kein Primärziel der Politik, sondern nur ein Mittel, um übergeordnete Ziele (Image, Erhalt von Arbeitsplätzen und letztlich die eigene Wiederwahl) zu erreichen. Zudem verliert die Macht der Politiker in einer globalisierten Wirtschaft zunehmend an Bedeutung. Die Gewohnheit, innerhalb des eigenen Chancen- und Risikomanagements die Unterstützung des Staates quasi als feste Größe einzuplanen, könnte sich somit als gefährliche Fehleinschätzung erweisen.

240

7 Lessons Learned:
Kritische (Miss-)
Erfolgsfaktoren im
Chancen- und
Risikomanagement –
Swissair vs. Ryanair

Vielmehr ist häufig der Fall zu beobachten, dass Unternehmen von politischer Seite »in guten Zeiten« zwar tatkräftig gefördert werden. Ebenso schlagartig und konsequent erfolgt bei Eintritt einer Krise aber auch die Distanzierung.

7.3.2 Analyse kritischer (Miss-)Erfolgsfaktoren bei Swissair und Ryanair

Wie aus den obigen Ausführungen unmittelbar deutlich wird, treffen sowohl bei der Ryanair als auch bei der Swissair mehrere der eingangs skizzierten Chancen- und Risikofaktoren zusammen:

- Unternehmensstrategie: Die Swissair schlug mit ihrer »Hunter-Strategie« und dem mehr oder minder wahllosen Kauf von Beteiligungen an zweit- und drittklassigen Airlines eine Strategie ein, die alles andere als fokussiert war. Anstatt sich auf die Kernkompetenz – das Angebot hochwertiger Flugleistungen mit herausragendem Service – zu konzentrieren, wurden zunehmend Leistungen angeboten, die weit von den ursprünglichen und gewohnten Qualitätsstandards entfernt waren. Zudem erfolgte eine Expansion in »flugferne« Bereiche (Abfertigung, Catering), in denen die Fluggesellschaft auf harte Konkurrenz traf. All diese Aktivitäten verschlangen Unsummen an Geld und Managementkapazitäten, ohne dass hierdurch erkennbarer Mehrwert für den Kunden geschaffen und ausreichende Erlöse erwirtschaftet werden konnten. Vielmehr war das genaue Gegenteil der Fall: Durch die Ausweitung des Leistungsspektrums vernachlässigte die Swissair ihre einstigen Alleinstellungsmerkmale Qualität, Service und Pünktlichkeit und gab dadurch praktisch ihr einzigartiges Profil auf.

  Gerade die konsequente Konzentration auf die eigentliche Kernkompetenz ist dagegen ein ganz wesentliches Kennzeichen der Unternehmensstrategie der Ryanair. So radikal wie kaum ein anderes Unternehmen setzt diese Airline ihr auf Minimalismus orientiertes Geschäftsmodell um und ist bestrebt, dieses ständig zu verbessern. Die Kosten für eventuelle Zusatzleistungen, die über das essenzielle Produktangebot hinausgehen, werden dabei konsequent auf die Kunden abgewälzt und unterstützende Prozesse so weit wie möglich an spezialisierte Dritte ausgelagert. Insofern integriert die Fluglinie Erfolgsrezepte aus anderen Branchen (wie beispielsweise dem Lebensmittel-Discount) in das eigene Geschäftsmodell. Die hiermit verbundenen Abstriche bei der Bequem-

Kritische (Miss-)
Erfolgsfaktoren im
Chancen- und
Risikomanagement

lichkeit für den Kunden (etwa die langen Anreisewege zu den Flughäfen) werden durch andere Vorteile (etwa die hohe Pünktlichkeit oder die niedrige Gepäckverlustrate an den Regional-Airports) zumindest teilweise wieder ausgeglichen. Vor allem aber ermöglicht diese stringente Kostenführer-Strategie das Angebot der Kernleistung zu Kosten und Preisen, die weit unter denen der Konkurrenz liegen. Damit entfalten diese Angebote nicht nur eine starke Anziehungskraft auf die Kunden der direkten Mitwettbewerber, sondern erschließen teilweise auch völlig neue Kundengruppen (etwa Passagiere, die bisher andere Verkehrsmittel genutzt haben oder eine bestimmte Reise bei höheren Preisen überhaupt nicht unternommen hätten). Mit Sicherheit bleibt es spannend zu beobachten, wie die Ryanair auf die Herausforderung reagiert, die gewohnten Wachstumsraten auch bei zunehmenden Wettbewerb, steigender Marktpenetration und schwierigeren Umfeldbedingungen für die Luftfahrtindustrie (CO_2-Diskussion, steigende Treibstoffpreise, Konjunkturabkühlung, Verschlechterung des Finanzierungsklimas) auch zukünftig aufrecht zu erhalten.

- Interne Kontrollsysteme und Rolle von Aufsichtsgremien und Banken: Neben der offensichtlich fehlgeleiteten Unternehmensstrategie der Swissair (und deren Tolerierung bzw. Unterstützung durch den Aufsichtsrat) ist beim Niedergang dieses Traditionsunternehmens auch ein weitgehendes Versagen anderer Kontrollgremien und der Banken zu konstatieren. Insbesondere die Rolle der Banken beim »Grounding« der Swissair-Flotte sind bis heute ungeklärt: So wurde immer wieder spekuliert, die Banken hätten ihre zugesagte Überweisung absichtlich verzögert. Schließlich waren die Tickets der Fluggäste bereits bezahlt. Durch die Stilllegung der Flotte konnten die Banken als neue Eigentümer der Airline also Betriebskosten einsparen, während die Ansprüche der Passagiere auf Rückzahlung der Ticketpreise praktisch wertlos waren.[56]

  Wie bereits oben angemerkt, besitzt der Risikofaktor »Mängel des internen Kontrollsystems« bzw. »Rolle von Aufsichtsgremien und Banken« praktisch ausschließlich bei Unternehmenskrisen Relevanz. Bei erfolgreichen Unternehmen werden demgegenüber eventuell existierende Probleme in diesem Bereich in aller Regel gar nicht erst sichtbar – zumindest für die Öffentlichkeit. Zudem kann sich ein Unternehmen durch funktionierende Kontrollsysteme auch nicht positiv von anderen Mitwettbewerbern differenzieren, da die Erfüllung der jeweils relevanten

---

[56] Vgl. Klusmann, S./Lebert, R.: Der Schweizer Filz und das Debakel um die Swissair, in: Financial Times Deutschland vom 08.10.2001.

7 Lessons Learned:
Kritische (Miss-)
Erfolgsfaktoren im
Chancen- und
Risikomanagement –
Swissair vs. Ryanair

Compliance-Vorschriften eine Basisanforderung darstellt und schlichtweg vorausgesetzt wird. Vor diesem Hintergrund kann im Hinblick auf die Ryanair an dieser Stelle lediglich die Aussage getroffen werden, dass Defizite im Bereich der Internen Kontrollsysteme und bei den Kontrollorganen zum jetzigen Zeitpunkt – zumindest für außenstehende Beobachter – nicht erkennbar sind. Im Hinblick auf potenzielle Risiken, die von Fremdkapitalgebern und Banken ausgehen, besitzt der Billigflieger allerdings einen Vorteil aufgrund seines starken Cashflows und seiner soliden Bilanz. Mit einer aktuellen Cash-Position in Höhe von über zwei Milliarden Euro und einer Eigenkapitalquote von 45 Prozent (Stand: 30. September 2007) ist das Unternehmen derzeit äußerst solide finanziert, was mögliche negative Einflüsse von dieser Seite begrenzen dürfte.[57]

- (In)Transparenz des Geschäftsmodells und der Unternehmensstrukturen: Da sich die Struktur eines Unternehmens naturgemäß stark auf sein Geschäftsmodell und seine Strategie ausgerichtet ist, kann in diesem Abschnitt prinzipiell auf die gleiche Argumente verwiesen werden, die bereits im ersten Punkt geltend gemacht wurden. Im Falle der Swissair ist sicher die Tatsache auffallend, dass durch die zahllosen Minderheitsbeteiligungen und die vertikale Integration flugnaher Bereiche ein Konglomerat geschaffen wurde, das die finanziellen und personellen Ressourcen des Unternehmens stark überforderte und seine effiziente Steuerung erschwert hat. Die erhofften Synergieeffekte konnten dagegen nicht realisiert werden. Die Folgen der von der Swissair verfolgten »Hunter«-Strategie trugen sicher auch dazu bei, dass die Airline nicht als Ganzes gerettet werden konnte, sondern zunächst einen äußerst schmerzhaften Restrukturierungsprozess durchmachen musste, bevor sich mit der Lufthansa letztlich ein Käufer für die »gesund geschrumpften« Reste des ehemaligen »Schweizer Nationalheiligtums« fand.

Auch in diesem Punkt könnte der Unterschied zwischen den beiden betrachteten Unternehmen kaum größer sein. So weist die Ryanair eine sehr »schlanke« Organisationsstruktur auf, deren Ausgestaltung stringent auf die Erbringung der eigentlichen Kernleistung des Unternehmens ausgerichtet ist. Bei Aktivitäten, die nicht eindeutig in diesen Bereich fallen, verfolgt die Fluglinie eine konsequente Outsourcing-Strategie. Zwar erzielt auch die Ryanair durch die oben bereits beschriebenen »Ancillary Sales« (Provisionen anderer Unternehmen und Erlöse für Zusatzleistungen) stark wachsende Einnahmen außerhalb des eigent-

---

[57] Vgl. zum vorangegangenen Absatz: Ryanair Holdings plc (Hrsg.): Half year results 2008, Dublin 2008, elektronisch veröffentlicht unter www.ryanair.com.

Kritische (Miss-)
Erfolgsfaktoren im
Chancen- und
Risikomanagement

lichen Fluggeschäfts. Die Erwirtschaftung dieser zusätzlichen Erlöse hat im Fall des Billigfliegers jedoch kaum zusätzliche Komplexitätskosten zur Folge: Sofern das Unternehmen die betreffenden Leistungen selbst erbringt (wie etwa bei den Erlösen für den Verkauf von Getränken an Bord oder den Aufschlägen für die Aufgabe von Gepäckstücken) sind die für das Angebot erforderlichen personellen Ressourcen sowie die Infrastruktur in aller Regel ohnehin vorhanden. Insofern dürften derartige Angebote de facto auch nicht zu zusätzlichen Komplexitätskosten führen – im Gegenteil sollten sie dazu beitragen, die Auslastung der existierenden Kapazitäten zu verbessern und über die entstehenden »Economies of Scale« sogar eine Senkung der Stückkosten zu erzielen.

Mit Sicherheit wird es interessant sein zu beobachten, wie die Ryanair ihre Strategie zur Übernahme der Aer Lingus weiter verfolgt. Da es sich hierbei um die erste größere Übernahme seit langem handeln würde, sollte die Integration des Wettbewerbers durchaus einen erheblichen Kraftakt bedeuten und große Herausforderungen im Hinblick auf die Beherrschung der hiermit verbundenen Komplexität mit sich bringen.

- Risikokultur: der Niedergang der Swissair löste intensive Diskussionen um die Themen »Corporate Governance« und »Risikokultur« in Schweizer Unternehmen aus. Diese Diskussion schien im Rückblick auch dringend erforderlich, legte der Absturz der Airline doch erhebliche Defizite in diesen Bereichen offen: Zum einen sah die Unternehmensverfassung damals keine klare Trennung zwischen operativer Leitung und Kontrollorganen vor, sodass im Verwaltungsrat eines Unternehmens oftmals dieselben Personen saßen wie in dessen Vorstand. Zudem war gesetzlich festgelegt, dass die Mehrheit der Mandatsträger in Schweizer Unternehmen auch Schweizer Staatsbürger oder zumindest dauerhaft in der Schweiz wohnhaft sein müssen. Wie das US-Magazin »Business Week« formulierte, herrschte auf Grund dieser Bestimmung in der eidgenössischen Wirtschaft der »reine Inzest«. Dass sich innerhalb dieses Systems des bilateralen »Gebens und Nehmens« und »Leben und Leben Lassens« kaum eine effiziente Risikokultur ausbilden konnte, dürfte nicht überraschen. Zudem waren auch Kontrollen von politischer Seite kaum wirksam. Der Umstand, dass die Abgeordneten im Schweizer Nationalrat keine Berufspolitiker sind, sondern nur relativ geringe Aufwandsentschädigungen erhalten, erhöht zwangsläufig deren Anfälligkeit für Lobbyismus von Seiten der Wirtschaft.[58]

58) Vgl. Klusmann, S./Lebert, R.: Der Schweizer Filz und das Debakel um die Swissair, in: Financial Times Deutschland vom 08.10.2001.

7 Lessons Learned: Kritische (Miss-) Erfolgsfaktoren im Chancen- und Risikomanagement – Swissair vs. Ryanair

Dementsprechend stießen auch alle Warnungen auf taube Ohren – »als nationales Symbol war die Swissair tabu«[59]: So hatte beispielsweise Christopher Chandiramani, Analyst bei der Großbank Credit Suisse, bereits im Juli 2000 eine »Management- und Finanzkrise« bei der Swissair vorhergesagt. Die Analyse wurde jedoch unmittelbar nach ihrer Veröffentlichung wieder eingezogen, kurz darauf wurde Chandiramani entlassen. Der damalige CEO der CSFB, Lukas Mühlemann, war zu dieser Zeit übrigens auch Verwaltungsrat der SAirGroup. Auch aus dem Kreis der Mitarbeiter waren kaum kritische Stimmen zu vernehmen. Schließlich konnte das Unternehmen auf eine lange Erfolgsgeschichte zurückblicken, eine Anstellung bei der Swissair galt als Privileg und die Mitarbeiter genossen ihre im Branchenvergleich weit überdurchschnittlichen Gehälter und Arbeitsbedingungen. Eine offene Kommunikation eventueller Fehlentwicklungen hatte unter diesen Umständen daher schon fast den Beigeschmack von Nestbeschmutzung und Blasphemie.

Der Faktor »Risikokultur« ist im Übrigen auch bei Ryanair durchaus kritisch zu sehen. Zwar hat die Fluglinie das Ausscheiden und den späteren Tod einer herausragenden Führungsfigur, des Unternehmensgründers Tony Ryan, weitestgehend unbeschadet überstanden. Allerdings erscheint die Ryanair inzwischen sehr stark auf den CEO Michael O'Leary ausgerichtet zu sein. In der Vergangenheit erwies sich die Konzentration auf den ebenso charismatischen wie polarisierenden Mann an der Spitze als durchaus vorteilhaft – gelang es ihm doch, seinem Unternehmen mit seinen publicitywirksamen Auftritte in der Öffentlichkeit kontinuierliche mediale Aufmerksamkeit zu sichern und die Ryanair als sympathischen Herausforderer und Underdog im Kampf »David gegen Goliath« mit den etablierten und scheinbar übermächtigen Konkurrenten zu platzieren. Die einseitige Fokussierung auf O'Leary sowie – zumindest für außenstehende Betrachter erkennbare – erste Anzeichen eines Starkults um den CEO rechtfertigen aus Sicht des Verfassers jedoch auch den Hinweis auf die mit dieser Strategie verbundenen Risiken: In Anbetracht der hohen Popularität des extravaganten Iren wäre bei einer veränderten Wahrnehmung O'Learys in Presse und Öffentlichkeit ein negativer Imagetransfer auf das Unternehmen wohl kaum zu vermeiden. Zudem würde ein plötzliches Ausscheiden des CEOs innerhalb des Unternehmens zweifellos zu ein Vakuum hinterlassen, das für die Ryanair nur schwer zu füllen wäre.

[59] Vgl. Schwarz, G. : Das Ende einer (zu) stolzen Geschichte, in: Neue Zürcher Zeitung vom 30.03.2001.

Kritische (Miss-) Erfolgsfaktoren im Chancen- und Risikomanagement

Abgesehen von diesem Personalrisiko besteht natürlich auch bei der Ryanair die Gefahr, dass die herausragenden Erfolge der Vergangenheit den Blick auf zukünftige Risiken zunehmend trüben. Die Tatsache, dass sich die Fluglinie bisher immer gegen Widerstände von Außen durchsetzen musste und als »Newcomer« nie in der Position war, sich auf althergebrachten Pfründen ausruhen zu können, lässt allerdings vermuten, dass innerhalb des Unternehmens durchaus eine ausgeprägte Sensibilisierung gegenüber eventuellen Gefahrenpotenzialen vorhanden ist.

- Politische Einflüsse: Die Bedeutung politischer Einflüsse zeigte sich bei der Swissair überdeutlich. Schließlich hatte einer der wesentlichen Auslöser des Niedergangs der Fluglinie (die oben beschriebene »Hunter-Strategie«) seinen Ursprung in einer politischen Entscheidung: Der Ablehnung des EWR-Beitritts durch das Schweizer Volk. Auch nachdem die Position der Airline durch dieses Votum erheblich geschwächt worden war, spielten politische Interessen beim Scheitern der Allianz mit SAS, KLM und AUA eine wichtige Rolle (etwa der Streit um die Beteiligungsverhältnisse an dem zu gründenden Gemeinschaftsunternehmen und den neuen Firmensitz). Die konsequente und aggressive Durchführung der Unternehmensstrategie wurde von Politikern jeder Couleur ebenfalls tatkräftig unterstützt. Da die Nationalfarben auf den Leitwerken die Jets zu fliegenden »... Botschaftern für schweizerische Werte wie Verlässlichkeit, Qualität, Solidität, Sicherheit und Weltoffenheit«[60] stilisierten, wurde die Expansion der Swissair von den zahlreichen hochrangigen Politikern, die im Verwaltungsrat der Gesellschaft saßen, wohl als »nationale Aufgabe« angesehen und daher nicht kritisch genug hinterfragt. Diesen höheren Ansprüchen hatten sich wirtschaftliche Überlegungen im Zweifelsfall auch einmal unterzuordnen.

  Demgegenüber agiert die Ryanair weitgehend frei von politischen Einflüssen. Im Gegensatz zu vielen großen Fluglinien, die vormals in Staatseigentum waren, befand sich die Ryanair von Beginn an im Besitz ihrer Gründer und privater Investoren. Dementsprechend hatte das Unternehmen auch nie mit »politischen Altlasten« zu kämpfen. Frei von solchen Einflüssen ist die Fluglinie dennoch nicht. Dies zeigt sich insbesondere bei der Auswahl der Strecken und Flughäfen. Im Zuge der Verwirklichung strukturpolitischer Interessen werden die Provinz-Airports mitunter in erheblichem Umfang durch die jeweiligen Regionen gefördert, um sie für eine Gesellschaft wie die Ryanair attraktiv zu machen – ein Umstand, der (wie oben bereits beschrieben) regelmäßig gerichtli-

---

[60] Vgl. Schwarz, G. : Das Ende einer (zu) stolzen Geschichte, in: Neue Zürcher Zeitung vom 30.03.2001.

246

7 Lessons Learned:
Kritische (Miss-)
Erfolgsfaktoren im
Chancen- und
Risikomanagement –
Swissair vs. Ryanair

che Auseinandersetzungen um die Rechtmäßigkeit der hierfür eingesetzten Subventionen zur Folge hat. Naturgemäß bezieht die Fluggesellschaft derartige Beihilfen gerne in Kosten-/Nutzen-Kalkül bei der Entscheidung für eine neue Destination mit ein. Allerdings hat es nicht den
Anschein, als würde sich die Ryanair hierdurch in eine Abhängigkeit zu
politischen Institutionen begeben. Dies hängt nicht zuletzt mit dem hohen Maß an Flexibilität zusammen, mit dem das Unternehmen offensichtlich seine Streckenplanung betreiben kann. So hat die Ryanair in
der Vergangenheit mehrfach bewiesen, dass sie bei einem Wegfall ehemals gewährter Unterstützungsleistungen und der daraus resultierenden Verschlechterung der Wirtschaftlichkeit einer Destination »ihre«
Flughäfen sehr schnell wechselt – dies zeigte sich beispielsweise im
Herbst 2003, als die Beihilfen für den Flughafen Straßburg für unrechtmäßig erklärt wurden und die Ryanair darauf hin innerhalb eines Mo-
nats ihre Flugzeuge von Straßburg nach Karlsruhe/Baden-Baden verleg-
te.[61] Vor diesem Hintergrund liegt die Vermutung nahe, dass es sich bei
der Inanspruchnahme politischer (und dies bedeutet insbesondere finanzieller) Unterstützung durch Ryanair lediglich um »Mitnahmeeffek-
te« zu handeln scheint.

7.4 Schlussbemerkung

Wie in den vorangegangenen Darstellungen deutlich wurde, weisen der
Niedergang der Swissair bzw. der Aufstieg der Ryanair im Hinblick auf die
relevanten Miss-(Erfolgsfaktoren) eine Reihe von Gemeinsamkeiten auf.

Aus der Gegenüberstellung zweier Unternehmen kann zwar nicht geschlossen werden, dass die betrachteten Chancen- und Risikofaktoren Allgemeingültigkeit besitzen und daher auch bei allen anderen Unternehmen
eine entscheidende Rolle spielen müssen. Genauso unzulässig wäre allerdings die gegenteilige Annahme, dass der Erfolg bzw. der Misserfolg eines
bestimmten Unternehmens in jedem Fall auf ganz spezifische Ursachen zurückzuführen ist und daher keinerlei Aussagekraft für andere Unternehmen besitzt.

Insofern soll zum Abschluss des vorliegenden Beitrags die einleitende
Aufforderung wiederholt werden, die Erfolge und Krisen anderer Unternehmen als Anlass zu begreifen, auch das eigene Chancen- und Risikomanagement im Hinblick auf die erkannten kritischen (Miss)Erfolgsfaktoren

---

61) Vgl. Scheerer, M.: EU rügt Millionenhilfen für Ryanair als
illegal, in: Handelsblatt vom 03.11.2003.

zu überprüfen und darauf aufbauend eventuelle Defizite so rasch wie möglich zu beseitigen bzw. die vorhandenen Potenziale auch tatsächlich auszuschöpfen.

7.5 Literatur

Barigozzi, F./Peitz, M.: Comparative Advertising and Competition Policy, Working Paper des Dipartimento Sczienze Economiche der Universita di Bologna, Bologna 2004.

Bundesministerium der Finanzen; Bundesministerium der Justiz (Hrsg.): Maßnahmenkatalog der Bundesregierung zur Stärkung des Anlegerschutzes und der Unternehmensintegrität vom 25. Februar 2003, Berlin 2003, elektronisch veröffentlicht unter www.bmj.de.

Braun, H.: Risikomanagement, Darmstadt 1984.

Calder, S.: No Frills – The Truth Behind the Low Cost Revolution in the Skies, London 2004.

Capell, M. et al.: Renegade Ryanair, in: BusinessWeek vom 14. Mai 2001.

Creaton, S.: Ryanair – The Full Story of the Controversial Low-cost Airline, Aurum Press 2007.

Enz, W.: Das Fiasko der Swissair in der Retrospektive, in: Neue Zürcher Zeitung vom 23.04.2001.

Enz, W.: Neues Licht auf das Grounding der Swissair, in: Neue Zürcher Zeitung vom 15.02.2002

Europäisches Parlament, Rat (Hrsg.): Richtlinie 2006/43/EG des Europäischen Parlaments und des Rates vom 17. Mai 2006 über Abschlussprüfungen von Jahresabschlüssen und konsolidierten Abschlüssen, Brüssel 2006, elektronisch veröffentlicht unter eur-lex.europa.eu.

Flottau, J.: Ikarus in den Alpen, in: Die Zeit vom 15.11.2001.

Imboden, C.: Risikohandhabung: Ein entscheidbezogenes Verfahren, Bern; Stuttgart 1983.

Neubürger, K. W.:Risikobeurteilung bei strategischen Unternehmensentscheidungen, Stuttgart 1980.

Nicklisch, H.: Allgemeine Betriebslehre als Privatwirtschaftslehre des Handels und der Industrie, Band 1, Leipzig 1912.

Heilmann, D.: Inside Aer Lingus — Stock zwischen den Speichen, in: Handelsblatt vom 18.10.07.

Heilmann, D.: Ein irrer Ire, in: Handelsblatt vom 06. Oktober 2006.

Heilmann, D./Hauschild, H.: EU-Kommission stutzt Ryanair die Flügel, in: Handelsblatt vom 28.06.07.

Hoß, D.: Swissair am Boden, in: FAZ.net vom 03.10.2001.

Jet Airliner Crash Data Evaluation Centre/JACDEC (Hrsg.): JACDEC-Safety-Ranking 2006, Hamburg 2007, elektronisch veröffentlicht unter www.jacdec.de.

Klusmann, S./Lebert, R.: Der Schweizer Filz und das Debakel um die Swissair, in: Financial Times Deutschland vom 08.10.2001.

Kroder, T.: Michael O'Leary – Hyperaktives Raubein, in: Financial Times Deutschland vom 06.10.2006.

Linzer, U.: Der lärmende Mister O´Leary, in: Financial Times Deutschland vom 11.10.2007.

o. V.: Die Swissair-Chronik, in: FAZ.net vom 01.10.2001.

o. V.: Swissair fliegt dank Steuergeldern, in: Spiegel online vom 22.10.2001.

o. V.: Tricksereien bei der Swissair, in: Süddeutsche Zeitung vom 28.06.2002.

Roth, T.: Corporate Governance and Financial Reporting in the light of corporate crisis, Arbeitspapier der Universität St. Gallen, St. Gallen 2001.

Ruddock, A.: Michael O'Leary: A Life in Full Flight, Dublin 2008.

7 Lessons Learned:
Kritische (Miss-)
Erfolgsfaktoren im
Chancen- und
Risikomanagement –
Swissair vs. Ryanair

Ryanair Holdings plc (Hrsg.): About us, elektronisch veröffentlicht unter www.ryanair.com.

Ryanair Holdings plc (Hrsg.): Annual Report and Financial Statements, Dublin 2007, elektronisch veröffentlicht unter www.ryanair.com.

Ryanair Holdings plc (Hrsg.): Half year results 2008, Dublin 2008, elektronisch veröffentlicht unter www.ryanair.com.

Ryanair Holdings plc (Hrsg.): Our strategy, Dublin 2008, elektronisch veröffentlicht unter www.ryanair.com.

Ryanair Holdings plc (Hrsg.): Ryanair announces closure of Dublin-Cardiff Route, Pressemitteilung vom 25.04.2006, Dublin 2006, elektronisch veröffentlicht unter www.ryanair.com.

Ryanair Holdings plc (Hrsg.): Ryanair – the story so far, Dublin 2008, elektronisch veröffentlicht unter www.ryanair.com.

Sarbanes, P. S.; Oxley, M./US Dept. of Justice (Hrsg.): An Act to protect investors by improving the accuracy and reliability of corporate disclosures made pursuant to the securities laws, and for other purposes, Washington 2002, elektronisch veröffentlicht unter www.usdoj.gov.

Saxer, M.: Die Politik fliegt mit, in: Neue Zürcher Zeitung vom 17.02.2001; o. V.: Das Schicksal der Swissair ist weiter ungewiss, in: Frankfurter Allgemeine Zeitung, Nr. 229 vom 02.10.2001.

Scheerer, M.: EU rügt Millionenhilfen für Ryanair als illegal, in: Handelsblatt vom 03.11.2003.

Schwarz, G. : Das Ende einer (zu) stolzen Geschichte, in: Neue Zürcher Zeitung vom 30.03.2001.

Steiner, M. (Regie), Brändli, J.; Sauter, M. (Buch): Grounding – die letzten Tage der Swissair, Schweiz 2006.

Thornton, N.: Flying Foul – Ryanair flies in the Face of good Taste, in: BrandHome, 08/2001.

Weck, W.: Multikriterielle Risikoanalyse und -steuerung von Projekten im industriellen Anlagengeschäft, Diss., Wuppertal 1992.

Zydra, M.: Kein Geld, kein Benzin, in: FAZ.net vom 03.10.2001.

Zydra, M.: SAirGroup bestätigt schlimmste Befürchtungen, in: FAZ.net vom 02.04.2001.

Zydra, M.: Swissair meldet Teilkonkurs an, in: FAZ.net vom 01.10.2001.

8
Integrierte und wertorientierte Risikosteuerung und -finanzierung

Hendrik F. Löffler und Frank Romeike

8.1 Einleitung

Wirtschaftliches Handeln bedeutet auch immer, Risiken einzugehen. Risiken werden dabei als Ursachen für mögliche Abweichungen von den geplanten bzw. erwarteten Werten aufgefasst, was Chancen (positive Abweichungen) ebenso einschließt wie Gefahren (negative Abweichungen). Unternehmenserfolg ist maßgeblich davon abhängig, dass Chancen und Gefahren gegeneinander abgewogen werden. Der langfristige Erfolg eines Unternehmens wird so durch das Wert- und Risikomanagement bestimmt, weil der Unternehmenswert – als Erfolgsmaßstab – erwartete Erträge und Risiken miteinander verbindet und in eine Balance bringt.[1]

Die Ergebnisse einer aktuellen Expertenstudie[2] zeigen, dass in vielen Unternehmen das Versicherungswesen bzw. -management als ein historisch gewachsenes und autonomes Subsystem im Sinne einer »Insellösung« bzw. eines »Unternehmenssatelliten« geführt wird. Dies hat zur Folge, dass viele Unternehmen falsch oder überversichert sind, was letztlich zu überhöhten Gesamtrisikokosten bzw. im Schadensfall zu Unter- bzw. Überdeckungen führt.

Inbesondere ist die Absicherung von Frequenzschäden mit Hilfe von Versicherungslösungen aus verschiedenen Perspektiven unwirtschaftlich und nur selten effizient[3]. So sind im Bereich der Kleinstschäden die vom Risikoträger zu kalkulierenden Transaktionskosten besonders hoch und beinhalten einen Großteil der Versicherungsprämie. Ferner belasten die Fre-

1) Vgl. Gleißner, W.; Romeike, F.: Risikomanagement Umsetzung, Werkzeuge, Risikobewertung, Freiburg i. Br. 2005; S. 7.

2) Vgl. RiskNET GmbH, Funk Gruppe (Hrsg.): Wert- und Effizienzsteigerung durch ein integriertes Risiko- und Versicherungsmanagement, Oberaudorf/Hamburg 2007. (www.expertenstudie.risknet.de) sowie Gleißner, W.; Berger, T.; Rinne, M.; Schmidt, M.: Risikoberichterstattung und Risikoprofile von HDAX-Unternehmen 2000 bis 2003; FINANZ BETRIEB 5/2005; S. 343–353.

3) Vgl. Löffler, H.: Optimierung der Risikokosten durch effizienten Risikotransfer – Integration des Versicherungsmanagements in den Risikomanagement-Prozess, in: ZRFG, 01/2006.

Risikomanagement in der Unternehmensführung. Rainer Kalwait, Ralf Meyer, Frank Romeike, Oliver Schellenberger und Roland Franz Erben
Copyright © 2008 WILEY-VCH Verlag GmbH & Co. KGaA, Weinheim
ISBN 978-3-527-50302-5

quenzschäden die Rentabilität eines Versicherungsvertrages oftmals übermäßig, was in absehbarer Zeit zu einer Anpassung der Versicherungsprämie und langfristig zu gegenseitigen »Geldwechselgeschäften« führt. Im Gegensatz dazu führt eine nicht ausreichende Absicherung von Katastrophenrisiken im Zweifelsfall unmittelbar zum Ruin des Unternehmens. Für die Absicherung solcher höchst seltener aber katastrophaler Ereignisse ist die Versicherung in der Regel ideal, da eine Selbstversicherung in diesem Segment weder sinnvoll noch darstellbar ist. Trotz Kenntnis über solche Großschäden wird von einer Versicherungsnahme nicht selten Abstand genommen, da das Versicherungsmanagement die hierfür entstehenden Kosten als unverhältnismäßig hoch einstuft.[4]

Um sicherzustellen, dass das Versicherungsmanagement bzw. der Versicherungseinkauf eines Unternehmens bedarfsgerecht ausgestaltet ist und effizient funktioniert, ist eine Integration in den übergreifenden Risikomanagementprozess erforderlich. Hierbei handelt es sich um einen Prozess, in dem zunächst der gesamte Risikoumgang des Unternehmens zu ermitteln ist, um hieraus die Risikotragfähigkeit ableiten zu können. Eine singuläre Betrachtung von ausschließlich versicherungstechnischen Risiken ist nicht sinnvoll, da letztlich alle Risiken – unabhängig von ihrer Transferierbarkeit – auf das Unternehmen einwirken. Nur aus der Größe der Gesamtheit aller Risiken lässt sich bestimmen, welche Risikotragkraft dem Unternehmen zur Verfügung steht. Aus diesem Ergebnis kann dann abgeleitet werden, welche Risiken aus betriebswirtschaftlicher Notwendigkeit heraus zu bewältigen sind. Im Kontext der Bewältigung von Risiken gilt es, die gesamte Vielzahl der unterschiedlichen Möglichkeiten zu nutzen und so eine intelligente und effiziente Risikobewältigungsstrategie zu entwerfen und umzusetzen, im Rahmen derer auch Versicherungen eine wichtige Rolle spielen.

Zwischenfazit: Es ist eine Aufgabe des Risikomanagements, die Streuung bzw. die Schwankungsbreite von Gewinn und Cashflow zu reduzieren. Dies führt zu folgenden Vorteilen für das Unternehmen:

- Die Reduzierung der Schwankungen erhöht die Planbarkeit und Steuerbarkeit eines Unternehmens, was einen positiven Nebeneffekt auf das erwartete Ertragsniveau hat.
- Eine prognostizierbare Entwicklung der Zahlungsströme reduziert die Wahrscheinlichkeit, unerwartet auf teure externe Finanzierungsquellen zurückgreifen zu müssen.

[4] Vgl. Gleißner, W.; Löffler H.: Total Cost of Risk: Wertorientierte Steuerung von Risiko- transferstrategien, in: Die Versicherungspraxis 3/2007, S. 41–46.

- Eine Verminderung der risikobedingten Schwankungsbreite der zukünftigen Zahlungsströme senkt die Kapitalkosten und wirkt sich positiv auf den Unternehmenswert aus.
- Eine stabile Gewinnentwicklung mit einer hohen Wahrscheinlichkeit für eine ausreichende Kapitaldienstfähigkeit ist im Interesse der Fremdkapitalgeber, was sich in einem guten Rating, einem vergleichsweise hohen Finanzierungsrahmen und günstigen Kreditkonditionen widerspiegelt.
- Eine stabile Gewinnentwicklung reduziert die Wahrscheinlichkeit eines Konkurses.
- Eine stabile Gewinnentwicklung sowie eine niedrigere Insolvenzwahrscheinlichkeit sind im Interesse von Arbeitnehmern, Kunden und Lieferanten, was es erleichtert, qualifizierte Mitarbeiter zu gewinnen und langfristige Beziehungen zu Kunden und Lieferanten aufzubauen.
- Bei einem progressiven Steuertarif haben zudem Unternehmen mit schwankenden Gewinnen Nachteile gegenüber Unternehmen mit kontinuierlicher Gewinnentwicklung.

8.2. Umgang mit Risiken: Transferieren, vermeiden, reduzieren, finanzieren und intelligent selbst tragen

8.2.1 Risikotransfer: Ein Instrument der Risikobewältigung

Unter Risikobewältigung versteht man alle Maßnahmen, die darauf abzielen, Risiken zu vermeiden, zu vermindern oder zu begrenzen sowie zu transferieren oder selbst zu tragen. Ein ganzheitliches Risikomanagementsystem berücksichtigt die Risikobewältigung als integralen Bestandteil und hat die Aufgabe, die Risikokosten eines Unternehmens zu optimieren. Hierbei werden folgende Fragen berücksichtigt:

- Welche Risiken sollte ein Unternehmen grundsätzlich selbst tragen und wie viel Risiko kann unter Berücksichtigung ökonomischer Zielgrößen (etwa aus Liquiditäts- und Eigenkapitalgesichtspunkten) tatsächlich in Eigentragung genommen werden?
- Wie sieht der optimale Mix von Risikobewältigungsmaßnahmen aus? Welche Risiken sollten transferiert, vermindert oder begrenzt werden?
- Werden die übergeordneten Ziele des Risikomanagements gezielt auf das betriebliche Versicherungswesen angewendet?
- Welche Potenziale für eine Kostenoptimierung resultieren aus einer Optimierung der Risikobewältigung?

Oben genannte Fragestellungen können heute von den wenigsten Risikomanagementsystemen beantwortet werden, dies insbesondere auch deshalb, weil das Versicherungswesen häufig – wie bereits dargestellt – ein historisch gewachsenes und autonomes Subsystem darstellt, welches den Vorgaben des unternehmensweiten Risikomanagements nur in den seltensten Fällen folgt. Neben der Tatsache, dass dem Risikomanagement somit ein wichtiges Element der Risikobewältigung geraubt wird, kommt es durch diesen Umstand immer wieder dazu, dass Unternehmen sich zuviel oder falsch versichern, was letztlich zu überhöhten Gesamtrisikokosten (Total Cost of Risk, vgl. Abbildung 8.1)[5] führt.

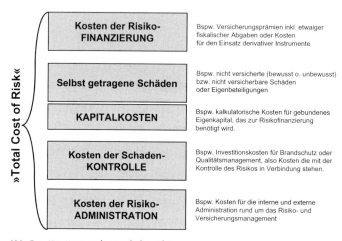

Abb. 8.1: Die Kosten der Risikobewältigung

8.2.2 Herausforderung: Analyse der Risikogesamtkosten

Eine der größten Herausforderungen für Unternehmen besteht darin, ökonomisch plausible und praktikable Steuerungsmodelle zu entwickeln, mit denen die Wertbeiträge von einzelnen Versicherungslösungen ermittelt und etwaige Optimierungspotenziale für die Risikokostenoptimierung identifiziert bzw. umgesetzt werden können. Hierzu bietet sich eine Analyse der »Total Cost of Risk« (TCR-Analyse) an, mit deren Hilfe die Transparenz und Steuerbarkeit von Risiken und verbundenen Risikobewältigungsmaßnah-

5) Vgl. Gleißner, W.; Löffler H.: Total Cost of Risk: Wertorientierte Steuerung von Risikotransferstrategien, in: Die Versicherungspraxis 3/2007, S. 41–46.

8 Integrierte und
wertorientierte
Risikosteuerung und
-finanzierung

men erhöht werden kann. So wird es möglich, das optimale Gleichgewicht zwischen Risikoeigentragung und Risikotransfer im Rahmen einer Risikobewältigungsstrategie zu bestimmen. Als Ergebnis steht ein in das Risikomanagement integriertes, ökonomisch plausibles und transparentes Versicherungsmanagement, das einen effektiven Beitrag zur wertorientierten Unternehmenssteuerung leistet.

Die Bestimmung der Risikokosten hängt letztendlich davon ab, welche Risiken in die Betrachtung einbezogen werden und welche mit diesen Risiken in Verbindung stehenden Kosten berücksichtigt werden sollen.

Bei kritischer Hinterfragung des Wertbeitrags des Risikotransfers sind ausschließlich diejenigen Risiken zu betrachten, die grundsätzlich disponibel, also auf Dritte übertragbar sind.

Im Hinblick auf die mit den einzelnen Risiken in Verbindung stehenden Kosten, gilt es folgende Positionen zu berücksichtigen:

- Kosten für interne Kontrollsysteme und die Organisation des Risikomanagements (insbesondere Investitionskosten für präventive und reaktive Maßnahmen, wie beispielsweise Brandschutz und Notfallorganisation),
- Kosten für Risikotransfer und externe Dienstleistungen (etwa Versicherungsprämien inkl. fiskalischer Abgaben und Entgelte für etwaige Dienstleister bzw. Makler),
- Kosten der eigenen Administration (Personal- und Sachaufwendungen inkl. Nebenkosten für ggf. vorhandenes eigenes Personal),
- Kosten der selbst getragenen Schäden (bspw. aus in Anspruch genommenen Eigenbehalten, nicht ausreichenden Deckungssummen, bewusst nicht versicherten Gefahren) sowie Kosten der Schadensabwicklung,
- (kalkulatorische) Kosten des Eigenkapitals, das zur Abdeckung möglicher risikobedingter Verluste erforderlich ist.

Die Berücksichtigung der Eigenkapitalkosten ist notwendig, weil das Eigenkapital eines Unternehmens in erster Linie zur Risikodeckung dient. Wenn nämlich keine risikobedingten Verluste auftreten können, benötigt ein Unternehmen eigentlich auch kein (teures) Eigenkapital. Risikotransferinstrumente im Allgemeinen bzw. Versicherungslösungen im Speziellen helfen daher Eigenkapital zu schützen bzw. zu reduzieren.

In einem nächsten Schritt muss festgelegt werden, welche Risikoarten und -kosten in die Optimierung der Risikokosten mit einbezogen werden sollen. Mit dieser Abgrenzung definiert man im Prinzip eine »virtuelle Cap-

Umgang mit Risiken: Transferieren, vermeiden, reduzieren, finanzieren und intelligent selbst tragen

tive«[6], deren Risikokosten – unter Vernachlässigung anderer unternehmerischer Risiken – optimiert werden.

Zu allen definierten Risiken werden nun – zunächst separat je Einzelrisiko – die relevanten Kosten erfasst. Wie bereits erwähnt, sind bei der Analyse die Kosten von Risikotransfermaßnahmen, Schadenskosten, risikobezogene (Arbeits-) Prozesskosten aber auch die kalkulatorischen Kosten für das zur Risikodeckung erforderliche Eigenkapital einzubeziehen.

Mit Hilfe der Risikoaggregation (etwa mit Hilfe einer Monte-Carlo-Simulation) wird nun die Gesamtrisikoposition sämtlicher in die Analyse einbezogenen Risiken ermittelt, wobei ggf. vorhandene Risikobewältigungsmaßnahmen zu einzelnen Risiken berücksichtigt werden. Auf diese Weise wird der zur Risikotragung benötigte Eigenkapitalbedarf ermittelt. Der Eigenkapitalbedarf zeigt den Umfang möglicher risikobedingter Verluste, der mit beispielsweise 99%iger Sicherheit in einem Jahr nicht überschritten wird. Das vorgegebene Wahrscheinlichkeitsniveau ist dabei vom angestrebten Rating abhängig (eine 1%ige Ausfallwahrscheinlichkeit entspricht in etwa einem »BB-Rating«). Die Ergebnisse der Aggregation ermöglichen eine fundierte Beurteilung der Risikoeigentragungskraft des Unternehmens, die im Rahmen der folgend zu entwickelnden Handlungsalternativen berücksichtigt werden sollte. Sie ist zudem notwendig, um die kalkulatorischen Eigenkapitalkosten – eine wesentliche Komponente der Gesamtrisikokosten – berechnen zu können. Versicherungen substituieren letztlich knappes und teueres Eigenkapital. Die kalkulatorischen Eigenkapitalkosten resultieren als Produkt von Eigenkapitalbedarf und Eigenkapitalkostensatz, der von der akzeptierten Ausfallwahrscheinlichkeit und der erwarteten Rendite von Alternativanlagen (beispielsweise am Aktienmarkt) abhängt.

Nach der Status-quo-Betrachtung der Risikokosten gilt es eine oder auch mehrere alternative Strategien zur Risikobewältigung zu erarbeiten, die eine Reduzierung der Risikokosten erwarten lassen.

---

[6] Captive Insurance Company (kurz: Captive): Bei einer Captive handelt es sich um eine Erst- oder Rückversicherungsgesellschaft, die einem einzelnen oder einer Gruppe von Industrie-, Handels- oder Finanzunternehmen gehört und die primär die Risiken der Eigentümer übernimmt. Captives sind ein sinnvolles Instrument zur Finanzierung von Frequenzschäden, da kleinere und mittlere Schäden im Eigenbehalt des Captive-Eigentümers bleiben. Ein echter Risikotransfer findet lediglich im »Low Frequency/High Severity« Bereich statt, indem Versicherungsdeckungen im Direkt-/Rückversicherungsmarkt eingekauft werden. Ein weiterer Vorteil einer Captive ist der direkte Zugang zum Rückversicherungsmarkt mit niedrigeren Transferkosten und Risikoprämien. Quelle: Romeike, F.: Lexikon Risiko-Management, Weinheim 2004.

8.2.3 Herausforderung: Strukturelle Trennung von Risiko- und Versicherungsmanagment

Ein Blick in die Aufbau- und Ablauforganisation der Unternehmen zeigt sehr häufig, dass das Versicherungsmanagement in vielen Unternehmen vom zentralen Risikomanagement abgekoppelt ist und nicht anhand ökonomischer Zielgrößen gesteuert wird. Vielfach ist das betriebliche Versicherungswesen als historisch gewachsenes Subsystem zu bezeichnen, das ein mehr oder weniger autonomes Inseldasein fristet[7]. Diesbezüglich sei nochmals erwähnt, dass das Fehlen betriebswirtschaftlicher Steuerungsmodelle oftmals zu Fehleinschätzungen der tatsächlichen Risikosituation führt und unter Umständen somit zur Überversicherung kleinerer und mittlerer bzw. zur Unterversicherung größerer Risiken und Katastrophenrisiken.

In der Konsequenz kommt bei der Erarbeitung von Handlungsalternativen der integrativen Verknüpfung von Risiko- und Versicherungsmanagement eine Schlüsselrolle zu. Es muss eine individuell auf das Unternehmen zugeschnittene Risikobewältigungsstrategie entwickelt werden, im Rahmen derer eine optimale Balance zwischen Risikoeigentragung und Risikotransfer ermittelt wird.

Wie ein bestehendes Versicherungsmanagement sinnvoll in das Risikomanagementsystem eines Unternehmens zu integrieren ist und welche Vorteile sich hieraus ergeben, soll im Folgenden dargestellt werden. Zuvor gilt es jedoch noch zu erörtern:

- Welchen Stellenwert die »Versicherung« im Portfolio möglicher Risikobewältigungsmaßnahmen einnimmt und welche Charakteristika sie aufweist,
- welche Voraussetzungen erfüllt sein müssen, um eine Versicherung grundsätzlich einkaufen zu können,
- wann es überhaupt sinnvoll ist Versicherungsschutz einzukaufen und
- welchen Nutzen die Versicherung tatsächlich bietet?

8.2.4 Risikotransfer durch Versicherungslösungen

Im Rahmen der Entwicklung einer geeigneten Risikobewältigungsstrategie zur Beherrschung versicherungstechnischer Risiken stehen Unterneh-

---

7) Löffler, H.: Risikomanagement – Ein Rezept ohne Köche?, in: FINANCE-Magazin, 01/2006.

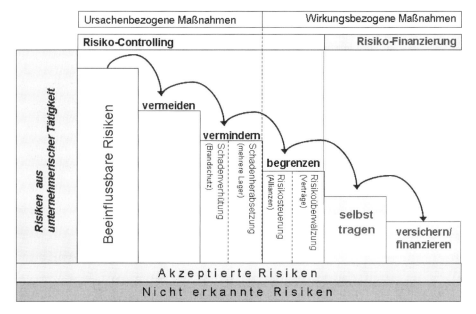

Abb. 8.2: Der Prozess der Risikobewältigung

men eine Reihe von unterschiedlichen Maßnahmen zur Verfügung (siehe Abbildung 8.2).

Im Gegensatz zu den ursachenbezogenen Maßnahmen des Risiko-Controlling (hier ist die primäre Zielsetzung der Maßnahme darauf ausgerichtet, dass ein Risiko in seiner Entstehung präventiv beeinflusst wird; beispielsweise die Sprinklerung einer Lagerhalle), gehören die Maßnahmen der Risikofinanzierung zu den wirkungsbezogenen Maßnahmen, d. h. sie greifen in dem Moment ein, nach dem sich das Risiko bereits realisiert hat (etwa eine Feuerversicherung) und gleichen den entstandenen Schaden aus.

Die folgenden Wege der Risikofinanzierung sind denkbar:
Im Rahmen der Risikoselbstfinanzierung steht einem Unternehmen das eigentliche Risikodeckungskapital, nämlich das Eigenkapital (EK) bzw. die Liquiditätsreserve zur Verfügung.

Wie viel Risiko ein Unternehmen in Eigentragung nehmen kann, hängt entscheidend von der Gesamtrisikoposition ab[8]. Diese Information liefert

---

8) Vgl. Gleißner, W.; Romeike, F.: Risikomanagement – Umsetzung, Werkzeuge, Risikobewertung, Freiburg i. Br. 2005; S. 31 ff. sowie Gleißner, W.: Die Aggregation von Risiken im Kontext der Unternehmensplanung; ZfCM – Zeitschrift für Controlling & Management; 5/2004; S. 350–359.

ein funktionsfähiges Risikomanagementsystem, in dem die Einzelrisiken des Unternehmens beispielsweise mittels eines stochastischen Risikomanagement-Modells aggregiert und in die Unternehmensplanung integriert werden.

Die Risikofremdfinanzierung erfolgt üblicherweise durch den Abschluss eines Versicherungsvertrags, also das Übertragen des Risikos gegen eine Risikoprämie an eine Versicherungsgesellschaft oder vereinzelt auch durch Instrumente aus dem Bereich der »Alternativen Risikofinanzierung« (ART/ARF) an sonstige Risikoträgergesellschaften (etwa Banken, Kapitalmarkt).

Sofern dem externen Risikoträger (Versicherer) die zu bezahlende Risikoprämie ausreichend erscheint, ist der Versicherbarkeit von Risiken grundsätzlich keine Grenze gesetzt. So bietet eine niederländische Versicherungsgesellschaft sogar Versicherungsschutz bei Entführung durch Außerirdische, bei Wiedereinführung der Prohibition oder unbefleckter Empfängnis. Bleibt die Frage: Wann resultiert aus dem Abschluss einer Versicherung ein Mehrwert? Oder anders formuliert: Wann ist der Versicherungsabschluss ökonomisch sinnhaft und in welchen Fällen sollte ein Risiko besser selbst getragen werden?

8.2.5 Versicherung als eine alternative (Fremd-)Finanzierungsform

Als versicherungsfähig gelten Risiken – aus der Perspektive eines Versicherers – dann, wenn folgende objektive Voraussetzungen erfüllt sind[9]:

- Das Ereignis muss unvorhersagbar sein (Zufälligkeit).
- Der Schadenbedarf muss schätzbar sein (beispielsweise PML: Probable Maximum Loss oder EML: Estimated Maximum Loss).
- Die Prämie muss kalkulierbar sein (etwa basierend auf historischen Erfahrungswerten bzw Statistiken).
- Es kann ein Risikokollektiv (Vielzahl gleichartiger Risiken) gebildet werden, für welches das Gesetz der großen Zahl gilt. Nur so ist ein Risikoausgleich über die Zeit möglich.

Für die Verfügbarkeit von ausreichenden Deckungskapazitäten bzw. bezahlbaren Versicherungskonditionen spielen neben den rein objektiven Kriterien auch subjektive Merkmale eines Risikos eine wichtige Rolle.

[9] Vgl. Farny, D.: Versicherungsbetriebslehre, Karlsruhe 2000, S. 85 ff.

Hierunter sind beispielsweise zu subsumieren:

- Schadenquoten (ex-post-Betrachtung: Schadenverlauf des individuellen Risikos in der Vergangenheit),
- individuelle Schadenpotenziale (ex-ante-Betrachtung: Individuelle Schadenpotenziale in der Zukunft),
- bestehende präventive Risikomaßnahmen (Schadenvermeidung/ -verminderung),
- bestehende reaktive Risikomaßnahmen (Schadenherabsetzung) sowie zunehmend auch
- funktionsfähige ganzheitliche Risikomanagementsysteme in der Form von existierenden und gelebten Managementinformationssystemen (Einstellung des Managements).

Wird ein Risiko vom potenziellen Risikoträger als versicherungsfähig eingestuft, ist die Beurteilung der Versicherungswürdigkeit des Risikos durch den Risikoinhaber zu prüfen. Hierbei muss unterschieden werden, welche Art von Risiken grundsätzlich überhaupt versicherungswürdig erscheinen und sofern diese identifiziert sind, ab welcher Relevanz (Schadenhöhe) das Risiko auf Dritte übertragen werden soll.

Sinnvoll erscheint eine versicherungstechnische Übertragung von Risiken immer dann, wenn ein Risiko nicht zum unmittelbaren Geschäftsgegenstand des Unternehmens zählt (beispielsweise Kundenbindung durch Erfüllung von Qualitäts- und Servicestandards) und nicht direkt beeinflusst werden kann (Qualitätsmanagement), sondern als Randrisiko von außen auf das Unternehmen einwirkt (etwa Betriebsunterbrechung in der Folge eines Brandschadens) und in der Regel bestenfalls mittelbar zu beeinflussen ist[10].

Das angesprochene Feuerrisiko kann grundsätzlich viel effizienter von einer Versicherungsgesellschaft getragen werden, die sich geschäftsplanmäßig mit der Risikotragung von Feuerrisiken beschäftigt. Das Gesetz der großen Zahl und der Risikoausgleich über die Zeit ermöglicht es einer Versicherungsgesellschaft dieses Einzelrisiko zu verteilen und entsprechend tragbar zu gestalten; es erfolgt eine Diversifikation des Einzelrisikos auf eine Vielzahl ähnlicher Risiken. Würde ein Unternehmen dieses Risiko selbst tragen, müsste es verhältnismäßig deutlich mehr Eigenkapital hinterlegen,

---

10) Vgl. Gleißner, W.; Romeike, F.: Risikomanagement – Umsetzung, Werkzeuge, Risikobewertung, Freiburg i. Br. 2005; S. 35 ff. und vgl. auch Lienhard, H.: Strategien im Umgang mit Risiken, in: Zeitschrift für Versicherungswesen, Heft 3/2002; S. 3 ff.

da dieses Einzelrisiko im Risikoportfolio des Unternehmens eben nicht diversifiziert werden kann.

Ist ein Risiko als prinzipiell versicherungswürdig identifiziert, gilt es zu klären, ab welcher Größenordnung dieses Risiko aus ökonomischen Überlegungen heraus auf eine Versicherung transferiert werden soll. Als erster Grobindikator kann bei dieser Fragestellung die Risikophilosophie des Unternehmens herangezogen werden, die im Rahmen des Risikomanagementsystems in Form von Relevanzklassen definiert, welche Risiken (monetär klar quantifiziert) grundsätzlich von Bedeutung sind. Sofern diese definierten und von der Geschäftsleitung verabschiedeten Relevanzklassen für das Risikomanagement verbindlich sind, muss konsequenterweise auch für das Versicherungswesen die Vorgabe gelten, dass Risken unterhalb eines Schwellenwertes von beispielsweise 300 000 Euro nicht versichert werden, sondern als Eigenbehalt im Unternehmen zu belassen sind.

Allein die Überprüfung des bestehenden Versicherungsmanagements anhand der Relevanzklassenskala erlaubt regelmäßig eine erste Einschätzung, inwieweit das Unternehmen über- bzw. ggf. auch unterversichert ist, vorausgesetzt, die versicherten Einzelrisiken sind hinsichtlich ihrer möglichen Auswirkungen (Schadenpotenziale) richtig bewertet worden.

Zur abschließenden Beurteilung der Versicherungswürdigkeit von Risiken ist jedoch eine detailliertere ökonomische Analyse erforderlich.

Wie bereits kurz dargestellt, ist die klassische Bilanzgröße zur Risikotragung das Eigenkapital. Hierbei ist jedoch zu berücksichtigen, dass das zur Risikodeckung reservierte Eigenkapital – im Schadenfall auch liquidierbar sein muss, also nicht investiert werden kann, zumindest dann, wenn der Betrieb nach einem Schaden fortgeführt werden soll.

Folgerichtig stellt die Versicherung eine alternative (Fremd-) Finanzierungsform dar, die faktisch wie eine »Eigenkapitalspritze« im Schadenfall wirkt. Zur Überlassung des Schadendeckungskapitals muss jedoch eine adäquate Risikoprämie entrichtet werden. Demnach lässt sich der ökonomische Nutzen einer Versicherungslösung in einem Vergleich zwischen der für die externe Risikotragung zu bezahlenden Versicherungsprämie (inkl. fiskalischer Abgaben) und den für die Risikoeigentragung anfallenden, anteiligen Eigenkapitalkosten, realisieren. So gesehen ist eine Versicherungslösung immer dann sinnvoll, wenn die zu entrichtende Versicherungsprämie geringer ausfällt als die zur Risikoeigentragung zu kalkulierenden Kapitalkosten (vgl. Abbildung 8.3).

Unter Berücksichtigung dieser Sichtweise lässt sich feststellen, dass sich eine Versicherungslösung üblicherweise zur Abdeckung von Großrisiken

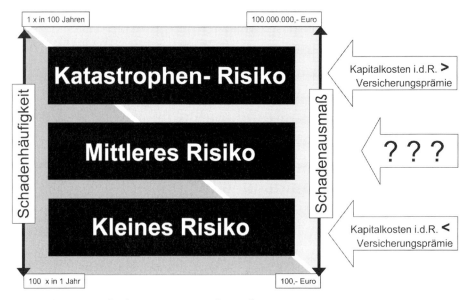

Abb. 8.3: Entscheidungsmatrix zum Risikotransfer

(relativ geringe Eintrittswahrscheinlichkeit mit existenzbedrohender Auswirkung) rentiert, da in diesem Fall die Kapitalkosten einer Risikoeigentragung deutlich höher ausfallen als die Risikoprämie beim Transfer des Risikos auf eine Versicherungsgesellschaft.

Zur Beurteilung der Versicherungswürdigkeit von Schäden mittlerer Tragweite ist jeweils eine individuelle Betrachtung der Relation von Kapitalkosten und Versicherungsprämie durchzuführen.

In der Regel nicht versicherungswürdig sind Kleinst- bzw. Bagatell- Risiken (relativ hohe Eintrittswahrscheinlichkeit mit geringfügiger Auswirkung, auch Frequenzschaden genannt), da die Risikofinanzierungskosten zur versicherungstechnischen Absicherung dieser Risiken zumindest mittelfristig höher ausfallen als die zur Risikoeigentragung zu kalkulierenden Kapitalkosten.

Wie bereits dargestellt, ist die versicherungsseitige Absicherung von Frequenzschäden aus verschiedenen Analyseperspektiven unwirtschaftlich und ineffizient[11]. So sind im Bereich der Kleinst- und Bagatellschäden

11) Vgl. Löffler, H.: Optimierung der Risikokosten durch effizienten Risikotransfer – Integration des Versicherungsmanagements in den Risikomanagement-Prozess, ZRFG (Zeitschrift für Risk, Fraud & Governance), 01/2006.

8 Integrierte und
wertorientierte
Risikosteuerung und
-finanzierung

die vom Risikoträger zu kalkulierenden Transaktionskosten besonders hoch und beinhalten einen Großteil der Versicherungsprämie. Ferner belasten die Frequenzschäden die Rentabilität eines Versicherungsvertrages oftmals übermäßig, was in absehbarer Zeit zu einer Anpassung der Versicherungsprämie und langfristig zu einem reinen »Geldwechselgeschäft« führt.

Im Gegensatz dazu führt eine nicht ausreichende Absicherung von Katastrophenrisiken im Zweifelsfall unmittelbar zum Ruin des Unternehmens. Für die Absicherung derartiger höchst seltener aber katastrophaler Ereignisse ist die Versicherung ein ideales Absicherungsinstrument, da eine Selbstversicherung in diesem Segment weder sinnvoll noch darstellbar ist.

8.3 Klassische und alternative Lösungen der Risikosteuerung und der Risikofinanzierung

Risiken lassen sich nicht per se transferieren. Vielmehr müssen Risiken die oben dargestellten Eigenschaften erfüllen, um überhaupt – zumindest auf konventionelle – Versicherungsmärkte transferiert werden zu können. Werden diese Eigenschaften erfüllt, ist jedoch der Versicherbarkeit in der Regel keine Grenze gesetzt, vorausgesetzt der Versicherungsnehmer ist bereit eine dem Risikoträger ausreichend erscheinende Risikoprämie zu bezahlen. Entsprechend vielfältig ist die Produktlandschaft. Trotz der Komplexität und Heterogenität generell transferierbarer Risiken, sind die hierfür vorhandenen Versicherungslösungen relativ stark standardisiert, wobei individuelle Modifikationen der Deckungsinhalte in einem bestimmten Rahmen grundsätzlich möglich und zur Erweiterung des Schutzwertes oftmals auch notwendig sind. Bei der unternehmensspezifischen Anpassung von Versicherungsverträgen auf den originären Bedarf eines jeweiligen Unternehmens sollte auf das Know-How einschlägiger Fachspezialisten, wie etwa renommierter Industrieversicherungsmakler oder hierfür ausgebildeter Versicherungsberater zurückgegriffen werden. Nachstehend werden einige ausgesuchte Versicherungsarten – differenziert in unterschiedliche für Unternehmen relevante Gefahrenbereiche – kurz skizziert.

Tab. 8.1: Gefahrenbereiche einzelner Versicherungsarten

Gefahren ...	Versicherungsarten[12]
die auf die **Sachsubstanz** des Unternehmens wirken (beispielsweise Gebäude, kaufmännische und technische Betriebseinrichtung, Vorräte und sonstige Vermögensgegenstände)	**Feuerversicherung** für Schäden durch Brand, Blitzschlag oder Explosion **Extended Coverage (EC) Versicherung** für Schäden durch Innere Unruhen, böswillige Beschädigung, Streik oder Aussperrung, Fahrzeuganprall, Rauch, Überschallknall, Sprinkler-Leckage, Leitungswasser, Sturm oder Hagel. **Glasbruchversicherung** **Einbruchdiebstahl-, Raubversicherung** **Elementarschadenversicherung** für Schäden durch Überschwemmung, Erdbeben, Erdsenkung, Erdrutsch, Schneedruck, Lawinen und Vulkanausbruch. **Allgefahrenversicherung** für Schäden durch nicht benannte, plötzlich und unvorhergesehen auftretende Gefahren (sog. Allgefahren-Baustein als Erweiterung der Sachversicherung für enumerativ aufgeführte Gefahren). **All-Risk-Versicherung** (sog. pure All-Risk-Deckung) für sämtliche nicht explizit ausgeschlossene Gefahren.
... die speziell auf **Technik** in Form von Maschinen, Geräte, Anlagen (im Bau) und die Informationstechnik wirken	**Bauleistungsversicherung** für Schäden am Bauprojekt durch ungewöhnliche Witterungsverhältnisse (Niederschläge, Sturm, Hagel und Frost), Naturereignisse (Erdbeben, Überschwemmungen, Hochwasser) in ungewöhnlichem Ausmaß, Konstruktions- und Materialfehler, Diebstahl fest eingebauter Teile, Glasbruch sowie fahrlässige und böswillige Handlungen Dritter, etwa Vandalismus. **Montageversicherung** für Schäden an Montageobjekten durch Konstruktions-, Material-, Montagefehler, höhere Gewalt oder Diebstahl sowie innere Unruhen, Streik, Aussperrung, radioaktive Isotope und Betriebsschäden an der Montageausrüstung. **Elektronikversicherung** für Schäden an elektronischen Geräten, Anlagen und Systemen durch menschliche Ursachen wie Bedienungsfehler, Ungeschicklichkeit, Fahrlässigkeit, Diebstahl, Einbruchdiebstahl, Raub oder Plünderung, Vorsatz Dritter, Vandalismus und Sabotage sowie technische Ursachen wie Überspannung, Unterspannung, Fremdspannung, Kurzschluss, Ausfall von Steuerungseinrichtungen, Konstruktions-, Material- oder Ausführungsfehler als auch Brand, Explosion, Implosion, Blitzschlag (direkt oder indirekt), Ruß und Rauch, Schmoren, Sengen, Glimmen und Löschmittel, Wasser aller Art, Feuchtigkeit, Überschwemmung, Höhere Gewalt, Sturm und Hochwasser.

12) Die hier aufgeführten Versicherungsarten stellen lediglich einen Ausschnitt zu am Versicherungsmarkt grundsätzlichen verfügbaren Produkten dar. Der jeweilige Deckungsumfang ist von Gesellschaft zu Gesellschaft unterschiedlich und kann im Einzelfall an die jeweiligen individuellen Bedürfnisse des Versicherungsnehmers angepasst werden.

Gefahren ...	Versicherungsarten
	Maschinenversicherung für Schäden an Maschinen, maschinellen Einrichtungen und sonstigen technischen Anlagen durch menschliche Ursachen (Bedienungsfehler, Ungeschicklichkeit, Fahrlässigkeit, Böswilligkeit), Produktfehler (Konstruktions-, Material- oder Ausführungsfehler), Technische Störungen (Zerreißen infolge Fliehkraft, Kurzschluss, Überstrom oder Überspannung, Überlastung, Fremdkörper, Über- oder Unterdruck, Wassermangel in Dampferzeugern, Versagen von Mess-, Regel- oder Sicherheitseinrichtungen) und Naturgewalten (etwa Sturm, Frost, Eisgang).
die auf **Waren** bei Transporten, Bezügen, Versendungen einwirken	**Transportversicherung** für Schäden an Gütern während der Beförderung und den damit im Zusammenhang stehenden Lagerungen durch alle nicht explizit ausgeschlossenen Gefahren, denen die Güter während der Versicherungsdauer ausgesetzt sind.
die auf den **Ertrag bzw. Gewinn und Kosten** des Unternehmens wirken	**Betriebsunterbrechungsversicherungen** ergänzen Schadensversicherungen und ersetzen dem Unternehmen den Unterbrechungsschaden (nicht erwirtschafteter Gewinn und fortlaufende, umsatzunabhängige Betriebskosten) während eines definierten Zeitraums (Haftzeit), der infolge eines vorangegangenen Kausalereignisses entstanden ist. **Produktschutzversicherung** für Schäden an eigenen Produkten aufgrund fahrlässiger oder auch vorsätzlicher Kontamination (Produkterpressung) und hierdurch verursachten Umsatzrückgängen bspw. infolge eines Rückrufes oder Imageschadens.
resultierend aus **Schadenersatzansprüchen** Dritter	Sach-, Personen und definierte Vermögensschäden aus Haftungspotenzialen gegenüber Abnehmern bzw. Vertragspartnern oder sonstigen Dritten aufgrund gesetzlicher und vertraglicher Haftpflicht werden durch **Betriebs-, Produkt- (ggf. ergänzt um eine Rückrufkomponente) und Umwelthaftpflichtversicherung** gedeckt.

Neben den oben exemplarisch genannten und kurz skizzierten Versicherungsarten werden auf den Versicherungsmärkten noch eine Vielzahl weiterer Produkte angeboten. Neben *Pflichtversicherungen* (wie etwa Kfz-Haftpflicht für betriebseigene Fahrzeuge) spielen hier in der unternehmerischen Praxis insbesondere noch diverse *Versicherungen zur Deckung von spezifischen Vermögensschäden* eine Rolle. Beispiele hierfür sind:

- Rechtsschutzversicherungen (zur Deckung von Rechtsverteidigungs- und Prozesskosten) sowie
- Forderungsausfallversicherungen (speziell Waren-Kreditversicherungen zur Deckung von Forderungsausfällen).

Ferner decken Unternehmen in Form von Versicherungen auch häufig die *persönlichen Risiken von Inhabern, Organen, Führungskräften und sonstigen Mitarbeitern* beispielsweise durch:

- D&O-Versicherungen (Directors and Officer Liability Insurance) zur Absicherung der persönlichen Haftungsrisiken der angestellten Manager, etwa infolge eines Fehlverhaltens,
- Reisegepäckversicherung (Versicherung der persönlichen Habe von Mitarbeitern bspw. auf Dienstreisen),
- Dienstreisekaskoversicherung (Versicherung der privaten Kfz von Mitarbeitern, mit denen Dienstfahrten durchgeführt werden).

Zu guter Letzt gibt es noch eine große Bandbreite von Versicherungslösungen im Sinne von *Sozialleistungen* zu Gunsten von Mitarbeitern, wie etwa:

- Gruppenunfallversicherungen,
- Kranken-/Auslandsreise-Krankenversicherungen und
- der komplette Bereich der Betrieblichen Altersversorgung.

Insgesamt basiert die traditionelle Risikofinanzierung durch traditionelle Versicherungslösungen weniger auf dem Gedanken des Bilanzschutzes oder dem Schutz des Unternehmenswertes, sondern eher auf einer punktuellen Risikoabsicherung. Eine Analyse der Kosten von traditionellen Versicherungslösungen zeigt, dass für den echten Risikotransfer – nach Abzug von Courtage, Provisionen und Verwaltungskosten – weniger als 50 Prozent zur Verfügung stehen. Versicherungssteuern, Maklercourtage, Kosten der Administration und des Vertriebs sowie weitere Transaktionskosten absorbieren einen großen Teil der Prämie. Diese mangelnde Effizienz der traditionellen Risikofinanzierung sowie ein Wandel der Risikolandschaft haben insbesondere bei Industriekunden zu einem Umdenken in die Richtung von alternativen bzw. innovativen Risikofinanzierungs- und transferlösungen geführt.[13]

13) Vgl. Romeike, F.: Lexikon Risiko-Management, Weinheim 2004.

In den vergangenen Jahren ist eine breite Palette an neuen und alternativen Finanzmarktinstrumenten zur Absicherung von Risiken entwickelt worden. Futures, Optionen und Swaps sind teilweise auch in Konkurrenz zu traditionellen Versicherungsprodukten getreten. Zusätzlich bietet der Kapitalmarkt Lösungen für traditionell nicht versicherbare Risiken. Die primären Kennzeichen von derartigen Produkten sind[14]:

- Risikofinanzierungslösungen werden unabhängig davon angeboten, ob Risiken aus traditioneller Sicht als »versicherbar« gelten oder nicht;
- In der Regel werden mehrjährige Deckungen angeboten;
- Der Risikoausgleich erfolgt in der Regel über die Zeit und innerhalb des Risikoportfolios (Bilanzschutzkonzepte);
- Die Lösungen werden kundenindividuell maßgeschneidert (d. h. es handelt sich nicht mehr um reine Standardprodukte);
- Häufig erfolgt eine – zumindest teilweise – Nutzung des Kapitalmarktes;
- Die Lösungen folgen einer holistischen, d. h. ganzheitliche Betrachtungsweise aller Risikokategorien.

8.4 Integration von Versicherungs- und Risikomanagement in der Unternehmenspraxis

Wie bereits dargestellt, besteht das betriebliche Versicherungsmanagement in vielen Unternehmen auch heute noch als autonomes Subsystem, das historisch gewachsen ist und nicht in den ganzheitlichen Prozess des Risikomanagements der Unternehmen integriert ist. Hieraus resultiert oftmals eine nicht transparente bzw. unter Berücksichtigung der Risikophilosophie des Unternehmens nicht nachvollziehbare Versicherungspolitik. Häufig wurden Versicherungen für Risikobereiche abgeschlossen, die eher in den Eigentragungsbereich des Unternehmens fallen. Im Bereich der Kleinschäden wird also tendenziell zu viel versichert. Im Bereich der existenzbedrohenden Risiken ist dagegen festzustellen, dass existenzbedrohende Exposures nicht adäquat abgesichert werden, obwohl gerade hier – unter Berücksichtigung der Kosten- und Nutzenrelation einer Versicherungslösung – der Transfer des Risikos unter Gesichtspunkten einer ökonomisch sinnvollen Kapitalallokation optimal erscheinen würde.

14) Vgl. Romeike, F.: Traditionelle und alternative Wege der Risikosteuerung und des Risikotransfers, in: Romeike, F./Finke, R. (Hrsg.): Erfolgsfaktor Risiko-Management, Wiesbaden 2003, S. 247 ff.

Auch empirische Untersuchungen zum Versicherungsverhalten[15] zeigen, dass (bei gleichem Erwartungswert der im Experiment untersuchten »Katastrophen«) eine Absicherung insbesondere gegen Szenarien mit Eintrittswahrscheinlichkeiten von fünf Prozent, zehn Prozent und 25 Prozent vorgenommen wurde, obwohl diese nicht bestandsgefährdend waren. Dagegen haben sich nur 65 Prozent gegen eine Katastrophe (mit ein Prozent Eintrittswahrscheinlichkeit und einem Schaden in Höhe von 25 Prozent des Gesamtvermögens) und sogar nur 50 Prozent gegen eine bestandsgefährdende Katastrophe (Eintrittswahrscheinlichkeit 0,2 Prozent und Zerstörung des Gesamtvermögens) entschieden. Offensichtlich zielt die Absicherung insbesondere auf (an sich ökonomisch durchaus tragbare) Schäden, deren Eintreten man im Rahmen des üblichen Erfahrungszeitraums sich durchaus vorstellen kann. Eine Absicherung gegen extrem unwahrscheinliche (aber existenzgefährdende) Katastrophen wird insbesondere wohl dann vorgenommen, wenn diese Katastrophen so plastisch und emotional berührend sind, dass deren Eintrittswahrscheinlichkeit emotional höher bewertet wird (vgl. Verfügbarkeitsheuristik).[16]

1. Risk-Profiling	2. Strategie	3. Prüfung	4. Optimierung und Integration
Erarbeitung eines Risiko-Inventars für die zu berücksichtigenden Risiken durch: 1. Analysen 2. Besichtigungen 3. Workshop 4. Interviews **Ergebnis:** Qualitative und quantitative Risikobewertung	Auf Grundlage des erarbeiteten Risiko-Inventars wird eine individuelle Risikobewältigungsstrategie für das Unternehmen entwickelt: Berücksichtigung von 1. Technik 2. Organisation 3. Eigentragung 4. Finanzierung 5. Festlegung der Selbsttragkraft **Ergebnis::** Bedarfsgerechte Risikobewältigungsstrategie basierend auf Ist-Risikolage	Die neu entwickelte Risikobewältigungsstrategie wird mit der bestehenden Strategie verglichen. **Ziel:** Optimierungspotenziale werden analysiert! **Anmerkung:** Erst in diesem Schritt erfolgt die Berücksichtigung des bestehenden Versicherungsschutzes	Entwicklung eines Umsetzungsplans basierend auf den identifizierten Optimierungspotenzialen. 1. Optimierung der bestehenden RM-Maßnahmen 2. Implementierung neuer Maßnahmen 3. Optimierung der bestehenden Versicherungen 4. Ggf. Abschluss neuer oder Kündigung bestehender Versicherungen 5. Integration des Versicherungsmanagements in den Risikomanagementprozess

Abb. 8.4: Der Prozess der Risk-Profiling

15) Vgl. Kunreuther, H. at al.: Disaster insurance protection: Public policy lessons. New York, 1978, S. 130/178.

16) Vgl. Romeike, F.: Der Risikofaktor Mensch – die vernachlässigte Dimension im Risikomanagement, in ZVersWiss (Zeitschrift für die gesamte Versicherungswissenschaft), Heft 2/2006, S. 287–309.

8 Integrierte und wertorientierte Risikosteuerung und -finanzierung

Um diesem Missstand entgegen zu treten, und um das Versicherungs-management in den Prozess des ganzheitlichen Risikomanagementsystems zu integrieren, empfiehlt es sich zunächst einmal die Risikolage, völlig los-gelöst von etwaigen bestehenden Versicherungslösungen, zu analysieren und zu bewerten. In diesem Zusammenhang hat sich die Methodik des Risk-Profiling bewährt[17].

Ziel des Risk-Profiling ist es, die tatsächliche Risikolage im Bereich der grundsätzlich versicherbaren Risiken eines Unternehmens zu bestimmen. Hierbei steht nicht der bestehende Versicherungsschutz im Vordergrund, sondern das Risiko an sich. Im Rahmen der Risk-Profiling-Methodik werden zunächst (beispielsweise in Form von Analysen, Workshops, Interviews, Be-sichtigungen) die Risiken eines jeweiligen Geschäftsbereiches unter Be-rücksichtigung der gegenwärtigen Lage gemeinsam mit unterschiedlichen Verantwortungsträgern aus dem Unternehmen dem Grunde sowie der Wahrscheinlichkeit nach qualifiziert und der Höhe nach (Auswirkung) quantifiziert.

Nach Inventarisierung der Ist-Risikosituation wird eine geeignete Strate-gie entwickelt, wie die einzelnen Risiken bestmöglich bewältigt werden kön-nen. Hierbei stehen insbesondere präventive Maßnahmen aus dem Bereich der Technik und der Organisation im Vordergrund, mit denen das beste-hende Risiko zunächst einmal hinsichtlich der Eintrittswahrscheinlichkeit reduziert bzw. im Hinblick auf seine Auswirkung begrenzt werden soll (vgl. Abbildung 8.2). Im Rahmen der Entwicklung einer adäquaten Risikobewäl-tigungsstrategie sind auch die Vorgaben des Risikomanagements bezüglich der Risikophilosophie, also der Relevanzklassen, zu berücksichtigen. Risi-ken mit einer geringen Relevanzklasse (unbedeutende Risiken) sollten kon-sequenterweise in den Risikoeigenbehalt fließen, im Sinne der Versiche-rungstechnik also als Selbstbehalt (bspw. als Aggregat) im Unternehmen verbleiben.

Zusätzlich hat es sich in der Praxis bewährt, das die Einzelrisiken im Kon-text der Risiko-Aggregation detailliert analysiert werden, um den Wertbei-trag des Versicherungswesens zur Risikobewältigung zu eruieren. Einzig für verbleibende Restrisiken, die weder sinnvoll technisch bzw. organisato-risch bewältigt oder selbstgetragen werden können, wird eine passende Transferstrategie auf Versicherungs- oder alternative Finanzierungsmärkte entwickelt (Soll-Versicherungskonzept).

---

17) Vgl. Löffler, H.: Strategien zum Umgang mit Risiken, Risk Profiling – Implementierung einer Versicherungsstrategie; in: Risikoma-nagement im Unternehmen, Praxisratgeber für die Einführung und Umsetzung (Hrsg.: Gleißner, W.), 10/2004, S. 45 ff.

Abschließend wird das neu entwickelte Soll-Versicherungskonzept mit dem heute bestehenden Versicherungskonzept verglichen. Hieraus folgend werden Optimierungspotenziale aufgezeigt und konkrete Umsetzungsempfehlungen dargestellt (Welche Versicherungen sind zu Gunsten der Eigentragung aufzuheben? In welchen Bereichen muss ggf. zur Absicherung von Spitzenrisiken noch Versicherungskapazität zugekauft werden?).

8.5 Zusammenfassung und Ausblick

Die Praxis[18] zeigt, dass eine Vielzahl von Unternehmen von einer integrativen Betrachtung, geschweige denn von einer integrativen Vernetzung, der Disziplinen Risiko- und Versicherungsmanagement noch weit entfernt ist, obwohl offensichtlich ist, dass

- ohne integrative Verknüpfung mit dem unternehmensweiten Risikomanagement das Versicherungsmanagement oft nur Stückwerk (Insellösung) bleibt.
- der Aufbau eines professionellen und ganzheitlichen Risikomanagements im Unternehmen erst das eigentliche Fundament für das Versicherungsmanagement sowie alternative Risikosteuerungsmaßnahmen bildet.
- der Risikotransfer auf Versicherungen nur eine mögliche (passive) Risikosteuerungsmaßnahme ist, deren Werthaltigkeit sich vielfach erst in Kombination mit anderen Bewältigungsinstrumenten ergibt.
- bei jedem Versicherungsabschluss dessen betriebswirtschaftliche Notwendigkeit nachgewiesen und das Fehlen/Vorhandensein besserer bzw. alternativer Maßnahmen geprüft werden sollte.
- Risikotransfer auf eine Versicherung insbesondere dann sinnvoll ist, wenn die zu bezahlende Versicherungsprämie unter den zur Risikoeigentragung zu kalkulierenden Kapitalkosten liegt.
- das Versicherungsmanagement durchaus auch organisatorisch in das Risikomanagement eingebunden werden sollte, in jedem Fall aber dessen Vorgaben folgen muss.

Spätestens in der Konsequenz des EU-weiten Regelwerks zur regulatorischen Eigenmittelunterlegung in der Assekuranz (Solvency II) müssen Unternehmen ohne ein adäquates Risikomanagement zukünftig mit nicht

18) RiskNET GmbH, Funk Gruppe (Hrsg.): Wert- und Effizienzsteigerung durch ein integriertes Risiko- und Versicherungsmanagement, Hamburg/Oberaudorf 2007 (www.expertenstudie.risknet.de)

risikoadäquaten (in der Regel steigenden) Versicherungsprämien rechnen. Ferner ist schon heute ersichtlich, dass ein integriertes Risiko- und Versicherungsmanagement im Unternehmen tendenziell auch zu einer besseren Wirtschaftlichkeit und somit zu einer erhöhten Kreditwürdigkeit infolge eines verbesserten Ratings führt. Insofern ist davon auszugehen, dass die Thematik weiter an Bedeutung gewinnt und Unternehmen zunehmend in diese integrierte Richtung gehen werden. Hierzu ist die Berücksichtigung folgender Punkte im ersten Schritt hilfreich:

1. Der Versicherungsnahme muss stets eine systematische Risikoidentifikation (Risk-Profiling) vorausgehen. Die Wertschöpfung im Rahmen der Optimierung des betrieblichen Versicherungswesens beginnt am Risiko und nicht am Versicherungsvertrag.
2. Risikoeigentragungsmodelle sind in die Überlegungen stets mit einzubeziehen. Versicherungen ergeben primär dann Sinn, wenn die zu entrichtende Versicherungsprämie geringer ist als die Kapitalkosten für gebundenes Kapital.
3. Neben der Berücksichtigung von Versicherungsprämien sind im Rahmen eines werthaltigen Versicherungsmanagements auch weitere Risikokostenpositionen zu berücksichtigen, insbesondere:
   • Kosten der Risikoeigentragung sowie hierfür zu kalkulierende Kapitalkosten,
   • Kosten des Riskcontrolling (bspw. Investitionskosten für Risikoprävention, -reaktion sowie ggf. auch IT- Systeme) und
   • Kosten der Risikoadministration (bspw. Personalkosten und Kosten für externe Beratung).
4. Versicherungen sind kein Allheilmittel und der Abschluss einer Versicherung an sich löst grundsätzlich keine Probleme. Der ökonomische Sinn einer Versicherungslösung resultiert in der Regel erst aus der sinnvollen Kombination mit anderen Maßnahmen aus dem Kontext der Risikobewältigung, wie beispielsweise technischen und organisatorischen Maßnahmen zur präventiven und reaktiven Risikohandhabung.
5. Versicherungsmanagement darf kein autonomes Subsystem sein, sondern ist als integraler Bestandteil der ganzheitlichen Risikosteuerung eines Unternehmens zu betrachten und zu führen. Risikobewältigungskonzepte durch Versicherung sind entsprechend »strategisch« auf das ganzheitliche Risikomanagementkonzept des Unternehmens auszurichten.
6. Das professionelle Management von Risiken, auch und gerade von industriellen Versicherungsrisiken, ist eine hochkomplexe und herausfordernde Aufgabe und bedarf in der Regel der Unterstützung durch exter-

nes Expertenwissen. Die Verbundenheit eines Unternehmens zu einem langjährigen Versicherungspartner (Versicherer, Agent oder Makler) darf nicht dazu führen, dass das Versicherungswesen vor einer kritischen Hinterfragung geschont wird.

8.6 Literatur

Erben, R.; Romeike, F.: Allein auf stürmischer See – Risiko-Management für Einsteiger, Weinheim 2003.

Farny, D.: Versicherungsbetriebslehre, Karlsruhe 2000, S. 85 ff.

Gleißner, W.: Die Aggregation von Risiken im Kontext der Unternehmensplanung; ZfCM – Zeitschrift für Controlling & Management; 5/2004; S. 350–359.

Gleißner, W.; Löffler H.: Total Cost of Risk: Wertorientierte Steuerung von Risikotransferstrategien, in: Die Versicherungspraxis 3/2007.

Gleißner, W.; Romeike, F.: Risikomanagement – Umsetzung, Werkzeuge, Risikobewertung, Freiburg i. Br. 2005.

Gleißner, W.; Berger, T.; Rinne, M.; Schmidt, M.: Risikoberichterstattung und Risikoprofile von HDAX- Unternehmen 2000 bis 2003; FINANZ BETRIEB 5/2005; S. 343–353.

Kunreuther, H. et al.: Disaster insurance protection: Public policy lessons. New York, 1978, S. 130/178.

Lienhard, H.: Strategien im Umgang mit Risiken, in: Zeitschrift für Versicherungswesen, Heft 3/2002; S. 3 ff.

Löffler, H.: Strategien zum Umgang mit Risiken, Risk Profiling – Implementierung einer Versicherungsstrategie; in: Risikomanagement im Unternehmen, Praxisratgeber für die Einführung und Umsetzung (Hrsg.: Gleißner, W.), 2004.

Löffler, H.: Optimierung der Risikokosten durch effizienten Risikotransfer – Integration des Versicherungsmanagements in den Risikomanagement-Prozess, in: ZRFG, 01/2006.

Löffler, H.: Risikomanagement – Ein Rezept ohne Köche?, in: FINANCE- Magazin, 01/2006.

RiskNET GmbH, Funk Gruppe: Wert- und Effizienzsteigerung durch ein integriertes Risiko- und Versicherungsmanagement, Oberaudorf/Hamburg 2007.

Romeike, F.: Risiko-Management als Grundlage einer wertorientierten Unternehmenssteuerung, in: RATING aktuell, Juli/August 2002, Heft 2, S. 12–17.

Romeike, F.: Integration des Managements der operationellen Risiken in die Gesamtbanksteuerung, in: BIT (Banking and Information Technology), Band 5, Heft 3/2004, S. 41–54.

Romeike, F.: Lexikon Risiko-Management, Weinheim 2004.

Romeike, F.: Integriertes Risk Controlling und Risikomanagement im global operierenden Konzern, in: Schierenbeck, H.: Risk Controlling in der Praxis, Zürich 2006, S. 429ff.

Romeike, F.: Der Risikofaktor Mensch – die vernachlässigte Dimension im Risikomanagement, in ZVersWiss, Heft 2/2006, S. 287–309.

Romeike, F.: Rechtliche Grundlagen des Risikomanagements, Berlin 2008

Romeike, F.; Erben, R. F.; Müller-Reichart, M.: Die Assekuranz steht an einer chancenreichen Weggabelung, in: Versicherungswirtschaft, Heft 16, 15. August 2006, S. 1301–1305.

Romeike, F.; Müller-Reichart, M.; Hein, Th.: Die Assekuranz am Scheideweg – Ergebnisse der ersten Benchmark-Studie zu Solvency II, in: Zeitschrift für Versicherungswesen, Ausgabe 10/2006, S. 316–321.

Romeike, F.; Müller-Reichart, M.: Risiko-Management in Versicherungsunternehmen, Weinheim 2005.

Romeike, F.; Finke, R.: Erfolgsfaktor Risiko-Management: Chance für Industrie und Handel – Methoden, Beispiele, Checklisten, Wiesbaden 2003.

Schierenbeck, H.: Risk Controlling in der Praxis, Zürich 2006.

8 Integrierte und wertorientierte Risikosteuerung und -finanzierung

9
Risikomanagementinformationssysteme (RMIS) – Basis eines modernen Risikomanagements

Marcus Pauli

9.1 Quae nocent, docent!

Die Finanzkrise 2007/2008, ausgelöst durch die Subprime-Hypothekarkredite in den Vereinigten Staaten, und der Betrugsfall bei der Société Générale Anfang 2008 haben auf eindrucksvolle Weise dargelegt, dass das Thema Risikomanagement aktueller denn je ist. Ausgerechnet in einer Branche, die starken Regulierungen unterliegt und die theoretisch über ausgefeilte Risikomanagementmethoden verfügt, ist ein Versagen des Risikomanagements zu beklagen. Die Folgen sind milliardenschwere Abschreibungen und ein massiver Vertrauensverlust in das Gesamtfinanzsystem. Der Präsident der Bundesanstalt für Finanzdienstleistungsaufsicht fordert die Banken dazu auf ihre Risikomanagementsysteme so auszurüsten, dass sie das Herannahen extremer Situationen rechtzeitig erkennen[1] – eigentlich eine Kernfunktion eines jeden Risikomanagementsystems (RMS).

Doch nicht nur die Banken erleben die dynamischen Effekte der Globalisierung, auch viele Handels- und Industrieunternehmen stehen vor der Aufgabe ihr Risikomanagement (RM) zu verbessern oder systematisch aufzubauen. Antrieb sind häufig weniger regulatorische Anforderungen, sondern stärker ex officio das Ziel, existenzgefährdenden Risiken zu begegnen und die Risikokosten zu senken.[2]

Risikomanagementinformationssysteme (RMIS) sind ein wichtiger Baustein für den Aufbau eines effektiven Risikomanagementsystems. Als Standardsoftware erzwingen sie eine gewisse Systematik der RM-Organisation.

9.1.1 Nutzung

Die Umsetzung von modernen Risikomanagementsystemen in Unternehmen erfordert neben den organisatorischen Anpassungen eine ent-

---

[1] Jahn 2008, S. 21.
[2] Ernst & Young 2007, S. 10.

Risikomanagement in der Unternehmensführung. Rainer Kalwait, Ralf Meyer, Frank Romeike, Oliver Schellenberger und Roland Franz Erben
Copyright © 2008 WILEY-VCH Verlag GmbH & Co. KGaA, Weinheim
ISBN 978-3-527-50302-5

sprechende Abbildung der Strukturen und Prozesse in Informationssystemen.

Die Wirtschaftsprüfungsgesellschaft Ernst & Young hat in einer repräsentativen Studie im Jahr 2006 unter den 500 größten deutschen Unternehmen im Bereich der Industrie und des Dienstleistungssektors den Entwicklungsstand der Risikomanagementsysteme untersucht. Es wurde dabei u.a. die Verbreitung von Risikomanagementinformationssystemen evaluiert (vgl. Abbildung 9.1).

Auf die Erhebung der Merkmale von Banken, Versicherungen und Finanzdienstleister wurde bewusst verzichtet, da ihre Form des Risikomanagements angesichts spezifischer regulatorischer Aspekte (z. B. MaRisk) nicht als repräsentativ für die Gesamtheit der Unternehmen angesehen werden kann. Darüber hinaus werden im Finanzbereich vorwiegend spezielle Tools zur Steuerung von Finanzrisiken eingesetzt, die aufgrund ihrer Spezifität weniger für eine Gesamtbetrachtung der Risikosituation anderer Branchen, sondern stärker für ihre besonderen Aufgaben geeignet sind.[4]

Nach den Ergebnissen der Studie erfolgt die IT-Unterstützung des Risikomanagements überwiegend anhand von Microsoft-Office-Software. Trotz einer leichten Tendenz zu reinen RMIS-Lösungen beschränkt sich immer

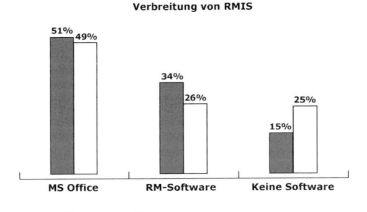

Verbreitung von RMIS

MS Office — RM-Software — Keine Software

51% 49% 34% 26% 15% 25%

■ 2006   □ 2005

Umfrage bei den 500 größten deutschen Unternehmen im Bereich Industrie und Dienstleistung

Abb. 9.1: Verbreitung von Risikomanagementinformationssystemen[3]

3) Ernst & Young 2007, S. 12.
4) Meier 2001, S. 26.

9 Risikomanagement-
informationssysteme
(RMIS) – Basis eines
modernen
Risikomanagements

noch jedes zweite Unternehmen auf die Microsoft-Office-Programme Excel und Access. Frühere Untersuchungen kommen zu ähnlichen Ergebnissen.[5]

Officelösungen sind zwar vergleichsweise preiswert und nahezu in jedem Unternehmen vorhanden, allerdings unterstützen sie die verschiedenen Risikomanagementprozesse nur begrenzt. So wird z. B. MS-Access vorwiegend zur strukturierten Erfassung und Auswertung von Einzelrisiken eingesetzt.

Immerhin 15 Prozent der Unternehmen verzichten noch vollkommen auf die Möglichkeiten einer IT-Unterstützung.

Vergleicht man die Entwicklung von 2005 zu 2006, so lässt sich festhalten, dass die IT-Unterstützung von RMS zugenommen hat. Insbesondere die Nutzung von integrierten RMIS-Lösungen ist um acht Prozent gestiegen, dennoch gibt es weiterhin ein großes Potenzial zum Aufbau prozessorientierter Anwendungen und zur Ablösung von selbst angepassten Office-Produkten.

9.1.2 Schwächen verbreiteter Ansätze

Der erste Schritt zur Unterstützung des Risikomanagements geschieht häufig über den Einsatz von Office-Standardprodukten, meistens durch Excel. An zentraler Stelle wird mit dem Aufbau eines Risikoinventars begonnen und dafür eine eigene Systematik entwickelt. Anforderungen und Möglichkeiten wachsen nach und nach. Schwierigkeiten ergeben sich bei diesem Vorgehen spätestens, wenn mehr Benutzer eingebunden werden sollen oder wenn die Ergebnisse über mehrere Einheiten konsolidiert werden müssen. Der Risikomanager sammelt die relevanten Informationen und muss eine fehlende Datenqualität manuell ausgleichen. Derartige selbstentwickelte Lösungen bleiben daher meistens Einzelplatzversionen. Das Reporting ist aufwendig und kostet Zeit. Ein weiteres Problem ergibt sich bei einer stärkeren Quantifizierung der Risiken.

Die geschilderten Ansätze sind daher für einen Anfang durchaus geeignet. Sie erlauben eine Erfassung und Klassifizierung der bekannten Risiken. Sie erreichen jedoch schnell ihre Grenzen und sind zur Steuerung im Sinne eines geschlossenen RM-Ansatzes nicht geeignet. Die mehrfache Erfassung und Veränderung von Daten ist fehleranfällig und widerspricht dem Gedanken der integrierten Informationsverarbeitung.[6] Danach dürfen alle Informationen nur einmalig und in digitaler Form erfasst werden. Die Speicherung muss redundanzfrei, strukturiert und persistent erfolgen. Die Be-

---

5) Bange 2005, S. 27.
6) Thome 2007, S. 655ff.

reitstellung der Informationen muss jederzeit und überall möglich sein, setzt jedoch ein entsprechendes Berechtigungskonzept voraus. Die Interpretation der Angaben muss bei allen Aufgaben einheitlich erfolgen.

Die genannten Anforderungen lassen sich mit diesem Vorgehen meist nicht erfüllen.

9.2 Modernes Risikomanagement

Modernes Risikomanagement setzt einen unternehmensweiten Ansatz voraus und wird aus der Natur der Sache heraus stets durch ein entsprechendes Risikomanagementinformationssystem unterstützt.

9.2.1 Risikomanagementorientierte Unternehmensführung

Anders als vor wenigen Jahren hat das Risikomanagement einen deutlich umfangreicheren Anspruch und ist ein wichtiges Element der Unternehmenssteuerung.[7] Es geht nicht mehr um ein Mikromanagement von einzelnen Risiken, sondern um einen systemischen Ansatz.

Eine risikomanagementorientierte Unternehmungsführung setzt ein unternehmensweites, proaktives und systematisches Risikomanagementsystem voraus. Dieses weist einen stark prozessualen Charakter auf und ist vollständig in das Berichtswesen integriert. Investitionsentscheidungen werden unter Berücksichtigung risikospezifischer Aspekte mit dem Ziel einer wertorientierten Unternehmensentwicklung getroffen.

Das Topmanagement schafft eine transparente Risikoorganisation und unterstützt den Aufbau einer gelebten Risikokultur.

Systematische Frühaufklärung

Modernes Risikomanagement berücksichtigt jedoch nicht nur die bekannten Risiken, sondern konzentriert sich vor allem auch auf latente, also verdeckt vorhandene Bedrohungen. Ebenso müssen auch latente Chancen beachtet werden. Von besonderer Bedeutung ist dabei die Registrierung von so genannten »schwachen Signalen«, die Diskontinuitäten ankündigen können und meistens nur bei Häufung im Zeitablauf wahrgenommen werden.[8] Dieser auf Ansoff[9] zurückgehende Ansatz versucht umweltbedingten Überraschungen durch die Identifikation von Vorboten zu begegnen.

7) Krall 2005, S. 339.
8) Hahn 2000, S. 86.

9) Ansoff 1976, S. 129ff.

9 Risikomanagementinformationssysteme (RMIS) – Basis eines modernen Risikomanagements

Die zu berücksichtigenden Signale können nicht nur dem ökonomischen Umfeld entspringen, sondern auch politischer Natur (z. B. Gesetzgebungsverfahren), technischer (z. B. Patentanmeldungen) oder sozialer Art sein. Entscheidend ist eine eindeutige Festlegung, um ein permanentes Monitoring zu ermöglichen. Ein denkbarer Indikator ist ebenfalls die Bibliometrie, also die Zitationsanalyse wissenschaftlicher Veröffentlichungen, die einen Hinweis auf die steigende Relevanz von technischen Entwicklungen gibt.[10]

Wie ein Radar, das bekannte und unbekannte Objekte anzeigt, hilft ein RMIS betriebswirtschaftliche Probleme früher zu erkennen, um reagieren zu können, wenn der Handlungsspielraum groß und der Druck zur Handlung noch beherrschbar ist. Ein RMIS verbessert daher insgesamt die Früherkennung (vgl. Abbildung 9.2) und gibt im Sinne der Diffusionstheorie kanalisierte Ausbreitungswege zur Weitergabe neuer Erkenntnisse vor.[11]

Aus heutiger Sicht ist die Frühaufklärung als Bestandteil eines modernen Risikomanagements anzusehen und keine eigenständige Aufgabe mehr.

Kybernetik

Traditionelle Planungs- und Steuerungssysteme sind nicht in der Lage, die Anforderungen eines modernen Risikomanagements zu unterstützen.

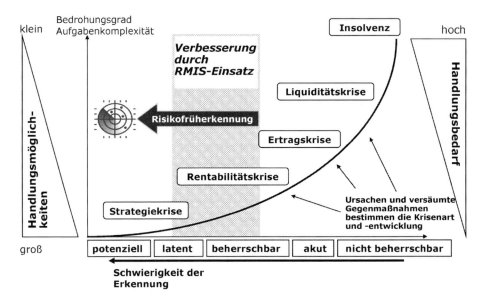

Abb. 9.2: Bedeutung von RMIS für die Risikofrüherkennung[12]

10) Tunger 2005, S. 23ff.
11) Hahn 2000, S. 88.

12) Verändert nach Falter 2000, S. 483.

Deren methodische Ansätze basieren auf vergangenheitsorientierten Daten und arbeiten reaktiv. Bei Abweichungen von Zielgrößen gibt es zwischen Erkenntnis und Entscheidung über die Reaktion einen Zeitverzug.[13]

Notwendig ist daher ein kybernetischer Ansatz, also ein System, dem eine Führungsgröße vorgegeben wird und an dessen Ende ein Sollwert zu erreichen ist. Eine Regelstrecke misst von außen auf das System einwirkende Störungen und über eine Stellgröße wird das Gesamtsystem auf den Sollwert austariert. Das Ziel besteht darin, stets den Systemzustand stabil und funktionsfähig zu halten. Der Vorteil dieser Rückkopplungssysteme liegt in der permanenten Analyse und automatischen Reaktion auch bei Störungen, deren Ursache unbekannt ist. Beispielsweise steuert eine Heizung, die über die Innenraumtemperatur reguliert wird, unabhängig von einer Vielzahl von Ursachen (Wind, Sonneneinstrahlung, Außentemperatur, Isolierung, Anzahl der Personen im Raum) das System auf die Zielgröße ein – und eben nicht nur in Abhängigkeit von der Außentemperatur.[14] Genau dieses Verhalten ist für das Risikomanagement notwendig, da nicht immer eindeutige Ursache-/Wirkungsbeziehungen bestehen bzw. erkennbar sind.

Für das Risikomanagement benötigt man allerdings einen über das kybernetische Grundprinzip hinausgehenden Ansatz, der mit Hilfe von Modellen und Prognosen die Auswirkungen von Störfaktoren auf das Gesamtsystem darstellt. Anderenfalls könnte das System erst reagieren, wenn eine Abweichung der Zielvariablen vom Sollwert vorliegt. Bei einem zerstörerischen Impuls käme die Reaktion des Systems zu spät, da dieser bereits in existenzbedrohender Weise auf das System einwirkt.[15] Dieser Aspekt ist bei einem Risikomanagement insbesondere für existenzbedrohende Risiken i. S. d. KonTraG zu berücksichtigen.

Ein modernes Risikomanagementsystem verfügt daher über einen kybernetischen Kreislauf. Über die Risikostrategie wird die Führungsgröße vorgegeben, die dann im (operativen) Risikomanagementprozess das Ziel vorgibt. Dort werden in den verschiedenen Phasen die Risiken identifiziert (Risikoidentifikation, RI), bewertet (Risikobewertung, RB, und Risikoaggregation, RA), Steuerungsmaßnahmen ergriffen (Risikosteuerung, RS) und die Auswirkungen auf die Sollwerte im Rahmen des Risikocontrollings (RC) überwacht (vgl. Abbildung 9.3). Entgegen vielfacher Darstellung ist die Festlegung der Risikostrategie (RS) nicht Bestandteil des Risikomanagementprozesses, da sie nur zyklisch überprüft und angepasst wird (gegebenenfalls angestoßen durch ein Risk Assessment), während der operative Kreislauf permanent durchlaufen wird.

---

13) Erben 2003, S. 275.
14) Mirow 1969, S. 91ff.
15) Mirow 1969, S. 111ff.

278

9 Risikomanagement-
informationssysteme
(RMIS) – Basis eines
modernen
Risikomanagements

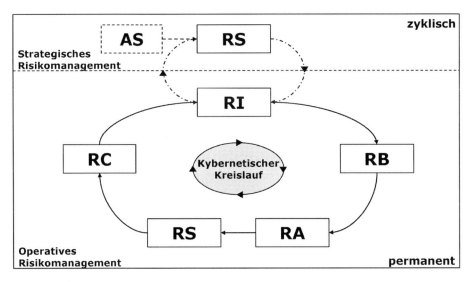

Abb. 9.3: Risikomanagementprozesse

9.2.2 Etablierung von Risikokultur

Ein durchdachtes und detailliert ausgearbeitetes RM-Konzept und eine klare Umsetzungsplanung garantieren noch lange kein funktionsfähiges System, das dem Unternehmen nachhaltigen Nutzen verspricht. Allzu oft wird der Fokus einseitig auf die Infrastruktur des RMS gelegt, ohne Rücksicht auf die Belange der Nutzer zu nehmen, die das Konzept später zu tragen haben. Die wesentliche Herausforderung besteht darin, das RM zum »Leben zu erwecken« und fest in der Unternehmenskultur zu verankern. Nur so gelingt es, die zahlreichen Vorteile eines umfassenden Risikomanagementsystems zu realisieren[16]

Die unternehmensindividuelle Risikokultur bestimmt maßgeblich den Erfolg und die Effektivität des RMS. Als Verhaltensdimension des normativen Managements reflektiert sie ein implizites und unsichtbares, aber dennoch verhaltenssteuerndes Phänomen, das die Gesamtheit aller entstandenen und akzeptierten Wert- und Normvorstellungen im Umgang mit unternehmerischen Risiken widerspiegelt.[17] Die zugrunde liegende Risikokultur hat demnach erheblichen Einfluss auf das Risikobewusstsein und die Art der Kommunikation risikorelevanter Sachverhalte in den unterschiedlichen Hierar-

16) Erben 2004, S. 2.
17) Wolf 2004, S. 46.

chieebenen und Funktionsbereichen innerhalb des Unternehmens. Eine Gestaltung und Etablierung einer »guten« Risikokultur, die den Mitarbeitern Risiken auch als Chancen und damit Risikomanagement als Wertschöpfungsfaktor vermittelt, ist damit eine zentrale Aufgabe der Unternehmensführung. Nur wenn das System von den Mitarbeitern akzeptiert und aktiv unterstützt wird, kann es den gewünschten Wirkungsgrad erreichen.

Da es sich bei der Unternehmenskultur um ein gelebtes Denk- und Entscheidungsmuster handelt, das sich über lange Zeit hinweg entwickelt, ist eine kurzfristige Beeinflussung nicht möglich. Vielmehr ist ein konsequenter, langfristig angelegter Prozess des Kulturwandels einzuleiten, der in aller Regel mehrere Jahre in Anspruch nimmt.[18] Dabei müssen die Ziele und Prinzipien eines umfassenden RM gegenüber den Mitarbeitern klar und verständlich kommuniziert und greifbar gemacht werden, um eine nachhaltige Wirkung entfalten zu können. Insbesondere der Chancenaspekt des verantwortungsvollen Umgangs mit Risiken muss in diesem Zusammenhang immer wieder betont werden.

Mit Hilfe risikobezogener Anreizstrukturen gelingt es, diesen Prozess erheblich zu beschleunigen und die Interessen der Mitarbeiter mit den Unternehmensinteressen abzustimmen. Es ist denkbar, einen Teil der Kosteneinsparungen, der durch den verantwortungsvollen Umgang der Mitarbeiter mit Risiken entstanden ist, auch an diese weiterzugeben. Auf diese Weise entsteht ein Vergütungssystem, das sich nicht nur am absoluten Ergebnis, sondern auch an der risikoadjustierten Performance des Einzelnen bzw. der gesamten Abteilung ausrichtet. Dies dürfte sich in der Regel auch für das Unternehmen günstiger gestalten als ein reines Kontrollsystem.

Ein effektives RM erfordert zudem Kooperation und Transparenz quer durch alle Hierarchieebenen und Unternehmensbereiche, damit potenzielle Risiken zeitnah kommuniziert werden können. Eine offene Kommunikation und vertrauensvolle Zusammenarbeit muss sich daher bereits im Führungsstil des Managements abzeichnen, um Vorbehalte und Hindernisse auszuräumen.[19] Die Realität sieht jedoch vielfach anders aus. In tradierten hierarchischen Strukturen vieler Unternehmen gibt es erhebliche Hemmschwellen, wenn es um die Kommunikation risikorelevanter Sachverhalte geht. Solange der Hinweis auf potenzielle Risiken als Beweis für die eigene Unfähigkeit verstanden wird, kann eine gesunde Risikokultur im Unternehmen nicht wachsen. In diesem Umfeld werden sich die Mitarbeiter vielmehr bemühen, Gefahrenpotenziale zu bagatellisieren oder schlimmstenfalls bewusst zu verschweigen.[20]

18) Hoitsch 2005, S. 125–127.   20) Erben 2004, S. 2–7.
19) Lück 2000, S. 336ff.

9 Risikomanagement-
informationssysteme
(RMIS) – Basis eines
modernen
Risikomanagements

Eine wichtige Funktion zur Verankerung einer Risikokultur erfüllen die risikopolitischen Grundsätze. Als greifbares Element des normativen RM stellen sie dokumentierte Verhaltensregeln dar, die ein unternehmensweit einheitliches Grundgerüst für den Umgang mit Risiken im Unternehmen bilden.[21]

Ein RMIS ist ein wichtiger »Enabler« für die Entwicklung der Risikokultur in Unternehmen, da viele der geschilderten Probleme durch dessen Einsatz gelöst werden können. Die risikopolitischen Grundsätze und Leitlinien können im System hinterlegt werden. Es unterstützt die Risikokommunikation durch klare Informationswege und Verantwortlichkeiten. Vor allem aber bleibt das Thema Risikomanagement keine zentrale oder Stabsaufgabe, sondern wird in das Unternehmen hineingetragen. Die eingebundenen Mitarbeiter erleben neben dem Aufwand auch direkt den Nutzen des RMS, indem sie die Informationen des Systems für ihre Arbeit verwenden können. Diese IT-seitig induzierte Partizipation unterstützt den schnellen Aufbau einer Risikokultur.

9.3 Integrierte Risikomanagementinformationssysteme

Die Anforderungen an ein effizientes Risikomanagement und an die Qualität der Risikomanagementinformationen werden durch eine intransparente und sehr dynamische Risikolandschaft mit immer mehr Einzelrisiken und gleichzeitig kürzeren Reaktionszeiten komplexer. Diese lassen sich in der betrieblichen Praxis nur mit geeigneten Informations- und Kommunikationssystemen umsetzen. Die moderne Informationstechnologie hat in den vergangenen Jahren ihre Leistungsfähigkeit noch einmal erheblich gesteigert. Sie bietet eine wesentlich höhere Datenverarbeitungsgeschwindigkeit, -kapazität und Genauigkeit und schafft aufgrund der Vernetzung die Möglichkeit zur Automatisierung von (Teil-)Aufgaben im analytischen Umfeld.

Durch den Einsatz eines RMIS können Schwachstellen im Risikomanagement, wie etwa ein lückenhaftes Risikoinventar, ein unvollständiger Überblick über die Gesamtrisikolage des Unternehmens, die redundante oder inkonsistente Speicherung von relevanten Daten oder unklare Informations- und Kommunikationswege identifiziert und beseitigt werden.[22]

21) Hoitsch 2005, S. 127.
22) Erben 2003, S. 282.

Technische Informationsverarbeitungsprobleme, die sich früher bei unternehmensweiten Frühwarnsystemen ergeben haben,[23] existieren heute nicht mehr.

Risikomanagement bedeutet vor allem das Managen von Informationen. Der Risikomanagementprozess lässt sich in zwei Grobphasen unterteilen[24]. In der ersten Phase geht es um die Risikoanalyse und in der zweiten um die Risikogestaltung. Bei der Risikoanalyse, welche die Identifikation, Bewertung und Aggregation der Risiken einschließt, geht es vorwiegend um die systematische Gewinnung bzw. Generierung von Informationen. Die zweite Phase nutzt die gesammelten Informationen zur Risikogestaltung, d. h. zur Entscheidung über die Steuerung der Risiken (Vermeidung, Verminderung) sowie zur fortlaufenden Kontrolle im Zuge des Risiko-Controllings (vgl. auch die Risikomanagementprozesse, Abbildung 9.3)

Ziel ist also, die Informationsversorgung und den Informationsstand des Entscheiders wesentlich zu verbessern. Der Erfolg des Risikomanagements bleibt abhängig von der Verfügbarkeit und Qualität der risikorelevanten Informationen.

Der Risikomanager soll sich mit Hilfe des RMIS auf die wesentlichen Analyse- und Entscheidungstätigkeiten konzentrieren können, die (noch nicht) von einem System übernommen werden können und dem Menschen vorbehalten sind (Intuition, schnelle Musterkennung).[25] Für diese Aufgaben versorgt ihn das System mit der richtigen Menge an Informationen. Alle Aktivitäten und Prozessschritte, die durch Informationstechnik schneller, fehlerfreier und kostengünstiger abgewickelt werden können, sollten möglichst weitgehend automatisiert von einem RMIS übernommen werden.

Trotz der deutlichen Fortschritte in den vergangenen Jahren ist im Bereich der Informationssysteme für das Risikomanagement noch erhebliche Forschungsarbeit notwendig.[26]

9.3.1 Abgrenzung

Seit einigen Jahren sind eine Reihe von IT-Lösungen auf dem Markt verfügbar, die sich mehr und mehr in Richtung einer Standardanwendungssoftware für das Risikomanagement entwickeln.

Ein integriertes RMIS ist ein datenbankgestütztes, funktional modular aufgebautes Workflow- und Entscheidungsunterstützungssystem, das alle Prozesse des strategischen und operativen Risikomanagements unterstützt

23) Hahn 2000, S. 83.
24) Thome 2006, S. 2.
25) Erben 2003, S. 282f.
26) Mertens 2002, S. 226

282

9 Risikomanagement-
informationssysteme
(RMIS) – Basis eines
modernen
Risikomanagements

sowie die unternehmensweite Risikoorganisation abbildet. Es kann in bestehende IT-Landschaften integriert werden, greift auf interne und externe Systeme zur Datengewinnung zu und liefert aufbereitete Daten an interne Transaktions- bzw. Kommunikationssysteme zurück.

Ein RMIS ist abzugrenzen von reinen Office-Anwendungen und Tools, die einzelne Aufgaben des Risikomanagements unterstützen (Simulationsanwendungen, Moderationsanwendungen für Risk Assessments).

Im Folgenden wird jeweils nur auf die Unterstützungsmöglichkeiten durch integrierte RMIS Bezug genommen.

9.3.2 Strategisches Risikomanagement

Das strategische Risikomanagement legt die Eckpunkte des Risikomanagementsystems fest. Dazu gehören die Formulierung einer Risikostrategie sowie die Vorgabe der Verantwortungsbereiche.[27]

Risikostrategie

Im Rahmen der Risikostrategie werden die grundsätzlichen Ziele des individuellen Risikomanagements festgelegt. Basierend auf einer umfassenden Wettbewerbsanalyse kann die Unternehmensleitung die wesentlichen Positionen formulieren. Dazu gehören Aussagen zur eigenen Struktur und Positionierung im Marktumfeld sowie zur Einschätzung des Markts. Darauf basierend kann eine Aussage zur prinzipiellen Risikobereitschaft (risikofreudig, neutral, risikoavers) getroffen werden.

Zusätzlich müssen Guidelines entwickelt werden, welche die Mitarbeiter zum richtigen Umgang mit Risiken anleiten sollen.

Ein integriertes RMIS unterstützt diesen Prozess der Entwicklung und Dokumentation der Risikostrategie durch standardisierte Workflows und Fragekataloge. Regelbasiert kann die periodische Überprüfung der Strategie eingefordert werden.

Organisationsstruktur

Ein Risikomanagementinformationssystem muss die gesamte Risikomanagementstruktur eines Unternehmens oder eines Unternehmensverbundes abbilden können. So müssen beispielsweise die internationalen Standorte eines Unternehmens oder verschachtelte Firmenstrukturen umgesetzt werden können. Für eine Holding ist es wichtig, beispielsweise auch Firmen aus vollkommen unterschiedlichen Branchen eintragen zu können.

27) Romeike 2003a, S. 147f.

Innerhalb eines Unternehmens ergibt sich meistens eine ähnliche Struktur (vgl. Abbildung 9.4). Auf der ersten Ebene werden die Risk Owner erfasst, die jeweils für die Überwachung eines Risikos verantwortlich sind. Diese sind im Regelfall identisch mit dem Verantwortlichen für einen Prozess, der Teil der internen Wertschöpfungskette des Unternehmens ist. Ihnen übergeordnet ist der Risikomanager, der für das RM einen bestimmten Unternehmensbereich koordiniert. Die Risikomanager berichten dann an den Chief Risk Officer (CRO), im Idealfall existiert diese Position bereits als eigenständige Funktion im Unternehmen. In der Praxis ist diese Position allerdings häufig dem Finanz- oder Revisionsbereich zugeordnet.

Diese skizzierte 3-Ebenen-Struktur muss je nach Größe des Unternehmens um weitere Ebenen ergänzt werden. Der CRO bereitet das Risikoreporting im Falle einer Aktiengesellschaft für Vorstand und Aufsichtsrat vor. Die Unternehmensrevision überwacht die Einhaltung der Unternehmensrichtlinien und die korrekte Nutzung des RMIS. Die verschiedenen Funktionen werden in der Regel über vorkonfigurierte Rollenkonzepte abgebildet. Dadurch erzwingt das Risikomanagementinformationssystem eine gewisse Risikomanagementstruktur mit eindeutigen Verantwortlichkeiten.

Hayek hat in seinem Aufsatz »The Use of Knowledge in Society« erläutert, dass für wirtschaftliche Entscheidungen in einer Gesellschaft spezifische Kenntnisse notwendig sind, die einer theoretischen Zentralgewalt nur zu

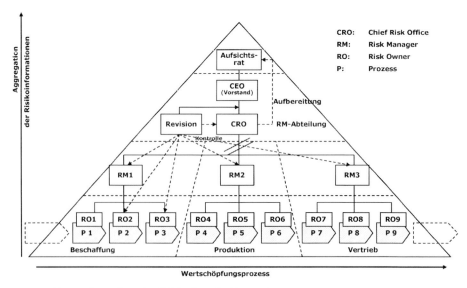

Abb. 9.4: Darstellung der RM-Struktur des Unternehmens im RMIS

9 Risikomanagement-
informationssysteme
(RMIS) – Basis eines
modernen
Risikomanagements

hohen Kosten und vor allem mit einer deutlichen Zeitverzögerung übermittelt werden können.

Ein ähnliches Phänomen lässt sich häufig in Unternehmen beobachten:
lokal sind Veränderungen oder Probleme erkannt und werden als typische
schwache Signale registriert (vgl. Kapitel 9.2.1 Systematische Frühaufklärung). Sofern eine Aufbereitung erfolgt, bindet sie aber große Kapazitäten
und die Weiterleitung an die Unternehmensspitze dauert viel zu lange, wie
Untersuchungen in Großunternehmen belegen.[28]

Bezogen auf ein Unternehmen dient ein RMIS dazu, jenes unorganisier-
te, weitverstreute und individuelle Wissen der besonderen Umstände von
Zeit und Raum systematisch zu erfassen, zu verdichten und schnell an die
Entscheidungsträger zu kommunizieren, damit zu einem frühen Zeitpunkt
ein ausreichend großer Handlungsspielraum besteht, um auf der Basis fundierten Wissens richtig auf die relevanten Risiken reagieren zu können.

9.3.3 Operatives Risikomanagement

Die Unterstützung des (operativen) Risikomanagementprozesses ist
Kernaufgabe integrierter Risikomanagementinformationssysteme. Im Sinne eines kybernetischen Kreislaufs werden die einzelnen Prozessschritte
immer wieder durchlaufen.

Risikoidentifikation
Über Fragenkataloge unterstützen RMIS die Sammlung bekannter Risiken und aller dazugehörigen Informationen. Die einzelnen Risiken können
über konfigurierbare Masken beschrieben werden. Wichtig ist, dass die Risiken durch eine bestimmte Anzahl von Eigenschaften und eine entsprechende Nummerierung eindeutig beschrieben werden. Über die Zuordnung zu einem verantwortlichen Risk Owner und einer Abteilung erfolgt im
Regelfall die Verknüpfung mit der Unternehmensorganisation. Die Erfas-
sungsmasken sind mit einem Standard hinterlegt, können aber z. B. durch
Hinzufügen von Feldern an unternehmensspezifische Bedürfnisse angepasst werden. Mit der Risikobeschreibung können für das Verständnis notwendige Dokumente verlinkt werden.

Suchmethoden für unbekannte Risiken i. S. v. analytischen Methoden
und Kreativitätsmethoden werden aufgrund der höheren Freiheitsgrade seltener unterstützt.

[28] Bange 2005, S. 29

Das Ergebnis der Risikoidentifikation ist ein Risikoinventar, ein vollständiges Verzeichnis aller erkannten Risiken. Das Risikoverzeichnis kann nach unterschiedlichen Kriterien gefiltert werden. Über das Berechtigungskonzept wird festgelegt, wer Zugriff auf die Risiken und die dazu hinterlegten Informationen hat. Dies dient jedoch nicht nur zur Sicherheit, sondern auch dazu, den Bearbeiter nicht mit Informationen zu überfrachten.

Risikoanalyse

Im Rahmen der Risikoanalyse erfolgt eine detailliertere Beschreibung der erfassten Risiken. Dazu werden bereits aufgetretene Schadensfälle erläutert, Interdependenzen zu anderen Risiken beschrieben und die Risiken einer Kategorie zugeordnet. Im Regelfall liefert das RMIS einen Grundstock von Kriterien, die unternehmensindividuell ergänzt werden können.

Risikobewertung

Nachdem die Risiken in den ersten beiden Schritten erfasst worden sind, erfolgt die qualitative Beurteilung und quantitative Bewertung aller Risikoobjekte. Das RMIS liefert dazu den methodischen Rahmen.

Im Rahmen der qualitativen Bewertung können die Risiken einer Ordinalskala zugeordnet werden. Die Bewertung erfolgt zweidimensional hinsichtlich des Schadensausmaßes (Bagatellrisiko bis bestandsgefährdendes Risiko) und der Eintrittswahrscheinlichkeit (gering bis sehr hoch). Dem Schadensausmaß wird (teilweise im Hintergrund) ein monetärer Wert zugeordnet sowie den Eintrittsklassen bestimmte Wahrscheinlichkeiten. Meistens sind standardmäßig drei bis fünf Klassen vorgesehen, jedoch erlauben gute RMIS eine Anpassung an spezifische Erfordernisse sowie unterschiedliche monetäre Bewertungen der Schadensklassen auf verschiedenen Unternehmensebenen (z. B. ist ein Kleinrisiko auf Holdingebene ein anderes als auf der Ebene einer Tochtergesellschaft).

Als Ergebnis erhält man eine Riskmap. Sie gibt einen ersten Gesamtüberblick über das Risikoportfolio eines Unternehmens.

Die rein qualitative Einordnung von Risiken hat zahlreiche Nachteile für die weitere Verarbeitung (Bestimmung von Korrelationen, Aggregation, Simulation), ist in der industriellen Praxis aber der erste Schritt, wenn keine ausreichende Datengrundlage (insbesondere bei seltenen Risiken mit hohem Schadensausmaß) vorliegt[29] bzw. wenn das methodische Knowhow noch nicht entwickelt ist (vgl. 9.4.1 Reifegradmodell).

Im Sinne eines modernen Risikomanagements ist eine eindeutige Quantifizierung jedoch angezeigt. Dabei kann das Risiko durch geeignete Vertei-

29) Romeike 2003b, S. 184f.

286

9 Risikomanagement-
informationssysteme
(RMIS) – Basis eines
modernen
Risikomanagements

lungsfunktionen beschrieben werden. Wichtige Verteilungsfunktionen sind die Binominal- und Poissonverteilung als diskrete sowie die Gleich-, Normal, Lognormal-, Dreiecks- und Exponentialverteilung als stetige Wahrscheinlichkeitsverteilungen.[30] Moderne RMIS unterstützen die Zuordnung zu diesen Verteilungsfunktionen. Die häufige Annahme einer Normalverteilung – beispielsweise für die Entwicklung von Aktienkursen – ist allerdings kritisch zu sehen, da diese große Kurseinbrüche viel seltener prognostiziert als sie in der Realität vorkommen. Durch die Annahme einer bedingt geeigneten Verteilung können Risiken auch systematisch ausgeblendet werden.[31]

Als Ergebnis erhält man ein bewertetes Risikoinventar. Darauf basierend kann eine Aggregation der Einzelrisiken durchgeführt werden. Eine wichtige Methode hierfür ist die Monte-Carlo-Simulation. Diese ist teilweise in die RMIS integriert, bei einigen Lösungen ist die Funktion nicht Bestandteil des Funktionsumfangs, sondern erfolgt über die Übergabe an reine Simulationstools, deren Ergebnisse dann wieder importiert werden können.

Im Ergebnis erhält man Hinweise auf die möglichen Verluste und den Bedarf an Eigenkapital als Risikodeckungspotenzial.

Methodisch ist in vielen RMIS das Thema der Korrelation von Risiken noch nicht vollständig gelöst, da hier ein Komplexitätsproblem besteht. Dies ist insofern als kritisch anzusehen, da mehrere kleine, positiv korrelierte Risiken das gleiche Schadenspotenzial wie ein großes Risiko haben können, aber nicht entsprechend erkennbar sind.

Risikosteuerung

Im Rahmen der Risikosteuerung werden die Maßnahmen für die einzelnen Risiken festgelegt. Bei der aktiven Risikosteuerung können die Risiken vermieden sowie das Schadenspotenzial vermindert oder begrenzt werden. Im Rahmen der passiven Steuerung werden die Risikostrukturen beibehalten und lediglich die (finanziellen) Konsequenzen der Risiken, z. B. durch eine Versicherung, überwälzt. Die Restrisiken werden selbst getragen.

RMIS erzwingen für jedes identifizierte Risiko die Festlegung einer Risikomaßnahme. Dies ist aus methodischer Sicht wichtig, damit kein Risiko »unbearbeitet« bleibt. Es ist sinnvoll, dass bei Festlegung und Freigabe der Maßnahmen eine Funktionstrennung durchgeführt wird. So kann der Risk Owner meistens eine Maßnahme vorschlagen, die z. B. vom Risikomanager genehmigt werden muss. Dies ist ein wichtiger Aspekt, um die Wirksamkeit der Maßnahmen zu überprüfen.

30) Gleißner 2005, S. 211ff.
31) Romeike 2008, S. 32.

Risikocontrolling

Für das Risikocontrolling werden für jedes Risiko bestimmte Key Risk Indicators und Schwellenwerte festgelegt. Im Falle von Abweichungen über die Schwellenwerte hinaus werden die relevanten Personen über Alert-Funktionalitäten informiert. Hierfür ist die Einbindung in die bestehende Kommunikationsumgebung der Mitarbeiter (i. d. R. E-Mail bzw. SMS) wichtig. Darüber hinaus können eindeutige Eskalationsmechanismen in Abhängigkeit des Störungsimpulses im RMIS hinterlegt werden. Für eine gute Übersichtlichkeit verfügen alle Systeme über Möglichkeiten zur grafischen Aufbereitung (z. B. über Ampelfunktionen).

Für das Reporting verfügen die RMIS über eine Reihe von Standardberichten, die regelgesteuert oder ad-hoc erstellt werden können. Dabei ist es wichtig, dass diese Berichte zielgruppenspezifisch gestaltet werden können (z. B. auch für externe Adressaten wie Banken im Rahmen des Rating oder für das Auditing).

9.3.4 Technische Aspekte

Heutige Risikomanagementinformationssysteme sind für den unternehmensweiten Einsatz gedacht. Technische Aspekte spielen eine wichtige Rolle für die Einbindung in die existierenden IT-Systeme.

Architektur von RMIS

Ein RMIS verfügt in der Regel über einen flexiblen, leicht erweiterbaren modul- bzw. komponentenorientierten Aufbau, um eine schnelle und problemlose Anpassung an die Bedürfnisse einer sich fortlaufend verändernden Unternehmensorganisation zu gewährleisten. Die am Markt verfügbaren RMIS-Systeme sind in ihrem Funktionsumfang sehr unterschiedlich, sie werden in der Regel als Einzelplatz- oder Client-Server-System angeboten. Lösungen für mittlere bis große Unternehmen sind überwiegend als Client-Server-Architektur aufgebaut. Um den Mitarbeitern eine zeit- und ortsunabhängige Verfügbarkeit der Anwendung zu ermöglichen, verfügen diese Systeme zusätzlich oder alternativ über einen Web-Client. Aufgrund der Möglichkeit zur schnelleren unternehmensweiten Implementierung des RMIS und der leichteren Wartbarkeit lässt sich eine gewisse Tendenz zu Web-Clients ausmachen.

Die RMIS-Lösungen setzen auf den verbreiteten Betriebssystemen (z. B. Windows, Linux, Unix) und meistens einem Datenbankmanagementsystem (z. B. Oracle, MS SQL, MySQL) auf, selten auf mehreren Systemen.

Abbildung 9.5 zeigt den typischen Architekturaufbau eines serverbasierten Risikomanagementinformationssystems.

Um ein effizientes Risikomanagement betreiben zu können, wird eine integrierte, konsistente und umfassende Datenbasis benötigt. Dafür müssen alle relevanten Daten und Dokumente aus internen und externen Informationsquellen erfasst, gesammelt und einheitlich für die entsprechenden Zwecke aufbereitet werden. Hierzu zählen unter anderem Daten über sämtliche Risiken, Vermögenswerte, Umsätze, Gewinne, planungsbezogene Informationen über Abhängigkeiten zu Beschaffungs- und Absatzmärkten, Schlüssellieferanten und Schlüsselkunden, Wiederbeschaffungszeiten von Maschinen, Informationen über Schadensfälle der Vergangenheit und abgeschlossene Versicherungen. Die Informationsversorgung erfolgt über eine Anbindung an verschiedene Datenbanken.[32] Die risikorelevanten Daten werden in der Regel im Rahmen der Risikoanalyse ermittelt und in der systemeigenen Datenbank gesichert. Der eigentliche Zugriff auf Daten, Methoden und Modelle zur Analyse oder Verarbeitung der Informationen erfolgt über verschiedene RMIS-Module, wobei die Module nach verschiedenen Aufgabenbereichen und Funktionen gegliedert sind und häufig als Basisinstallation mit optionalen Erweiterungen angeboten werden. So existieren bspw. Module zur Identifikation, Bewertung und Analyse, Simulation, Reporting oder zur Vorbereitung von Audits oder Ratinganalysen.

In einem zentralen Verzeichnisdienst werden die Benutzer des RMIS mit Kontaktdaten und abgestuften Berechtigungen verwaltet. Verschiedene

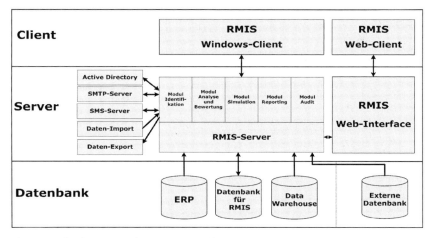

Abb. 9.5: Architektur von Risikomanagementinformations-systemen

32) Erben 2003, S. 283ff.

Single-Sign-On-Ansätze (z. B. für Active Directory) werden meistens unterstützt. Konfigurierbare Rollenkonzepte erlauben eine eindeutige Abbildung der Verantwortlichkeiten und der Risikostruktur des Unternehmens bis auf die Ebene der einzelnen Risiken. Hinsichtlich der Freigabe von Maßnahmen zur Steuerung von Risiken oder der Anlage und Genehmigung von Kontrollprozessen kann systemseitig eine Funktionstrennung (Segregation of duties, SOD) erzwungen werden. Auf der Basis der jeweiligen Rolle konfiguriert sich die Systemoberfläche des Benutzers und zeigt nur die Funktionalitäten an, für die der User berechtigt ist.

Nicht alle RMIS verfügen über ein systemintegriertes Simulationsmodul. Um trotzdem entsprechende Berechnungen vornehmen zu können, werden die Daten aus den RMIS-Modulen über einen Daten-Export an eigenständige Simulations-Tools bzw. Excel-Addons, wie beispielsweise Crystal Ball oder @RISK, über eine Standardschnittstelle weitergegeben. Weiterhin besteht eine Schnittstelle zur Datenübernahme aus gängigen MS-Office-Anwendungen oder Dateien. Diese dienen zum Import von bestehenden Risikokatalogen oder relevanten Zusatzdokumenten (z. B. RM-Handbücher, RM-Standards).

Für das Risikoreporting können die Auswertungen des RMIS an Textverarbeitungs-, Tabellenkalkulations- oder Präsentationsprogramme übergeben werden. Neben einer großen Zahl von Standardberichten können individuelle Berichte für unterschiedliche Zielgruppen innerhalb und außerhalb des Unternehmens erstellt werden.

Über Alert-Funktionalitäten werden die User des RMIS über Schwellenwertüberschreitungen bei Key Risk Indicators oder anstehende Aufgaben (z. B. Freigabe eines Kontrollprozesses) pushorientiert informiert. Dies erfolgt entweder über den Startbildschirm der Benutzeroberfläche und/oder Benachrichtigungen per eMail. Für die Integration in die bestehende Unternehmenskommunikation muss eine Anbindung an einen SMTP-Server (Simple Mail Transfer Protocol) möglich sein.

Einbindung in bestehende IT-Landschaften

Zahlreiche für das Risikomanagement relevante Daten liegen bereits in den verschiedenen IT-Systemen eines Unternehmens vor. Um den Erfassungsaufwand zu reduzieren, muss ein RMIS auf Vorsystemen aufsetzen und kann aus diesen weitere relevante Informationen importieren. Aus Enterprise-Resource-Planning-Systemen können Transaktionsdaten wie z. B. Finanzkennzahlen bezogen werden. Weiterhin können Daten aus einem Data Warehouse oder externen Datenbanken (wie z. B. Schadensfalldatenbanken, Nachrichtendienste, Rohstoffpreise oder Währungskurse) entnommen werden. Auf eine entsprechende Schnittstellen und die Möglichkeit zur automatischen Aktualisierung externer Daten ist der bei der Auswahl eines geeigneten Risikomanagementinformationssystems zu achten.

9.3.5 Ausprägungsformen

Der Markt für RMIS ist nach wie vor sehr heterogen. Aufgrund des starken Wachstums bieten Anbieter aus unterschiedlichen Bereichen Lösungen als RMIS aus. Dazu zählen Berater und Wirtschaftsprüfungsgesellschaften, die aus Kundenanforderungen heraus Lösungen entwickelt haben sowie Softwareanbieter aus dem Bereich Dokumentenmanagement, Data Warehouse/Business Intelligence sowie Anbieter von reinen RMIS-Lösungen im Sinne einer Standardanwendungssoftware.

9.3.6 Integration in bestehende Reportingstrukturen

Je nach Art und Weise der Einführung eines RMS können sich risikospezifische Reportingstrukturen ergeben, die neben den bestehenden Reportingwegen aufgebaut sind. Derartige Parallelstrukturen dürfen sich auf Dauer nicht verfestigen, vielmehr sollte das RMIS relativ zügig Teil des etablierten Berichtswesens werden.[33]

9.4 Implementierung von RMIS

Die Einführung von Risikomanagementinformationssystemen unterliegt ähnlichen Change-Management-Herausforderungen wie jede Software-Implementierung.[34] Anders als bei vielen operativen IT-Lösungen führt der Aufbau von RMIS jedoch zu einer umfangreichen Veränderung des vorhandenen RMS.

9.4.1 Reifegradmodell

Für die Auswahl des richtigen Risikomanagementinformationssystems ist die Bestimmung der Ausgangslage notwendig. Dazu ist der Reifegrad des bestehenden Risikomanagements zu bestimmen, anhand verschiedener

---

33) Brühwiler 2003, S. 326.
34) Laudon 2007, S. 573.

Kriterien kann eine Einstufung vorgenommen werden. Im einfachsten Fall ist die Notwendigkeit eines systematischen Risikomanagements erkannt worden, es existieren aber keinerlei Erfahrungen oder Strukturen. Ebenso kann die Analyse von verwendeter Methodik und IT-Unterstützung ergeben, dass ein »Beginner«-Status vorliegt oder die vierte Stufe des professionellen Anwenders erreicht ist (vgl. Abbildung 9.6).

Neben der Ausgangslage muss auch die Zielstufe festgelegt werden. Dies ist der deutlich schwierigere Teil und bedarf häufig externer Beratung, da die sinnvoll zu erreichende Zielstufe von zahlreichen Aspekten abhängt, die der Nachfrager selbst nur schwer einschätzen kann. Dies sind nicht nur die sich zwangsläufig ergebenden zeitlichen wie finanziellen Restriktionen eines solchen Vorhabens, sondern vor allem organisatorische oder kulturelle Aspekte oder Fragen der bestehenden oder erwarteten Risikopositionierung des Unternehmens. Wer diese nicht richtig berücksichtigt und ein ungeeignetes RMIS auswählt und implementiert, riskiert die Nichtakzeptanz des neuen RMIS.

Insbesondere der Anspruch, das »beste« System einzusetzen, kann zu einem Projektmisserfolg führen, da es meist weit über die tatsächlichen Anforderungen hinaus geht und für Anwender mit begrenzten RM-Kenntnissen schwer handhabbar ist. Dadurch ergibt sich eine Nichtakzeptanz, so dass der RMIS-Einsatz letztlich keinen Mehrwert erzielt. Dies gilt beispielsweise für den Einsatz umfangreicher auf finanzmathematischen Ansätzen basierender Simulationsverfahren, für die in Industrieunternehmen häufig ein ausreichendes Grundverständnis fehlt. Sinnvoll ist allerdings die Auswahl eines Systems, das bei einem steigenden Reifegrad mitwachsen kann und bei-

Stufe	Einstufung	RM-Struktur	RM-Methodik	IT-Unterstützung	Bestehende IT-Systeme	Bestehende Reporting-strukturen
6	„Leader"	• K₁ • K₂ • K ...				
5	„Experte"					
4	„Profi"					
3	„Fortgeschrit-tener"					
2	„Systematischer Anwender"					
1	„Beginner"					
0	„Kein RM"					

Abb. 9.6: Reifegradmodell für die Einführung von Risikomanagementinformationssystemen

spielsweise durch optionale Erweiterungen auch künftigen Ansprüchen gerecht wird.

9.4.2 Risk Assessment

An die Auswahl und Installation des Risikomanagementinformationssystems schließt sich ein Assessment an. Dieses dient der Erstkonfiguration des Systems. Soweit im Unternehmen bereits ein RMS aufgebaut wurde, kann auf die Vorarbeiten zurückgegriffen werden. Bestehende Risikokataloge, Organisationsstrukturen oder Prozessmodellierungen können je nach Ausprägung der RMIS-Lösung in die neue Anwendung importiert werden. Die vorhandenen Informationen werden dann in einem mehrstufigen Prozess einer Revision unterzogen und gegebenenfalls ergänzt. Häufig besteht nicht für alle Risiken eine ausreichende Datengrundlage zur Quantifizierung, ersatzweise ist dann in jedem Fall auf Expertenschätzungen zurückzugreifen werden, da die Fehleinschätzung sonst erheblich größer ist.[35] Gute RMIS-Lösungen unterstützen die webbasierte Befragung mehrerer, räumlich verteilter Experten und Auswertung dieser Mehrfachschätzungen. Sinnvoll ist auch die Ermittlung der Toprisiken des Unternehmens.

Existierte bisher kein Risikomanagementsystem im Unternehmen, fällt das Assessment entsprechend umfangreicher aus, im Fokus steht dann in erster Linie die Erstellung des Risikoinventars. Die gemeinsame Diskussion und Erarbeitung der Risiken ist ein wichtiger Prozess für die Entwicklung eines gemeinsamen Risikoverständnisses und den Aufbau einer Risikokultur.[36] Die RMIS-Anbieter bieten hier in unterschiedlicher Weise Unterstützung.

Einige Hersteller sehen sich als reine Softwareanbieter und liefern keinen Content mit, ein Assessment kann dann von einer Unternehmensberatung oder Wirtschaftsprüfungsgesellschaft unterstützt werden. Firmen mit einem umfassenderen Angebot stellen auch Templates für ihre RMIS-Lösungen zur Verfügung, die dem Anwendungsunternehmen die schnelle Adaption der Lösung auf die firmenspezifischen Anforderungen ermöglichen.

9.4.3 Einführungsstrategien

Bei der Initiierung eines RM-Projekts hat die Wahl der richtigen Einführungsmethodik einen großen Einfluss auf den Erfolg der Implementierung

---

35) Gleißner 2005, S. 218f.
36) Wittmann 2000, S. 817

und die Akzeptanz des Systems durch die Mitarbeiter. Als generische Vorgehensweisen haben sich der Top-Down, der Bottom-Up sowie der Nukleus-Ansatz erwiesen.

Top Down

Beim zentralistisch geprägten Top-down-Ansatz wird der Aufbau des RMS von der Unternehmensleitung initiiert und gesteuert. Demnach übernimmt die oberste Führungsebene weitgehend ohne Einbindung der operativen Geschäftseinheiten die konzeptionelle und inhaltliche Ausarbeitung des Risikomanagementsystems, das im Anschluss auf das Unternehmen ausgerollt wird.[37]

Grundsätzlich geht dieser Ansatz davon aus, dass die Unternehmensleitung über umfangreiche Kenntnisse zu allen Aspekten des Geschäfts in den einzelnen Bereichen und demnach auch über detaillierte Informationen zur gesamten Risikosituation des Unternehmens verfügt. Die Gestaltung des RMS als originäre Aufgabe der Unternehmensleitung erscheint daher auf den ersten Blick folgerichtig, erweist sich aber bei näherer Betrachtung als problematisch.[38]

Beispielsweise ist es für eine zentrale Gruppe schwierig, sinnvolle Schwellenwerte für die Klassifizierung von Risiken festzulegen.[39] Ein Risiko, das in einem kleinen Geschäftsbereich als sehr kritisch angesehen wird, würde in einem großen Geschäftsbereich mit einem geringen Schadenspotenzial bewertet. Durch die fehlende Einbindung der einzelnen Geschäftseinheiten wird das Risikomanagement schnell als von der Unternehmensleitung verordnet und das Risikoreporting als nutzlose, zusätzliche Berichtspflicht empfunden, was für die Entwicklung einer gelebten Risikokultur nicht sinnvoll ist.[40]

Ein Top-Down-Vorgehen eignet sich allenfalls für kleinere bis mittlere Unternehmen, bei dem die Leitung (noch) eine ausreichend tiefe Kenntnis aller Geschäftsbereiche und -prozesse hat.

Bottom Up

Der Bottom-up-Ansatz sieht ein vollkommen anderes Implementierungskonzept vor. Hier wird auf die zentralistische Einheitlichkeit eines Top-down-Ansatzes verzichtet und die Entwicklung des RM-Konzepts dezentralen Fachgruppen übertragen. Motor der Implementierung des RMS ist die operative Mitarbeiterebene, der im Wesentlichen auch die Aufgaben der Erprobung, Regulierung und Anpassung zugeordnet werden. Vorteil dieses

37) Kleuker 2005, S. 24.
38) Denk 2005, S. 76
39) Back 2004, S. 25.
40) Erben 2004, S. 4ff.

Konzepts ist eine weitgehende Akzeptanz aufgrund der intensiven Einbindung der künftigen Nutzer des RMS sowie der Beschäftigung mit selbst erarbeiteten Kennzahlen.[41]

In der Vergangenheit wurde die Entwicklung des RM eher dem operativen Management zugeordnet. Im Mittelpunkt stand das Management von Einzelrisiken bestimmter Risikoarten ohne Berücksichtigung ihrer Bedeutung für das unternehmerische Gesamtrisiko.[42] Die Implementierung eines RMS nach einem reinen Bottom-up-Vorgehen wird den Anforderungen eines umfassenden Ansatzes jedoch nur bedingt gerecht und ist aus praktischer Sicht nicht zu empfehlen. Es fehlt der eindeutige Bezug zur Unternehmensstrategie und den strategischen Erfolgsfaktoren, die den Ausgangspunkt zur Ableitung der wirklich wesentlichen Gefahrenpotenziale bilden. Es zeigt sich, dass Unternehmenskrisen und -zusammenbrüche häufig nicht auf operative Risiken zurückgehen, sondern dass die Unternehmensstrategie in zentralen Punkten scheitert.[43]

Ohne zentrale Koordination im Hinblick auf die notwendige Gesamtperspektive des Unternehmens werden innerhalb der einzelnen Unternehmensbereiche unterschiedliche Teilsysteme implementiert, die jedoch im Ergebnis nicht zwangsläufig zu einem sinnvollen Gesamtsystem führen. Besonders die Risiken mit interdisziplinärer Prägung (bereichsübergreifende Risiken) aus den klassischen Querschnittfunktionen (z. B. Finanzen, Recht, IT, Personal) werden parallel von unterschiedlichen Stellen bearbeitet, was sich in ineffizienten Prozessen und unnötigen Doppelarbeiten niederschlägt. Dagegen besteht bei einer Verschärfung oder bei Eintritt des Risikos die Gefahr, dass die Verantwortung abgeschoben und im Ergebnis nichts unternommen wird.[44] Darüber hinaus ist bei einer dezentral geprägten Bottom-up-Entwicklung eine Verdichtung der Daten auf höherer Ebene nicht ohne weiteres durchführbar. Ohne klare Vorgaben und Standards entsteht ein hoher Aufwand, um die Erkenntnisse in eine einheitliche Form zu bringen und somit eine konsistente Datenbasis aufzubauen; beispielsweise führt eine Risikobewertung auf der Grundlage unterschiedlicher Bezugsgrößen – etwa eine uneinheitliche Verwendung von Umsatz- und Ertragsgrößen – dazu, dass eine sinnvolle Vergleichbarkeit und Aggregation der Einzelrisiken nicht mehr möglich ist.[45] Ein reiner Bottom-Up-Ansatz ist daher insgesamt nicht zu empfehlen.

Nukleus-Ansatz

Eine von Beginn an unternehmensweite Implementierung eines RMS weist hinsichtlich Akzeptanz, Durchgängigkeit und interdisziplinärer Zu-

---

41) Preißler 1996, S. 82.
42) Meier 2001, S. 17–18.
43) Nolte 2007, S. 20.

44) Erben 2004, S. 4.
45) Gleißner 2001, S. 255.

sammenarbeit erhebliche Vorzüge auf, ist aber auch risikobehaftet. Unternehmen sehen häufig die Notwendigkeit eines konsistenten Risikomanagements, scheuen aber die Kosten eines unternehmensweiten Projekts.

Die Verfolgung eines reinen Top-down- oder Bottom-up-Ansatzes weist die geschilderten Defizite auf und ist nur unter bestimmten Voraussetzungen sinnvoll. Im Rahmen des Nukleus-Ansatzes wird diesen Problemen, die die Einführung eines RMS verzögern und z. T. politisch verhindern, Rechnung getragen.

Nach diesem Prinzip wird ein RMS zunächst im Rahmen eines Pilotprojekts in einer geeigneten Abteilung eingeführt. Möglicherweise kam die Initiative zum Aufbau eines RMS aufgrund eines akuten Bedarfs selbst aus der Abteilung. Nach erfolgreicher Umsetzung kann das Ergebnis zu einem »Template« weiterentwickelt werden. Bereichsübergreifende Aspekte können noch eingearbeitet und die geschaffenen RM-Grundsätze für eine sukzessive Ausdehnung auf weitere Unternehmensbereiche herangezogen werden. Die Nukleus-Abteilung sollte ihr Vorhaben direkt mit einem Risikomanagementinformationssystem durchführen, da dieses zahlreiche Strukturvorgaben bereitstellt und den späteren Roll-out vereinfacht.

Mit dem Nukleus-Ansatz besteht die Möglichkeit, bereits frühzeitig Bottom-up-Erfahrungen zu sammeln, auszuwerten und nutzbringend in die weitere Konzeptgestaltung einfließen zu lassen. Durch die unternehmensinterne Entwicklung wird die Glaubwürdigkeit der Initiative unterstützt. Das Projektrisiko ist begrenzt. In Analogie zum CSE-Ansatz (siehe 9.4.4 Continuous Systems Engineering) der Softwareentwicklung wird damit vor der Einführung eines unternehmensweiten RMS eine funktionsfähige Grundversion implementiert, die im weiteren Verlauf schrittweise verfeinert und verbessert wird.[46]

Durch ein Pilotprojekt können erste Erfahrungen gesammelt und das notwendige methodische Knowhow aufgebaut werden, so dass der Nukleus-Ansatz auch als Instrument zur teilweisen Substitution externer Beratungsleistung gesehen werden kann. Nicht zu unterschätzen ist auch die risikokulturstiftende Wirkung eines Pilotprojekts. Ein erster Erfolg schafft die notwendige Veränderungsbereitschaft und somit das Fundament für eine effiziente und flächendeckende Ausdehnung.

Für den Erfolg des Nukleus-Ansatzes ist die Auswahl eines geeigneten Bereichs für die Pilotentwicklung von zentraler Bedeutung. Prinzipiell sollte die Organisationseinheit ein hohes Maß an Eigeninteresse zeigen und eine Art Leitfunktion mit potenzieller Ausstrahlungswirkung auf andere Unternehmensbereiche einnehmen. Dies erfordert eine gewisse Vergleichbarkeit

296

9 Risikomanagement-
informationssysteme
(RMIS) – Basis eines
modernen
Risikomanagements

[46] Thome 1996, S. 78ff.

des »Nukleus«. Wie typisch bzw. übertragbar dieser RM-Kern auf andere Bereiche ist, spielt dabei eine entscheidende Rolle.[47]

Darüber hinaus sind horizontale und vertikale Verflechtungen der Organisationseinheiten zu berücksichtigen. Es sollte eine möglichst eigenständige Abteilung gewählt werden, damit Wechselwirkungen mit anderen Unternehmensteilen (Risikointerdependenzen) nicht zu einer Verfälschung der Ergebnisse führen. Im Idealfall haben die Mitarbeiter des Pilotbereichs bereits Erfahrungen mit der Analyse ihrer Arbeitsprozesse (z. B. im Bereich des Qualitätsmanagements) gesammelt, so dass erheblich von vorhandenen Bottom-up-Erfahrungen profitiert werden kann.[48] Als Nachteil des Nukleus-Ansatzes ist der höhere Zeitaufwand zu sehen. Er ist daher nicht für Unternehmen geeignet, die aus Compliance- oder Rating-Gründen kurzfristig ein Grundsystem benötigen.

9.4.4 Continuous Systems Engineering

Unabhängig von der gewählten Einführungsmethode ist bei einem RMIS der Ansatz des Continuous Systems Engineering (CSE) anzuwenden. Wie bei einer betriebswirtschaftlichen Standardanwendungssoftware gilt es über die Konfiguration des Risikomanagementinformationssystems schnell eine funktionsfähige Ausgangslösung zu erreichen, die einen operativen Betrieb er-

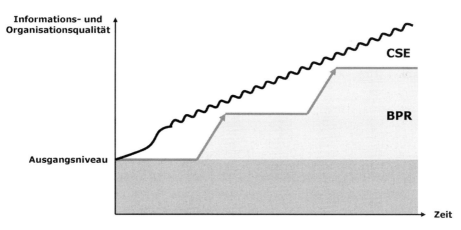

Abb. 9.7: Kontinuierliche Anpassung des Risikomanagement-systems[49]

47) Weber 1999, S. 103
48) Gietl 2005, S. 83

49) Thome 1996, S. 83.

laubt. Ausgehend von dieser Basislösung erfolgt die Nutzung im Sinne des geschilderten kybernetischen Kreislaufs. Dabei gewonnene Erkenntnisse fließen in die Gestaltung des Systems ein, so dass in einem zeitlichen Ablauf in kleinen Schritten die Angleichung von RMIS und Organisation erfolgen kann.

Dieses Vorgehen ist einer schubweisen Anpassung i. S. d. Business Process Reengineering nicht zuletzt aufgrund geringeren Veränderungswiderstands überlegen.[50]

9.5 Weitere Entwicklung

In den kommenden Jahren wird sich der Trend fortsetzen, der sich in der Untersuchung von Ernst & Young aus dem Jahr 2006 abzeichnet.[51] Die Unternehmen sind aufgrund eines volatileren Umfeldes gezwungen, ihr Risikomanagement zu verbessern. Dies geschieht meistens mit dem Übergang von Eigenentwicklungen hin zur Nutzung einer Standardsoftware für das Risikomanagement. Der Einsatz eines RMIS erlaubt ein systematischeres und umfassenderes Vorgehen und führt zu einer Professionalisierung des Risikomanagements. Der Anteil von Firmen mit einem IT-basierten Risikomanagementsystem wird daher deutlich steigen.

Der Markt für RMIS ist nach wie vor sehr heterogen. Zahlreiche Anbieter versuchen, mit ihren Lösungen die Bedürfnisse der Kunden zu treffen. Langsam reifen Standardanwendungssysteme für das Risikomanagement heran, wie sie in Kapitel 9.3 beschrieben wurden. Die RMIS gliedern sich immer besser in die bestehende IT-Landschaft ein. Trotzdem wird die weitere Entwicklung entscheidend vom Verhalten der ERP-Anbieter abhängen. Es ist die Frage, ob es ihnen gelingt, Funktionalitäten eigenständiger RMIS-Anwendungen als Module in ihre Software-Suites zu integrieren. Entgegen verschiedener Ankündigungen ist dies bisher nicht gelungen.

Des Weiteren zeichnet sich eine Entwicklung hin zu einem höheren methodischen Niveau bei der Anwendung des Risikomanagements ab. Ausgehend von einer Erfassung und Steuerung der bekannten Risiken steigen die Ansprüche der Firmen. Für Industrie- und Handelsunternehmen werden besonders wichtig:

- die schnellere Erfassung verdeckt bereits vorhandene Risiken im Sinne der Frühaufklärung,

---

50) Thome 1996, S. 78ff.
51) Ernst & Young 2007.

- die Schaffung ausreichender Datengrundlagen für eine sinnvolle Quantifizierung der Risiken,
- und die Verwendung risiko-adjustierter Kennzahlen bei Investitionsentscheidungen (Risiko-Rendite-Kalkül).

9.6 Literatur

Ansoff, H. I.: Managing Surprise and Discontinuity, in: Zeitschrift für betriebswirtschaftliche Forschung, H. 2, S. 129–152

Back, M; Bauer, H. (et. al.): Einführung eines Risikomanagement-Systems bei Freudenberg; in: Risknews 1 (2004) 1, S. 22–25

Bange, C.; Gölkel, V.: Steuerungs- und Informationssysteme. Motor für Corporate Governance. München 2005

Brühwiler, B.: Die Integration von Risikomanagement ins Management-System, in: Romeike, F.; Finke, R. (Hrsg.): Erfolgsfaktor Risiko-Management. Chance für Industrie und Handel. Methoden, Beispiele, Checklisten. 1. Aufl., Wiesbaden 2003, S. 315–327

Denk, R.; Exner-Merkelt, K. (Hrsg.): Corporate Risk Management. Unternehmensweites Risikomanagement als Führungsaufgabe., Wien 2005

Erben, R.; Romeike, F.: Risikoreporting mit Unterstützung von Risk Management-Informationssystemen (RMIS), in: Romeike, F.; Finke, R.(Hrsg.): Erfolgsfaktor Risikomanagement. Chance für Industrie und Handel. Methoden, Beispiele, Checklisten. 1.Auflage. Wiesbaden 2003, S. 275–297

Erben, R.; Romeike, F.: Risiko-Kultur, in: Frowe, Thomas (Hrsg.): Das neue Transparenz- und Kontrollgesetz, Kap. 4/8.7, 11. Ergänzungslieferung 2004

Ernst & Young AG (Hrsg.): Best Practice Survey »Risikomanagement 2006«, Düsseldorf 2007

Falter, W.; Michel, U.: Frühaufklärung und Risikomanagement für Unternehmen der chemischen Industrie. In: Dörner, D.: Praxis des Risikomanagements. Grundlagen, Kategorien, branchenspezifische und strukturelle Aspekte. Stuttgart 2000

Gietl, G.; Lobinger, W.: Risikomanagement für Geschäftsprozesse. Leitfaden zur Einführung eines Risikomanagementsystems. München 2005

Gleißner, W.: Ratschläge für ein leistungsfähiges Risiko-Management – Eine Checkliste; in: Gleißner, W.; Meier, G. (Hrsg.): Wertorientiertes Risiko-Management für Industrie und Handel. Methoden, Fallbeispiele, Checklisten. Wiesbaden 2001, S. 253–266

Gleißner, W.; Romeike, F.: Risikomanagement. Umsetzung – Werkzeuge – Risikobewertung. München 2005

Hahn, D.; Krystek, U.: Früherkennungssysteme und KonTraG. In: Dörner, D.; Horvárth, P., Kagermann, H. (Hrsg.): Praxis des Risikomanagements. Grundlagen, Kategorien, branchenspezifische und strukturelle Aspekte. Stuttgart 2000, S. 74–97

Hoitsch, H.-J. et al.: Risikokultur und risikopolitische Grundsätze: Strukturierungsvorschläge und empirische Ergebnisse; in: Zeitschrift für Controlling & Management 49 (2005) 2, S. 125–133

Jahn, J.; Ruhkamp, S.: Sanio attackiert die Finanzjongleure; in: Frankfurter Allgemeine Zeitung, 17.01.2008, S. 21

Krall, M.: Risikomanagement als Instrument der strategischen Unternehmensführung; in: Hungenberg, H.; Meffert, J.: Handbuch Strategisches Management. 2. Aufl., Wiesbaden 2005

Kleuker, S.; Ebrahim-Pour, R.: Mittendrin statt nur dabei. Integration eines IT-Risikomanagement-Prozesses in laufende Firmenprozesse; in: Risknews 2 (2005) 1, S. 23–26

Laudon, K. C.; Laudon, J.P. (2007): Management information systems. Managing the digital firm. New York 2007

Lück, W.: Managementrisiken; in: Dörner, D.: Praxis des Risikomanagements. Grundlagen, Kategorien, branchenspezifische und strukturelle Aspekte. Stuttgart 2000, S. 311–343

Meier, G.: Markt und Trends im Risk-Management;in: Gleißner, W.; Meier, G. (Hrsg.): Wertorientiertes Risiko-Management für Industrie und Handel. Methoden, Fallbeispiele, Checklisten. Wiesbaden 2000, S. 17–26

Mertens, P.; Griese, J.: Integrierte Informationsverarbeitung 2. Planungs- und Kontrollsysteme in der Industrie. 9., vollst. überarb. Aufl. Wiesbaden 2002

Mirow, M.: Kybernetik. Grundlage einer allgemeinen Theorie der Organisation. 1. Aufl. Wiesbaden 1969

Nolte, Wolfram: Zurücklehnen ist nicht geboten. Für Unternehmenskrisen gibt es ein Muster; in: Frankfurter Allgemeine Zeitung, Ausgabe 144, 25.06.2007, S. 20

Preißler, P.: Controlling. Lehrbuch und Intensivkurs. 8. Aufl., München 1996.

Romeike, F.: Der Prozess des strategischen und operativen Risikomanagements. In: Romeike, F.; Finke, R.(Hrsg.): Erfolgsfaktor Risikomanagement. Chance für Industrie und Handel. Methoden, Beispiele, Checklisten. 1.Auflage, Wiesbaden 2003a, S. 147–161.

Romeike, F.: Bewertung und Aggregation von Risiken; in: Romeike, F.; Finke, R.(Hrsg.): Erfolgsfaktor Risikomanagement. Chance für Industrie und Handel. Methoden, Beispiele, Checklisten. 1.Auflage, Wiesbaden 2003b, S. 183–198

Romeike, F.; Heinicke, F: Schätzfehler »moderner« Risikomodelle; in: Finance (2008) 2, S. 32–33

Sitt, A.: Dynamisches Risiko-Management. Zum unternehmerischen Umgang mit Risiken, Wiesbaden 2003

Thome, R.; Hufgard, A.: Continuous system engineering. Entdeckung der Standardsoftware als Organisator, Würzburg 1996

Thome, R.; Pauli, M.: Informationsgetriebenes Risikomanagement; in: WISU 35 (2006) 7, WISU-Studienblatt

Thome, R.: Integration der Informationsverarbeitung; in: WISU 36 (2007) 5, S. 655–658

Tunger, D.; Sebald, D.: The Trend is your Friend – Nutzung von Frühwarnung und Trenderkennung im internationalen Controlling; in: Risknews 2 (2005) 6, S. 23–27

Weber, J.; Schäffer, U.: Balanced Scorecard & Controlling. Implementierung – Nutzen für Manager und Controller – Erfahrungen in deutschen Unternehmen, Wiesbaden 1999

Wittmann, E.: Risikomanagement im internationalen Konzern. In: Dörner, D.: Praxis des Risikomanagements. Grundlagen, Kategorien, branchenspezifische und strukturelle Aspekte, Stuttgart 2000, S. 789–820

Wolf, K.: Wir sitzen alle in einem Boot. Anforderungen und praktische Ausgestaltung der Wert- und Risikokultur; in: Risknews 1 (2004) 4, S. 45–49

9 Risikomanagement-
informationssysteme
(RMIS) – Basis eines
modernen
Risikomanagements

10
IT-Lösungen für das Risikomanagement

Werner Gleißner und Frank Romeike

10.1 Bedeutung von Informationssystemen für das Risikomanagement

10.1.1 Einleitung

Wie den vorangehenden Kapiteln bereits gezeigt wurde, können komplexe Kausalzusammenhänge zwischen Risikofaktoren einerseits und den von ihnen ausgelösten Wirkungen andererseits von einem einzelnen Entscheidungsträger kaum mehr erfasst und quantifiziert werden. Daher besteht die latente Gefahr, dass eine bestimmte Entscheidung ein unerwünschtes – zumindest jedoch suboptimales – Ergebnis zur Folge hat.

Um eine vorgegebene Aufgabenstellung erfüllen bzw. eine bestimmte Entscheidung treffen zu können und dabei die systemimmante Gefahr von Fehlentscheidungen zu vermeiden bzw. weitestgehend zu minimieren sind Informationen in bestimmter (d. h. »ausreichender«) Quantität und Qualität erforderlich. Dieser objektive Informationsbedarf ist dabei in jüngster Vergangenheit erheblich gestiegen. Im Gegensatz dazu umfasst der subjektive Informationsbedarf des Entscheiders nur all jene Informationen, die er aus seiner spezifischen (subjektiven) Sicht als relevant für die vorliegende Problemstellung erachtet. Es kann davon ausgegangen werden, dass sich diese Komponente tendenziell zurück gebildet hat, da der einzelne Entscheider in Folge der steigenden Komplexität und Dynamik oft überfordert ist und sich bestimmter Problembereiche gar nicht mehr bewusst wird. Aufgrund der Tatsache, dass für die Beschaffung von Informationen Kosten entstehen und zur Verarbeitung nur begrenzte Kapazitäten zur Verfügung stehen, wird von diesem subjektiven Informationsbedarf auch nur ein Teil als tatsächliche Informationsnachfrage artikuliert. Diese kann wiederum nur partiell vom vorhandenen Informationsangebot gedeckt werden. Der (in aller Regel unvollkommene) Informationsstand eines Entscheidungsträgers ergibt sich somit als Schnittmenge aus objektivem Informationsbedarf, Informationsnachfrage und Informationsangebot (vgl. Abbildung 10.1).

Risikomanagement in der Unternehmensführung. Rainer Kalwait, Ralf Meyer, Frank Romeike,
Oliver Schellenberger und Roland Franz Erben
Copyright © 2008 WILEY-VCH Verlag GmbH & Co. KGaA, Weinheim
ISBN 978-3-527-50302-5

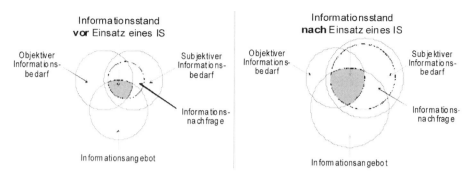

Abb. 10.1: Informationsstand ohne und mit Informations-systemen

Durch den Einsatz eines Informationssystems (IS) ergeben sich nun mehrere positive Effekte auf den Informationsstand des Entscheiders und damit auf die Qualität seiner Entscheidung. Zum einen vergrößert sich der subjektive Informationsbedarf, da die Komplexität der Entscheidungssituation transparenter wird und der Entscheider das Ausmaß des Problems besser erfassen kann – durch die Transparenzverbesserung wird dem Entscheider also bewusst, dass er eigentlich wesentlich mehr Informationen bräuchte, als er bisher (d.h. vor dem Einsatz des Informationssystems) vermutet hatte. Infolgedessen wird auch seine Informationsnachfrage steigen, zumal dadurch moderne Informations- und Kommunikationstechnologien die Kosten für die Informationsbeschaffung und -verarbeitung sinken, während gleichzeitig die Kapazitäten steigen. Aufgrund der effizienteren und schnelleren Informationsbereitstellung steigt schließlich auch das Angebot an Informationen. Diese Aussage gilt nicht nur in quantitativer, sondern vielmehr auch in qualitativer Hinsicht. Schließlich werden durch die vergleichsweise hohe Verarbeitungsgeschwindigkeit und Kapazität moderner IS auch die Negativeffekte der vielfältigen Strukturdefekte maßgeblich abgeschwächt. So erlauben umfangreiche Simulationsläufe beispielsweise das »Durchspielen« mehrerer komplexer Alternativszenarien – Wirkungs- und Bewertungsdefekte lassen sich auf diese Weise also verringern oder zumindest analysieren. Auch der Aufbau und die Auswertung bereits relativ einfacher Schadensfalldatenbanken können entscheidend dazu beitragen, die Ursachen und Auswirkungen von Schadensfällen und Risken besser zu verstehen und damit zu bewältigen. Durch den Einsatz vergrößert sich die Schnittmenge aus objektivem Informationsbedarf, Informationsnachfrage und Informationsangebot, so dass der Informationsstand des Entscheiders insgesamt zunimmt.

Zusammenfassend resultieren aus dem Einsatz eines Risk-Management Informationssystems (RMIS) u. a. die folgenden positiven Effekte:

- Die Komplexität der Entscheidungssituation wird transparenter, da der Entscheider auf die höhere Transparenz mit einer Erhöhung seines subjektiven Informationsbedarfs reagiert.
- Die Informationsnachfrage des Entscheiders steigt.
- Das Angebot an Informationen steigt durch effizientere und schnellere Informationsbereitstellung (quantitativ und qualitativ).
- Die Kosten für die Informationsbeschaffung und -verarbeitung sinken.
- Die Wirkungs- und Bewertungsdefekte können durch die Simulation mehrerer Alternativszenarien reduziert werden.
- IT-gestützte RMIS fördern Feedbackschleifen, d. h. es besteht die Möglichkeit aus eigenen Entscheidungen zu lernen.
- Entscheidungsprozesse werden beschleunigt, weil Daten entscheidungsorientiert aufbereitet werden.

10.1.2 Sinn und Zweck eines RMIS

Ein RMIS ist ein IT-gestütztes, daten-, methoden- und modellorientiertes Entscheidungsunterstützungssystem für das Risk Management, das inhaltlich richtige und relevante Informationen zeitgerecht und formal adäquat zur Verfügung stellt und somit methodische Unterstützung bei der Entscheidungsvorbereitung bietet. Es erfasst und verarbeitet in der Regel sowohl interne Daten aus den betrieblichen Informationssystemen (etwa aus der Buchhaltung oder Controlling) als auch externe Daten (etwa Informationen aus öffentlich zugänglichen Datenbanken, dem Internet oder von Versicherern).

Ein derartiges Frühwarnsystem sollte auch fester Bestandteil eines unternehmensweiten RMIS sein, das die Steuerbarkeit des Unternehmens verbessert. Ein solches System ermöglicht nämlich erst die gewünschten erwartungstreuen Planwerte, auf die sich die Risiken – möglicher Planabweichungen – beziehen. Wie bereits dargestellt, muss bei einer steigenden Komplexität und Dynamik besonderes Augenmerk auf die Berücksichtigung von »schwachen Signalen« liegen.

Durch den Einsatz eines RMIS können dabei mehrere Schwachstellen vermieden werden, die bei der Umsetzung des modernen Risk Managements in der Praxis auftreten. Zu derartigen Schwachstellen zählen u. a.:

- eine fehlende oder unvollständige Risikolandschaft (auch als Risikoinventar oder Risikomatrix bezeichnet),
- der fehlender Überblick über die Risikolage eines Unternehmens
(aggregierter Gesamtrisikoumfang),
- die redundante und inkonsistente Erfassung und Speicherung von
Daten,
- fehlende bzw. gestörte Informations- und Kommunikationswege sowie
-abläufe,
- eine nicht ausreichend informierte bzw. sensibilisierte Unternehmensleitung,
- eine verzögerte Entscheidungsfindung.

Das Risk Management beschäftigt sich primär mit dem »Management« von
Informationen. Ein »Risk Manager« sieht sich bei seiner alltäglichen Arbeit
mit einer Fülle von unterschiedlichen Informationen konfrontiert, die ihm
meist unkoordiniert und unvollständig zur Verfügung gestellt werden. In
vielen Fällen existieren die für das Risk Management erforderlichen Daten
bereits in unterschiedlichen Unternehmensbereichen. Eine wesentliche Anforderung an ein RMIS besteht deshalb u. a. darin, einen reibungslosen In-
formations- und Kommunikationsfluss zwischen den am Risk Management
beteiligten Organisationseinheiten und betrieblichen Funktionsträgern zu
gewährleisten.

Diese Sicherstellung des Informations- und Kommunikationsflusses
reicht jedoch nicht aus. Die zur Verfügung gestellten Daten müssen zusätzlich auch noch verarbeitet werden. Deshalb soll das RMIS den Risk Manager
zusätzlich bei der Aufbereitung und Bereitstellung der gesammelten Daten
unterstützen. Der Unterstützungsgrad hängt dabei von der Strukturierbar-
keit und Formalisierbarkeit der jeweiligen Aufgabe ab. Ein großer Teil der
Aufgaben im Risk Management kann von einem RMIS übernommen werden. Das moderne Risk Management umfasst jedoch auch Tätigkeiten, welche die »menschlichen« Fähigkeiten des Risk Managers (Intuition, Erfahrung, Erkennen von Mustern, Suche von Analogien) erfordern, wie etwa die
Bewertung kaum quantifizierbarer Risiken (Industriespionage, Computer-
kriminalität). Die Entscheidungen in diesen Bereichen sind zwar (noch)
nicht auf ein RMIS übertragbar. Dieses kann jedoch zumindest gewisse
Grunddaten liefern (etwa basierend auf einer Datenbank mit externen Schadensfällen). Schließlich hat das Risk Management für einen erfolgreichen
Einsatz neben technischen auch bestimmte betriebswirtschaftliche Anforderungen zu erfüllen.

10.1.3 Anforderungen an ein RMIS

Entsprechend den unterschiedlichen individuellen Bedürfnissen der einzelnen Unternehmen variieren auch die Anforderungen an ein RMIS. Deshalb ist die Ermittlung der betriebswirtschaftlichen Anforderungen ein zentrales Problem bei der Auswahl bzw. Entwicklung und Implementierung eines RMIS. Trotzdem lassen sich einige grundlegende Anforderungen definieren:

Um die Planung, Steuerung, Durchführung und Kontrolle der Risikopolitik rechnerorientiert unterstützen zu können, sind nicht nur risikobezogene, sondern auch betriebswirtschaftliche Daten zu verarbeiten, etwa die mit den Risikobewältigungsmaßnahmen verbundenen Investitionen.

Ein RMIS muss daher in die bestehende IT-Landschaft eines Unternehmens integriert werden und über passende Schnittstellen zu anderen Bestandteilen des betrieblichen Informationssystems, etwa zum betrieblichen Rechnungswesen, verfügen. Die Notwendigkeit eines integrierten Systems ergibt sich zusätzlich daraus, dass der Risk Manager an allen Entscheidungen teilhaben sollte, welche die Risikolage des Unternehmens tangieren. Eine weitere wichtige Anforderung besteht in der Implementierung geeigneter Kommunikationsschnittstellen (etwa E-Mail), um den Informations- und Kommunikationsfluss zwischen den am Risk Management beteiligten Funktionen sicherstellen zu können. Von zentraler Bedeutung ist auch ein flexibler Aufbau, damit das RMIS den kontinuierlichen Unternehmensveränderungen (etwa durch Akquisition eines Unternehmens) angepasst werden kann. Um die Anforderungen der unterschiedlichen Benutzergruppen (u. a. der Risk Manager und der Unternehmensleitung) optimal berücksichtigen zu können, muss ein RMIS auch verschiedene Sichten auf die Daten anbieten, wobei die Gestaltung der Benutzeroberfläche den unterschiedlichen fachlichen Voraussetzungen und Erfahrungsniveaus der Benutzer gerecht werden sollte. Um die Auswirkungen von Risikoeintritten (etwa bei einer Betriebsunterbrechung) oder die Wirksamkeit geplanter risikopolitischer Maßnahmen (beispielsweise Sprinklerung) nachvollziehen zu können, ist es schließlich wünschenswert, dass das RMIS aufgrund der Komplexität der Aufgabe die Modellierung und Simulation von Szenarien gestatten.

Abschließend lassen sich die wichtigsten Anforderungen an ein RMIS also folgendermaßen zusammenfassen:

Tab. 10.1: Anforderungen an ein RMIS aus betriebswirtschaftlicher und methodischer Sicht

Betriebswirtschaftliche Anforderungen an ein RMIS

– Verfügbarkeit eines integrierten Datenbestandes / geeignete Schnittstellen
– Integration eines Frühwarnsystems, um künftige Entwicklungen zu antizipieren
– Umfangreiche Methodendatenbanken
– Flexibler Aufbau mit Erweiterungsmöglichkeiten
– Unterstützung verschiedener Sichten auf den Datenbestand
– Benutzerfreundliche Gestaltung und Funktionalität
– Verfügbarkeit von aktuellen Daten zu jedem beliebigen Zeitpunkt
– Individuelle Gestaltung von Berichten
– Bereitstellung und Verdichtung von Daten auf beliebigen Verdichtungsebenen
– Schnelle und flexible Simulationen
– Ausgereifte Präsentationstechniken
– Komfort, Wirtschaftlichkeit, Schnelligkeit, Aktualität der Daten, Konsistenz

Methodische Anforderungen an ein RMIS

– Bereitstellung eines automatisierten Risiko-Workflows und von betriebswirtschaftlichen Logiken, in welchen die Regelungen zur Identifikation, Bewertung und Überwachung von Risiken (Risikomappen) hinterlegt sind.
– Die identifizierten Risiken sind durch Schadensverteilungen zu beschreiben.
– Das Maßnahmen-Controlling ist mit der Risikosteuerung und Unternehmensplanung verknüpft.
– Die Korrelationen von Risiken – sowohl über die Zeit (Autokorrelationen) als auch zwischen den Risiken – sind funktional abzubilden, so dass sie bei der Simulation berücksichtigt werden können.
– Aggregation der Risiken im Kontext der Unternehmensplanung zur Ermittlung möglicher Planabweichungen und zur Berechnung risikoorientierter Kennzahlen (etwa Eigenkapitalbedarf).
– Die aggregierte Auswirkung aller Risiken auf die Zielgrößen des Unternehmens – wie beispielsweise den Gewinn vor Steuern oder den Free Cash Flow – sind auf der Basis einer Simulationsmethode zu ermitteln.
– Das zur Risikodeckung erforderliche Eigenkapital (Risk Adjusted Capital), die zur Sicherung der Zahlungsfähigkeit erforderlichen Liquiditätsreserven (wie etwa nicht ausgeschöpfte Kreditlinien oder potentielle Investoren) sowie der risikoadjustierte Kapitalkostensatz für eine wertorientierte Unternehmensführung sind zu berechnen.
– Bereitstellung eines dezentralen und anwenderorientierten Risiko-Reportings (risikospezifische E-Mails im Rahmen der Ad-hoc Berichterstattung, verdichtete Reports für Geschäftsführung bzw. Vorstand).

10.1.4 Die IT-gestützte Umsetzung des strategischen und operativen Risk Managements

Immer mehr Unternehmen gehen dazu über, ihr Risk Management als ganzheitlichen Prozess zu implementieren, bei dem die einzelnen Phasen sukzessive und kontinuierlich durchlaufen werden. Aufgrund der veränderten Rahmenbedingungen für Unternehmen ist ein proaktives, systematisches und holistisches Risikomanagement jedoch Voraussetzung, um die Klippen in stürmischer See rechtzeitig zu erkennen und zu umschiffen. Bei der heute vorherrschenden Komplexität und Dynamik des Unternehmensumfelds ist diese Herausforderung nur noch mit Hilfe eines leistungsfähigen RMIS zu bewältigen. Die von dem RMIS bereit gestellten Module dienen der Unterstützung des gesamten Risk Management-Prozesses, insbesondere aber einer effizienteren und schnelleren Informationsbeschaffung und -verarbeitung.

Die von der Unternehmensleitung im Rahmen des Strategischen Risk Management vorgegebenen Risikoziele (etwa Reduzierung der Produkthaftpflichtansprüche, Schutz vor Betriebsunterbrechungen) können als Sollzustand der gewünschten Unternehmensrisikolage in das RMIS eingehen. Damit stehen dem Risk Manager die Risikoziele jederzeit abrufbereit zur Verfügung.

Das operative Risk Management beinhaltet den Prozess der systematischen und laufenden Risikoanalyse der Geschäftsabläufe. Ziel der Risikoidentifikation ist das frühzeitige Erkennen von relevanten Risiken, d. h. die möglichst vollständige Erfassung aller Risikoquellen, potentiellen Schadensursachen und Störpotenzialen. Für einen effizienten Risikomanagementprozess kommt es insbesondere darauf an, dass Risikomanagement als kontinuierlicher Prozess – im Sinne eines Regelkreises – in die Unternehmensprozesse integriert wird (siehe Abbildung 10.2):

Die Risikoanalyse dient zum einem der Sammlung von Daten (Risikoidentifikation) und zum anderen der Verarbeitung der Daten zu aussagekräftigen Informationen (Risikobewertung). Das RMIS unterstützt den Risk Manager bei der Risikoanalyse u. a. durch statistische Verfahren, probabilistische Berechnungen sowie unterschiedliche Methoden und Modelle.

Die Informationsbeschaffung ist die wichtigste Phase im gesamten Risk Management Prozess und eine Schlüsselfunktion des Risk Managements, da dieser Prozessschritt die Informationsbasis für die nachgelagerten Phasen liefert. Erforderlich ist eine systematische fokussierte, prozessorientierte Vorgehensweise – schließlich können alle weiteren risikopolitischen Maßnahmen trivialerweise nur bei denjenigen Risiken angewandt werden, die auch rechtzeitig erkannt wurden. Die Identifikation kann je nach Unternehmen aus verschiedenen Perspektiven erfolgen; beispielsweise auf der Ebene der Risikoarten (leistungswirtschaftliche, finanzwirtschaftliche, externe Risiken), der Ebene der Prozesse (Projekte, Kern- und Unterstützungsprozesse) sowie der Geschäftsfelder (Dienstleistungen, IT Services, Produktion). In

Bedeutung von
Informationssystemen
für das
Risikomanagement

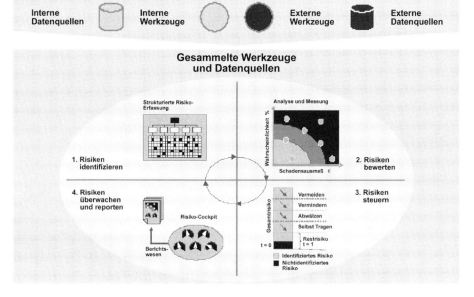

Abb. 10.2: Prozessstruktur des Risikomanagements

der Praxis wird man erkennen, dass Risikokategorien nicht losgelöst voneinander erfasst werden können, sondern vielmehr durch positive und negative Rückkoppelungen miteinander verbunden sind. Solche Ursache-Wirkungs-Beziehungen und Korrelationen zwischen Risiken müssen in einem RMIS abgebildet werden können.

Bei der Erfassung der Risiken helfen u. a. Checklisten, Workshops, Besichtigungen, Interviews, Organisationspläne, Bilanzen, Schadenstatistiken, Fehlerbaumanalysen, die Fehlermöglichkeits- und -einflussanalyse (FMEA), das Brainstorming und -writing, Szenarioanalysen sowie die Delphimethode. Ergebnis der Risikoanalyse sollte ein Risikoinventar sein, das durch das RMIS basierend auf Risikodaten erstellt werden muss.

10.1.5 Risikobewertung und Aggregation

Sind die Risiken erkannt, so erfolgt in der nächsten Phase der Risikobewertung eine Quantifizierung der Risiken. Die Risikobewertung zielt darauf ab, die Risiken hinsichtlich ihres Gefährdungspotenzials (oder der Wirkung auf den Unternehmenswert) in eine Rangordnung zu bringen sowie ein unternehmensindividuelles Risikoportfolio (auch Risikolandschaft, Risiko-matrix oder Risk Map bezeichnet) abzubilden.

Bei der Bewertung bedient man sich diverser Analysemethoden, wie beispielsweise Fehlerbaumanalysen, Störfallablaufanalysen, Value-at-Risk, ABC-Analyse, Scoringmodelle, Szenariotechnik, Sensitivitätsanalysen, Mon-te-Carlo-Simulationen. Mit Hilfe von Stresssimulationen können insbeson-dere Extremereignisse (auch als »low frequency – high severity« Risiken be-zeichnet) analysiert werden. Letztlich sind alle Risiken durch geeignete Ver-teilungsfunktionen zu beschreiben und auf ein sinnvolles und möglichst für alle Risikokategorien anwendbares Risikomaß abzubilden (etwa der »Value-at-Risk«).

Die Aufgabe der Risikobewertung besteht darin, aus den gesammelten Daten aussagekräftige Informationen über die Risikolage des Unterneh-mens zu generieren. Die quantitative Risikobewertung hat verschiedene Vorteile. Erstens ermöglicht sie eine Erfassung, Beschreibung und Darstel-lung der einzelnen Risiken. Ein Vergleich der Risiken erlaubt zweitens eine differenzierte Einschätzung der Ist-Risikolage eines Unternehmens. Diese Erkenntnis ist drittens von praktischem Interesse, weil sich mit der quanti-tativen Bewertung zukünftige (wünschenswerte Risikosituationen) zahlen-mäßig beschreiben und Risiken aggregieren lassen (etwa mit quantifizier-ten Risikozielen).

Die so ermittelten Ergebnisse der Risikoidentifikation und -bewertung werden in einem rechnerunterstützten Risikoinventar oder in einer Risiko-matrix festgehalten. Die rasante Entwicklung in Wirtschaft und Technik so-wie die Komplexität der Risiken lässt zunehmend die Notwendigkeit einer IT-gestützten Risikoidentifikation (etwa durch computergestützte Checklis-ten und Schadenanalysen) erkennen. Ein RMIS kann beispielsweise durch eine rechnergestützte Schadenanalyse häufig auftretende Schäden und de-ren Schadenursachen statistisch auswerten.

Ist aufgrund der Datenlage eine objektive Quantifizierung nicht möglich (beispielsweise bei Imageverlust), so wird das Risiko subjektiv bewertet (existenzbedrohend, schwerwiegend, mittel, gering, unbedeutend). Eine Be-wertung mit Hilfe von mathematisch-statistischen Modellen ist insbesonde-re bei den Risiken problematisch, bei denen keine sinnvolle Datenbasis vor-liegt. Gerade in diesem Zusammenhang eröffnet ein RMIS wiederum zahl-reiche Ansatzpunkte. Beispielsweise kann das RMIS das »Durchspielen« von »Worst-case«-Szenarien unterstützen.

Die bei den Schadenszenarien auftretenden Interdependenzen der Risi-ken (etwa Vermögensschaden durch nicht erfüllbare Lieferverpflichtungen aufgrund einer durch einen Sachschaden verursachten Betriebsunterbre-

Bedeutung von
Informationssystemen
für das
Risikomanagement

chung) erfordern eine systematische Analyse bzw. Simulation aller möglichen Ablaufvarianten und Folgewirkungen eines Schadeneintritts. Wie bereits skizziert wurde, kann ein Mensch diese komplexen Verknüpfungen häufig nicht mehr gedanklich nachvollziehen. Mit Hilfe eines RMIS ist der Entscheider jedoch in der Lage, diese Szenarien u. a. durch Rückgriff auf geeignete Analyseverfahren und Simulationsmodelle zu berechnen.

Bei einem Betriebsunterbrechungsszenario werden beispielsweise die sich im ganzen Unternehmen fortpflanzenden Auswirkungen des Ausfalls eines beliebigen Betriebsteils, einer Anlage oder einer Maschine auf den betrieblichen Ablauf und auf die Ertragslage des Unternehmens simuliert. Dabei müssen die Abhängigkeiten des Unternehmens zu den Beschaffungs- und Absatzmärkten beachtet werden. Derartige Analysen sind aufgrund ihrer hohen Komplexität und der zahlreichen Interdependenzen wiederum nur mit Hilfe eines RMIS möglich. Das RMIS ermittelt anhand der verfügbaren Daten (Lagerbestand, Auftragsbestand, Wiederbeschaffungszeiten von technischen Einrichtungen), dann beispielsweise, wann ein Unternehmen unter Berücksichtigung von Ausweich- und Zukaufmöglichkeiten die Produktion sicher wiederaufnehmen kann.

Schließlich kann auch das Risikoinventar als Ergebnis der Risikoanalyse innerhalb des RMIS IT-gestützt abgebildet werden. Es speichert alle Risikoinformationen, die für die Entscheidungsvorbereitung und -findung erforderlich sind. Das Risikoinventar enthält u. a.:

- die Erfassung aller Risiken, gegliedert nach den betrieblichen Funktionsbereichen,
- die quantitative und qualitative Bewertung der Risiken, gegliedert nach Risikoklassen,
- die Erfassung der Risikokosten,
- die Beurteilung der Wirksamkeit der bestehenden risikopolitischen Maßnahmen,
- die Ansatzpunkte zur Verbesserung der Risikobewältigung,
- die Priorität, mit welcher die Maßnahmen zur Risikobewältigung realisiert werden sollen.

Das Risikoinventar zeigt somit auf, für welche Risiken Maßnahmen zur Risikobewältigung erforderlich sind und mit welcher Priorität die einzelnen Risiken gesteuert werden.

Um ein Gesamt-Risikoposition des Unternehmens oder einzelner Unternehmensbereiche aus dem Risikoinventar zu ermitteln, müssen die positiven und negativen Rückkoppelungen aller Risiken sowie eine eventuelle Kumulierung berücksichtigt werden. Eine Methode zur Aggregation der Einzelrisiken ist die Monte-Carlo-Simulation, die nur mit der Effizienz eines rechnergestützten RMIS möglich ist.

10.1.6 Prozess der Risikosteuerung und -kontrolle (Risikobewältigung)

Eine Schlüsselstelle im gesamten Risk Management Prozess nimmt die Risikosteuerung und -kontrolle ein. Diese Phase zielt darauf ab, die Risikolage des Unternehmens positiv zu verändern bzw. ein ausgewogenes Verhältnis zwischen erwartetem Ertrag und Risiko zu erreichen. Die Risikosteuerung und Risikokontrolle umfasst alle Mechanismen und Maßnahmen zur Beeinflussung der Risikosituation, entweder durch eine Verringerung der Eintrittwahrscheinlichkeit und/oder dem Schadensausmaß. Dabei sollte die Risikosteuerung und -kontrolle sich an den Zielen orientieren, die in der Risikopolitik definiert wurden.

Bei komplexeren Modellen der Risikosteuerung und -kontrolle bietet sich ebenfalls der Einsatz von Computersimulationen an. Die simulierten Daten werden mit den gleichen Methoden und Modellen des RMIS bewertet und verdichtet, wie die realen Daten, welche die Ist-Risikolage des Unternehmens charakterisieren. Die für die Risikoanalyse bereits eingesetzten Modelle (etwa das Simulationsmodell für das Sachschadenszenario) werden durch Veränderung von Parametern oder durch strukturelle Modelländerungen in den gewünschten Zustand gebracht und ausgewertet. Mit Hilfe des RMIS sind dabei u.a. durch »What-if«-Analysen (Wirkungsrechnungen) die Auswirkungen der quantifizierbaren Maßnahmen abschätzbar.

Die Risikofinanzierungsanalyse (Risikotransferanalyse) überprüft, inwieweit die einzelnen Risiken eines Unternehmens durch die bestehenden Risikotransfermaßnahmen abgedeckt sind. Anhand der Ergebnisse kann analysiert werden, ob beispielsweise die Selbstbehalte, die Versicherungssummen und die daraus resultierenden Versicherungsprämien in ihrer Höhe risikoadäquat vereinbart sind. Darüber hinaus können die Auswirkungen eines Sachschaden- bzw. Betriebsunterbrechungsszenarios analysiert werden. Es kann beispielsweise überprüft werden, ob das Unternehmen auch im »Worst-case«-Fall in der Lage ist, die notwendigen finanziellen Mittel aufzubringen.

10.1.7 Risikoreporting

Schließlich müssen die umgesetzten Maßnahmen zur Risikobewältigung erfasst und hinsichtlich ihrer Wirksamkeit kontrolliert werden. Die Effektivität der Maßnahmen kann beispielsweise durch Abweichungsanalysen untersucht werden. Dabei werden die Ist-Daten der Risikolage dem Sollzustand, den die Unternehmensleitung im Rahmen des strategischen Risk Management vorgegeben hat, gegenübergestellt. Die Umsetzung der risikopolitischen Maßnahmen führt in der Regel zu einer Veränderung der Risikolage, so dass eine neue Erfassung der Daten erforderlich ist, um die Datenbanken des RMIS auf einem aktuellen Stand zu halten.

Die Unternehmensleitung sollte jederzeit die Möglichkeit haben, die aktuelle Risikosituation des Unternehmens (ad hoc) abrufen zu können. Dabei kann eine mehrdimensionale Datenhaltung und Darstellung einen wahlfreien und interaktiven Zugriff auf die selektierten Daten bieten. Eine weitere Anforderung an ein RMIS besteht darin, eine vereinfachte Sicht auf die Daten zu ermöglichen – etwa basierend auf einer Management Cockpit Lösung – und unterschiedliche Verdichtungsstufen der Daten bereit zu stellen.

Das RMIS kann demnach eine schnellere und einfachere Entscheidungsfindung ermöglichen. Durch die Aggregation und Vereinfachung wird zwar zwangsläufig ein Informationsverlust in Kauf genommen – jedoch besteht das Primärziel einer Cockpitlösung darin, dem Management nur die wirklich zentralen Informationen zur Verfügung zu stellen, um einen »Information-Overload« zu verhindern. Auf diese Weise kann auf jeden Fall erreicht werden, dass auch die Unternehmensführung für »Risikothemen« sensibilisiert wird und sich intensiver mit diesen Fragestellungen beschäftigt. Gleichzeitig bietet eine derartige Lösung auch die Chance, dass das (in der Regel eher generalistisch orientierte) Topmanagement einerseits und die Spezialisten in den Risk Management und Controllingabteilungen andererseits sprachlich und gedanklich auf einer gemeinsamen Ebene kommunizieren können.

10.2 Beispiele für eine IT-Unterstützung des Risikomanagements

10.2.1 Risikoaggregation mit Hilfe von Excel

Zielsetzung der Risikoaggregation ist die auf die Risiko-Analyse aufbauende Bestimmung des Gesamtrisikoumfangs. Mit der Monte-Carlo-Simulation als wichtigstes Verfahren der Risikoaggregation wird anhand eines Fallbeispiels erklärt, wie Risiken aggregiert und daraus Eigenkapitalbedarf, Rating und Kapitalkostensätze bestimmt werden können.

Das Eigenkapital und die Liquiditätsreserven sind das Risiko-Deckungspotenzial eines Unternehmens, weil sie sämtliche risikobedingten Verluste zu tragen haben. Um die Angemessenheit der Eigenkapitalausstattung bestimmen zu können, sind mithin Risikoaggregationsverfahren erforderlich, die mehr leisten, als identifizierte und bewertete Risiken einfach zu addieren. Mit Hilfe solcher Risikoaggregationsverfahren ist es auch möglich, die Angemessenheit der Rating-Einstufung durch die Hausbank gemäß Basel II, die sich ja letztlich auch auf einen Vergleich des Gesamtrisikoumfangs und der Risiko-Tragfähigkeit eines Unternehmens stützt, kritisch zu hinterfragen.

Risikoaggregationsverfahren für Unternehmen basieren im Grundsatz auf einer Integration der identifizierten und quantitativ bewerteten Risiken in den Kontext der Unternehmensplanung. Risiken werden dabei als Ursachen für mögliche Abweichungen von den geplanten bzw. erwarteten Werten aufgefasst. Zu diesem Zweck werden Risiken als Überbegriff für positive wie negative Abweichungen (Chancen bzw. Gefahren) interpretiert.

Eine Voraussetzung für die Bestimmung des »Gesamtrisikoumfangs« mittels Risikoaggregation stellt die Verbindung von Risken und Unternehmensplanung dar (vgl. Abbildung 10.3). Anschließend können mit einer (stochastischen) Simulation viele risikobedingte Zukunftsszenarien analysiert werden.

Ausgehend von der durch die Risikoaggregation ermittelten Verteilungsfunktion der Gewinne kann man unmittelbar auf den Eigenkapitalbedarf (Risk-Adjusted-Capital, RAC) des Unternehmens schließen. Zur Vermeidung einer Überschuldung wird nämlich zumindest soviel Eigenkapital benötigt, wie auch Verluste auftreten können, die dieses aufzehren. Analog lässt sich der Bedarf an Liquiditätsreserven unter Nutzung der Verteilungsfunktion der Zahlungsflüsse (freie Cashflows) ermitteln. Schließlich können Kennzahlen wie die Eigenkapitaldeckung, also das Verhältnis von verfügbarem Eigenkapital zu risikobedingtem Eigenkapitalbedarf, abgeleitet werden.

Analytische Lösungen sind allenfalls für einfache bzw. stark vereinfachte Modelle der Realität verfügbar – und oft genug weisen auch diese schon einen sehr hohen Komplexitätsgrad auf. Daher muss eine Risikoaggregation häufig mit Hilfe von statistischen Daten und Simulationsmodellen durchgeführt werden.

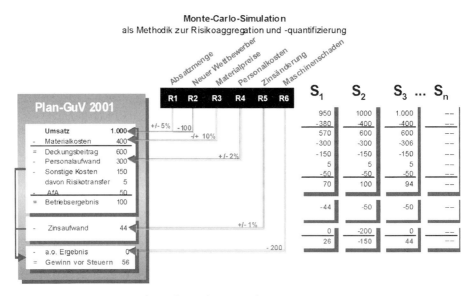

Abb. 10.3: Integration der Risiken in die Unternehmens-planung

Mit der inzwischen erreichten Leistungsfähigkeit von Computern ist es allerdings auch möglich, derartige Ereignisse kostengünstig und in großer Zahl zu erzeugen (zu simulieren). Da der Kern einer solchen Simulation die Generierung von »Zufällen« ist, hat sich der Name Monte-Carlo-Simulation eingebürgert.

Die allgemeine Vorgehensweise zur Durchführung einer Monte-Carlo-Simulation lässt sich wie folgt beschreiben:

1. Erzeugen der für die Monte-Carlo-Simulation benötigten Zufallszahlen.
2. Umwandeln der Zufallszahlen in die benötigte Verteilung (etwa Normalverteilung oder Binomialverteilung mit Schadenshöhe und Eintrittswahrscheinlichkeit).
3. Berechnen eines Szenarios einer Monte-Carlo-Simulation gemäß den gezogenen Zufallszahlen und der zugehörigen Verteilung.
4. Wiederholen der Schritte 1, 2 und 3, bis eine ausreichende Anzahl von Simulationen (beispielsweise 20.000 Szenarien) generiert wurde, die eine Ableitung stabiler Verteilungen und statistischer Kennzahlen erlaubt.
5. Berechnen von Mittelwert, Standardabweichung oder Quantilen bzw. des Value-at-Risk der insgesamt simulierten Szenarien (Auswertung).

Anhand des folgenden Fallbeispiels wird gezeigt, wie die Risikoaggregation dazu genutzt werden kann, den Gesamtrisikoumfang und damit den Eigenkapitalbedarf zu bestimmen. Dazu wird die Risiko-Management-Software »Risiko-Kompass« genutzt, die neben anderen Funktionen (insbesondere zur Rating-Vorbereitung durch Finanzrating, Erfolgspotentialanalyse etc.) auch eine Risikoaggregation mittels Monte-Carlo-Simulation unterstützt.

10.2.2 Softwareunterstützung bei der Risikoaggregation

Die Durchführung einer Monte Carlo Simulation ohne Einsatz von IT-Lösungen nur schwerlich möglich. Hierbei können zwei Arten von Software unterschieden werden.

Zum einen Programme, in denen die Struktur des Aggregationsmodells schon weit gehend abgebildet ist und nur bedingt verändert werden kann. Diese zeichnen sich durch eine schnelle Einsetzbarkeit aus. Nachteil ist natürlich, dass auf individuelle Bedürfnisse eines Unternehmens kaum eingegangen werden kann. Ein Beispiel für eine solche Software ist der »Risiko-Kompass *plus Rating*«, der nicht nur eine Risikoaggregation unterstützt, sondern den gesamten Risikomanagementprozess.

Eine andere Art von Softwarelösungen setzt keine spezielle Planungsstruktur voraus. In ihnen lässt sich diese individuell konfigurieren. Insbesondere ist dies auch in der Standardsoftware Microsoft Excel in Verbindung mit einem Add-In zur Durchführung einer Simulation möglich. Weit verbreitet sind hier die Add-Ins Crystal Ball, @Risk bzw. Risk Kit.

Der Vorteil besteht hier darin, dass der Anwender weitgehend auf eine bekannte Standardsoftware zurückgreifen kann. Weiterhin sind dem Aufbau eines Planungsmodells so gut wie keine Grenzen gesetzt, es kann nahezu beliebig komplex aufgebaut werden. Nachteilig ist dabei aber, dass eine erhöhte Komplexität auch größere Rechenkapazität erfordert und die Zeit zur Durchführung einer Simulation stark ansteigen kann. Weiterhin müssen die Planungsstruktur und die Risikoinformationen natürlich auch erst in einem Excel-Modell implementiert werden. Nachfolgend soll skizziert werden, wie ein Risikoaggregationsmodell in Microsoft Excel in Verbindung mit dem Add-In Crystal Ball implementiert wird. Ausgangspunkt bei der Entwicklung eines Risikoaggregationsmodells ist die Unternehmensplanung. Dabei sollte ein Risikoaggregationsmodell auf einer erwartungstreuen Planung basieren. Ansonsten führt die Definition, dass Risiken Abweichungen vom

---

1) Gleißner, W.; Romeike F.: Risikomanagement: Umsetzung
   – Werkzeuge – Risikobewertung, Freiburg, 2005, S. 237 – 370

Plan darstellen, bei einer nicht erwartungstreuen Planung zu einem überhöhten Ausweis des Gesamtrisikoumfangs. Darüber hinaus sollten auch exogene Faktoren und ihre Wirkung auf die Unternehmensplanung in einem Risikoaggregationsmodell berücksichtigt werden.

Typischerweise existiert in einem Unternehmen nicht nur eine Planung, vielmehr kann beispielsweise nach dem Planungshorizont unterschieden werden in strategische Planung und operative Planung. Basis eines Risikoaggregationsmodells wird in der Regel eher die strategische Planung oder aber eine verdichtete Mittelfristplanung sein. Erster Schritt bei der Entwicklung eines Risikoaggregationsmodells auf Basis der Unternehmensplanung ist es somit, die dieser Planung zugrunde liegende Planungslogik zu erfassen und abzubilden.

Die grobe Struktur der Planung wird dabei in der Regel einer Gewinn- und-Verlust-Rechnung folgen, die ggf. durch eine Planbilanz und Cashflow-Berechnung ergänzt wird. Soll darauf basierend nun ein Risikoaggregationsmodell erstellt werden, sind einige grundsätzliche Fragestellungen zur Modellbildung zu beantworten:

- Reicht eine einperiodige Risikoaggregation aus oder soll eine mehrperiodige Risikoaggregation durchgeführt werden?
- Werden Geschäftsfelder unterschieden oder soll lediglich eine konsolidierte Betrachtung angestellt werden?
- Soll neben der Gewinn-und-Verlust-Rechnung auch die Bilanz betrachtet werden? Welche Abhängigkeiten zwischen GuV und Bilanz sind dann zu berücksichtigen?
- Soll auch eine Cashflow-Betrachtung angeschlossen werden?

Durch die Beantwortung dieser Fragen ist die Grobstruktur des Risikoaggregationsmodells festgelegt. Diese gilt es anschließend zu verfeinern. Auch hierbei kann man sich an Fragestellungen orientieren:

- Muss der Umsatz (ggf. auch die variablen Kosten) nach Produkten, Regionen oder ähnlichem strukturiert werden?
- Sind innerbetriebliche Leistungen zu berücksichtigen?
- Müsse einzelne Materialien gesondert betrachtet werden?
- Welche Kostenpositionen werden unterschieden?
- Welcher Anteil der Kosten ist variabel, welcher fix?
- Müssen Preis- und Mengenkomponenten beim Umsatz aber ggf. auch bei Kosten unterschieden werden?

- Gibt es exogene Faktoren wie beispielsweise die Inflation die verschiedene Positionen/Risiken beeinflusst?

An diesen Fragestellungen ist zu erkennen, dass jedes Risikoaggregationsmodell unternehmensindividuell ist bzw. sein kann.

Im nächsten Schritt erfolgt die eigentliche Risikomodellierung mittels Verteilungsfunktionen. Diese Funktionen sollen den Schadensverlauf der modellierten Risiken in geeigneter Art und Weise abbilden.

Eine Verteilung wird in Crystal Ball mittels der Funktion »*Define Assumption*« angelegt. Eine damit definierte Verteilung wird in der zu dem Zeitpunkt markierten Verteilung abgespeichert. Dies geschieht für den Anwender unsichtbar im Hintergrund. Alternativ können Verteilungen auch über Excel-Funktionen definiert werden.

Nachdem man in Crystal Ball eine Verteilung ausgewählt hat, werden im nächsten Schritt die für die jeweilige Verteilung notwendigen Parameter eingegeben und die Verteilung benannt. Die Normalverteilung wird voreinstellungsgemäß durch die Angabe des Erwartungswerts und der Standardabweichung definiert. Für die meisten Verteilungen sind auch alternative Parametereingaben möglich. Die Normalverteilung kann beispielsweise auch über zwei Quantile definiert werden.

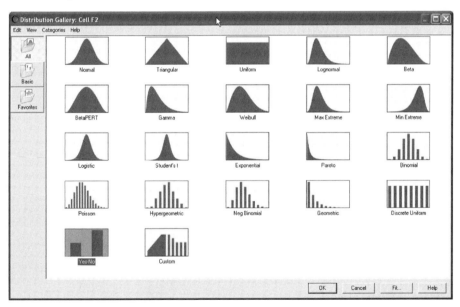

Abb. 10.4: In Crystal Ball integrierte Verteilungen

Beispiele für eine
IT-Unterstützung
des Risikomanagements

Nach der Beschreibung der Verteilungsfunktionen der Risiken sind nun die Auswirkungen auf die GuV darzustellen. Es muss also eine rechnerische Verknüpfung der Risiken, d. h. der Verteilungszellen, mit der Planrechnung erfolgen. Wo – d. h. in welchen Planvariablen der GuV – wirken sich die einzelnen Risiken aus?

Meist ist dies durch die Definition der Risiken klar. Eine konjunkturelle Umsatzmengenschwankung wirkt sich beispielsweise auf die Planvariable Umsatz aus. Darüber hinaus wirkt sie aber indirekt über die Rechenlogik des Planungsmodells eventuell auch auf die Kosten, wenn man von variablen Kosten ausgeht.

Prinzipiell können in einem Modell alle Variablen mit Risiken hinterlegt werden, d. h. mit Wahrscheinlichkeitsverteilungen versehen werden. Zusätzlich können noch weitere (ereignisorientierte) Risiken integriert werden, die auf verschiedene Positionen des Modells wirken können. Vereinfachend wird in solchen Fällen oft die Gesamtwirkung des Risikos in einer Position wie dem außerordentlichen Ergebnis berücksichtigt.

Gerade bei exogenen Risikofaktoren ist aber auch häufig die Situation anzutreffen, dass diese nicht nur eine Planvariable direkt beeinflussen, sondern mehrere. Beispielsweise wird die Inflation über einen längeren Zeitraum auf verschiedene Kostenpositionen wirken. Das Risiko einer Inflationsschwankung, also das Abweichen der tatsächlichen Inflation von der erwarteten, wird somit nicht nur einer Position zugeordnet werden, sondern mehreren, ggf. über unterschiedliche Wirkungselastizitäten.

Bevor im nächsten Schritt eine Simulation gestartet werden kann, müssen schließlich die ausgesuchten Zielgrößen, die hinsichtlich der aggregierten Risikowirkung analysiert werden sollen, als solche in Crystal Ball definiert werden.

Zielgrößen werden in Crystal Ball mit der »*Define Forecast*«-Funktion angelegt. Crystal Ball benötigt diese Angabe, da während eines Simulationslaufes alle Werte, die eine Forecast-Zelle angenommen hat, gespeichert werden. Hieraus werden dann die verschiedenen statistischen Daten berechnet (z. B. die Risikomaße).

In vielen Unternehmen wird Controlling mithilfe der Tabellenkalkulation Excel durchgeführt. Eine ökonomisch sinnvolle Risikoaggregation baut gerade auf den Planungsrechnungen des Unternehmens auf. Es bietet sich daher an, eine Risikoaggregation in Excel durchzuführen. Da diese Funktionalität von Excel selbst nicht bereitgestellt wird, muss hierzu auf ein Add-In wie Crystal Ball, @Risk oder Risk Kit zurückgegriffen werden. Die Benutzer können damit grundsätzlich in ihrer gewohnten Softwareumgebung arbeiten. Lediglich eine Einarbeitung in das Add-In ist notwendig. Es zeigt sich, dass damit auf relativ einfache Art und Weise Aggregationsmodelle erstellt werden können. Dabei können diese nahezu beliebig komplex sein.

10.2.3 Der Risiko-Kompass (von RMCE und AXA)

Der Risiko-Kompass ist ein Software-basiertes Hilfsmittel, das die Unternehmensführung beim Risikomanagement und bei Einschätzung des eigenen Ratings (»indikatives Rating«) unterstützt – aber zugleich – eine Vielzahl weiterer, flankierender Funktionalitäten aufweist. Da für die Beurteilung des Ratings eines Unternehmens bekanntlich Erkenntnisse über die finanzielle Situation, die Erfolgspotentiale, die Branche und insbesondere auch die Risiken erforderlich sind, unterstützt der Risiko-Kompass eine umfangreiche Unternehmensanalyse (inklusive detaillierter Jahresabschlussanalyse). Das Risikomanagement und bietet darüber hinaus sogar Hilfestellung bei der Erstellung eine risikoorientierten Unternehmensplanung.

Durch ein Checklistengestütztes Verfahren zur Identifikation der maßgeblichen Risiken eines Unternehmens schafft der Risiko-Kompass zunächst Transparenz hinsichtlich der Risikosituation (Risikoinventar). Alle für das Unternehmen maßgeblichen Risiken können dabei (auch unterschieden in einzelne unabhängige Szenarien) hinsichtlich Schadenshöhe und Eintrittswahrscheinlichkeit quantitativ bewertet werden. Da sich die Risikosituation eines Unternehmens im Zeitverlauf ändert, unterstützt der Risiko-Kompass den Aufbau eines Risikomanagementsystems, das orientiert an den Vorgaben des Kontroll- und Transparent-Gesetzes (KonTraG) für jedes Risiko erfasst, in welcher Weise dieses laufend zu überwachen ist. Dabei wird beispielsweise jedem Risiko zugeordnet, wer für die Überwachung verantwortlich ist, in welchem Turnus das Risiko zu überwachen ist und welche Frühwarnindikatoren kritische Entwicklungen bezüglich eines Risikos anzeigen. Um den Umgang mit einem Risiko zu unterstützen und auf eine Optimierung der Risikoposition hinzuwirken, wird zudem ein Controlling von präventiven und reaktiven Maßnahmen hinsichtlich jeden Risikos angeboten.

Neben der Unterstützung und organisatorischen Verankerung des Risikomanagements bietet der Risiko-Kompass jedoch weitere Funktionalitäten, die für die Zukunftssicherung eines Unternehmens wesentlich sind.

Eine Jahresabschlussanalyse – (die auch auf in der Software generierte Planjahresabschlüsse angewendet werden kann) – zeigt die wesentlichen Informationen zu Kapitalbindung, Liquidität, Rentabilität und Finanzrisiko. Der Risiko-Kompass bietet die Möglichkeit, historische Jahresabschlussdaten eines Unternehmens (vollständige HGB-Struktur) zu erfassen und so die wichtigsten Jahres-Abschlusskennzahlen herzuleiten. Neben einer detaillierten, erläuterten Übersicht zu den Kennzahlen findet eine Verdichtung der wichtigsten ratingrelevanten Kennzahlen in einem »Finanzrating« statt. Bezüglich dieser Kennzahlen werden dabei auch typische Ausprägungen von Unternehmen in einzelnen Rating-Stufen und hinterlegte Branchenvergleichswerte angezeigt.

Eine außergewöhnliche Fähigkeit des Risiko-Kompass besteht darin, die Unsicherheiten in einer chancen- und risikoorientierten (»stochastischen«) Planung explizit aufzuzeigen. So können wichtigen Plangrößen – beispielsweise der erwartete Umsatz des nächsten Jahres – explizit Risiken zugeordnet werden, welche die realistische Bandbreite für diese Kennzahlen beschreiben (Verteilungsannahme). Auf diese Weise wird es durch eine Aggregation der betrachteten Risiken (Monte-Carlo-Simulation) möglich, die Planungssicherheit und den Gesamtrisikoumfang des Unternehmens zu bewerten. Mit Hilfe dieser Technik kann beispielsweise gezeigt werden,

- in welcher Bandbreite sich der Gewinn des Folgejahres (unter Berücksichtigung der Risiken) bewegen wird (also welche Planabweichungen realistisch sind) und
- in welchem Umfang Verluste eintreten können und welcher Bedarf an Eigenkapital als Risikodeckungspotenzial somit erforderlich ist.

Durch die Berechnung alternativer Planszenarien für die Zukunft können so unternehmerische Entscheidungen durch einen expliziten Abgleich der (Ertrags-) Chancen mit den damit verbundenen Risiken besser fundiert werden.

Der Risiko-Kompass hilft zudem durch eine checklistengeführte Analyse der wesentlichen Erfolgspotenziale bei der Erstellung einer Stärken-/Schwächen-Bilanz (Strategische Bilanz) eines Unternehmens.

Insbesondere für die Vorbereitung auf das Rating gemäß Basel II bietet der Risiko-Kompass eine wertvolle Hilfe. So fasst der Risiko-Kompass die erwähnte Bewertung der Erfolgspotenziale, das Risikoinventar und die ratingrelevanten Finanzkennzahlen der Jahresabschlussanalyse (»Finanzrating«) mit einer Bewertung der Branchenattraktivität zusammen, um so eine Abschätzung der Ratingstufe des Unternehmens (indikatives Rating) zu erreichen. Das hierbei zugrunde gelegte Verfahren orientiert sich an den Erkenntnissen eines Forschungsprojektes, das die RMCE RiskCon GmbH gemeinsam mit der FutureValue Group AG und der TU Dresden (IAWW) durchgeführt hat.

Insgesamt ist der Risiko-Kompass als Instrument konzipiert, das durch integrierte Instrumente der Unternehmensleitung bei der Identifikation, der Bewertung und dem Umgang mit den Risiken hilft. Über eine übliche Software für Risikomanagement oder Rating hinausgehend, bietet der Risiko-Kompass mit Hilfe einer risikoorientierten Unternehmensplanung (Risikoaggregationsverfahren) zudem die Möglichkeit, den Gesamtrisikoumfang bei verschiedenen möglichen Zukunftsszenarien einzuschätzen und so Chancen gegen Gefahren (Risiken) abzuwägen. Die dauerhafte Verankerung eines chancen- und risikoorientierten Managements im Unternehmen wird unterstützt durch die Möglichkeit, Aufgaben, Überwachungsregelungen, Frühindikatoren und Bewältigungsmaßnahmen hinsichtlich Risiken zu verwalten und zu steuern. Es hilft ein chancen- und risikoorientiertes Management im Unternehmen zu verankern.

10.2.4 Konkrete Fallbeispiele für eine IT-Umsetzung: R2C_risk to chance

Grundsätzlicher Aufbau und Zielsetzung des RMIS

Die Grundlage für die Gestaltung eines Risikomanagementsystems bilden neben den gesetzlichen Anforderungen wie KonTraG, Corporate Governance, Basel II und Bilanzrechtsreformgesetz insbesondere die allgemeinen Anforderungen, die aus Sicht der Geschäftsleitung und des Risikomanagements an ein derartiges Führungssystem gestellt werden. So stehen zunehmend die Integration des Risikomanagement-Prozesses und die Akzeptanz der Prozessbeteiligten im Unternehmen im Vordergrund.

Die Schleupen AG liefert mit der Standardsoftware R2C_risk to chance eine branchenneutrale Lösung zur Abbildung des gesamten Risikomanagementprozesses. Die Software ist für mittelständische Unternehmen bis hin zu internationalen Großkonzernen geeignet.

R2C_risk to chance unterscheidet vier Perspektiven eines Risikos:

- die Unternehmensorganisation
- der Risikoatlas
- der Risikoverantwortliche
- die Bewertungslogik

Im Rahmen der Projekteinführung werden diese vier Sichten des Risikos (vgl. Abbildung 10.5) kundenspezifisch und ggf. mehrsprachig in der Anwendung hinterlegt und können jederzeit auf Knopfdruck ausgewertet werden. Über eine Baumstruktur wie sie aus dem Windows-Explorer bekannt ist sowie mit Hyperlinks erfolgt die Navigation im System.

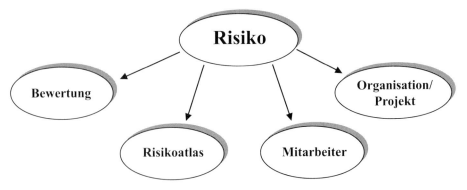

Abb. 10.5: Die vier Risikoperspektiven in R2C_risk to chance

Technologischen Anforderungen

R2C_risk to chance kann einfach und schnell installiert und direkt in das System des Unternehmens integriert werden. Die Lösung arbeitet ausschließlich mit Standardkomponenten wie MS-Access, MS-SQL oder Oracle und erfordert dadurch keine besonderen systemtechnischen Voraussetzungen. R2C_risk to chance kann sowohl als Einplatz-Lösung als auch im Netzwerk des Unternehmens eingesetzt werden. Es besteht ebenfalls die Möglichkeit, die Anwendung über einen Web-Zugang zu bedienen.

Datenerfassung

Die Erfassung der Risikodaten erfolgt mittels des so genannten Risikodialogs. Gelb hinterlegte Pflichtfelder zeigen dem Benutzer, welche Informationen obligatorisch bei jedem Risiko hinterlegt werden müssen. Durch diese Vorgehensweise ist gewährleistet, dass alle relevanten Daten für ein Risiko erfasst werden und konsistente Auswertungen abgerufen werden können.

Prozesssteuerung mit R2C

Der Risikomanagement-Prozess beinhaltet die Identifikation, Bewertung, Analyse, Bewältigung und Reporting der Unternehmens-Risiken. Dieser Regelkreis wird systematisch von R2C_risk to chance unterstützt (vgl. Abbildung 10.6).

Die Einbindung aller Wissensträger, unabhängig von ihrer Hierarchiestufe, ist eine Kernanforderung für erfolgreiches Risikomanagement.

Der Risikomanager steht zu fest vereinbarten Stichtagen in der Verantwortung für die Vollständigkeit und Aktualität der Daten. Diese Aufgabe

10 IT-Lösungen für
das Risikomanagement

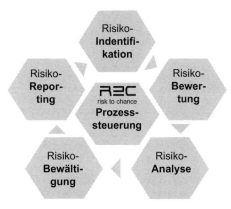

Abb. 10.6: Risikomanagement-Prozess in R2C_risk to chance

kann er nur wahrnehmen, wenn alle in den Prozess eingebundenen Personen ihr Wissen über die Prozesse, Organisationseinheiten und Projekte regelmäßig einbringen.

R2C_risk to chance ermöglicht deshalb die Darstellung von komplexen Konzern- und Organisationsstrukturen sowie die Abbildung von Verantwortlichkeiten und Risikozuordnungen.

Das Berechtigungssystem von R2C_risk to chance gewährleistet, dass spezielle Informationen nur vorher definierten Personen zugänglich sind. Zudem können wichtige Informationen wie z.B. die Überschreitung von Schwellwerten automatisch per E-Mail weitergeleitet werden.

Zur Prozesssteuerung und Unterstützung des gesamten Reporting- und Aktualisierungsprozesses stellt R2C mit dem Cockpit eine Funktion zur Verfügung, welche dem Risikomanager in einer Übersicht den aktuellen Status des Risikoportfolios liefert. Über entsprechende Links findet er direkten Zugang zu den einzelnen Risiken und den Verantwortlichen sowie den aktuellen Bearbeitungsstand. Der implementierte Freigabemechanismus bietet die Möglichkeit, Vorgesetzte innerhalb der Linienstrukturen in den Aktualisierungsprozess einzubinden. Das integrierte Vier-Augen-Prinzip hat sich in der Praxis bestens bewährt.

Risikoidentifikation mit R2C

Mit R2C_risk to chance wird bereits die Identifikation von Risiken aktiv unterstützt. Im Risikoatlas werden die Risiken unternehmensgerecht in passende Risikokategorien wie etwa Risiken aus den allgemeinen Geschäftsbereichen, dem Markt, der Finanzierung, der Technik, aus Führung und Orga-

Beispiele für eine
IT-Unterstützung
des Risikomanagements

nisation oder dem rechtlichen Bereich strukturiert. Bestehende Branchenvorlagen können einfach individuell angepasst und erweitert werden.

Der Risikoatlas ist eine wertvolle Führungslinie bei der Erfassung von Risiken. Im Risikoatlas können alle wichtigen Risikomanagement-Informationen und umfassendes Risikomanagement-Know-how hinterlegt werden. Dadurch wird die Risikoidentifikation erleichtert und die Qualität der Risikobeschreibung deutlich gesteigert.

Für die Konsolidierung der Risiken über die Organisationsstufen hinweg ergibt dies für alle Unternehmenseinheiten ein vergleichbares Bild über die Risikolage. Dies schafft die Basis für organisationsübergreifende Analysen und Entscheidungen.

Der inhaltliche Umfang der zu erfassenden Risikoinformationen kann im Rahmen der Software-Einrichtung frei definiert werden. Unter anderem können Risikoinformationen wie Beschreibung, Bewertung, Ursachen, Frühwarnindikatoren, Strategie und Maßnahmen abgebildet werden. Zusätzlich besteht die Möglichkeit, mittels einer integrierten Anlagenfunktionalität ergänzende Informationen, beispielsweise in Form von Word- und Excel-Dateien in die Risikobeschreibung zu integrieren.

Risikobewertung mit R2C

Durch die Bewertung von Risiken hinsichtlich ihrer Eintrittswahrscheinlichkeit und ihrer Auswirkung und die entsprechende Visualisierung der Risikobewertung wird sofort ersichtlich, welche Risiken für die Unternehmung eine gravierende Dimension haben.

Erfolgreiches Risikomanagement wird somit durch die Fähigkeit gekennzeichnet, die verfügbaren Ressourcen auf die wesentlichen Risiken zu konzentrieren. R2C_risk to chance unterstützt diesen Prozess durch eine konsistente Methodik bei der Bewertung sowie Maßnahmenplanung und -verfolgung.

Abhängig von der Philosophie des implementierten Risikomanagement-Prozesses und der Qualität der zur Verfügung stehenden Bewertungsgrundlagen kann risikospezifisch alternativ zwischen verschiedenen Bewertungsverfahren gewählt werden:

Die qualitative Bewertung wird genutzt, wenn die Eintrittswahrscheinlichkeit und die Auswirkung des zu beschreibenden Risikos, wie etwa ein Imageschaden oder ein Naturereignis, nur schwer in Zahlen gefasst werden können. Vom Risikoverantwortlichen wir nur eine Auswahl aus vordefinierten Klassen verlangt. Die praktische Erfahrung zeigt, dass es einfacher ist, von den Verantwortlichen Einschätzungen in Form von Bewertungsklassen wie beispielsweise »gering«, »mittel« und »hoch« zu erhalten als konkrete Zahlenwerte.

Die quantitative Bewertung erzeugt eine bessere Aussage, wenn die verfügbaren Daten dies erlauben. Bei der rein quantitativen Bewertungsmethode wird sowohl die Eintrittswahrscheinlichkeit als auch die Auswirkung in Form von Prozentangaben bzw. Geldbeträgen quantifiziert. Beispiele sind vorhersehbare Veränderungen der Marktpreise oder das Wegbrechen eines ganzen Marktsegments.

Die gemischte Bewertung bietet die Möglichkeit, eine Ausprägung des Risikos quantitativ zu bewerten, während die andere Ausprägung aus den vordefinierten Klassen ausgewählt wird. Bei manchen Risiken ist es einfach, bspw. die Auswirkung genau zu beziffern, während sich die Eintrittswahrscheinlichkeit aber in einer geschätzten Bandbreite bewegt.

Die quantitative Bewertung mit Szenarien unterstützt die bekannte Bewertung für die drei Fälle »best case«, »real case« und »worst case«. Auf dieser Basis lassen sich über handelsübliche Tools zur Monte-Carlo-Simulation, wie beispielsweise Crystal Ball und @Risk, auch stochastische Verfahren einsetzen und Value-at-Risk-Betrachtungen durchführen. Alternativ kann das weiter hinten erläuterte Zusatzmodul R2C-Value Calculator genutzt werden.

Selbst mit einer durchgängig qualitativen (also klassenbasierten) Risikoanalyse gelingt es bereits sehr gut, die relative Lage der Risiken untereinander einzuschätzen und die Prioritäten für das zukünftige Handeln richtig zu setzen.

Ähnliche oder sich gegenseitig stark beeinflussende Risiken können in einem aggregierten Risiko zusammengefasst und neu beurteilt werden. Das System unterstützt den Anwender mit Filterfunktionen bei der Zusammenführung einzelner Risiken.

Risikoanalyse mit R2C

Ein wesentlicher Prozessschritt ist die Risikoanalyse. Aufgrund des generischen Aufbaus von R2C_risk to chance bietet die Software vielfältige Möglichkeiten und Betrachtungsperspektiven. Das Risikoportfolio kann unter anderem in Bezug auf die betroffenen Unternehmensorganisation, die generellen Verantwortlichkeiten, die ausgewählten Risikokategorien, die innerhalb der Balanced Scorecard betroffenen Ziele oder die hinterlegten Frühwarnindikatoren analysiert und ausgewertet werden.

Die Risikostatistik bietet eine Übersicht über das bestehende Risikoportfolio. Risiken mit wesentlicher Bewertung und entsprechendem Handlungsbedarf werden sofort erkannt und können einzeln betrachtet werden. Diese

Übersicht steht sowohl kumuliert als auch für jede organisatorische Einheit zur Verfügung.

Für Frühwarnindikatoren, die über Messwerte beschrieben werden können, bietet R2C_risk to chance die Möglichkeit der regelmäßigen Erfassung, Analyse und Visualisierung. Wie schon bei der Risikobewertung besteht auch für die Indikatoren die Möglichkeit, Schwellwerte zu definieren, die bei Unter- oder Überschreitung zur automatischen Benachrichtigung per E-Mail führen.

Der Erfassung- und Aktualisierungsprozess ist auch mit einem Daten-Import-Server automatisierbar. Gerade bei kurzen Aktualisierungsintervallen optimiert dieses Verfahren die Konsistenz der Datenbasis mit anderen Unternehmenssystemen.

Zur Darstellung des Zusammenhangs von Risikomanagement und Balanced Scorecard bietet R2C_risk to chance die Möglichkeit, die Balanced Scorecard sowie entsprechende Maßnahmen und Kennzahlen zur Zielerreichung abzubilden und die Zusammenhänge darzustellen.

Risikobewältigung mit R2C

Einen wesentlichen Beitrag zur bewussten Risikobewältigung leistet das in R2C implementierte Maßnahmen-Controlling.

Nach der systemunterstützten Beurteilung der Risiken werden strategiekonforme Maßnahmen geplant. Es gilt, den besten Kompromiss zwischen einer möglichst großen Reduktion der wesentlichen Risiken und möglichst geringem zeitlichem und finanziellem Aufwand zu finden.

R2C_risk to chance unterstützt die Bewertung von Maßnahmen hinsichtlich Kosten und Nutzen sowie die Zuordnung von Terminen und Verantwortlichkeiten. Dadurch ist eine effiziente Steuerung der zur Risikoreduktion eingesetzten Mittel gewährleistet.

Die Fälligkeit von Maßnahmen wird automatisch überwacht und die verantwortlichen Personen können durch eine konfigurierbare E-Mail-Nachricht erinnert werden.

Die Transparenz des Maßnahmenmanagements und die konsequente Umsetzung der Maßnahmen erhöhen die Mitarbeiterakzeptanz und damit auch den Erfolg des Risikomanagements. Hilfreiche Übersichtsseiten und Reports unterstützen diesen Prozess.

Zur eigenständigen Überwachung des verantwortlichen Risikoportfolios stehen sämtlichen System-Nutzern klare Online-Sichten zur Verfügung, welche die zugewiesenen Risiken, Projekte und Maßnahmen übersichtlich darstellen.

Risiko-Reporting mit R2C

Die Grundlage für eine fundierte und zielgerichtete Risikoberichterstattung bildet der von R2C_risk to chance unterstütze Reporting- und Aktualisierungsprozess. Zur Prozesssteuerung steht den Prozessbeteiligten eine gut ausgebaute Cockpit-Funktion zur Verfügung. Nach Aktualisierung und Kennzeichnung der Risiken können diese für das Reporting freigegeben und historisiert werden.

Bei der Risikohistorisierung kommt der Vorteil der Datenbankarchitektur von R2C_risk to chance voll zum Tragen. Der Risikomanager kann nach jedem Betrachtszeitraum den aktuellen Stand archivieren. Dadurch werden die Daten jeweils zum Stichtag unveränderbar in der Datenbank hinterlegt. Durch die integrierte E-Mail-Anbindung wird dieser Prozess unterstützt und somit das gesamte Reporting zeitnah und transparent durchgeführt.

R2C_risk to chance fördert die kontinuierliche Risikoinformation und -kommunikation. Ein ständig aufrufbares aktuelles Risikoprofil dient als Führungsinstrument, das riskante Entwicklungen frühzeitig aufzeigt und dadurch hilft, die richtigen Gegenmaßnahmen frühzeitig einzuleiten. R2C_risk to chance gewährleistet einen zielgerichtete Informationsfluss: zum richtigen Zeitpunkt an die richtigen Adressaten.

Egal, ob Aufsichtrat/Verwaltungsrat, Vorstand, Geschäftsführung oder Mitarbeiter – jedem Prozessbeteiligten stehen die für ihn relevanten Informationen zur Verfügung.

R2C_risk to chance ist bereits im Standard mit einer großen Anzahl vielseitiger Reports versehen. Die Informationen aus der Datenbank können bedarfgerecht aus unterschiedlichen Betrachtungswinkeln ausgegeben und mit Hilfe eines Report-Generators auch einfach individuell konfiguriert werden.

R2C_value calculator – Das Werkzeug für die strategische Unternehmensplanung und simulationsbasierte Bewertung

Als Ergänzung zur Risikomanagementsoftware R2C_risk to chance wird das Zusatzmodul R2C_value calculator angeboten. Auf Basis fundierter Risikoinformationen erfolgt die Bewertung strategischer Alternativen und es entsteht Transparenz bei der Planungssicherheit, das von der Future Value-Group entwickelt wurde. Basierend auf einer umfangreichen Jahresabschluss-, Geschäftsfeld- und Portfolioanalyse sowie der Unternehmensplanung, erfolgt eine risikoorientierte Unternehmensbewertung und eine langfristige Ratingprognose. Zudem werden strategische Handlungsoptionen aufgezeigt und die abgeleitete Strategie strukturiert erfasst (Strategiedimensionen).

Beispiele für eine
IT-Unterstützung
des Risikomanagements

Durch die Verknüpfung von Risikomanagementsystemen mit der Unternehmensplanung und -strategie gelingt es, ein umfassendes strategisches Managementsystem zu gestalten, das es ermöglicht, strategische Entscheidungsalternativen unter Einbeziehung fundierter Risikoinformationen zu bewerten.

Der R2C_value calculator bietet neben der Möglichkeit der Aggregation der in R2C_risk to chance erfassten Risiken, die Besonderheit, die Simulationsergebnisse bei der Unternehmensbewertung und Ratingprognose zu berücksichtigen. Durch diese Kombination werden Planungsrisiken bzw. -unsicherheiten transparent und können durch optimierte strategische Maßnahmen gemanagt werden.

Darüber hinaus ermöglicht der R2C_value calculator mit Hilfe betriebswirtschaftlicher Kennzahlen eine umfassende Jahresabschlussanalyse. Diese Informationen können für die darauf aufbauende Unternehmensplanung herangezogen werden und um ein Kennzahlen gestütztes Finanzrating sowie eine entsprechende Unternehmensbewertung ergänzt werden. Dadurch wird es möglich, das vorhandene Risikoportfolio in Bezug auf die aktuelle Unternehmenssituation sowie die geplante Unternehmensentwicklung aus Sicht von Gläubiger (Rating) und Eigentümer (Wert) zu betrachten und strategische Entscheidungsalternativen fundiert zu bewerten (Strategiesimulation).

Für die Durchführung der Simulation werden nicht nur die Wahrscheinlichkeitsverteilungen einzelner ereignisorientierter Risiken aus R2C importiert, sondern auch die Sicherheit der erfassten Planwert der wichtigsten GuV- und Bilanzpositionen abgefragt. Damit wird einerseits die Auswirkung vieler kleiner Risiken auf das Unternehmen modelliert, anderseits wird die Transparenz der Planung unterstützt. Durch die explizite Erfassung der möglichen Abweichungen von den Planwerten wird dem Anwender die Unsicherheit vor Augen geführt, und er wird aufgefordert die Gedankenwelt eines festen Planwertes zu verlassen und über die Bandbreiten der möglichen zukünftigen Entwicklungen, also über die Unsicherheit der Zukunft nachzudenken.

Bei den erfassten Jahren wird eine Kennzahlenanalyse durchgeführt. Damit sieht der Anwender die gängigsten Finanzkennzahlen seiner Ist- und Planjahre.

Neben der Bestimmung der Finanzkennzahlen wird auch ein, auf Finanzkennzahlen basierendes Finanzrating für jedes Jahr bestimmt. Das implementierte Finanzrating wurde von der FutureValue Group entwickelt und gibt das von verschiedenen deutschen Banken vergebene Finanzrating (für

Mittelständer) im Mittel wieder. Damit erhält das Unternehmen ein Gefühl für die Einschätzung durch die eigene Hausbank.

Die Software »R2C_ValueCalculator« kann direkt aus dem Programm »R2C_risk to chance« gestartet werden. Dabei werden alle in »R2C_risk to chance« erfassten Informationen über die einzelnen Risiken, wie Eintrittswahrscheinlichkeit und Verteilung der Schadenshöhe direkt in den »R2C_ValueCalculator« geladen. Gleichzeitig können schon gespeicherte Jahresabschlussdaten geladen werden.

»R2C_ValueCalculator« beherrscht alle Verteilungsfunktionen, die »R2C_risk to chance« unterstützt.

Mit Hilfe der Szenariotechnik der Monte-Carlo Simulation werden zufällige mögliche Ausprägungen der Jahresabschlüsse durchgespielt. Dabei werden die erfassten Wahrscheinlichkeitsverteilungen der Risiken explizit berücksichtigt. Daraus erhält man die Wahrscheinlichkeitsverteilung der aggregierten Positionen, wie zum Beispiel »EBIT«.

Aus der Wahrscheinlichkeitsverteilung können die Quantile der Positionen bestimmt werden. Das Quantil beschreibt den Wert (der Position), der mit einer gewissen (vorgegebenen)

Top-Kennzahlen 2008

Kennzahlen	Wert
wirtschaftliche Eigenkapitalquote, bereinigt	16,4%
dynamischer Verschuldungsgrad (a)	8,81
Zinsdeckungsquote	1,72
Rohertragsmarge	52%
Cashflow-Marge	4,4%
operative Marge (EBIT-Marge)	5,6%
Umsatzrendite	2,3%
spezifischer Deckungsbeitrag	194,9%
Kapitalumschlag (operativ)	2,12
Gesamtkapitalrendite (ROCE)	11,8%
Quick-Ratio	58,8%
Anlagendeckungsgrad 2	1,15

Abb. 10.6: Finanzkennzahlenanalyse

Beispiele für eine
IT-Unterstützung
des Risikomanagements

Finanzrating 2008						
Kennzahlen	CCC	B	BB	BBB	A	Wert
wirtschaftliche Eigenkapitalquote, bereinigt	<10%	≥10%	>20%	>35%	>60%	16,4%
dynamischer Verschuldungsgrad (a)	>8	<8	<4	<1	<0,01	8,8
Zinsdeckungsquote	<1	≥1	>2,5	>4	>9	1,7
operative Marge (EBIT-Marge)	<0%	>0%	>5%	>10%	>15%	5,6%
Kapitalrückflussquote	<5%	>5%	>10%	>15%	>25%	16,9%
Gesamtkapitalrendite (ROCE)	<0%	>0%	>5%	>10%	>20%	11,8%
Quick-Ratio	<60%	>60%	>90%	>140%	>200%	58,8%
Verbindlichkeitenrückflussquote	<-10%	>-10%	>0%	>10%	>20%	5,4%
Finanzrating 2008						3,4
Insolvenzwahrscheinlichkeit						3,34%

Abb. 10.7: Finanzrating

Wahrscheinlichkeit nicht unterschritten wird, somit kann es als der umgangssprachliche »worst case« interpretiert werden – falls diese Wahrscheinlichkeit niedrig genug gewählt ist. So beschreibt das 1% Quantil, den Wert der Position, welcher nur im schlimmsten 1% der Fälle unterschritten wurde. Mit Hilfe des unteren (»worst case«) und oberen Quantils (»best case«) kann die wahrscheinliche zukünftige Bandbreite (Schwankungsbreite) der Position sowohl tabellarisch als auch grafisch dargestellt werden.

Der Eigenkapitalbedarf zu einem vorgegebenen Niveau gibt die Menge an Eigenkapital an, die notwendig ist, um die Verluste mit der vorgegebenen Wahrscheinlichkeit abdecken zu können. Zum Beispiel gibt der Eigenkapitalbedarf zum 99%-Niveau an, wieviel Eigenkapital notwendig ist, um eine Überschuldung mit 99%iger Wahrscheinlichkeit abwenden zu können. Im Umkehrschluss bedeutet es, dass das mit diesem Eigenkapital ausgestattete Unternehmen in 1% der Fälle überschuldet wird. Der Eigenkapitalbedarf

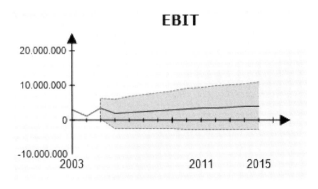

Abb. 10.8: Bandbreitenentwicklung der Position »EBIT«

kann auch direkt aus der Wahrscheinlichkeitsverteilung der Position »Gewinn vor Steuer« abgeleitet werden.

Die wichtigsten Ergebnisse der Simulation, wie zum Beispiel Eigenkapitalbedarf und Insolvenzwahrscheinlichkeit werden zusammen mit den wichtigsten Performancekennzahlen wie zum Beispiel RORAC auf einer Seite dargestellt. Hier wird auch die Konsequenz der Planung und der Risiken, die Planabweichungen auslösen können, für das Rating (die Insolvenzwahrscheinlichkeit) deutlich.

In der Praxis der Unternehmensbewertung bestehen die größten Schwierigkeiten und Ermessensspielräume bei der Einschätzung der Kapitalkostensätze (Diskontierungszinsen). Entsprechend weisen auch die heute implementierten wertorientierten Steuerungssysteme (EVA-Modelle, CFROI-Ansatz) eine immer noch fast durchgängig eine gravierende Schwäche auf: die grundsätzlich erforderlichen Kapitalkostensätze (Diskontierungszinssätze bzw. Mindestrenditeanforderungen) sind bisher nur wenig fundiert.

Offensichtlich müssten die risikoabhängigen Kapitalkostensätze (WACC) vom tatsächlichen Risikoumfang eines Unternehmens, und damit von der Planungssicherheit der bei der Unternehmensbewertung unterstellten zu-

Risikomaße 95% Niveau	
Eigenkapitalbedarf eines Jahres (VaR)	5.952.316,38 €
Eigenkapital* zur Deckung	5.140.305,65 €
Eigenkapitaldeckung (Eigenkapital* zum Eigenkapitalbedarf)	86,40%
zusätzlicher Liquiditätsbedarf	4.258.145,99 €
Performancemaße	
RORAC	-15,70%
VaR/Gesamtleistung	10,80%
RORACE (Rendite des Risikokapitals)	9,60%
Ratingkenzahlen	
Wahrscheinlichkeit der Illiquidität	23,90%
Wahrscheinlichkeit der Überschuldung	11,10%
Insolvenzwahrscheinlichkett	23,9% (Rating: CCC)

Abb. 10.9: Management Cockpit

Beispiele für eine
IT-Unterstützung
des Risikomanagements

künftigen Erträge bzw. Cashflows abhängig sein. Genau diese Information kann durch die Risikoanalyse (bzw. das Risikomanagement) bereitgestellt werden. Der in der Praxis bisher oft anzutreffende »Umweg«, bei der Bestimmung der Kapitalkostensätze – primär Kapitalmarktdaten (wie den Beta-Faktor) statt interner Unternehmensdaten zu benutzen – ist wenig überzeugend. Unter der vielfältigen theoretischen und empirischen Kritik an dem Capital-Asset-Pricing-Modell (CAPM) oder ähnlichen Ansätzen zur Herleitung von Kapitalkostensätzen sticht besonders eine Annahme heraus: das CAPM unterstellt effiziente Kapitalmärkte, d. h. vor allem, dass alle Kapitalmarktakteure die Risikosituation des Unternehmens genau so gut einschätzen können, wie die Unternehmensführung selbst. Diese Annahme ist sicherlich wenig haltbar, zumal sie das Risikomanagement obsolet machen würde. Sicherlich ist es sinnvoll, von der Annahme auszugehen, dass das Unternehmen selbst seine Risikosituation besser einschätzen kann als der Kapitalmarkt (»Informationsasymmetrie«) (und erst recht die möglichen Veränderungen der Risikosituation durch geplante Aktivitäten). Daher sollten Unternehmen die Kapitalkostensätze für ihre wertorientierten Steuerungssysteme auf Grundlagen der Erkenntnisse des Risikomanagements ableiten. So löst man zwei Probleme: Unternehmenswert (Discounted-Cashflow) oder EVA® werden auf Grundlage von Kapitalkostensätzen berechnet, welche die tatsächliche Risikosituation des Unternehmens widerspiegeln, und die Erkenntnisse des Risikomanagements fließen über den Weg der Kapitalkostensätze unmittelbar in unternehmerische Entscheidungen ein. So wird ein fundiertes Abwägen von erwarteten Erträgen und den damit verbundenen Risiken bei wichtigen Entscheidungen tatsächlich erst ermöglicht.

Der wichtigste Schritt für die bessere Fundierung von Unternehmenswerten und die Weiterentwicklung von wertorientierten Steuerungssystemen einerseits und eine risikoadäquate Unternehmensbewertung andererseits, ist somit die Ableitung fundierter Kapitalkostensätze. In der Software R2C_value calculator wird mit Hilfe einer Risikoaggregation der Gesamtrisikoumfang des Unternehmens bestimmt. Dabei werden die identifizierten und bewerteten Risiken in den Kontext der Unternehmensplanung gestellt und als Ursache für mögliche Planabweichungen interpretiert. Mit Hilfe der Monte-Carlo-Simulation wird eine große, repräsentative Stichprobe möglicher risikobedingter Zukunftsszenarien des Unternehmens berechnet und analysiert. Diese Zukunftsszenarien erlauben es, den Bedarf an (teurem) Eigenkapital zur Verlustabdeckung zu ermitteln, in dem aus der Bandbreite der Verteilungsfunktion der Gewinne auf den realistischen risikobedingten Maximalverlust geschlossen wird. Dabei sind das Eigenkapital sowie die Liquiditätsreserven das Risikodeckungspotenzial eines Unternehmens.

Im nächsten Rechenschritt müssen nur noch die gewichteten Kapitalkostensätze in Abhängigkeit des risikobedingten Eigenkapitalbedarfs (nicht des bilanziellen Eigenkapitals oder des Marktwerts des Eigenkapitals) berechnet werden, um den Diskontierungsfaktor zu erhalten.

Mit Hilfe der erfassten Jahresabschlussplandaten und den Ergebnissen der Simulation wird eine Unternehmensbewertung durchgeführt. Dabei werden die erfassten Risikoinformationen in der Bewertung herangezogen. Somit entfällt das bei vielen anderen Bewertungsmethoden notwendige und methodisch fragwürdige Heranziehen von Risikoinformationen des Kapitalmarkts, wie etwa beim CAPM bei Bestimmung des Beta-Faktors. Da davon auszugehen ist, dass in der realen Welt keine vollkommenen Märkte existieren und Informationsasymmetrie herrscht, sind die internen Unternehmensinformationen bezüglich der Risikopositionen des Unternehmens qualitativ besser, als die Einschätzung des Kapitalmarktes. In der Bewertungsmethode der Software »R2C_value calculator« werden genau diese Informationen ausgewertet.

Der Unternehmenswert wird in der Software mit Hilfe der DCF-Methode in der WACC-Variante durchgeführt. Der Wert ergibt sich als die Summe der diskontierten erwarteten Erträge abzüglich der Nettobankverbindlichkeiten des Unternehmens.

In der Software »R2C_value calculator« ist auch ein Maßnahmenmanager abgebildet. Mit Hilfe dieses Maßnahmenmanagers können die Wirkungen einer beliebigen Anzahl von geplanten bzw. zu bewertenden Maßnahmen erfasst werden. Es werden also »was wäre wenn«-Analysen durchgeführt, um unternehmerische Entscheidungen – unter Berücksichtigung der Risiken – besser zu fundieren. Die Maßnahmen werden mit Hilfe der Wirkung auf die wichtigsten Positionen von GuV und Bilanz beschrieben und können aktiviert und deaktiviert werden. Die Wirkungen gleichzeitig aktivierter Maßnahmen werden zusammengefasst und aggregiert betrachtet.

Die Wirkung der Maßnahmen auf die GuV und Bilanz wird mit Hilfe einer Tabelle visualisiert (vgl. Abbildung 10.10).

Der Unternehmenswert wird sowohl ohne Maßnahmen als auch mit Maßnahmen berechnet und wird nebeneinander dargestellt. Somit kann man direkt ablesen ob die aktivierten Bündel von Maßnahmen den Unternehmenswert steigern oder mindern.

In einem separaten Modul kann der Anwender seine Geschäftsfelder mit Hilfe eines angepassten Porter-Ansatzes analysieren und miteinander vergleichen. Durch checklistengeführten Seiten werden die Einschätzungen des Unternehmens über die Geschäftsfelder erfasst und ausgewertet.

Unternehmensplanung					
			Planung		
	2004	Plan 2005	Plan 2005 incl. Massnahmen	Plan 2006	Plan 2006 ind. Massnahmen
Gesamtleistung	51.930.000,00 €	55.000.000,00 €	57.749.999,94 €	79.452.900,00 €	83.425.544,91 €
1. Umsatzerlöse	51.930.000,00 €	54.893.967,16 €	57.638.665,46 €	79.452.900,00 €	83.425.544,91 €
2. Bestandsveränderung fertige/unfertg. Erzeugnisse	0,00 €	106.032,84 €	111.334,48 €	0,00 €	0,00 €
3. andere aktivierte Eigenleistungen	0,00 €	0,00 €	0,00 €	0,00 €	0,00 €
4. sonstige betriebliche Erträge	0,00 €	0,00 €	0,00 €	0,00 €	0,00 €
5. Materialaufwand	25.170.000,00 €	26.396.715,81 €	27.716.551,57 €	38.510.100,00 €	40.435.604,96 €
a) Roh-, Hilfs-, Betriebsstoffe, bezogene Waren	25.170.000,00 €	26.396.715,81 €	27.716.551,57 €	38.510.100,00 €	40.435.604,96 €
b) Aufwendungen für bezogene Leistungen	0,00 €	0,00 €	0,00 €	0,00 €	0,00 €
Rohertrag	26.760.000,00 €	28.603.284,19 €	30.033.448,37 €	40.942.800,00 €	42.989.939,95 €
6. Personalaufwand	15.020.000,00 €	14.676.245,57 €	15.796.776,91 €	22.980.600,00 €	24.735.168,80 €
a) Löhne und Gehälter	15.020.000,00 €	14.676.245,57 €	15.796.776,91 €	22.980.600,00 €	24.735.168,80 €
b) soziale Abgaben und Altersversorgungen	0,00 €	0,00 €	0,00 €	0,00 €	0,00 €
fixe, zahlungswirksame Kosten	23.330.000,00 €	23.307.520,08 €	24.471.207,77 €	35.694.900,00 €	37.513.040,30 €
EBITDA	3.430.000,00 €	5.295.764,13 €	5.562.240,59 €	5.247.900,00 €	5.476.899,66 €
7. Abschreibungen	2.400.000,00 €	2.240.000,00 €	2.240.000,00 €	3.672.000,00 €	3.672.000,00 €
a) auf Sachanlagen und immatr. Vermögen	2.400.000,00 €	2.240.000,00 €	2.240.000,00 €	3.672.000,00 €	3.672.000,00 €
b) auf Gegenstände des Umlaufvermögens	0,00 €	0,00 €	0,00 €	0,00 €	0,00 €
8. sonstiger betrieblicher Aufwand	8.310.000,00 €	8.631.274,49 €	8.674.430,86 €	12.714.300,00 €	12.777.871,50 €
Betriebsergebnis (EBIT)	1.030.000,00 €	3.055.764,13 €	3.322.240,59 €	1.575.900,00 €	1.804.899,66 €
9. Erträge aus Beteiligungen	0,00 €	0,00 €	0,00 €	0,00 €	0,00 €
10. Erträge aus anderen Wertpapieren	0,00 €	0,00 €	0,00 €	0,00 €	0,00 €
11. Zinsen und ähnliche Erträge	0,00 €	0,00 €	0,00 €	0,00 €	0,00 €
12. Abschreibungen auf Finanzanl. und Wertpapiere	0,00 €	0,00 €	0,00 €	0,00 €	0,00 €
13. Zinsen und ähnliche Aufwendungen	1.640.000,00 €	1.780.000,00 €	1.784.323,00 €	2.040.000,00 €	2.044.335,93 €
Finanzergebnis	-1.640.000,00 €	-1.780.000,00 €	-1.784.323,00 €	-2.040.000,00 €	-2.044.335,93 €
14. Ergebnis der gewöhnl. Geschäftstätigkeit (EBT)	-610.000,00 €	1.275.764,13 €	1.537.917,59 €	-464.100,00 €	-239.436,27 €
15. a.o. Erträge	0,00 €	0,00 €	0,00 €	0,00 €	0,00 €
16. a.o. Aufwendungen	0,00 €	0,00 €	0,00 €	0,00 €	0,00 €
17. a.o. Ergebnis, Korrekturen	0,00 €	0,00 €	0,00 €	0,00 €	0,00 €
Gewinn vor Steuern	-610.000,00 €	1.275.764,13 €	1.537.917,59 €	-464.100,00 €	-239.436,27 €
18. Steuern von Einkommen und Ertrag	0,00 €	765.458,48 €	922.750,56 €	0,00 €	0,00 €
20. Gewinn nach Steuern	-610.000,00 €	510.305,65 €	615.167,04 €	-464.100,00 €	-239.436,27 €
freier Cashflow nach Steuern	1.786.700,00 €	1.237.871,37 €	637.656,45 €	2.400.801,28 €	1.949.846,22 €
Cashflow nach Steuern	2.096.700,00 €	2.443.605,65 €	2.548.467,04 €	3.539.067,00 €	3.763.730,73 €

Abb. 10.10: Unternehmensplanung

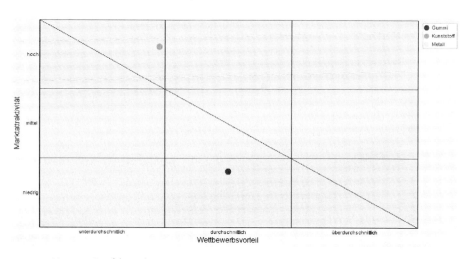

Abb. 10.11: Portfolioanalyse

10 IT-Lösungen für
das Risikomanagement

Mit Hilfe der FutureValue™-Scorecard (einer Variante der Balanced Scorecard) kann die Strategie des Unternehmens strukturiert und standarisiert erfasst werden. Dazu werden standarisierte Strategiedimensionen eingeführt, deren Ist- und Sollausprägung von dem Anwender beurteilt werden müssen. Mit Hilfe dieses Vorgehens werden die strategischen Ziele automatisch fixiert und operationalisiert.

Im nächsten Schritt werden diese Eingaben im Strategie-Cockpit grafisch aufgearbeitet. Das Strategie-Cockpit zeigt so den Handlungsbedarf für die Strategieumsetzung an.

Mit Hilfe der grafischen Auswertung sind Unplausibilitäten in der Strategie leicht zu erkennen. Weiterhin sind die Handlungsbedarfe leicht zu identi-

Kernkompetenzen		
Standardisierungsgrad	Standardisierung	Individualität
Innovationsorientierung	Imitation	Innovation
Kostenorientierung	Kostenorientierung	Qualitätsorientierung
Strategische Kompetenz versus operative Kompetenz	Strategische Kompetenz	Operative Kompetenz
zusätzliche Kennzahl1	niedrig	hoch
zusätzliche Kennzahl2	niedrig	hoch
Strategische Stoßrichtung		
Wachstumsorientierung	Wachstum	Konsolidierung
Risiko-Rendite-Profil	risikovermindernd	renditesteigernd
Shareholder versus Stakeholder	Shareholder	Stakeholder
Working-Capital Ratio	niedrig	hoch
Gesamtrohertrag	niedrig	hoch
zusätzliche Kennzahl	niedrig	hoch
Geschäftsfelder / Wettbewerbsvorteile		
Leistungsbreite	Konzentration	Diversifikation
Wettbewerbsverhalten	defensiv	offensiv
Preisorientierung	Preisführerschaft	Differenzierung
Vertriebsorientierung versus Produktorientierung	Vertriebsorientierung	Produktorientierung
Rohertragsanteil der Produkte entwickelt in den letzten 5 Jahren	0%	100%
Rohertragsanteil der Produkte, aufgenommen in dem letzten Jahr	0%	100%
Wertschöpfungskette		
Spezialisierungsgrad	Spezialisierte Ressourcen	Universelle Ressourcen
Flexibilitätsgrad	Starre Auslastung	Flexible Auslastung
Wertschöpfungstiefe	Wertschöpfungsautarkie	Wertschöpfungsverbund
Termingerechte Lieferung	0%	100%
Zusätzliche Kennzahl1	niedrig	hoch
Zusätzliche Kennzahl2	niedrig	hoch

Abb. 10.12: Strategie-Cockpit

fizieren. Ein langer Pfeil bedeutet, dass das Unternehmen von dem gewünschten Soll-Zustand weit entfernt ist. Die Dicke des Pfeils spiegelt die Einschätzung der Anwender über die Wichtigkeit dieser strategischen Position wider. Mit der kombinierten Darstellung dieser Informationen ist der Handlungsbedarf der einzelnen Positionen leicht zu erkennen und priorisieren (vgl. Abbildung 10.12).

10.4 Literatur

De Marco, T.: Der Termin. München, Wien 1998.

Erben, R. F.; Romeike, F.: Allein auf stürmischer See – Risikomanagement für Einsteiger, Weinheim 2003 (2. Auflage 2006).

Gleißner, W.: Identifikation, Messung und Aggregation von Risiken, in: Gleißner, W. / Meier, G., Wert-orientiertes Risikomanagement für Industrie und Handel, 2001.

Gleißner, W.: Risikomanagement für Fortgeschrittene: Risikoaggregation, Eigenkapitalbedarf und Rating, in: Der Controlling-Berater, 2003.

Gleißner, W.: Balanced Scorecard und Risikomanagement als Bausteine eines integrierten Managementsystems , in: Romeike, F.; Finke, R., Erfolgsfaktor Risiko-Management, 2003.

Gleißner, W.: Future Value – 12 Module für eine strategische wertorientierte Unternehmensführung, Wiesbaden 2004.

Gleißner, W.: Grundlagen des Risikomanagements, München 2008.

Gleißner W.; Füser K.: Leitfaden Rating – Basel II: Rating-Strategien für den Mittelstand, 2. Auflage, München 2003.

Gleißner, W.; Romeike, F.: Risikomanagement: Umsetzung – Werkzeuge – Risikobewertung (inkl. CD-ROM), Freiburg 2005.

Kaplan, R. / Norton, S.: Balanced Scorecard – Strategien erfolgreich umsetzen, Stuttgart 1997.

Romeike, F.: Lexikon Risiko-Management, Köln und Weinheim 2004.

Romeike, F.: Modernes Risikomanagement – Die Markt-, Kredit- und operationellen Risiken zukunftsorientiert steuern, Weinheim 2004.

Romeike, F.; Finke, R.: Erfolgsfaktor Risikomanagement: Chance für Industrie und Handel, Lessons learned, Methoden, Checklisten und Implementierung (inkl. CD-ROM), Wiesbaden 2003.

Romeike, F.; Müller-Reichart, M.: Risikomanagement in Versicherungsunternehmen Grundlagen, Methoden, Checklisten und Implementierung, Weinheim 2004.

Romeike, F. van den Brink, J. G.: Corporate Governance und Risikomanagement im Finanzdienstleistungsbereich, Stuttgart 2005.

11
Chancen/Risikomanagement- und Controlling-Organisation

Ralf Meyer

11.1 Übersicht

Das Risiko- und Chancenmanagement eines Unternehmens kann immer nur so gut sein wie die Handlungen, durch die die Risiken und Chancen »gemanaged« werden sollen. Selbst die besten Instrumente verfehlen ihre Wirkung, wenn sie nicht effektiv im Rahmen von unternehmerischen Entscheidungen eingesetzt werden.

So besaß die Barings Bank Mitte der Neunziger Jahre alle Instrumente für ein wirksames Management ihrer Marktrisiken. Allerdings waren die bestehenden Prozesse zum Einsatz dieser Instrumente derart mangelhaft, dass die Risiken und Verluste aus Derivategeschäften, die von dem Händler Nick Leeson in der Singapurer Niederlassung getätigt wurden, nicht in die Risikobetrachtung der Gesamtbank einflossen. Somit konnte kein adäquates Management dieser Risiken auf Gesamtbankebene stattfinden, was schließlich am 26. Februar 1995 zu einem Verlust von 1,4 Milliarden US-Dollar und damit zum Bankrott der *Barings Plc.* führte.

Auf der anderen Seite dürfen die bestehenden Risikoprozesse und -strukturen nicht die Ausnutzung von Chancen durch eine überhöhte Risikoaversion beeinträchtigen. So verfügt etwa Goldman Sachs über einen Prozess, der neue Chancen systematisch aufgreift und analysiert. Zu diesem Zweck wurde ein Neuproduktprozess eingerichtet, der sicherstellt, dass die Handelsabteilung Produkte, die bisher noch nicht gehandelt worden sind, innerhalb kürzester Zeit in den Handel aufnehmen kann. Dazu wurde ein zeitlicher Rahmen festgelegt, in dem sich alle beteiligten Abteilungen – darunter auch das Risikomanagement – zu dem neuen Produkt äußern müssen. Dadurch kann die Handelsabteilung die Dauer für die Neueinführung eines Produktes sehr genau abschätzen, was die Handlungsfähigkeit nur soweit wie nötig einschränkt.

Das Risikomanagement muss sowohl in die Aufbauorganisation als auch in die Ablauforganisation eines Unternehmens integriert sein, damit ein professioneller Umgang mit Risiken und Chancen gewährleistet werden

Risikomanagement in der Unternehmensführung. Rainer Kalwait, Ralf Meyer, Frank Romeike,
Oliver Schellenberger und Roland Franz Erben
Copyright © 2008 WILEY-VCH Verlag GmbH & Co. KGaA, Weinheim
ISBN 978-3-527-50302-5

kann. Durch die Aufbauorganisation des Risikomanagements wird die Verantwortung für das Management der Unternehmensrisiken definiert. Dabei wird einerseits festgelegt, welche Unternehmenseinheiten risikorelevante Entscheidungen im Rahmen ihrer normalen Tätigkeiten treffen sollen. Andererseits werden zusätzliche Einheiten geschaffen, die sich ausschließlich mit dem Management von Risiken befassen.

Die Ablauforganisation des Risikomanagements legt dagegen fest, wie mit Risiken umgegangen werden soll. Üblicherweise organisiert das Risikocontrolling als zentrale Unternehmenseinheit die Durchführung der Prozesse und unterstützt die Risikoverantwortlichen in den Unternehmenseinheiten bei der Risikobewertung. Die operativen Einheiten tragen im Regelfall die Verantwortung für eine funktionierende Umsetzung. Zu den Aufgaben der Prozessverantwortlichen gehören insbesondere die Identifikation und schnelle Kommunikation von Risikosachverhalten sowie die Einbindung von Risikoaspekten in die unternehmerischen Entscheidungen.

Das Chancenmanagement ist dagegen in der Regel weniger formal organisiert. Dies hängt zum einen mit der Tatsache zusammen, dass bestimmte Risikofunktionen gesetzlich bzw. aufsichtsrechtlich zwingend vorgeschrieben sind. Zum anderen können Risiken, die unerkannt bleiben – wie etwa im Fall der Barings Bank – erhebliche Schäden anrichten während vergebene Chancen nicht solche extreme Auswirkungen haben können.

Bei der organisatorischen Umsetzung sowie der Implementierung der Risikomanagementprozesse muss ein Unternehmen die folgenden Aspekte berücksichtigen damit ein effektives Risikomanagement implementiert werden kann (siehe Abbildung 11.1):

Risikoaspekt	Kernfragen	CEO Agenda
Risiko Politik	Welche Leitlinien sollen für die Implementierung eines unternehmensweiten Risikomanagements gelten?	Wie soll die Organisation grundsätzlich mit Risiken umgehen? Werden Entscheidungen unserer Angestellten durch ein Risikobewusstsein verbessert?
Risiko Verantwortung	Welche Rolle und Verantwortlichkeiten haben alle Unternehmensbeteiligten?	Wie können unternehmerische Entscheidungen und ein aktives Management aller Risiken in Einklang gebracht werden?
Risiko Transparenz	Wie werden Risiken beobachtet und kommuniziert?	Wie kann eine umfassende Risikotransparenz für alle Entscheidungsträger sichergestellt werden?
Risiko Kultur	Wie kann ein einheitliches Risikobewusstsein und -verhalten erreicht werden?	Was sind die Hauptansatzpunkte und Kernthemen für die Implementierung einer unternehmensweiten Risikokultur?

338   **Abb. 11.1:** Organisation und Prozesse des Risikomanagements

- Risikopolitik
- Risikoverantwortung
- Risikokommunikation
- Risikokultur

Die *Risikopolitik* gibt die Leitlinien für das Risikomanagement des Unternehmens vor. Basierend auf der vom Topmanagement festgelegten Risikostrategie werden Grundsätze formuliert, die bei allen unternehmerischen Entscheidungen zu beachten sind. Dabei ist insbesondere zu definieren, welche Art von Risiken und Chancen eingegangen werden sollen und wie mit diesen umzugehen ist.

Die *Risikoverantwortung* legt fest, auf welcher Hierarchieebene Risikoentscheidungen getroffen werden sollen. Aufgrund der Tatsache, dass nahezu jede unternehmerische Entscheidung auch eine Risikokomponente aufweist, ist die Verantwortung für das Eingehen von Risiken organisatorisch kaum von der unternehmerischen Entscheidung zu trennen. Lediglich der Umgang mit den bestehenden Risiken und Chancen kann dezentral oder zentral in einer speziellen Risikomanagementfunktion umgesetzt werden.

Die *Risikotransparenz* ist von entscheidender Bedeutung sowohl für das Eingehen von Risiken und Chancen als auch den Umgang mit bestehenden Risiken und Chancen. Während es offensichtlich ist, dass die Entscheidung über den Umgang mit einem bestehenden Risikoportfolio die Transparenz dieses Portfolios voraussetzt, ist die Bedeutung der Risikotransparenz für »normale« unternehmerische Entscheidungen nicht unmittelbar eingängig. Schließlich werden die meisten unternehmerischen Entscheidungen ohne Berücksichtigung oder nur mit einer groben Abschätzung der betroffenen Risiken getroffen. Dennoch ist es bei allen unternehmerischen Entscheidungen notwendig, zu verstehen, wie hoch die betreffenden Risiken und Chancen sind und wie sich diese auf die Gesamtrisikoposition des Unternehmens auswirken. Nur so kann eine risikoadjustierte Steuerung des Unternehmens erfolgen.

Die Entwicklung einer konsistenten *Risikokultur*, die alle operativen Entscheidungen des Unternehmens leitet, stellt sicher, dass Risikoaspekte nicht nur durch standardisierte Prozesse in Unternehmensentscheidungen einfließen, sondern Bestandteil jeder entscheidungsrelevanten Abwägung werden. Die von der Unternehmensleitung entwickelte Risikostrategie muss Eingang in die täglichen Entscheidungen und Prozesse im Unternehmen finden. Nur so kann sichergestellt werden, dass eine konsistente Umsetzung des strategischen Risikomanagements in allen operativen Unternehmensbereichen erfolgt.

11.2 Möglichkeiten der organisatorischen Zuordnung des Chancen- und Risikomanagements des Unternehmens

11.2.1 Überblick

Die organisatorische Zuordnung von Risikomanagementaufgaben in einem Unternehmen hängt u. a. von der Unternehmensgröße und -struktur sowie der Branchenzugehörigkeit ab. Darüber hinaus bestimmt die Höhe der bestehenden Risiken den Umfang der notwendigen Risikomanagementaktivitäten.

Grundsätzlich muss jedoch bei allen Unternehmen sichergestellt sein, dass bei unternehmerischen Entscheidungen Risikoaspekte berücksichtigt werden. Daher ist Risikomanagement in erster Linie als eine Einbindung von Risikoaspekten in alle Entscheidungsfunktionen zu verstehen. Erst in zweiter Linie muss darüber nachgedacht werden, welche speziellen Risikomanagementfunktionen und -stellen geschaffen werden müssen, um ein unternehmensweites Risikomanagement zu implementieren.

Das Chancenmanagement ist in der Regel nicht auf allen Hierarchieebenen verankert, da das Management von Chancen sehr eng mit der jeweiligen unternehmerischen Entscheidungsfunktion verbunden ist. Dennoch haben einige Unternehmen zentrale Chancemanagementeinheiten geschaffen, um zumindest bei Großprojekten eine gesamtheitliche Chancensteuerung zu gewährleisten.

Aspekte des Risiko- und Chancenmanagements spielen demanch auf allen Hierarchieebenen des Unternehmens eine Rolle, angefangen von der Topmanagementebene über alle zentralen (Risikomanagement-) Einheiten bis hin zu den lokalen Geschäftsbereichen. Dabei sind grundsätzlich die folgenden Funktionen zu unterscheiden

- Top-Management
- Risikomanagement-Stabsstellen
- Zentrale Risiko- und Chancenmanagementeinheiten
- Risikocontrolling
- Operative Geschäftseinheiten
- Zusammenarbeit mit externen Partnern

11.2.2 Topmanagement

Die drei Aufgaben des Topmanagements im Rahmen des Risikomanagements bestehen aus der Festlegung der Risikostrategie, der Formulierung der Risikopolitik sowie der Definition der Risikomanagementorganisation und -prozesse.

Die Risikostrategie des Unternehmens ist Bestandteil der Unternehmensstrategie und daher zentrale Aufgabe des Topmanagements. Dabei setzt sich die Risikostrategie aus den Bestandteilen Zielrating, Risikotragfähigkeit und Gesamtrisikoposition zusammen (vgl. auch Kapitel 6). Das Topmanagement kann das Zielrating nur indirekt beeinflussen, da sich das Zielrating aus der Risikotragfähigkeit und der gegenüberstehenden Gesamtrisikoposition ableitet. Die Risikotragfähigkeit kann das Topmanagement direkt über die Kapitalausstattung beeinflussen, während das Management der Gesamtrisikoposition zum einen von der Risikonahme der einzelnen Geschäftseinheiten und zum anderen von der Steuerung der Gesamtrisikoposition abhängt.

Zur Umsetzung der Risikostrategie definiert das Topmanagement die Risikopolitik, welche die Aufteilung der Gesamtrisikoposition auf die einzelnen Geschäftseinheiten festlegt. Dabei teilt das Topmanagement das so genannte Risikokapital auf die einzelnen Geschäftseinheiten auf und legt Grundsätze fest, wie dieses zur Deckung neuer und bestehender Risiken eingesetzt werden kann. Darüber hinaus definiert das Topmanagement, nach welchen Zielen die aktive Steuerung der bestehenden Risikopositionen erfolgen soll. Die tatsächliche Umsetzung der Risikosteuerung wird von einer zentralen Risikoeinheit vorgenommen.

Die Definition der Risikomanagementorganisation und -prozesse teilt in einem weiteren Schritt die Verantwortlichkeiten bzgl. aller Risikomanagementfunktionen den einzelnen Unternehmenseinheiten zu.

Die organisatorische Ausgestaltung des Risikomanagements auf Topmanagementebene hat sich in den letzten Jahren grundlegend verändert. Während in der Vergangenheit das Risikomanagement als Teilbereich des Finanzwesens des Unternehmens betrachtet wurde, wird das Risikomanagement heute als Funktion betrachtet, die alle Unternehmensbereiche beeinflusst. Daher haben viele Unternehmen einen Chief Risk Officer (CRO) auf Vorstandsebene installiert, der die Risikostrategie des Unternehmens verantwortet. Bei kleineren Unternehmen liegt die Verantwortung für das Risikomanagement zwar häufig noch im Aufgabenbereich des Finanzvorstandes (CFO), hier ist allerdings eine enge Kooperation von Vorstandsvorsitzendem und Finanzvorstand in Risikoaspekten festzustellen.

11.2.3 Zentrale Risiko- und Chancenmangementeinheiten

Risikomanagement-Stabsstellen

Risikomanagement-Stabsstellen finden sich mittlerweile bei vielen Unternehmen. So haben viele Unternehmen ein Risikomanagement-Komitee installiert, welches das Topmanagement bei der Festlegung der Risikostrategie berät. In einem solchen Komitee werden die fachlichen Kompetenzen des Unternehmens – gegebenenfalls unterstützt durch externe Experten – gebündelt, um eine Einbindung aller Organisationseinheiten in die Ableitung der Risikostrategie sicherzustellen.

Insbesondere bei Banken spielen zentralisierte Risikomanagement-Komitees eine wichtige Rolle, die über die Ableitung der Risikostrategie hinausgeht. So wird in der Regel versucht, das Expertenwissen der Komiteemitglieder zu bündeln und so eine einheitliche Prognose der zukünftigen Entwicklung von Risikoparametern wie Zinsentwicklung, gesamtwirtschaftliche Entwicklung und Aktienmarkt zu entwickeln.

Typischerweise steht der CRO bzw. CFO des Unternehmens dem Risikomanagement-Komitee vor. Daneben nehmen die Verantwortlichen der einzelnen Risikoklassen bzw. die Risikoverantwortlichen einzelner Geschäftsbereiche wie etwa der Leiter des Treasuries an den Sitzungen teil.

Chief Risk Officer (CRO)

Die vorrangige Aufgabe des Chief Risk Officers (CRO) besteht in der Konsolidierung und Analyse aller Unternehmensrisiken. Dabei legt der CRO die Detailebene der Risikoanalysen fest, die sich an der Bedeutung der Einzelrisiken orientieren sollte. Die Analysen sollten neben der Darstellung des Gesamtrisikos auch die Risikoentwicklung aufzeigen und Risikokonzentrationen aufdecken. Basierend auf diesen Analysen erarbeitet der CRO Vorschläge für die Risikostrategie, die als Grundlage für Vorstandsentscheidungen dienen.

Als weitere bedeutende Aufgabe des CROs ist die Erstellung eines Risikoberichtes zu sehen, der das Topmanagement zeitnah über die Entwicklung von bedeutenden Risikopositionen unterricht. In diesem Rahmen erfolgt eine Warnung, falls sich bestimmte Risiken deutlich erhöhen oder durch Verluste schlagend werden. Bei Banken ist etwa ein täglicher Bericht über die Risiken aus dem Eigenhandel gesetzlich vorgeschrieben.

Schließlich nimmt der CRO verschiedene Kontrollaufgaben wahr, die sich indirekt aus der Überwachung der operationellen Risiken ergeben. Dabei deckt der CRO Verstöße gegen Richtlinien auf und analysiert, inwieweit die bestehenden Richtlinien einen adäquaten Schutz vor operationellen Risiken bieten. Gegebenenfalls wird für die Erfüllung dieser Aufgabe bei großen Unternehmen auch ein Chief Compliance Officer eingesetzt, der sich Einhaltung der internen und externen Richtlinien überwacht.

Zur Vermeidung von Interessenkonflikten sollte der CRO neben seiner Verantwortung für das Risikomanagement keine Verantwortung für Funktionen übernehmen, die direkt für Risikonahmen verantwortlich sind.

Zentrales Chancenmanagement

Zentrale Unternehmenseinheiten, die sich mit einer ganzheitlichen Steuerung der Chancen eines Unternehmens befassen, finden sich in unterschiedlichen organisatorischen Ausprägungen.

In der einfachsten Ausprägung erfolgt eine implizite Priorisierung von verschiedenen Chancen durch das Topmanagement. Dies entscheidet etwa über die Zukunft einzelner Unternehmenseinheiten und damit über die dazugehörigen Chancen. Innerhalb der einzelnen Unternehmenseinheiten steuert der jährliche Budgetierungsprozess die Möglichkeiten Chancen einzugehen.

Bei einzelnen Unternehmen finden sich darüber hinaus zentrale organisatorische Einheiten, die die Chancen des Unternehmens ganzheitlich steuern. Diese Unternehmen zeichnen sich in der Regel dadurch aus, dass sehr hohe Investitionen getätigt werden, weshalb eine systematische Analyse der mit den Investitionen verbundenen Chancen auf Gesamtunternehmensebene erfolgen muss. So steuert etwa BP die Investitionen in neue Ölförderprojekte in einer zentralen Unternehmenseinheit.

11.2.4 Risikocontrolling

Der CRO wird in der Regel von einem zentralen Risikocontrolling unterstützt (siehe auch Kapitel 6). Dieses entwickelt Instrumente und Prozesse zur Risikomessung weiter und erstellt den regelmäßigen Risikobericht. Darüber hinaus kann das Risikocontrolling auch in die Erstellung von Vorschlägen zu Risikomaßnahmen eingebunden sein.

Grundsätzlich sollte das Risikocontrolling Zugang zum Topmanagement haben und unabhängig von anderen operationellen Unternehmenseinheiten sein. Dieses Prinzip ist für Banken in Form der Mindestanforderungen an das Risikomanagement (MaRisk) als verbindliche aufsichtsrechtliche Vorgabe festgelegt und schließt die Vorstandsebene ein. Der für das Risikocontrolling zuständige Vorstand einer Bank kann daher weder die Verantwortung für die Handelsabteilung noch für die Kreditabteilung inne haben.

Möglichkeiten der organisatorischen Zuordnung des Chancen- und Risikomanagements des Unternehmens

Darüber hinaus muss die Ausgestaltung des Risikomanagements dem Umfang und der Komplexität der bestehenden Risiken entsprechen. Dies bedeutet beispielsweise für Banken, dass dem Risikocontrolling Instrumente zur Verfügung stehen müssen, die einerseits die Risiken unabhängig bewerten und daher nicht auf Daten und Analysen der Abteilungen aufsetzen können, welche die Risiken übernehmen. Andererseits muss das Risikocontrollingpersonal ausreichend qualifiziert sein, um die Bedeutung der verschiedenen Risiken zu erkennen.

Um den Zugang zum Topmanagement sicherzustellen, sehen die MaRisk einen täglichen Risikobericht vor. Darüber hinaus ist zwingend vorgeschrieben, einen umfassenden monatlichen Risikobericht zu erstellen, der von allen Vorstandsmitgliedern nachweislich zur Kenntnis genommen werden muss.

11.2.5 Operative Geschäftseinheiten

Die operativen Geschäftseinheiten eines Unternehmens sind für die Umsetzung der Risikostrategie verantwortlich. Dies geschieht im Rahmen der täglichen Geschäftsprozesse, in denen risikorelevante Aspekte berücksichtigt werden müssen.

Bei größeren Unternehmen und Banken unterstützen dezentrale Risikomanager die Umsetzung der Risikostrategie in den einzelnen Geschäftsbereichen. Diese sind für die Messung der bestehenden Risiken und das Risikoreporting verantwortlich. Die fachliche Koordination der lokalen Risikomanager erfolgt durch das zentrale Risikomanagement ebenso wie die Vorgabe einheitlicher Risikomessmethodiken und -prozesse. Organisatorisch sind die lokalen Risikomanager in der Regel der Leitung des Geschäftsbereiches unterstellt, die sie in Fragen des Risikomanagements beraten.

Diese Aufgabenverteilung ergibt sich nicht zwingend, sondern muss – basierend auf den Besonderheiten des jeweiligen Unternehmens – individuell gestaltet werden. Dabei spielt die Aufgabenverteilung zwischen zentralen und dezentralen Einheiten eine entscheidende Rolle. Hierbei sollten die verschiedenen Vor- und Nachteile einer zentralen bzw. dezentralen Ausrichtung berücksichtigt werden. So können bei einem hauptsächlich zentral ausgerichteten Risikomanagement die Vorteile einer unternehmensweiten Risikosteuerung genutzt werden. Diese liegen in der Möglichkeit, Risiken und Chancen auf konsolidierter Basis zu steuern. Die Nachteile liegen in der erhöhten Komplexität der Risikomessung und -steuerung sowie einem Informationsverlust und einem zeitlichen Nachteil. In der Praxis werden beide Möglichkeiten oftmals kombiniert. So werden operative Risiken und Chancen in der Regel lokal gesteuert, während strategische und finanzielle Risiken und Chancen häufig zentral gemanaged werden.

11.2.6 Zusammenarbeit mit externen Partnern

Die Zusammenarbeit mit externen Partnern mit Bezug zum Risikomanagement hat aufgrund der folgenden Aspekte in den vergangenen Jahren deutlich zugenommen

- Outsourcing von risikorelevanten Geschäftsprozessen
- Engere Zusammenarbeit mit Partnerunternehmen
- Erhöhte Abhängigkeit von anderen Unternehmen aufgrund von volkswirtschaftlichen Entwicklungen.

Zahlreiche Unternehmen haben in den vergangenen Jahren Geschäftsprozesse, die sie nicht als Kernprozesse betrachten, ausgelagert. Die Gründe lagen hierbei vor allem in der mangelnden Profitabilität dieser Prozesse bzw. in der Tatsache, dass entsprechende Aufgaben kostengünstiger von einem externen Anbieter wahrgenommen werden können. Der Fokus lag demnach nicht auf risikorelevanten Fragestellungen. Allerdings geht Outsourcing in der Regel mit einer Erhöhung von operativen Risiken einher. So ist insbesondere bei dem Outsourcing von spezialisierten Prozessen (z. B. der Fertigung von Autokomponenten für ein spezielles Autofabrikat) mit einer erhöhten Abhängigkeit von dem Zulieferunternehmen zu rechnen. Dies betrifft nicht nur Preis und Qualität, sondern auch weitere Risikofaktoren wie Liefersicherheit, Reputationsrisiken und Einhaltung rechtlicher Anforderungen, die nun nicht mehr direkt gesteuert werden können. Beispielhaft ist hier etwa das Unternehmen Mattel zu nennen, das 2007 in die Schlagzeilen geriet, als in verschiedenen Spielzeugen eine hohe Konzentration schädlicher Stoffe festgestellt wurde. Mattel musste diese Spielzeuge vom Markt nehmen und erlitt einen signifikanten Reputationsschaden. In einem ersten Schritt identifizierte Mattel seine chinesischen Lieferanten als Verantwortliche, musste jedoch kurze Zeit später selber verschiedenste Fehler eingestehen. Das Beispiel verdeutlicht, dass die enge Zusammenarbeit mit externen Partnern erhöhte Risiken nach sich zieht, die ein entsprechendes Risikomanagement verlangen.

Gleiches gilt, wenn die Zusammenarbeit mit dem Partnerunternehmen in Form eines Joint Ventures auch organisatorisch zementiert wird. Einer-

345

seits bietet ein Joint Venture die Möglichkeit, Einfluss auf die Risikomanagementprozesse zu nehmen und so die im eigenen Unternehmen bestehenden Risikomanagementstandards auch dort zu implementieren. Darüber hinaus besteht Transparenz und (eingeschränkte) Steuerbarkeit der bestehenden Risiken. Andererseits ist die Abhängigkeit von dem Joint Venture oftmals sehr hoch oder zumindest ist das finanzielle Risiko bedeutend. Daher stellt die Zusammenarbeit mit dem Partnerunternehmen einen entscheidenden Erfolgsfaktor dar, bei dem insbesondere den abweichende Erwartungen der beteiligten Unternehmen, den kulturellen Unterschieden und der Gestaltung der Einflussnahmemöglichkeiten eine erhöhte Aufmerksamkeit geschenkt werden sollte.

Sowohl beim Outsourcing als auch bei einem Joint Venture entstehen durch die besondere Zusammenarbeit mit dem Partnerunternehmen neue Risiken, die entsprechend gesteuert werden müssen. Als wichtiges Instrument des Risikomanagements ist in diesem Zusammenhang die Vertragsgestaltung mit dem Partnerunternehmen zu nennen. Dort sind idealer Weise alle potenziellen Risiken zu integrieren und Regelungen zu treffen, so dass mögliche, aus dem Verhalten des Anderen resultierende Verluste entsprechend abgesichert sind. Darüber hinaus sollte ein Unternehmen versuchen, die Abhängigkeit von einzelnen Lieferanten bzw. Gemeinschaftsunternehmen durch Alternativen zu minimieren. So haben Automobilproduzenten oftmals mehrere Lieferanten für eine Komponente, so dass beim Ausfall eines Zulieferers die Produktion nicht zum Erliegen kommt.

Abgesehen von bewusst eingegangen Beziehungen entstehen auch vermehrt Risiken durch andere Unternehmen, ohne dass überhaupt vertragliche Beziehungen mit diesen Unternehmen bestehen. So waren von der Liquiditätskrise in Deutschland im Sommer 2007 alle Banken betroffen, obwohl zunächst nur die IKB Bank und die Sachsen LB in Schwierigkeiten geraten waren. Es entstand jedoch aufgrund der erhöhten Unsicherheiten ein Misstrauen der Banken untereinander, so dass der Geldhandel zwischen den Banken massiv gestört wurde.

Daher sollte jedes Unternehmen analysieren, inwieweit das eigene Geschäft von anderen Marktteilnehmern, zu denen keine Geschäftsbeziehungen bestehen, beeinflusst wird. Besteht eine hohe Abhängigkeit, sollte das Unternehmen prüfen, inwieweit es Einfluss auf diese Marktteilnehmer nehmen kann. Dies kann etwa durch industrieweite Vereinbarungen geschehen. Dabei sind insbesondere Industrieverbände zu erwähnen, die neben der Lobbyarbeit für die jeweilige Industrie auch Industriestandards festlegen können.

Insgesamt ist festzuhalten, dass sich Risikomanagement nicht nur auf das eigene Unternehmen bezieht, sondern auch die Beziehungen zu externen Partnern umfasst. Daher ist zu erwarten, dass neben der Beherrschung der internen Risiken auch die Fähigkeit, die Verflechtung des Unternehmens mit anderen Marktteilnehmern zu analysieren und zu steuern, in Zukunft ein wichtiger Erfolgsfaktor sein wird.

11.3. Risikomanagement-Prozesse

11.3.1 Überblick

Oberstes Ziel der Risikomanagementprozesse in einem Unternehmen ist die Einbindung von Risikomanagementaspekten in die täglichen unternehmerischen Entscheidungen. Dabei ist zu beachten, dass die Entscheidungen im Unternehmen in der Regel von Mitarbeitern getroffen werden, deren Fokus nicht auf der Analyse von bestehenden Risiken liegt. Dementsprechend treffen die Unternehmenseinheiten, die sich umfassend mit der Risikoanalyse befassen, in der Regel keine Unternehmensentscheidungen. Daher muss zunächst zwischen dem Prozess des Risikocontrollings (Risikoanalyse) und dem Risikomanagement (unternehmerische Entscheidungen mit Risikobezug) unterschieden werden wie in Abbildung 11.2 dargestellt. Erst danach kann die Frage einer sinnvollen Verbindung dieser Prozesse beantwortet werden.

Risikocontrolling

Risikosteuerung

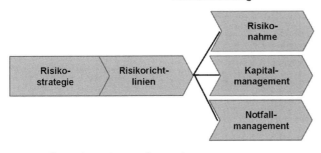

Abb. 11.2: Übersicht Risikocontrolling und -steuerung

11.3.2 Risikocontrolling

Der Risikocontrollingprozess beginnt mit der Identifikation aller relevanten Risiken des Unternehmens und endet mit der berichtsmäßigen Aufbereitung der durchgeführten Analysen und Bewertungen zur Unterstützung der unternehmerischen Entscheidungen. Dabei wird in der Regel in den folgenden Schritten vorgegangen

- Risikoidentifikation
- Risikobewertung
- Risikoüberwachung
- Risikoreporting

Risikoidentifikation

Im ersten Schritt der Risikoidentifikation erfolgt eine systematische Erfassung aller relevanten Risiken des Unternehmens. Ziel dieses Prozessschrittes ist einerseits eine vollständige Aufnahme aller wirtschaftlich bedeutenden Risiken. Andererseits muss die Identifikation der Risiken in einem adäquaten zeitlichen Rahmen erfolgen, damit eine regelmäßige Aufnahme durchgeführt werden kann.

Der Prozess sollte systematisch und strukturiert erfolgen, um tatsächlich eine vollständige Risikoidentifikation zu gewährleisten. Dabei sind für jedes Risiko die Risikoquellen, potenzielle Risikoauslöser (Faktoren, die die Eintrittswahrscheinlichkeit des Risikos beeinflussen), Verlustpotenziale (Faktoren, die sich auf die Schadenshöhe auswirken) und zeitliche Risikoparameter (Informationen über mögliche Schadeneintrittszeitpunkte und Schadenverläufe) zu bestimmen.

Die Risikoidentifikation sollte zumindest einmal jährlich erfolgen und in die allgemeine Geschäftsplanung des Unternehmens einbezogen werden. Dabei sollte das Unternehmen einen standardisierten Prozess festlegen, der Jahr für Jahr durchgeführt wird, so dass sichergestellt ist, dass die Ergebnisse in den einzelnen Perioden vergleichbar bleiben. Darüber hinaus hat sich in der Praxis – zumindest bei großen Unternehmen – ein Backtesting der identifizierten Risiken als sinnvoll erwiesen. Dabei wird überprüft, ob alle signifikanten Schäden des vergangenen Jahres tatsächlich als potenzielle Risiken bei der letzen Risikoidentifizierung aufgenommen worden waren. Gegebenfalls erfolgt dann eine Anpassung des Identifikationsprozesses.

Bei der Vorgehensweise der Risikoidentifikation ist zwischen einem Top-down- und einem Bottom-up-Ansatz zu unterscheiden. Der Top-down-Ansatz setzt dabei insbesondere auf das breite Risikoverständnis einiger Personen, insbesondere dem Management. Diese Personen identifizieren alle Risiken des Unternehmens, so dass der Prozess effizient und zielführend gestaltet werden kann. Allerdings müssen bei einem Top-down-Ansatz Abstriche bei der Detailtiefe gemacht werden, da keine Spezialisten für einzelne Risikoarten hinzugezogen werden. Dies kann insbesondere bei neuartigen bzw. intransparenten Risiken dazu führen, dass diese Risiken nicht erkannt werden.

Der Bottom-up-Ansatz greift dieses Problem auf, indem Risiken zunächst auf unteren Hierarchieebenen identifiziert und dann auf Unternehmensebene aggregiert werden. So wird sichergestellt, dass das Detailverständnis der unteren Hierarchieebenen genutzt wird. Nachteile dieses Prozesses liegen in dem relativ hohen Aufwand. Darüber hinaus kann auch der Bottom-up-Ansatz Schwächen bei der Identifizierung neuartiger Risiken aufweisen, falls auch auf unteren Hierachieebenen noch kein ausreichendes Verständnis dieser Risiken vorhanden ist.

In der Praxis setzen Unternehmen oftmals eine Kombination des Top-down- und des Bottom-up-Ansatzes ein. Dabei werden strategische und finanzielle Risiken in der Regel Top down identifiziert, da diese Risiken eine unternehmensweite Betrachtung des jeweiligen Risikos voraussetzen. Operationelle Risiken werden dagegen häufig Bottom up identifiziert, um sicherzustellen, dass alle risikorelevanten Prozesse mit operationellen Risiken erfasst werden.

Bei der Bemessung der zeitlichen, personellen und finanziellen Ressourcen für die Risikoidentifikation ist die Bedeutung des Prozesses den entstehenden Kosten gegenüberzustellen. Grundsätzlich ist dabei jedoch zu beachten, dass die Risikoidentifikation die Grundlage des gesamten Risikocontrollingprozess darstellt und daher eine besondere Berücksichtigung finden sollte – letztendlich können Risiken, die nicht identifiziert worden sind, weder gemessen noch analysiert oder gesteuert werden.

Risikobewertung

Die identifizierten Risiken werden im folgenden Schritt bewertet. Dabei sollte eine umfassende Bewertung sowohl quantitative als auch qualitative Analysen beinhalten. Ziel der Risikobewertung ist es, das Gefährdungspotenzial der einzelnen Risiken zu bestimmen und dabei auch Interdependenzen zu berücksichtigen.

Grundsätzlich ist festzuhalten, dass nicht alle Risiken quantifizierbar sind, auch wenn sich die Grenze zwischen messbaren und nicht messbaren Risiken in den letzten Jahren deutlich verschoben hat. Während für die Messung von Marktrisiken seit vielen Jahren gute Instrumente zur Verfügung stehen, hat sich die Messbarkeit von Kreditrisiken erst in den vergangenen

Jahren deutlich verbessert. Demgegenüber sind die Methoden zur Messung von strategischen und operationellen Risiken zur Zeit erst in einem frühen Entwicklungsstadium, was nicht zuletzt auch in der Tatsache begründet liegt, dass die notwendige Datenhistorie nicht vorhanden ist und erst aufgebaut werden muss (bei operationellen Risiken) bzw. nur wenige Datenpunkte zur Verfügung stehen (bei strategischen Risiken).

Zur quantitativen Bewertung von Risiken werden in die Regel die Schadenshöhe und die Eintrittswahrscheinlichkeit des Schadens ermittelt. Dabei gibt die Schadenshöhe an, in welchem finanziellen Ausmaß sich ein Risiko auf eine Zielgröße des Unternehmens (in der Regel die Gewinngröße, nach der das Unternehmen gesteuert wird) auswirkt. Die Eintrittswahrscheinlichkeit gibt an, mit welcher Wahrscheinlichkeit ein Schaden in einer bestimmten Periode auftreten wird. Bei der Beurteilung von Schadenshöhe und Eintrittswahrscheinlichkeit sind verschiedene Aspekte zu berücksichtigen:

Die Risiken sollten – soweit möglich – auf aggregierter Ebene gemessen werden. Häufig bestehen Korrelationen zwischen den verschiedenen Risiken in einem Unternehmen. So könnte etwa bei einem deutschen Automobilhersteller das Risiko von Verlusten durch einen fallenden Dollarkurs bestehen, da in einem solchen Fall die Umsätze in den USA (gemessen in Euro) sinken würden. Hat dasselbe Unternehmen nun aber gleichzeitig auch einen Produktionsstandort in den USA, würden dort die Produktionskosten (gemessen in Euro) aufgrund des niedrigeren Dollarkurses ebenfalls sinken, so dass sich die Verluste zumindest teilweise ausgleichen.

Grundsätzlich sollten Risiken auf der Ebene aggregiert werden, auf der eine Entscheidung stattfindet bzw. eine Risikolimitierung erfolgt ist. Daher ist auf jeden Fall eine Gesamtrisikoposition des Unternehmens zu bestimmen, um die Entscheidungen der Unternehmensleitung zu unterstützen. Darüber hinaus sollten Risiken auch auf anderen Hierarchieebenen zusammengefasst werden, sofern auf dieser Ebene Investitionsentscheidungen getroffen werden, um eine Gegenüberstellung von erwartetem Ertrag und zusätzlichem Risiko zu ermöglichen.

In der Regel kann die Schadenshöhe nicht als konkreter Betrag angegeben werden, sondern nur in einer Bandbreite. So lässt sich zwar der primäre potenzielle Schaden aus einer Vertragsstrafe genau quantifizieren. Der sekundäre Schaden (Verlust der Kundenbeziehung, Reputationsschaden) jedoch kann nur mittels einer Bandbreite abgeschätzt werden.

Beispielsweise kann EADS die vertraglich vereinbarten Strafzahlungen aufgrund einer sechsmonatigen Lieferverzögerung bei einem neuen Flugzeug genau bestimmen. Zur Quantifizierung des Reputationsschadens kann jedoch nur eine Bandbreite angegeben werden.

Sowohl Schadenshöhe als auch Eintrittswahrscheinlichkeit müssen immer in Zusammenhang mit möglichen schadensreduzierenden Maßnahmen betrachtet werden. So könnte etwa in dem obigen Beispiel die Wahrscheinlichkeit einer sechsmonatigen Lieferverzögerung bei acht Prozent liegen. Aufgrund eines guten Berichtssystems könnte es EADS jedoch gelingen, Abweichungen bei der Entwicklung des neuen Flugzeugtyps frühzeitig zu erkennen und durch zusätzliche Ressourcenallokation das Risiko einer Lieferverzögerung auf zwei Prozent zu senken. Gleiches gilt für die Höhe des möglichen Sekundärschadens einer Lieferverzögerung. So könnten etwa Rabatte bei anderen Flugzeugtypen den erwarteten Reputationsschaden senken.

Die quantitative Bewertung von Risiken sollte durch eine qualitative Risikobewertung ergänzt werden, um insbesondere nicht-quantifizierbare Risiken in die Risikobewertung einbeziehen zu können. Die Bandbreite reicht hier von rein qualitativen Ansätzen bis hin zu quasi-quantitativen Methoden. Als Beispiel einer rein qualitativen Methode könnte man etwa die Auswirkungen einer gesundheitsbewussteren Ernährung für McDonalds nennen. Auch wenn McDonalds dieses Risiko nicht quantitativ messen kann, so hat das Unternehmen das Risiko qualitativ analysiert und entsprechende Gegenmaßnahmen (etwa die Anpassung des Produktsortimentes auf die geänderten Kundenwünsche) initiiert.

Demgegenüber wäre eine Risikomatrix zur Bewertung aller operationellen Risiken in einem einzelnen McDonalds Restaurant als quasi-quantitatives Verfahren zur Risikobewertung zu verstehen.

Risikoüberwachung

Die Risikobewertung wird durch die regelmäßige Durchführung zum ersten Schritt der Risikoüberwachung. Auf diese Weise können Veränderungen der bestehenden Risiken in Zeitverlauf dargestellt und analysiert werden. In einem zweiten Schritt erfolgt die Gegenüberstellung von aktuellem Risiko und externen bzw. internen Risikobegrenzungen, bei der auch entstandene Verluste berücksichtigt werden. Abschließend ist im Rahmen der Risikoüberwachung ein Prozess zu implementieren, der das Vorgehen im Falle von Limitüberschreitungen regelt (vgl. Abbildung 11.3).

Risikoreporting

Das Risikoreporting stellt den abschließenden Schritt des Risikocontrollingprozesses dar. Ziel des Risikoreportings ist einerseits eine ganzheitliche

	1 Regelmäßige Risikobewertung	2 Limitüberwachung	3 Eskalazionsprozess
Zielsetzung	• Umfassende, aber auch zeitnahe Darstellung aller Unternehmensrisiken	• Abgleich von bestehendem Risiko, bereits aufgetretenen Verlusten und Limiten (Risiko- und Verlustlimite)	• Anpassung des Risiko- managementprozesses bei hohen Risiken und/oder aufgetretenen Verlusten
Vorgehen	• Regelmäßige Bewertung aller Risiken • Berücksichtigung von gegenläufigen Risiken (Hedges) und Korrelationen	• Berechung der im Betrach- tungszeitraum (i.d.R. Geschäfts- jahr) aufgetretenen Verluste • Errechnung der Limitauslastungen durch Gegenüberstellung von Limiten, Risiken und Verlusten	• Benachrichtigung von Entscheidungsträgern beim Überschreiten von Limitauslastungsgrenzen • Temporäre Veränderung von Entscheidungsprozessen
Frequenz	• Abhängig von Risikohöhe, Steuerbarkeit und Schwankung • Beispiel: Risikobewertung von Marktrisiken bei Banken erfolgt täglich, Bewertung von strategischen Risiken sollte bei allen Unternehmen zumindest jährlich erfolgen	• Die Verlusterrechnung sollte immer dann erfolgen, wenn sich relevante Bewertungsparameter verändern (bei Marktrisiken täglich, bei strategischen Risiken mindestens jährlich) • Errechnung der Limitauslastungen sollte unmittelbar nach Risiko- bewertung und/oder Verlusterrechnung erfolgen	• Situativ, bei Überschreitung von im Vorfeld festgelegten Risikogrenzen oder Verlustobergrenzen

Abb. 11.3: Risikoüberwachung

Darstellung aller Risiken, andererseits aber auch die Fokussierung auf ausgewählte Risikoaspekte, die für die Steuerung des Unternehmens relevant sind.

Grundsätzlich ist zwischen internen und externen Adressaten des Risikoreportings zu unterscheiden. Zu den internen Adressaten des Risikoreportings gehören einerseits alle Mitarbeiter, die risikorelevante Entscheidungen treffen, angefangen beim Vorstand über Bereichsleiter bis hin zu lokalen Entscheidungsträgern. Dabei variiert natürlich der Umfang des Reportings. Darüber hinaus sind auch alle internen Mitarbeiter einzubeziehen, die eine Aufsichtsfunktion ausüben. Dazu gehören etwa Aufsichtsratsmitglieder, die interne Revision oder auch das Risikocontrolling.

Zu den externen Adressaten des Risikoreportings gehören etwa Aktionäre und Fremdkapitalgeber des Unternehmens, die mittels des Geschäftsberichts und anderer Berichte über die Risikolage des Unternehmens informiert werden. Darüber hinaus können verschiedene aufsichtsrechtliche Verpflichtungen bestehen, Institutionen über die Risiken des Unternehmens zu informieren. Details des Risikoreporting werden in Kapitel 5 dargestellt.

11.3.3 Risikosteuerung

Der Risikosteuerungsprozess eines Unternehmens zielt auf den bewussten Umgang mit den identifizierten und analysierten Risiken ab, wie bereits in Abbildung 11.2 dargestellt. Dabei sollte das Unternehmen im ersten Schritt eine Risikostrategie definieren, die die strategischen Eckpunkte des Risikomanagements festlegt. Die Umsetzung der Risikostrategie wird mittels quantitativen und qualitativen Risikorichtlinien in Form von Limitstrukturen und Risikonahmevorgaben geregelt. In einem dritten Schritt erfolgt dann die operative Umsetzung der Risikosteuerung, die sich in die Bereiche Risikonahme, Kapitalmanagement und Notfallmanagement gliedert.

Risikostrategie

Der typische Risikomanagementprozess in einem Unternehmen beginnt mit der Analyse der Risiken und schließt mit der Steuerung der bestehenden Risiken ab. Dabei bleibt die strategische Frage, welche Risiken eigentlich eingegangen werden sollen, häufig unberücksichtigt oder wird letztendlich ohne eine vorherige explizite Analyse dem jeweiligen Entscheidungsträger auf den unteren Hierarchieebenen im Unternehmen überlassen.

Eine konsistente Risikostrategie sollte diese Lücke füllen. Zu diesem Zweck legt die Unternehmensleitung in der ersten Phase des Risikosteuerungsprozesses die Risikostrategie des Unternehmens fest. Die Risikostrategie definiert dabei systematisch, welche Risiken das Unternehmen in Bezug auf Risikoart, Risikohöhe, Risikokonzentration eingehen möchte.

Die Auswahl dieser Risiken sollte eng mit der gesamten strategischen Ausrichtung des Unternehmens verbunden sein. Betrachten wir beispielsweise ein deutsches Unternehmen der Exportindustrie mit hohem Fremdwährungsumsätzen, das auf die Preisschwankungen an den Devisenmärkten mit der Gründung einer Devisenhandelsabteilung reagiert. Da es keine Erfahrungen im Handel von Devisen besitzt, muss es diese Kompetenz hinzukaufen oder selbst entwickeln. Beide Maßnahmen sind kostenintensiv. Die Fähigkeit, Marktpreisrisiken in Devisenmärkten zu managen, hat jedoch keine strategische Relevanz für das Kerngeschäft des Unternehmens. Schon nach kurzer Zeit zeigt sich, dass das angesprochene Unternehmen die Devisenrisiken zwar limitieren konnte, aber die daraus gewonnenen Vorteile in keinem Verhältnis zu den entstandenen Kosten standen.

Das Praxisbeispiel verdeutlicht, warum Unternehmen oftmals keine konsistente Risikostrategie besitzen. In der Praxis zeigen sich häufig zwei grundlegende Fehler: Unternehmen nehmen Risiken auf sich, (1) obwohl

353

sie für das Management dieser Risiken keine besonderen Fähigkeiten besitzen und/oder (2) obwohl diese Risiken keine strategische Relevanz besitzen. Dadurch wird der Umgang mit dem Risiko zu einer Art Glücksspiel. Das Potenzial für Gewinne ist dabei genauso hoch wie für Verluste.

Anderen Unternehmen hingegen gelingt es, Fähigkeiten im Management bestimmter Risiken zu entwickeln, die bei diesen Risiken größere Gewinnchancen als Verlustpotenziale erwarten lassen. Dazu gehören beispielsweise Spezialbanken für Problemkredite wie Loan Star. Diese Banken kaufen gezielt Risiken hinzu, bei deren Management sie einen Wettbewerbsvorteil besitzen und somit höhere Renditen erzielen können als andere Unternehmen. Loan Star ist in der Lage, ein Risiko einzugehen, bei dem die zu erwartenden Gewinne höher sind als die zu erwartenden Verluste.

Ein Unternehmen muss also nicht nur in der Lage sein, Risiken zu messen und daraus resultierende Ergebnisse in Unternehmensentscheidungen zu integrieren, sondern auch die Frage nach einer konsistenten Risikostrategie systematisch zu beantworten. Dabei können retrospektive Betrachtungen der eingegangenen Risiken durch risikoadjustierte Performancemessungen zwar sinnvoll sein. Diese Herangehensweise kann allerdings nur einen ersten Hinweis geben. Entscheidender ist die strategische Beantwortung der Frage, welche Risiken ein Unternehmen besser managen kann bzw. muss, um einen Wettbewerbsvorteil zu erlangen.

Risikorichtlinien

Eine erfolgreiche Risikostrategie beschränkt sich nicht auf die Funktion einer Orientierungshilfe für unternehmerische Risikoentscheidungen. Stattdessen sollte sich die Risikostrategie auch in direkten Handlungsanweisungen niederschlagen. Dies geschieht mittels verbindlicher Richtlinien in Form von quantitativen und qualitativen Anweisungen. Die quantitativen Anweisungen stellen dabei Limitierungen für die maximal einzugehende Risikohöhe dar. Demgegenüber regeln qualitative Anweisungen, welche Art von Risiken basierend auf der Risikostrategie eingegangen werden können. Dadurch kann eine quantitative und qualitative Steuerung der Risikonahme des Unternehmens erfolgen.

Bei der Risikolimitierung sollte zunächst das maximal akzeptable Gesamtrisiko des Unternehmens unter Berücksichtigung von Risikotragfähigkeit und Risikoappetit bestimmt werden (vgl. auch Kapitel 6). Dieses Gesamtrisiko ist dann in einem zweiten Schritt auf verschiedene Risiken in Form von Limitvorgaben für einzelne Entscheidungsträger aufzuteilen. Zu berücksichtigen ist dabei, dass Risiken zum einen nicht einfach addiert werden können und zum anderen, dass in vielen Unternehmensbereichen Risiken nur schwer oder gar nicht quantifizierbar sind. Die Risiken sollten mit Hilfe von mathematischen Abschätzungen so aufgeteilt werden, dass die einzelnen Limite in ihrer Gesamtheit das Gesamtlimit nicht übersteigen. Darüber hinaus sollten Risikolimite in operationale Limite überführt werden, um den jeweiligen Entscheidungsträgern eine unkomplizierte Berücksichtigung von Risikosachverhalten zu ermöglichen.

Qualitative Risikoanweisungen regeln die Art von Risiken, die ein Unternehmen eingehen möchte. Dabei werden den jeweiligen Entscheidungsträgern Vorgaben über die Art der Risiken gemacht, die das Unternehmen einzugehen bereit ist. So könnte z. B. bei einem deutschen Unternehmen dem Verkaufsleiter in den USA vorgegeben sein, dass er Kreditrisiken in Form von Zahlungszielen für die Kunden eingehen darf, jedoch keine Fremdwährungsrisiken bestehen dürfen und daher alle zukünftigen Zahlungen mittels Devisentermingeschäften abzusichern sind. Die qualitativen Risikovorgaben können sich beispielsweise auf die Art des Risikos beziehen (strategisches Risiko, operationelles Risiko, Marktrisiko, Kreditrisiko), den regionalen Fokus des Risikos oder die Risikokonzentration (gefordertes Mindestmaß an Risikostreuung).

Risikonahme

Die Risikonahme stellt den zentralen Schritt des Risikomanagements dar, nämlich den Umgang mit Einzelrisiken. Dabei kann auf ein bestehendes Risiko grundsätzlich in einer von fünf möglichen Weisen reagiert werden:

- Risikovermeidung
- Risikominimierung
- Risikohedging
- Risikotransfer
- Risikoübernahme

Die Risikovermeidung stellt den einfachsten Schutz vor Risiken dar. Dabei wird ein Risiko gar nicht erst eingegangen. Diese Strategie stellt letztendlich allerdings keine echte Option für den regulären Risikosteuerungsprozess dar, da die Risikovermeidung mit der Vermeidung der zugrunde liegenden Aktivitäten einhergeht. Daher besteht diese Möglichkeit des Umgangs mit Risiken nicht für Risiken aus bestehenden oder potentiellen Geschäftsaktivitäten.

Lediglich bei der Frage, ob eine neue Geschäftsaktivität aufgenommen oder ein bestehender Geschäftsprozess beendet werden soll, ist die potenzielle Risikovermeidung ein bedeutender Parameter, der in die Entscheidungsfindung einfließt.

Die Risikominimierung stellt den häufigsten – und oftmals auch effektivsten – Umgang mit Risiken dar. Dabei werden die Risiken aus bestehenden Aktivitäten dadurch minimiert, dass der bestehende Prozess umgestaltet wird. In der Regel findet hierbei eine Kosten-Nutzen-Analyse statt, die den verringerten Risiken die für die Prozessumgestaltung notwendigen Kosten gegenüberstellt. So stellt die Helmpflicht für Bauarbeiter auf einer Baustelle eine bedeutende Risikominimierung dar, die mit recht geringen Kosten erreicht werden kann.

Beim Risikohedging erfolgt eine Risikovermeidung, indem einem bestehenden Risiko ein gegenläufiges Risiko gegenübergestellt wird, so dass das Gesamtrisiko Null beträgt. Diese Möglichkeit besteht zwar nur bei finanziellen Risiken, kommt allerdings nicht nur auf Finanzmärkten vor. So kann selbstverständlich das Währungsrisiko eines in drei Monaten bevorstehenden Zahlungseingangs in US-Dollar schon heute durch ein Future-Geschäft vermieden werden. Darüber hinaus ist aber beispielsweise jeder Broker ein Risikohedger. So ist der englische Sportwettenanbieter William Hill ein klassischer Risikohedger, da das Unternehmen stets versucht, zu jeder Wette auch eine Gegenwette zu platzieren, so dass William Hill idealerweise bei keinem Wettausgang Verluste erleidet.

Risikotransfer stellt einen traditionellen Umgang mit Risiken dar, der sich allerdings stetig weiterentwickelt. Dabei wird ein Risiko – in der Regel gegen Zahlung einer Prämie bzw. als Teil eines umfassenderen Vertrages – von einer Person auf eine andere Person transferiert. So sind Versicherungskontrakte ein klassisches Beispiel für einen Risikotransfer. Auf den Finanzmärkten können mittlerweile auch Risiken transferiert werden, für die diese Möglichkeit noch vor wenigen Jahren nicht bestand. So werden heutzutage etwa Portfolien aus Hypothekenkredite verbrieft, so dass das Kreditrisiko aus diesen Krediten gehandelt werden kann.

Bei der Risikoübernahme – als letzte Möglichkeit, mit einem Risiko umzugehen – trägt ein Unternehmen das Risiko selbst und nimmt keine Absicherungen vor. Dies kann etwa dann von Vorteil sein, wenn der erwartete Ertrag aus der zugrunde liegenden Aktivität die Kosten für die Risikoübernahme übersteigt. Darüber hinaus bleibt einem Unternehmen bei einer Vielzahl von Risiken keine andere Wahl, als das Risiko selbst zu tragen. So können strategische Risiken nur teilweise transferiert werden. während eine Risikovermeidung auch gleichzeitig das Ende der zugrunde liegenden Geschäftsoption bedeuten würde. Außerdem lassen sich strategische Risiken nicht hedgen. In der Praxis erfolgt außerdem oftmals eine unbewusste

Risikoübernahme der Risiken, die bei der Risikoidentifikation übersehen wurden.

Das Gesamtrisiko aller übernommenen Risiken kann durch eine Risiko-diversifikation verringert werden. Dabei führt eine regionale, risikokategoriebezogene, objektbezogene oder personenbezogene Streuung der bestehenden Risiken dazu, dass das Gesamtvolumen aller Risiken kleiner als die Summe der Einzelrisiken ist. So könnte etwa ein Hersteller von Kosmetika ein neues Produkt gleichzeitig in mehreren Ländern einführen, um das Länderrisiko eines einzelnen Landes zu minimieren.

Kapitalmanagement

Das Kapitalmanagement eines Unternehmens, also die Steuerung der Finanzierung, stellt ebenfalls ein Element der Risikosteuerung dar, da die Finanzierungsstruktur maßgeblich die Risikotragfähigkeit des Unternehmens beeinflusst. Die Risikotragfähigkeit eines Unternehmens reflektiert die Höhe der bestehenden Risiken, die ein Unternehmen eingehen kann, ohne dabei die Unternehmensziele zu gefährden. Einflussfaktoren der Risikotragfähigkeit sind der geplante Jahresüberschuss – also die Fähigkeit, potenzielle Verluste durch die Ertragskraft des Unternehmens abzufangen – und das Eigenkapital als zusätzlicher Risikopuffer.

Dementsprechend stellt die Finanzierungsstruktur eines Unternehmens einen wichtigen Bestandteil eines unternehmensweiten Risikomanagements dar. So hat sich etwa Microsoft dafür entschieden, die möglichen negativen Auswirkungen der beträchtlichen strategischen und operationellen Risiken des Unternehmens dadurch zu minimieren, dass fast ausschließlich Eigenkapital zur langfristigen Finanzierung eingesetzt wird. Hinzu kommt im Falle von Microsoft ein signifikantes kurzfristiges Anlagevermögen in Höhe von über 26 Mrd. US-Dollar, um Liquiditätsrisiken zu minimieren.

Notfallmanagement

Als Notfallmanagement sind Vorkehrungen für solche Situationen zu verstehen, in denen die bestehenden Risikomanagementprozesse nicht greifen bzw. nicht den Anforderungen der besonderen Situation genügen. Dies kann einerseits durch interne Probleme im Risikocontrolling oder in der Risikosteuerung ausgelöst werden. Andererseits können externe Situationen wie beispielsweise Börsencrashs oder Umweltkatastrophen Auslöser sein. Oftmals ist die Betrachtung solcher Extremsituationen im Unternehmen nicht standardisiert oder entfällt komplett. Dies kann geschehen, da

- die Eintrittswahrscheinlichkeiten der Extremsituationen sehr niedrig sind und daher das Gefühl besteht, dass solche Situation in absehbarer Zeit nicht eintreten werden und/oder
- die Annahme besteht, dass die möglichen Notfallsituationen generell so unterschiedlich sind, dass eine standardisierte Notfallplanung den Besonderheiten der jeweiligen Situation nicht gerecht werden würde und daher im Eintrittsfall improvisiert werden muss.

Grundsätzlich ist ein standardisierter Risikocontrollingprozess nicht auf die Betrachtung von Extremsituationen ausgelegt. So schließt beispielsweise das durch den Value-at-Risk errechnete Risiko keine Betrachtung von Extremsituationen ein. Daher sollten alle Risikoanalysen, die auf historischen Daten beruhen, durch Szenarioanalysen ergänzt werden, die extreme – aber mögliche – Veränderungen der Risikoparameter simulieren. Idealerweise sollten die Extremwertanalysen gerade solche Szenarien simulieren, die in der Datenhistorie nicht enthalten sind.

Die aus den Szenarien berechneten »Extremrisiken« sollten in den Risikomanagementprozess einfließen und möglichst ebenso wie »normale« Risiken begrenzt werden. So könnten beispielsweise die Limite für die normalen Risiken darauf abzielen, dass der Jahresüberschuss eines Unternehmens positiv bleibt, wenn Verluste in Höhe der »normalen« Risiken auftreten. Demgegenüber könnten die Limite für Extremrisiken so festgelegt werden, dass selbst im Falle des Eintretens dieser Risiken eine Insolvenz abgewendet werden kann.

11.3.4 Zusammenführung von Risikocontrolling und -steuerung

Die Integration von Risikocontrolling und -steuerung stellt einen entscheidenden Faktor für die Umsetzung eines erfolgreichen Risikomanagements dar. Daher ist sicherzustellen, dass sich die beiden Prozesse ergänzen.

Die Subprime-Krise im Sommer 2007 hat die Probleme verdeutlicht, die auftreten können, wenn der Risikosteuerungsprozess eines Unternehmens nicht mit dem Risikocontrollingprozess harmonisiert. So war lange Zeit bei einer Vielzahl von Banken nicht klar, wie hoch die Verluste und offenen Risiken aus den Geschäften mit verbrieften Subprimekrediten waren. Einige Banken benötigten mehrere Wochen, um die Verluste und Risiken zumindest grob abzuschätzen. Offensichtlich war es den betroffenen Banken nicht gelungen, ihre Risikonahme auch durch eine entsprechende Risikobewertung zu quantifizieren. Demnach konnte auch keine effiziente Risikoüberwachung im Risikocontrolling stattfinden, so dass die Verluste eine ungewollt hohe Größenordnung annehmen konnten.

Grundsätzlich beeinflussen sich Risikosteuerung und Risikocontrolling gegenseitig, wie Abbildung 11.4 zeigt. So sollte der Risikocontrollingprozess dem Umfang und der Komplexität der eingegangenen Risiken Rechnung tragen. Je komplexer und umfangreicher die Risikonahme, desto professioneller sollte der Risikocontrollingprozess organisiert sein. So konnten beispielsweise Goldman Sachs und die Deutsche Bank, die beide traditionell ein sehr fortschrittliches Risikocontrolling besitzen, die Verluste durch die Subprime-Krise in Grenzen halten, während dies der IKB Bank und der Sachsen LB nicht gelang.

Grundsätzlich erfordern Entscheidungen von hoher strategischer Bedeutung eine unternehmensweite Abwägung von Risiken und Chancen, um diese im Gesamtkontext des Unternehmens steuern zu können. Daher ist bei der Definition der Risikostrategie als ersten Schritt der Risikosteuerung sicherzustellen, dass alle Chancen und Risiken erkannt, analysiert und in die Entscheidungsfindung einbezogen sind. Deshalb muss das Risikocontrolling die Definition der Risikostrategie durch eine unternehmensweite Risikoanalyse unterstützen.

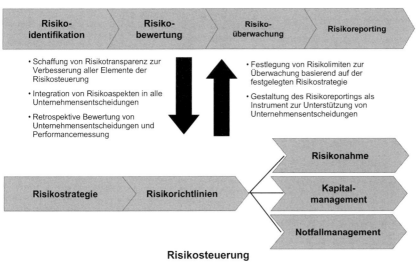

Abb. 11.4: Zusammenführung von Risikocontrolling und -steuerung

Bei Entscheidungen, die nicht auf Topmanagement-Ebene getroffen werden, muss sichergestellt sein, dass eine einheitliche Berücksichtigung von Chancen und Risiken erfolgt. Zu diesem Zweck sollte ein Unternehmen Risikorichtlinien definieren (Schritt 2 des Risikosteuerungsprozesses). Diese Risikorichtlinien sollten von Seiten des Risikocontrollings mit relevanten Risikoberichten unterstützt werden. Hierzu muss das Unternehmen seine Prozesse so organisieren, dass Risiko- und Chancenaspekte gemäß den Vorgaben des Top-Managements Berücksichtigung finden.

Die Risikonahme eines Unternehmens findet vor allem auf den unteren organisatorischen Hierarchieebenen statt. Traditionell sind diese Entscheidungen stark von den zugrundeliegenden Chancen getrieben – so weiß ein guter Marketingspezialist sehr genau, bei welcher Zielgruppe die größten Chancen für ein neues Produkt besteht. Das Risikoverständnis ist jedoch gerade auf unteren Hierarchieebenen in der Regel nicht sehr ausgeprägt. Dies liegt insbesondere an der Tatsache, dass Risiken oftmals zwar hohe (negative) Auswirkungen aufweisen, die Eintrittswahrscheinlichkeiten jedoch niedrig sind. Insofern fehlt die Erfahrung im Risikoumgang und in der Risikoeinschätzung. Aus diesem Grund sollte das Risikoreporting auch die Bedürfnisse der unteren Hierarchieebenen im Blick haben und sich nicht nur auf das Topmanagement fokussieren, so dass eine konsistente Risikonahme erfolgen kann.

Schließlich unterstützt das Risikocontrolling auch das Kapitalmanagement und die Notfallplanung. Sowohl das Kapitalmanagement als auch die Notfallplanung dienen zur Begrenzung von möglichen negativen Auswirkungen von bestehenden Risiken. Daher ist ein Verständnis dieser Risiken grundlegend für deren Ausgestaltung.

11.4 Risikokultur

11.4.1 Überblick

Nach der organisatorischen Einrichtung des Risikomanagements und der Definition von konsistenten Risikomanagementprozessen erfolgt die Umsetzung im täglichen Geschäftsbetrieb. Vorraussetzung für eine erfolgreiche Umsetzung ist allerdings neben klar definierten Prozessen und einer adäquaten Risikoorganisation ein umfassendes Risikobewusstsein und Verständnis der Mitarbeiter.

So wird sich ein Unternehmen immer wieder neuen Risiken und Chancen gegenübersehen, die von den bestehenden Prozessen und Messmethoden noch nicht abgedeckt sind. Nur durch ein gutes Risikoverständnis der Mitarbeiter kann in einem solchen Fall sichergestellt werden, dass das neue Risiko erkannt und in die bestehenden Risikomanagementprozesse integriert wird. Darüber hinaus können die aufgebauten Risikomanagementkompetenzen im Unternehmen am effektivsten genutzt werden, wenn sie von möglichst vielen Mitarbeitern zur Verbesserung von unternehmerischen Entscheidungen eingesetzt werden.

Daher gilt es, Risikomanagement auch kulturell im Unternehmen zu verankern, um die gewünschten Verhaltensänderungen der Mitarbeiter zu erreichen. Zu bedenken ist allerdings, dass die Kultur eines Unternehmens nur nachhaltig geändert werden kann, wenn die folgenden Rahmenbedingungen diese Änderung unterstützen:

- Risikopolitische Grundsätze
- Kommunikation
- Personalpolitische Maßnahmen
- Konsistentes Anreizsystem

11.4.2 Risikopolitische Grundsätze

Wie bereits beschrieben, beginnt ein erfolgreiches Risikomanagement mit der Definition der Risikostrategie auf Vorstandsebene. Diese setzt den Rahmen für die Ausgestaltung der Risikomanagementorganisation und der damit verbundenen Prozesse. Allerdings muss die Risikostrategie auch in Form von risikopolitischen Grundsätzen im Unternehmen kommuniziert werden, um sicherzustellen, dass alle Mitarbeiter über die strategischen Vorgaben informiert sind. Zu diesem Zweck sollten die Grundsätze zwar den strategischen Charakter der Risikostrategie widerspiegeln, dabei aber bewusst konkret gehalten werden, um die Akzeptanz der Mitarbeiter zu erreichen. Insbesondere sollten dabei die folgenden Punkte Berücksichtigung finden:

- Risiko- und Chancendefinition
  - Welchen Risiken und Chancen sieht sich das Unternehmen gegenüber?
  - Welche Risiken haben derzeit die höchste Bedeutung, welche werden in Zukunft bedeutend sein?
  - Welche Chancen sollen in Zukunft das Wachstum des Unternehmens tragen?

- Risikoziele
  - Wie geht das Unternehmen grundsätzlich mit den verschiedenen Risiken um?
  - Welche Chancen sollen aktiv gesucht und wahrgenommen werden?
  - Welche quantitativen und qualitativen Ziele sollen mittels des Risikomanagements erreicht werden?
- Risikoorganisation
  - Wie soll der Umgang mit Risiken und Chancen organisiert werden?
  - Mittels welcher Aktivitäten sollen die Risiken und Chancen aktiv gesteuert werden?

Die risikopolitischen Grundsätze sollten sich in die Führungsgrundsätze des Unternehmens einfügen, damit ein konsistentes Unternehmensleitbild entstehen kann. Darüber hinaus sollten die oberen Hierarchieebenen regelmäßig Bezug auf die Grundsätze nehmen und diese selbstverständlich auch anwenden, um deren unternehmensweite Umsetzung zu unterstützen.

11.4.3 Kommunikation

Die detaillierte Vermittlung der Risikostrategie und der risikopolitischen Grundsätze sollte durch eine regelmäßige Risikokommunikation unterstützt werden. Dies gilt sowohl für die interne als auch für die externe Unternehmenskommunikation. Werden Risikoaspekte regelmäßig in die externe Kommunikation des Unternehmens integriert, wird sowohl für die internen Mitarbeiter als auch für externe Unternehmensbeteiligten deutlich, dass dem Risikomanagement eine hohe Bedeutung beigemessen wird.

Im Rahmen der internen Risikokommunikation sollte die Höhe von bedeutenden Risiken und Chancen regelmäßig kommuniziert werden, um das Risikoverständnis der Mitarbeiter zu fördern, aber auch die Sensibilität für neue Risiken und Chancen zu erhöhen. Darüber hinaus sollte auch retrospektiv aufgezeigt werden, wie sich Risiken und Chancen aus der Vergangenheit im aktuellen Geschäftserfolg des Unternehmens niedergeschlagen haben. Dabei sollten auch gerade Verluste offen diskutiert werden. Dies gilt ebenso für positive Ereignisse, bei denen Mitarbeiter Chancen erkannt und genutzt haben.

Idealerweise wird die Kommunikation von Chancen und Risiken standardisiert, um sowohl die hohe Bedeutung des Risikomanagements zu verdeutlichen als auch hervorzuheben, dass getroffenen Entscheidungen stets unter Berücksichtigung von Risiken und Chancen der jeweiligen Situation bewertet werden müssen.

11.4.4 Personalpolitische Maßnahmen

Ein erfolgreiches Risikomanagement hängt maßgeblich von der Qualität der handelnden Personen im Unternehmen ab. Daher sollten bei den klassischen Personalmaßnahmen Neueinstellung, Stellenbesetzung und Weiterbildung stets auch Risikomanagementaspekte berücksichtigt werden.

Bei der Neueinstellung sollte ein Unternehmen darauf achten, dass der neue Mitarbeiter das für die neue Position notwendige Risikoverständnis besitzt. Dies ist gerade bei der Einstellung von leitenden Mitarbeitern mit Berufserfahrung von Bedeutung. Oftmals herrschen sehr unterschiedliche Risikokulturen in verschiedenen Unternehmen, so dass geprüft werden sollte, inwieweit das Risikoverständnis des neuen Mitarbeiters mit dem des Unternehmens übereinstimmt.

Auch bei der Stellenbesetzung sollten Risikoaspekte berücksichtigt werden. Einerseits sind bei der Besetzung von Stellen operationelle Risiken zu berücksichtigen. So sollte etwa ein Mitarbeiter nicht auf eine Position versetzt werden, in der er die Aufgaben seiner alten Position kontrolliert, um Interessenkonflikte zu vermeiden. Andererseits sollte Kompetenz in Risikomanagementaspekten als Qualifizierungsfaktor in die Auswahl des geeigneten Bewerbers einbezogen werden.

Schließlich sollten alle Mitarbeiter in Fragen des Risikomanagements geschult werden, um sicherzustellen, dass die vom Unternehmen eingesetzten Instrumente und zur Verfügung gestellten Informationen von den Entscheidungsträgern verstanden und entsprechend genutzt werden können.

11.4.5 Konsistentes Anreizsystem

In der Regel stellt das Anreizsystem eines Unternehmens das beste Mittel dar, um gewünschte Verhaltensweisen bei den Mitarbeitern zu erzeugen. Dies gilt selbstverständlich auch beim Risikomanagement. Das Problem liegt allerdings darin, dass eingegangene Risiken häufig erst mit Verzögerung sichtbar werden, insbesondere dann, wenn ein Mitarbeiter aktiv versucht, Risiken zu verschleiern. Dagegen können Erträge kurzfristig erzielt werden, so dass es oftmals möglich ist, kurzfristige Erfolge durch das Eingehen von Risiken zu erwirtschaften, die erst in der Zukunft schlagend werden können, wenn der jeweilige Mitarbeiter möglicherweise keine Verantwortung mehr für diese Risiken trägt.

So werden bei Unternehmen oftmals solche Mitarbeiter befördert, die hohe Erträge erzielen. Die Frage, welche Risiken dabei eingegangen worden sind, bleibt oftmals unberücksichtigt und zeigt sich dann erst durch Verluste, die entstehen, nachdem der Mitarbeiter befördert worden ist oder das Unternehmen verlassen hat. Der CEO von BP Tony Hayward hat dieses Problem erkannt und als Ziel vorgegeben, die Verweildauer von Mitarbeitern auf einzelnen Stellen zu erhöhen, um so die direkte Verantwortung des jeweiligen Mitarbeiters für die eingegangen Risiken zu erhöhen.

Idealerweise sollten allerdings die Erträge, für die ein Mitarbeiter verantwortlich ist, den Risiken zeitgleich gegenübergestellt werden. Bei Risiken, die einfach quantifiziert werden können, lässt sich dies durch eine risikoadjustierte Performancemessung durchführen, die dann zur Beurteilung des Mitarbeiters verwendet werden kann. Schwieriger ist dies natürlich bei Risiken, die nur sehr schwer oder gar nicht zu quantifizieren sind bzw. nicht einem einzelnen Mitarbeiter zugerechnet werden können. Hier besteht allerdings zumindest die Möglichkeit, die Risikoentwicklung als qualitatives Element in die Leistungsbeurteilung einfließen zu lassen.

12
Ausgewählte Methoden des Risikomanagements

Oliver Schellenberger

12.1 Kategorisierung von Risiken

Risiken sollten bezüglich ihrer Quelle in strategische, operationelle und finanzielle Risiken klassifiziert werden. Je nach Zugehörigkeit gibt es verschiedene Möglichkeiten diese Risiken zu reduzieren, transferieren oder selber zu tragen. Deshalb macht eine vorige Clusterung Sinn. Abbildung 12.1 zeigt eine exemplarische Risk Map.

In den Kategorien strategische und operationelle Risiken wird zudem eine Trennung zwischen internen und externen Risiken vorgenommen. Interne Risiken sind solche, die durch reale Investitionen in Sicherheit oder Prozessrobustheit verringert werden können. Die Ursache externer Risiken hingegen liegt nicht innerhalb der Unternehmensgrenzen. Sie sind von

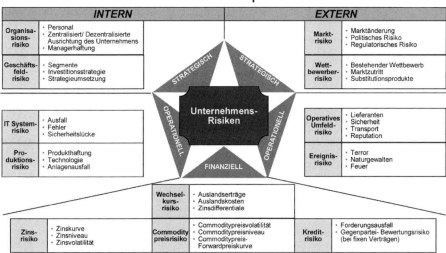

Abb. 12.1: Risk Map

Risikomanagement in der Unternehmensführung. Rainer Kalwait, Ralf Meyer, Frank Romeike,
Oliver Schellenberger und Roland Franz Erben
Copyright © 2008 WILEY-VCH Verlag GmbH & Co. KGaA, Weinheim
ISBN 978-3-527-50302-5

äußeren Faktoren abhängig. Finanzielle Risiken teilen sich in Zins-, Wechselkurs-, Commoditypreis-, und Kreditrisiko auf.

Interne strategische Risiken stellen solche dar, welche die vom Management gefällten Produktionsentscheidungen, die organisatorische Aufstellung des Unternehmens und die Sicherstellung von fachspezifischem Humankapital betreffen. Die Investitionsstrategie bestimmt die Ausrichtung der Geschäftsstrategie, insbesondere bezüglich der Segmente, Produkte, Märkte und Länder, in denen das Unternehmen tätig ist. In der Kategorie Organisationsrisiko spielt insbesondere die Trennung zwischen zentral ausgerichteter Hierarchiestrukturen und dezentraler, flacher Hierarchien (Silo-Approach) eine Rolle. Unter Aspekten der Agency Theorie kann die Entscheidung bezüglich der organisatorischen Gestaltung des Unternehmens durchaus erfolgswirksam sein. In Industrien, in denen qualifiziertes Fachpersonal auf Managementebene von hoher Bedeutung ist, wird dieser Faktor ebenso zu einem Risiko. Abschließend ist das Managerhaftungsrisiko von Relevanz, falls es zu verzerrten Anreizen bei der Investitionsentscheidung führt.

Externe strategische Risiken sind durch prozedurale Maßnahmen nicht zu verringern. Jedes Unternehmen ist beispielsweise einem gewissen politischen Risiko ausgesetzt, das von Land zu Land und von Branche zu Branche sehr unterschiedlich ist. Ebenfalls besteht ein regulatorisches Risiko, das hauptsächlich in Industrien vorkommt, welche laut öffentlicher Wahrnehmung strenger Kontrolle bedürfen. Hierzu gehören typischerweise Chemie-, Pharma- oder Energieunternehmen, aber auch Banken und Finanzdienstleister. Die zweite Klasse von externen Strategierisiken ist das Wettbewerbsrisiko. Darunter versteht man zum einen das Risiko, das von bestehenden Wettbewerbern ausgeht. Zum anderen existiert das Risiko neuer Markteintritte und die damit in der Regel verbundenen kleineren Gewinnmargen. Als letztes geht ein gewisses Risiko von Substitutionsprodukten aus.

Operationelle Risiken zeichnen sich dadurch aus, dass man es, im Gegensatz zu der klassischen Risikodefinition, mit strikt negativen Abweichungen des Cashflows zu tun hat. Dies ist bei finanziellen Risiken nicht der Fall. Dort treten Umweltzustände auf, in denen beispielsweise die Zinsentwicklung zu höheren Vorsteuergewinnen führen kann.

Zu den internen operationellen Risiken zählen klassischerweise das IT-Risiko und das Produktionsrisiko. Das IT-Risiko beschreibt die Möglichkeit eines Ausfalls von Informations- und Kommunikationssystemen, eines übersehenen Programmierfehlers und dessen negative Auswirkungen oder einer möglichen Sicherheitslücke bei Schnittstellen des IT-Systems nach außen. Produktionsrisiken können vereinfacht in Unfallrisiko (Personenschäden im Produktionsablauf), Produkthaftungsrisiko (nach der Distribution von Produkten öffentlich gewordene Mängel, für die gehaftet werden muss), das damit verbundene Reputationsrisiko und Anlagenausfallrisiko (mögliche Stillstandzeiten gelten als sehr kostspielig) klassifiziert werden.

Externe operationelle Risiken sind solche, die den Produktionsprozess durch unvorhersehbare, oft ex ante schlecht quantifizierbare, Ereignisse stören oder gar ganz stoppen. Dabei wird eine Grobeinteilung in Umfeldrisiken und Ereignisrisiken vorgenommen. Ereignisrisiken sind Naturkatastrophen, wie Sturm, Flut oder Erdbeben[1]. Ein weiteres Ereignisrisiko ist das regulatorische Risiko. Hier wird befürchtet, dass der Gesetzgeber strengere Normen bezüglich operationeller Prozesse erlässt. Oft geschieht dies durch strengere Sicherheits- oder Umweltvorschriften, für die Investitionen getätigt werden müssen. Des Weiteren zählen zu den Umfeldrisiken das Lieferantenausfallrisiko und das Transportrisiko. Abschließend ist in den vergangenen Jahren bei den Umfeldrisiken das Risiko von Terroranschlägen in die öffentliche Wahrnehmung gerückt.

Die letzte Risikoklasse ist die Klasse der finanziellen Risiken. Grob gegliedert teilen sie sich in Zinsrisiken, Wechselkursrisiken, Commoditypreisrisiken und Kreditrisiken auf. Zinsrisiken entstehen bei Veränderungen des Zinsniveaus, der Zinskurve und der Zinsvolatilität. Wechselkursrisiken spielen eine Rolle, wenn das Unternehmen im Ausland wirtschaftet und die dort erwirtschafteten Cashflows in die Heimatwährung transferieren möchte. Ungehedgte Wechselkursrisiken können sich positiv, als auch negativ auf das inländische Ergebnis auswirken.

Commoditypreisrisiken sind vor allem in der verarbeitenden Industrie die zentrale Schwankungsgröße. Klassischerweise wird ein starker Fokus auf den Ölpreis gelegt, der sowohl für die Stromerzeugung, als auch in Form weiter verfeinerter Brennstoffe für andere Industrien der wichtigste Faktorpreis ist. Dabei spielen ähnlich wie beim Zinsrisiko das absolute Niveau, aber auch die Basis zwischen Forward- und Sportpreis und die Volatilität eine Rolle.

Unter Kreditrisiko versteht man klassischerweise das Gegenparteirisiko, auch Forderungsausfallrisiko genannt. Zusätzlich stellt die Veränderung des Ratings einer Gegenpartei während der Vertragslaufzeit ebenfalls ein Risiko dar, falls man durch langfristig eingegangene Verträge mehr für das damit verbundene Kreditrisiko bezahlt, als beispielsweise der Preis eines im Markt gehandelten Credit Default Swaps impliziert.

1) S. Froot, K (2001), S. 529–530

12.2 Der Risikomanagementkreislauf

Der Risikomanagementkreislauf umfasst im Wesentlichen vier Schritte, die sich iterativ wiederholen sollten (vgl. Abbildung 12.1). Alle Mitarbeiter eines Unternehmens leisten einen Input für die einzelnen Stufen der Wertschöpfungskette. Der erste Schritt umfasst die Identifikation und Analyse der Unternehmensrisiken. Falls möglich, werden sie bereits geclustert. Kriterien zur Clusterung können unterschiedlich sein, als Beispiel ist eine Einteilung gemäß der Risk Map vorstellbar.

Nach der erfolgreichen Identifizierung und Bewertung beginnt der Risikosteuerungsprozess (Stufe zwei). Anhand der Daten und Schätzungen muss beschlossen werden, wie mit den Risiken umzugehen ist. Dabei kann das Unternehmen auf vier grundlegende Strategien zurückgreifen. Es kann Risiken selber tragen, sie mit Hilfe von Realinvestitionen verringern, sie versichern bzw. gegebenenfalls an den Kapitalmarkt in Form von Finanzinstrumenten transferieren oder sie vermeiden.

In einer dritten Stufe greift das Risikocontrolling. Im Vordergrund steht das Überwachen der eingegangenen Risiken und der Abgleich mit den vereinbarten Vorgaben. Hierbei werden kohärente und vor allem einheitliche Risikomaße benötigt, um konsistente und vollständige Berichte über alle Unternehmenseinheiten erstellen zu können. Nur so kann die strategische Ausrichtung der Risikomanagementziele umgesetzt werden. Involviert sind dabei primär das Financial Controlling, die Interne Revision und gegebenenfalls die Business Development Abteilungen des Unternehmens.

Nach durchlaufener Implementierung und Kontrolle eines Risikomanagementsystems erfolgt der möglicherweise kritischste Schritt – die laufende Weiterentwicklung: Aktive Messtools und deren Effektivität müssen einem Review Prozess unterworfen und Adjustierungen vorgenommen werden. Neue Risikofelder müssen in das Risikomanagementsystem integriert und abgebildet werden. Bei der Integration neuer Risikofelder müssen im Übrigen unbedingt deren Wechselwirkungen mit anderen Systemkomponenten berücksichtigt werden. Hier findet zwangsläufig die Rückkehr zu Stufe eins statt. Insbesondere für wachsende Unternehmen oder solche, die vormals fremde Geschäftsfelder betreten, kann dies mit erheblichem Mehraufwand verbunden sein.

12.3 Risikoidentifizierung

Zur Risikoidentifizierung wurden in der Praxis zahlreiche Methoden entwickelt, mit deren Hilfe, je nach gewünschtem Detaillierungsgrad, Risiken systematisch identifiziert und oft bereits kategorisiert werden können. Alle Methoden haben gemeinsam, dass sie in der Regel die Beteiligung aller Unternehmensbereiche erfordern. Steht das Unternehmen noch am Anfang einer Risikomanagement-Implementierung, sollte ein signifikanter Aufwand mit der Identifizierung relevanter Risken betrieben werden. Durch mangelnde Sorgfalt in dieser ersten Stufe des Risikomanagementkreislaufs entstehen konsequenterweise systematische Fehler in den Folgestufen, verursacht durch eine unvollständige oder Fehlbewertung von Risken. Um Risiken erfolgreich und vollständig zu identifizieren, ist eine gewisse Risikokultur im Unternehmen notwendig. Ohne Basisverständnis über den Zusammenhang zwischen Risiko und Rendite gestaltet sich eine umfassende Risikoidentifizierung schwierig.

»Best Practices« der Risikoidentifizierung, wie sie gerne standardisiert eingesetzt werden, können nicht immer exakt umgesetzt werden. Zu stark fallen Spezifika einzelner Industrien oder Besonderheiten des einzelnen Unternehmens ins Gewicht. Der Fokus auf bestimmte Risikobereiche muss auf das Unternehmensprofil abgestimmt sein. Neue Datenerhebungen und Methoden erfordern eine kontinuierliche Anpassung der Unternehmensrisiko-Einschätzung. In Workshops sollten diese unter Leitung der Bereichsverantwortlichen Anwendung finden.

Die folgenden Kapitel stellen eine Auswahl der gängigsten Methoden dar, die in ihrer Grundform auch in Abwandlungen und Weiterentwicklungen wieder zu finden sind.

12.4 Fehlerbaumanalyse

Eine beliebte Methode der Risikoidentifizierung ist die Fehlerbaumanalyse. Sie wird vor allem bei komplexen Systemen verwendet, dessen Fehlerquellen interagieren, also sich gegenseitig verstärken, verringern oder gar aufheben können. Anwendung findet die Fehlerbaumanalyse etwa in der Flug- und Raumfahrttechnik.

Im Zentrum des betrachteten Fehlerbaumes steht das so genannte Schadensereignis, welches in der Regel der Störfall ist. Dieser ist leicht zu beobachten und dadurch auch leicht zu kommunizieren. Ein Beispiel wäre: »Produktionsanlage fällt aus«. Dieses Ereignis wird zunächst auf seine Ursachen genau analysiert. Dabei sollte jede Ursache mit einer Eintrittswahrschein-lichkeit belegt werden und anschließend auf Wechselwirkungen mit ande-ren Ursachen untersucht werden. Diese Wechselwirkungen werden eben-falls aus einer »Auslöser-Perspektive« betrachtet. Man kann sich vorstellen, dass zu einem Brand in abgeschlossenen Räumlichkeiten sowohl der Brand-herd *als auch* eine fortwährende Sauerstoffzufuhr nötig ist, um großen Scha-den anzurichten. So sollten die Ursachen auch mit den in den gängigen Na-turwissenschaften verwendeten logischen Operatoren »UND«, »ODER« und »NICHT« beschrieben werden. Die Ursachen müssen hinsichtlich ih-rer Eintrittswahrscheinlichkeiten und ihrer »Auslöser-Wirkung« für das Hauptschadensereignis in eine logische Verbindung gebracht werden.

Nach der Ursachenanalyse folgt die nicht minder wichtige Folgeereignis-analyse. Ziel ist es, die Gesamtheit aller Auswirkungen durch das Haupt-schadensereignis zu identifizieren. Für Letzteres sollten abschließend alle für das Unternehmen entstandenen Schäden sowohl namentlich benannt, als auch monetär quantifiziert werden. Meist stecken die Hauptkostenver-ursacher in den Folgewirkungen, etwa durch Verzögerungen bei nachgela-gerten Produktionsstufen, Imageschäden oder anderweitig entgangenen Er-trägen. Abbildung 12.3 zeigt das Grundkonzept der Fehlerbaumanalyse in grafischer Aufbereitung:

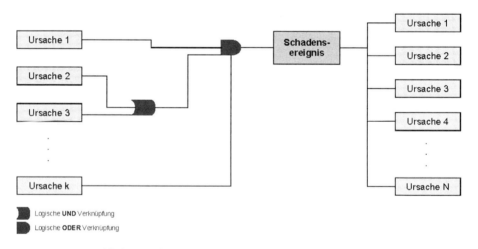

Abb. 12.2: Fehlerbaumanalyse- Grundkonzept

12.5 Fragebögen und Risk Assessment Bögen

Fragebögen liefern den Risikomanagern einen schnellen und einfachen Überblick über die bisher identifizierten Risiken sowie bestehende Aktivitäten des Risikomanagements. Sie sollten leicht verständlich und intuitiv konzipiert sein, so dass das gesammelte Datenmaterial vollständig und sofort weiterverwertbar ist. Für die konzernweite Verwendung sollten konsistente und einheitliche Metriken verwendet werden. Andernfalls läuft man Gefahr, bestimmte Risiken schon aufgrund der heterogenen Nomenklatur nicht zu identifizieren.

Für eine unternehmensweite Risikoidentifikation empfiehlt sich zunächst eine Top-Down-Analyse. Hier werden die Teilbereiche des Unternehmens zunächst auf oberster Hierarchiestufe auf Risiken geprüft, um dem Management einen groben Überblick zu verschaffen. Die Top-Down-Analyse dient neben der Feststellung des Status-Quo im Risikomanagement auch einer Sensibilisierung für das Thema auf Management Ebene. Unternehmen, deren Risikomanagementprogramm noch am Anfang steht, sollten sie ebenfalls als Denkanstoß nutzen, um gegebenenfalls aus anderen Industrien zu »lernen«.

Darauf folgend wird die Granularität schrittweise erhöht und jedes Einzelrisiko in verfeinerten, zielgerichteten Checklisten bewertet. Checklisten dieser zweiten Stufe bieten konsequenterweise wesentlich weniger Freiheitsgrade, da von einem Grundverständnis aus der ersten Stufe ausgegangen werden kann.

Die zweite Befragung erfolgt mit Hilfe von so genannten Risk Assessment Bögen. Hier ist das Risiko bereits benannt und muss nun bezgl. der möglichen Auswirkungen konkretisiert werden. Eine mögliche Form eines solchen Bogens ist in Abbildung 12.5 zu sehen.

Sind die Risiken mittels des Assessment Bogens identifiziert, werden sie im Anschluss in einer Auswirkungsmatrix geplottet. Die beiden Achsen der Matrix sind:

1. Häufigkeit des Schadeneintritts (oder geschätzte Wahrscheinlichkeit)
2. Erwartete Schadenshöhe bei Eintritt

Die dazugehörigen Formblätter sollten neben den beiden Achsenausprägungen ebenfalls Kompetenzenzuweisungen (Überwachung durch, Prüfung durch) und den Überwachungszyklus enthalten (jährlich, halbjährlich, ..., täglich). Um unnötig mehrfache Workshopteilnahmen zu vermeiden, sollten bereits vorhandene Frühindikatoren benannt und gemäß aktuellem

Business Unit:			Internal Reference:		
Country:			Sheet No.:		
Risk #:			Assessor:		
What ist the nature of this risk	List People responsible	Which business units are impacted?	Approximate magnitude of impact: expected severity x expected likelihood	List existing control measures	List further actions necessary incl. proposed date
Assessor Signature:		Date:		Date of Review:	

Abb. 12.3: Beispiel eines Risk Assessment Bogens

Handlungsbedarf priorisiert werden. Ebenfalls aus Effizienzgründen sollten bereits definierte präventive und reaktive Maßnahmen benannt werden – unabhängig davon, ob sie angedacht, oder bereits in der Umsetzung sind.

12.6 Flow Chart Analyse

Unternehmen, die insbesondere ihr operationelles Risiko effektiv steuern wollen, müssen sich für dessen Identifizierung zunächst über ihre Geschäftsprozesse im Klaren sein. Die Flow Chart Analyse (FCA) stellt hier ein starkes Tool dar. Sie setzt an jedem einzelnen Daten-, Material- und Informationsfluss an und definiert mögliche Ausfälle und deren Konsequenzen für das weitere Systemverhalten. Die FCA ist sehr flexibel einsetzbar und insbesondere dann stark, wenn bereits detaillierte Arbeitsablaufpläne vorhanden sind.

Der wesentliche Vorteil der FCA gegenüber der Fehlerbaumanalyse ist die Orientierung an Geschäftsprozessen. Die Fehlerbaumanalyse geht davon aus, dass Schadensereignisse bereits vollständig charakterisiert sind und lediglich auf Ursachen und Folgen untersucht werden müssen. Die FCA bietet die Möglichkeit, potenzielle Gefahrenquellen in Form von Unterbrechungen der Daten-, Material- und Informationsflüsse überhaupt erst sichtbar zu machen. Es entsteht zwangsweise ein Bewusstsein für die kritischen Pfade. Hierbei handelt es sich um Ressourcenengpässe, die dann entstehen, wenn zeitlich vorgelagerte Arbeitsstufen ausfallen.

Einen positiven Nebeneffekt erzielt die FCA in der zwangsläufigen Durchsicht der Prozesse als solche. Sie liefert eine Art Status Quo für jeden Prozess. Dieser Review kann ebenfalls genutzt werden, um Potenziale zur Effizienzsteigerung zu entdecken.

Verfeinerungen der Flow Charts liefern Modelle wie die ereignisgesteuerte Prozessketten oder Petrinetze, deren Ursprünge in der Wirtschaftsinformatik liegen. Hier ist eine Vielzahl von Modellierungstools verfügbar, die die Möglichkeit bieten, Prozesse in einem Top-Down-Ansatz zu verfeinern.

Für die Zwecke der Risikoidentifizierung sollte prinzipiell jeder Fluss knapper Ressourcen (Daten, Material, Informationen, Managementzeit, ...) probeweise gekappt werden, um den Einfluss des Ausfalls auf das Gesamtsystem zu simulieren. Die dadurch entstandenen Zeitverzögerungen müssen durch monetäre Verluste quantifiziert und auf adverse Sekundäreffekte untersucht werden. Des Weiteren sind auch bei der FCA die Sekundäreffekte eines Ausfalles zu berücksichtigen, die potenziell außerhalb der Unternehmensgrenzen entstehen können (Reputationsverlust, Schadensersatzklagen).

12.7 Near Miss Analyse

Risiken, die zwar selten auftreten, deren Auswirkungen aber sehr bedrohlich sind (Low-Frequency/High-Severity Risiken, LFHS), sind aufgrund von mangelnden Datenhistorien schwer zu quantifizieren bzw. überhaupt zu identifizieren. In der Praxis hat sich hier die so genannte »Near Miss«-Analyse bewährt. Sie bewältigt die Tatsache, dass mangelnde Datenhistorien zu LFHS-Risiken unzureichend präzise Bewertungen liefern. Selbst wenn Verlustdatenbanken vergangene Vorfälle umfangreich dokumentieren, ist hier die Near-Miss-Analyse durch die höhere Anzahl der Beobachtungen und der daraus gewonnenen Risikoinformationen überlegen. Die Near-Miss-Analyse punktet vor allem dann, wenn externe Datenbanken, die mehrere Unternehmen umfassen, nicht vorhanden sind. Beispielsweise hat das Baseler Komitee 2001 die »Operational Risk Data Collection Excercise« ins Leben gerufen, um eine breite Datengrundlage zu operationellen Risiken zu schaffen. Allerdings verkannte man, dass es sich bei diesen Daten zum Teil um streng vertrauliche Informationen handelt und eine Weitergabe nicht im Sinne der partizipierenden Banken ist. Somit wurden kaum Fälle »preisgegeben«. Solche, die dennoch übermittelt wurden, waren meist insignifikante Vorkommnisse. Somit stand man wieder am Anfang des gleichen Problems: Eine unzureichende Datenmenge. Die Near-Miss-Analyse schafft hier Abhilfe und kann in den eigenen Unternehmensgrenzen durchgeführt werden.

Near-Misses (im Folgenden NM) sind oft eine Folge kleiner Anomalien, die nicht gleich zu hohen Verlusten führen müssen. Ganz im Gegenteil: Anzeichen für diese Anomalien können sogar ungewöhnlich hohe Gewinne sein. Im Fall der Pleite der Barings-Bank waren vorangegangene ungewöhnlich hohe Gewinne im Arbitragehandel ein Signal, dem der Vorstand keine Beachtung schenkte. Die Kunst besteht in der erfolgreichen Interpretation dieser Unregelmäßigkeiten. Oft handelt es sich zwar lediglich um realisierte High-Frequency-Risiken, die natürlich ebenso Effizienz steigernd behoben werden können. Der Fokus der NM-Analyse liegt jedoch auf der Identifizierung solcher Ereignisse, die bei Nichtbeachtung plötzlich zu extrem ungünstigen Folgen führen.

Kritisch für den Erfolg ist eine gründliche Implementierung eines NM-Systems. Andernfalls sieht man sich den gleichen Problemen gegenüber, die das oben erwähnte Scheitern der OpRisk-Datenbank des Baseler Komitees verursachte: Menschen innerhalb des Unternehmens haben oft keinen Anreiz, gewisse Vorfälle in ihrem Verantwortungsbereich zu melden. Besonders ist dies der Fall, wenn diese Berichte das eigene Standing im Unternehmen gefährden würden. Daher sollten die folgenden sechs Punkte bei der Implementierung beachtet werden:

1. Das NM-Netzwerk sollte sich auf so viele Unternehmensbereiche wie möglich erstrecken, um eine vollständige Abdeckung der möglichen Risikopotenziale zu erreichen.
2. Die beobachtende Person muss nicht identisch mit der berichtenden Person sein. Es sollte allen Mitarbeitern ein (gegebenenfalls anonymisierter) Berichtskanal zur Verfügung gestellt werden. So können alle, auch bislang effektiv abgeschirmte, Bereiche erreicht werden.
3. Es sollte einen Knotenpunkt mit einem Hauptverantwortlichen geben, der die zentrale Empfangsstelle von NM-Reports ist. Somit wird eine gewisse Zurechenbarkeit hergestellt, indem die Aufgabe einen »Besitzer«

erhält. Dieser kann dem Ressort Risikomanagement angehören, damit Berichtswege möglichst kurz gehalten werden. Die Hauptaufgabe dieses Bereichs ist das Filtern der NM-Berichte, da nicht jede beobachtete Anomalie das maximale Schadenspotenzial aufweist.

4. Um eine Risikokultur aufzubauen, bedarf es stetiger Kommunikation. Regelmäßig veröffentlichte Beispiel-NM-Reports sorgen für einen erhöhten Bekanntheitsgrad der Methode. Beispielsweise können erfolgreiche NM-Fallstudien veröffentlicht werden. Ebenso können monetäre und nicht-monetäre Anreize gesetzt werden, die gewährt werden, wenn ein neues Risiko identifiziert und erfolgreich verringert/eliminiert wurde.

5. Bei wachsender Anzahl von Reports ist es wichtig, die Übersicht zu behalten und auf den Ursprung der Gefahr zu achten. Im anfänglichen Lernprozess sind wiederkehrende Muster am kritischsten zu beurteilen. Ein Phänomen, über das immer wieder von unabhängigen Geschäftseinheiten berichtet wird, sollte die größte Beachtung erhalten.

6. Bei der Entwicklung von Lösungen ist darauf zu achten, dass diese keine neuen Probleme aufwerfen. Risikoreduktions-/Transfermaßnahmen sind am einfachsten zu bewerten, wenn sie frei von Wechselwirkungen mit anderen Faktoren sind. Falls hohe Planungssicherheit oberste Priorität hat, sind solche allen anderen Lösungswegen vorzuziehen.

Die NM-Analyse hat sich bereits in »High- Risk«-Umgebungen wie der Luft- und Raumfahrtindustrie sowie dem Gesundheitswesen durchgesetzt. Sie ist eine sinnvolle Ergänzung zu anderen Risikoidentifizierungs- und Bewertungsmethoden.

12.8 Einzelrisikenbewertung

Für die Bewertung einzelner Risiken muss zunächst klar sein, ob es sich bei der betrachteten Größe um ein »reines Verlustrisiko« handelt, oder um eine Schwankungsgröße mit »Upside Potential«.

Reine Verlustrisiken sind solche, denen kein potenzieller Gewinn (»Chance«) gegenübersteht. Der Auslöser für den Verlust ist ein adverses Ereignis oder eine Verkettung solcher Ereignisse. Diesen Ereignissen werden eine Eintrittswahrscheinlichkeit oder eine mögliche Bandbreite von Eintrittswahrscheinlichkeiten zugeordnet. Der Verlust ist entweder im Vorfeld genau bestimmbar (beispielsweise der Wert eines gesunkenen Frachtschiffes) oder der Höhe nach ungewiss. Falls sich die genaue Schadenshöhe im

Vorfeld nicht eindeutig determinieren lässt, müssen Annahmen bezüglich einer stochastischen Schadensverteilung getroffen werden.

Typischerweise werden alle operationellen Risiken als reine Verlustrisiken bezeichnet. Folgendes Beispiel verdeutlicht die beiden Variablen Eintrittswahrscheinlichkeit und Verlusthöhe:

>>Eine Industrieproduktionsfirma sieht sich einem gewissen Sturmrisiko für den Produktionsstandort X gegenüber. Die Bandbreite möglicher Eintrittswahrscheinlichkeiten für einen Schaden lässt sich der Vorstand vom nationalen Wetterdienst nennen. Die Konsequenzen eines Sturmes sind allerdings nur schwer schätzbar: Sollte ein solcher auftreten, so besteht zwar die Möglichkeit, dass die Produktionsanlagen keinen Schaden nehmen, man sollte jedoch mit einem Mindestschaden von € 200 000 rechnen. Schäden über € 5 Mio. schließt das Management aus. Die Schadensverteilung approximiert der Risikomanagement-Verantwortliche aus Erfahrungswerten ähnlicher Produktionsanlagen der Standorte A, B, C und D.<<

Handelbare Finanzrisiken sind >>Schwankungsgrößen<<, die sowohl negative als auch positive Auswirkungen auf den Unternehmenserfolg haben können. Sie entwickeln sich in der Regel kontinuierlich. Alle finanziellen Risiken sind von dieser Sorte, da sie auf den internationalen Finanzmärkten meist ununterbrochen gehandelt werden[2]. Hieraus ergeben sich höhere Anforderungen an die Risikomodellierung. Stochastische Prozesse müssen so realitätsnah wie möglich abgebildet, Volatilitäten präzise aus den Marktdaten extrahiert und Besonderheiten wie Kurssprünge in den Modellen berücksichtigt werden. Eine typische Fragestellung wäre:

>>Wir sind ein Industrieunternehmen mit großen, kapitalbindenden Produktionsanlagen. Unser komparativer Vorteil liegt in der effizienten Massenproduktion hochwertiger Güter und nicht in der Partizipation an finanziellen Risiken. Wie können wir unseren im Ausland erzielten Umsatz möglichst kostengünstig gegen Wechselkursschwankungen absichern?<<

Für die Messung von Risiken stehen verschiedene Methoden, Modelle und Kennzahlen zur Verfügung. Diese sollen als Unterstützung dienen, Entscheidungen aufgrund besserer und verlässlicher Informationen zu treffen. Dabei ist es wichtig, dass der Entscheidungsträger sich über die *zugrundeliegenden Annahmen* der Modelle im Klaren ist und vor allem die daraus resultierende begrenzte Anwendbarkeit kennt.

2) Der Devisenhandel beginnt beispielsweise an den asiatischen Börsen, findet dann in Europa statt und wird schließlich an die Amerikaner übergeben. Es findet faktisch keine >>Pause<< statt.

Risikomodelle können grob kategorisiert werden in deterministische und stochastische (Simulationen). Deterministische Modelle liefern Kennzahlen, die aus formalen Modellen, wie beispielsweise einer Barwertberechnung, extrahiert werden. Hier ist es möglich, Sensitivitäten oder Elastizitäten zu berechnen. Simulationen liefern zwar ähnliche Ergebnisse, sind jedoch mit einem wesentlich höheren Rechenaufwand verbunden. Sie basieren auf von Rechnern generierten Zufallszahlen, die auf im Vorfeld bestimmte Verteilungen folgen. Sie werden herangezogen, wenn es keine algebraischen Ausdrücke mehr für die Modellberechnungen gibt.[3]

12.9 Zinsrisiko

Für die Messung von Zinsänderungsrisiken wird vornehmlich die »Duration« als Kennzahl verwendet. Betrachtet wird die Auswirkung einer einmaligen Parallelverschiebung der Zinskurve auf ein zugrundeliegendes Portfolio.

Der Ursprung der Duration liegt in der Bewertung von festverzinslichen Wertpapieren. Vor diesem Hintergrund ist es wichtig, sich im Klaren über die getroffenen Annahmen zu sein, denen sie unterliegt:

- Risikofreie, über die gesamte Laufzeit definierte Cashflows der Vermögensanlage
- Flache Zinsstruktur (d. h., der Zinssatz für eine dreimonatige Geldanlage ist ebenso hoch, wie der für eine zehnjährige Anlage)

Es gibt zwei wesentliche Interpretationen der Duration. Das vereinfachte Bewertungsmodell für festverzinsliche Wertpapiere (Bonds) startet mit der Bewertungsformel

$$Bondpreis = \sum_{t=1}^{T} \frac{Cashflow_t}{\left(1 + Zins\right)^t}$$

Das Ausfallrisiko des Bonds wird hier auf Null approximiert. Der Bondpreis ergibt sich aus der Summe aller abdiskontierten zukünftigen Zahlungen (Cashflows).

---

3) Als anschauliches Beispiel reicht die Dichtefunktion der Normalverteilung – sie ist nicht algebraisch integrierbar. Man muss sich also seit der Schulzeit bekannter Tabellen bedienen, die einem die Werte gewünschter Quantile angeben.

Die erste und simpelste Interpretation der Duration fragt nach der durchschnittlichen Kapitalbindungsdauer des Bonds. Sie gewichtet die Zeitpunkte der Kuponzahlungen mit den Gesamtbarwertanteilen. Die Formel lautet:

$$Duration = \sum_{t=1}^{T} \left[t \cdot \frac{Cashflow_t}{(1 + Zins)^t} \cdot \frac{1}{Bondpreis} \right]$$

Für das Extrembeispiel eines Zerocoupon Bonds entspricht die Duration genau der Restlaufzeit. Dies resultiert aus der Zahlungsstruktur dieses Bonds: Er schüttet 100 % seines Wertes erst am Ende der Laufzeit aus, wodurch die Restlaufzeit eine Gewichtung von eins erhält

Die zweite, für das Risikomanagement interessantere, Interpretation der Duration ist die Veränderung des Bondpreises durch eine *kleine* Änderung des Zinssatzes. Die so genannte »Modified Duration« lässt sich anhand der Formel

$$Modified\ Duration = \frac{1}{1 + Zins} \sum_{t=1}^{T} \left[t \cdot \frac{Cashflow_t}{(1 + Zins)^t} \cdot \frac{1}{Bondpreis} \right]$$

beschreiben.

Formal ergibt sich die Modified Duration durch die erste Ableitung des Bondpreises nach dem Zinssatz. Sie gibt Antwort auf die Frage: »Um wie viel Prozent verändert sich der Preis des Bonds, wenn sich der risikofreie Zins um 1 % verändert?«. Die üblichen Probleme, die sich bei der Verwendung dieser simplifizierten Modellierung ergeben, fasst Abbildung 12.4 zusammen.

Aufgrund der Annahme einer flachen Zinsstruktur, die in der Realität nicht gegeben ist, kann man über das Ergebnis der Duration folgende Aussagen treffen:

STOLPERSTEINE

- Die Duration wird die Veränderung des Bondpreises für enen Anstieg des Zinsniveaus immer leicht überschätzen.

- Sie wird die Bondpreisänderung für en sinkendes Zinsniveau immer leicht überschätzen.

- Die Duration ist gut geeignet um Preiseinflüsse kleiner Zinsänderungen zu beschreiben, sie wird jedoch immer ungenauer, je größer der Zinssprung tatsächlich ist.

- Die Duration berücksichtigt kein Ausfallrisiko.

Abb. 12.4: Stolpersteine der Duration

12 Ausgewählte
Methoden des
Risikomanagements

12.10 Kreditrisiko

Das Kreditrisiko bezeichnet die Möglichkeit, dass Geschäftspartner ihren Verpflichtungen dem Unternehmen gegenüber nicht oder nicht in voller Höhe nachkommen. Dabei spielen zwei zentrale Kenngrößen eine Rolle: Zum einen die Wahrscheinlichkeit einer Insolvenz eines Schuldners, zum anderen die Höhe des daraus resultierenden Verlustes. Im Folgenden werden die Determinanten dieser zwei Größen näher beleuchtet.

Insolvenzwahrscheinlichkeit. Zur Bestimmung der Insolvenzwahrscheinlichkeit stehen zahlreiche so genannte »Scoringverfahren« zur Verfügung. Diese werden nach wie vor von den großen Ratingagenturen verwendet. Sie basieren grundsätzlich auf Fundamentaldaten des betrachteten Unternehmens. Ein eingängiges Beispiel für ein Scoringverfahren ist der »Z-Score« von Edward Altman. Diese Kennzahl hat in zahlreichen, rückblickenden Studien eine Prognosekraft von ca. 80 % erzielt. Die Kennzahl basiert auf einer multivariaten Formel, die Fundamentaldaten aus Bilanz und GuV verwendet. In abgekürzter Form lautet sie:

$Z = 0.012X_1 + 0.014X_2 + 0.033X_3 + 0.006X_4 + 0.999X_5$ mit

X_1: Betriebskapital ÷ Gesamtvermögen

X_2: Gewinnrücklage ÷ Gesamtvermögen

X_3: EBIT ÷ Gesamtvermögen

X_4: Marktwert des Eigenkapitals ÷ Buchwert der Gesamtverbindlichkeiten

X_5: Umsatzerlöse ÷ Gesamtvermögen

Der kritische Schwellenwert in diesem speziellen Scoringmodell, der nicht unterschritten werden sollte, ist der Wert 2,675. Er bildet die Grenze zwischen risikofreien und ausfallbedrohten Verbindlichkeiten.

Klassische Scoringverfahren nutzen Bilanzdaten. Daher ist es wichtig für den Nutzer des Scoringergebnisses, für seine anschließende Entscheidung die Probleme zu berücksichtigen, die Bilanzdaten mit sich bringen. Diese sind zum größten Teil vergangenheitsorientiert (trotz immer häufiger verwendeter Marking-to-Market Praxis) und unterliegen oft zahlreichen Wahlrechten, die zur erheblichen Verzerrung des Scoringergebnisses führen. Falls weitere Informationen des Kreditors vorhanden sind (beispielsweise Marktdaten über gehandelte Credit Default Swaps auf seine ausstehenden Anleihen), sollten diese ebenfalls genutzt werden.

Die Insolvenzwahrscheinlichkeit ist für Ratingagenturen die essenzielle Rechengrundlage. Die Probability of Default (»PD«) ist ein Wahrscheinlichkeitsmaß, dass einem Kreditoren des Unternehmens zugeordnet wird. Sie

379

wird mit einem Zeithorizont gekoppelt und beantwortet die Frage: »Wie wahrscheinlich ist eine Insolvenz der Gegenpartei in den nächsten x Tagen/Monaten?«. Die großen Ratingagenturen veröffentlichen hierzu regelmäßig so genannte »Transitionsmatrizen«. Diese geben an, wie hoch die Wahrscheinlichkeit einer Insolvenz von Unternehmen verschiedener Ratings ist. Zusätzlich geben Transitionsmatrizen die Wahrscheinlichkeit von Herab- und Heraufstufungen von Ratings an. Tabelle 12.1 zeigt eine beispielhafte Transitionsmatrix für einen Einjahreszeitraum. Man erkennt zum Beispiel, dass ein Titel mit »AA« Rating eine Ausfallwahrscheinlichkeit von 0,01 % besitzt.

Tab. 12.1: Transitionsmatrix

From/To (in %)	AAA	AA	A	BBB	BB	B	CCC	Default
AAA	83.32	5.20	0.25	0.17	0.05	0.00	0.00	0.00
AA	0.58	77.0	2.68	0.31	0.04	0.01	0.03	0.01
A	0.07	0.40	79.20	1.20	0.20	0.04	0.00	0.02
BBB	0.04	0.10	1.50	71.49	0.72	0.15	0.02	0.29
BB	0.01	0.00	0.32	1.41	69.32	0.47	0.08	2.30
B	0.01	0.10	0.36	0.28	1.49	63.13	0.79	5.29
CCC	0.36	0.00	0.38	0.43	1.09	8.08	17.02	45.56
Default	0.00	0.00	0.00	0.00	0.00	0.00	0.00	100.00

LGD, ED und RR

Der Verlust bei Insolvenz (Loss Given Default, kurz: LGD) ist eine Schätzgröße, die eng mit der Recovery Rate (RR) und dem Exposure at Default (ED) zusammenhängt. Das Unternehmen muss im Vorfeld schätzen, wie hoch der Verlust bei Insolvenz des Kreditors wäre. Im Allgemeinen ist dieser niedriger als das gesamte Exposure at Default, welches alle ausstehenden Forderungen gegenüber dem Kreditor bei Insolvenz umfasst. Dies resultiert aus möglichen Mittelrückflüssen durch die Liquidierung der Insolvenzmasse oder vorrangige Ansprüche durch Verwertung von Sicherheiten. Das ED ist durch gezielte Zahlungspolitik für Kunden ansatzweise gut kontrollierbar. Die RR ist hingegen zu schätzen und berücksichtigt oben genannte Kreditsicherheiten. Der funktionale Zusammenhang kann mit folgender, vereinfachter Gleichung dargestellt werden:

$$LGD = -(1 - RR) \cdot ED$$

12 Ausgewählte
Methoden des
Risikomanagements

Erkennbar ist, dass bei vollständiger Eintreibung von Forderungen (Recovery Rate = 100 %) der Verlust bei Insolvenz null beträgt. Das andere Extrem (RR = 0 %) bedeutet den Totalausfall.

Credit VaR

Credit VaR Modelle fassen die Insolvenzwahrscheinlichkeit und den erwarteten Verlust bei Insolvenz zusammen und werden auf ganze Portefeuilles von Kreditrisiken berechnet. Diese in den neunziger Jahren entwickelten Modelle können in zwei Hauptkategorien geteilt werden: (1) Default Mode (DM) Modelle und (2) Mark-to-Market (MTM) Modelle. DM-Modelle basieren auf einem Binomial-Prozess, dessen Ergebnis entweder »Insolvenz« oder »Fortführung« sein kann. Ratings fließen ebenfalls ein. MTM-Modelle sind multinomial und lassen Verluste auch in »Nicht- Insolvenz« Fällen zu.

Beide Modelle unterscheiden sich anhand der benötigten Datenmenge, wobei DM-Modelle weniger komplex sind. Das wichtigste Ergebnis beider Modelle ist eine erwartete Verlustverteilung des Kreditportfolios. Mit Hilfe dieser können Aussagen bezüglich des Erwartungswertes des Gesamtverlustes (mittlerer Verlust) gemacht werden. Des Weiteren ist der maximale Verlust bei gegebenem Konfidenzniveau bestimmbar.

Risikoziele

Um den »Risikoappetit« im Sinne eines maximal tolerierten Verlustes mit x%-iger Konfidenz festlegen zu können, müssen hinreichend Daten vorhanden sein. Bei kleineren Krediten, bei denen kein Sekundärmarkt existiert, müssen Schätzwerte ausreichen.

12.11 Kapitalanlagerisiko

Eines der ältesten, jedoch immer noch bewährten deterministischen Modelle für die Bewertung von Kapitalanlagen ist das Capital Asset Pricing Model (CAPM). Die Quintessenz des Modells ist der ausschließliche Fokus auf das systematische Risiko einer Anlage. Das systematische Risiko ist die Korrelation einer Kapitalanlage mit dem Markt. Je höher die Anlage mit dem Markt korreliert ist, desto größer sollte die vom Investor geforderte Rendite sein, da der Diversifizierungsbeitrag dieser Anlage für das Portfolio besonders klein ist. Als Maßzahl hierfür wird das so genannte »Beta« verwendet:

$$BETA = \frac{\rho_{r^{Markt};r^{Kapitalanlage}} \cdot \sigma_{r^{Kapitalanlage}}}{\sigma_{r^{Markt}}}$$

σ bezeichnet die Standardabweichung der Anlage respektive des Gesamtmarktes und ρ den Korrelationskoeffizienten der Anlage mit dem Markt. Somit kann das Beta als normierter Korrelationskoeffizient zwischen der Rendite eines einzelnen Wertpapiers mit der Rendite des Marktes interpretiert werden. Die Normierung erlaubt den Vergleich verschiedener Wertpapiere untereinander.

Die vom Investor zu fordernde Rendite nach dem CAPM lautet in der Grundform

$$R_{gefordert}^{Kapitalanlage} = r_{risikofrei} + BETA \cdot \left\{ E\left[r_{Markt} \right] - r_{risikofrei} \right\}$$

Der Ausdruck

$$\left\{ E\left[r_{Markt} \right] - r_{risikofrei} \right\}$$

ist auch als Marktrisikoprämie bekannt, da sie den Renditeaufschlag für die Eigenkapitalverzinsung im Vergleich zu risikofreien Wertpapieren beschreibt. Aus dieser Interpretation lässt sich ableiten, dass die geforderte Marktrendite (sozusagen der gewichtete Durchschnitt der geforderten Rendite aller im Markt gehandelten Wertpapiere) ein Beta von eins besitzt. Festverzinsliche, risikofreie Wertpapiere besitzen hingegen ein Beta von null, da sie per Annahme

a) nicht mit dem Markt korrelieren (dies ändert sich, sobald das Wertpapier ausfallbedroht ist) und

b) eine Standard-Renditeabweichung von null aufweisen (dies ändert sich ebenfalls bei Einführung von Ausfallrisiko).

Die so genannte »Securities Market Line« (SML) beschreibt die geforderte Rendite einer Kapitalanlage gegeben ihr systematisches Risiko (Beta). Aufgespannt wird sie durch den risikofreien Zins und die erwartete Marktrendite. Das Steigungsdreieck der SML spiegelt genau die Risikoprämie für Eigenkapitalanlagen wider. Bei der Portfolioselektion sollten also nur Titel aufgenommen werden, die entweder auf der SML liegen, oder idealerweise darüber (diese Wertpapiere besitzen in der CAPM Terminologie ein so genanntes »α«, welches eine risikoadjustierte Überrendite bedeutet). Für den Anwender ist es wichtig zu berücksichtigen, dass das CAPM ein theoretisches Gleichgewichtsmodell ist. Die zugrunde liegenden, vereinfachen-

12 Ausgewählte
Methoden des
Risikomanagements

den Annahmen sollte ein Nutzer kennen. Im Einzelnen sind dies: Effiziente Märkte (keine Transaktionskosten, keine Steuern), gleiche Informationen für alle Marktteilnehmer und homogene Erwartungen.

12.12 Wechselkursrisiko

Das wohl am meisten beachtete Finanzrisiko ist das Wechselkursrisiko. International operierende Unternehmen müssen Inputfaktoren und Absatzprodukte verschiedenster geographischer Regionen in der Heimatwährung abbilden. Hier spielt neben Preiselastizitäten, Produktionseffizienz und Logistikplanung das Wechselkursrisikomanagement die zentrale Rolle. Die Herausforderung liegt hierbei in der Rückführung von Erträgen in die Heimatwährung und die Finanzierung der Auslandsgeschäfte von der Heimat heraus. Hierbei muss freilich beachtet werden, ob das Unternehmen primär exportiert oder gar im Ausland produziert und absetzt.

Was aber sind die Haupteinflussfaktoren eines Wechselkurses zweier Währungsgebiete? Hierzu ist es nützlich, sich zu vergegenwärtigen, wofür eine Einheit einer Währung steht: Sie ist die Berechtigung zum Kauf eines Bruchteils des BIP's der ausgebenden Volkswirtschaft. Angenommen Land A besitzt ausschließlich 50 Einheiten Wirtschaftsgüter im Wert von 100 A\$ und Land B ausschließlich 500 Einheiten desselben Wirtschaftsgutes im Wert von 1500 B\$. Es ist leicht ersichtlich, dass eine Einheit des Gutes 2A\$ in Land A und 3B\$ in Land kostet. Was wäre nun der Wechselkurs, der sich einpendelt, wenn die beiden Länder freien Handel der Güter betrieben? Die Antwort lautet 1,50 B\$/A\$. Dies lässt sich leicht veranschaulichen, wenn man den B\$-Wert von 50 Einheiten betrachtet: Er liegt bei 150 B\$. Da das Gut »real betrachtet« nicht billiger in Land A sein darf, nur weil ein höherer Betrag auf dem Preisschild steht, muss der Umrechnungskurs (im Folgenden mit »e« für exchange rate bezeichnet)

$$e = \frac{150B\$ / 50 Wirtschaftsgüter}{100A\$ / 50 Wirtschaftsgüter}$$

$$e = 1,50 \frac{B\$}{A\$}$$

betragen. Die alternative Darstellungsform ist 0,67 A\$/B\$. Einzig und allein dieser Wechselkurs gewährleistet in einer Freihandelszone (abstrahiert von Transport- und ähnlichen Transaktionskosten) den »fairen« Tausch der Wirtschaftsgüter im Verhältnis 1:1.

Möchte man die Menge ausländischer Geldeinheiten für eine Heimatgeldeinheit wissen, so benötigt man den »indirekten Kurs« (also für Europäer: den $/€ – Kurs). Dieser Kurs ist für Unternehmen relevant, die im Ausland Inputfaktoren beziehen, um dann im Inland zu produzieren. Ist dieser Kurs besonders hoch, werden die Inputfaktoren relativ billig (!). Die Inverse des indirekten Kurses ist der »direkte Kurs« (für Europäer: der €/$- Kurs): Er gibt an, wie viel Heimatgeld man für eine Auslandsgeldeinheit bezahlen muss. Dieser Kurs steht insbesondere für Exporteure immer wieder im Fokus, denn er gibt an, wie viele Geldeinheiten der Heimatwährung der Auslandsabsatz einbringt. Fällt der direkte Kurs, so wird der Export für das Heimatunternehmen relativ unattraktiver.

Das vorangegangene Beispiel zeigt bereits zwei Faktoren, welche für Bewegungen an den Devisenmärkten verantwortlich sind. Zum einen ist das die *reale* Wirtschaftsleistung einer Volkswirtschaft. Diese wird von Volkswirten gerne durch das reale BIP gemessen und war in unseren Ländern A und B in Einheiten des Wirtschaftsgutes ausgedrückt. Der zweite Faktor, der eine dominante Rolle spielt, ist in unserem Zwei-Länder-Fall nur nach genauerem Hinsehen erkennbar: Das Preisniveau beider Volkswirtschaften. Es ist auf Anhieb nicht klar, weshalb ein Gut in Land A 2,00 A$ kostet und in Land B ausgerechnet 3,00 B$. Abgesehen von der Vereinfachung im Rahmen des Beispiels kann vorweggenommen werden, dass im Zeitverlauf nicht das absolute Niveau, sondern die Veränderung des Preisniveaus eine Rolle spielt, also die Inflation zweier Länder im Vergleich.

Kaufkraftparität (KKP). In unserem Beispiel herrscht KKP, wenn der Wechselkurs genau

$$e = \frac{3B\$ / Wirtschaftsgut}{2A\$ / Wirtschaftsgut}$$
$$e = 1,50 \frac{B\$}{A\$}$$

beträgt. Dies ist allerdings eine sehr statische Betrachtung des absoluten Preisniveaus und erlaubt keine Betrachtung im Zeitverlauf. Insbesondere eine »Neuproduktion« in beiden Ländern ist in dieser Formel nicht vorgesehen. Somit benötigt man ein Maß, welches die Änderung des Preises in Land B respektive Land A im Zeitverlauf misst: Die Inflation.

Relative Kaufkraftparität. In der Praxis am häufigsten verwendet ist die relative KKP: Sie besagt:

»Veränderungen der Wechselkurse werden getrieben durch Unterschiede in den Inflationsraten zweier Länder.«

Statt der absoluten KKP

$$e = \frac{P_{Heimatwährung}}{P_{Auslandswährung}}$$

erhält man die relative KKP durch folgende Transformation:

$$\frac{e_1}{e_0} = \frac{\left(P^{t=1}_{Heimatwährung} \div P^{t=0}_{Heimatwährung} \right)}{\left(P^{t=1}_{Auslandswährung} \div P^{t=0}_{Auslandswährung} \right)}$$

$$\frac{e_1}{e_0} = \frac{1 + Inflationsrate_{Heimat}}{1 + Inflationsrate_{Ausland}}$$

$$\Leftrightarrow \frac{e_1 - e_0}{e_0} = \frac{Inflationsrate_{Heimat} - Inflationsrate_{Ausland}}{1 + Inflationsrate_{Ausland}}$$

Dies bedeutet, dass bei einer kleinen Erhöhung der Inlandsinflation zu erwarten ist, dass der Wechselkurs steigt. Dies bedeutet, dass die Heimatwährung relativ an Wert gewinnt. Für Exporteure im Inland ist dies eine günstige Entwicklung, für Importeure eine ungünstige.

Die Crux an der relativen KKP ist allerdings, dass man für eine Prognose der prozentualen Wechselkursänderung eine Prognose sowohl der Auslands-, als auch der Inlandsinflation benötigt. Benutzt man Erwartungswerte, erhält man richtigerweise

$$E\left[\%uale - WK - \ddot{A}nderung \right] = \frac{E\left[i_{Heimat} - i_{Ausland} \right]}{1 + E\left[i_{Ausland} \right]}$$

Eine letzte Anpassung der KKP ist als der so genannte »internationale Fisher–Effekt« bekannt. Allerdings müssen hier weitere Annahmen getroffen werden. Ausgangspunkt ist die Zerlegung des nominalen Zinssatzes in seine Bestandteile »geforderte Realverzinsung« und »Kompensation für erwartete Inflation«:

$$1 + r_{nominal} = (1 + r_r) \cdot (1 + i^{erwartet})$$

Der zweite Schritt besteht darin, in- und ausländische Güter als perfekte Substitute zu betrachten und somit anzunehmen, dass die Realverzinsung im Gleichgewicht in beiden Ländern übereinstimmt. Dies ist eine vereinfachende Annahme. Allerdings führt sie zu einem sehr intuitiven Ergebnis. Setzt man $r_{real}^{Heimat} = r_{real}^{Ausland}$, erhält man

$$\frac{E\left[e_1\right] - e_0}{e_0} = \frac{r_{no\,min\,al}^{Heimat} - r_{no\,min\,al}^{Ausland}}{1 + r_{no\,min\,al}^{Ausland}}$$

Man benötigt durch den internationalen Fisher-Effekt keine erwarteten Inflationswerte mehr. Diese stecken nun implizit in den Nominalzinsen, und den als identisch angenommenen Realzinsen.

Ist der Auslandszins wesentlich höher als der Inlandszins, ist künftig mit einem niedrigeren direkten Wechselkurs zu rechnen. Dies ist für Exporteure in der Regel schlecht, da künftig die im Ausland erwirtschafteten Umsätze in Heimatwährung gerechnet nicht mehr so viel wert sein wird wie heute.

Ist der Heimatzins hingegen höher, so ist mit einem steigenden Wechselkurs zu rechnen. Dies hat negative Folgen für Importeure ausländischer Güter, da diese künftig mehr für eine gleichbleibende Menge an Gütern bezahlen müssen.

Offensichtlich sind die vielen getroffenen Annahmen keinesfalls in der Realität gegeben. Investoren verlangen beispielsweise eine Risikoprämie für das Halten ausländischer Währungen. Allerdings können Nominalzinsdifferentiale sehr hilfreich sein, wenn es darum geht, die Entwicklungs*richtung* des Wechselkurses langfristig zu bestimmen. Dies erweist sich vor allem bei der Planung von lang angelegten Auslandsinvestitionen als hilfreich.

12.13 Risikoaggregation

Korrelation

Korrelation beschreibt in der Statistik den linearen Zusammenhang zwischen zwei Zufallszahlen. Das Vorzeichen des »Korrelationskoeffizienten« gibt an, ob sich die Zufallszahlen tendenziell in die gleiche Richtung, oder gegenläufig entwickeln. Der absolute Betrag des Koeffizienten (negativ oder positiv) gibt die Stärke des Zusammenhanges an. Dieser Betrag ist auf »1« normiert. Dass bedeutet, dass ein vollkommen eindeutiger Zusammenhang zweier Zufallszahlen einen Korrelationskoeffizienten von »1« (gleichgerichtete Entwicklung) oder »-1« (gegenläufige Entwicklung) liefert. Ein Korrelationskoeffizient von »0« besagt, dass statistisch betrachtet kein linearer Zusammenhang feststellbar ist. Für das bloße Auge werden Korrelationen in einem XY Punktdiagramm erst ab einem Betrag von etwa ±0,4 sichtbar.

Oft sind statistische Zusammenhänge nicht linear. Häufig kommt es vor, dass ein Zusammenhang zunächst negativ ist, jedoch abflacht und dann ins positive umschlägt (siehe Abbildung 12.13). Ein solch U- förmiger Verlauf kann zu Nullkorrelation führen, obwohl die zwei Zufallsvariablen zuverlässig einem Funktionsverlauf folgen. Der Korrelationskoeffizient liefert nur ein erstes Indiz für statistische Zusammenhänge. Die richtige Interpretation durch den Betrachter ist somit unerlässlich, insbesondere wenn die Einflussrichtung zur Debatte steht, nämlich die Frage nach der Kausalität. Hier versagt der Korrelationskoeffizient aufgrund seiner rein linearen Natur.

Abschließend ist zu warnen, aus Korreltationen automatisch Kausalität abzuleiten. Nicht jeder lineare Zusammenhang zwischen zwei Zufallsvariablen bedeutet gleich eine Bedingung der der einen durch die andere. Eine bekannte Anekdote dazu ist die gemessene Korrelation zwischen der Storchpopulation und der Geburtenrate. Des Weiteren ist bei einem kausalen Zusammenhang zu überlegen, in welche Richtung diese wirkt. Man stellt sich also in der Tat die Frage: »was kommt zuerst- das Huhn oder das Ei?«.

Monte Carlo-Simulation

Simulationen von Zufallszahlen-Entwicklungen stellen die wichtigste Ergänzung aller deterministischen Methoden und mathematischen Verfahren dar. Simulationen, obgleich sie sehr aufwendig und rechenintensiv sein können, lockern die Annahmen dieser Methoden nach Belieben auf und sind vor allem hinsichtlich der Anwendung von Heuristiken sehr flexibel einsetzbar.

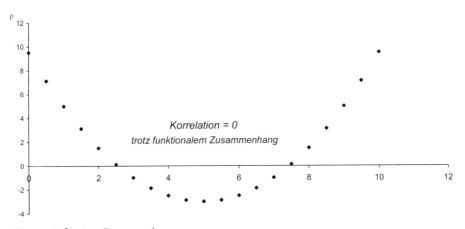

Abb. 12.5: U-förmiger Zusammenhang

Das Resultat einer Simulation liefert die Verteilung einer Zielgröße, getrieben durch ihrerseits verteilte Inputfaktoren. Werden verschiedene Szenarien durchgespielt, d.h. wird an verschiedenen Parametereinstellungen gedreht, so gewinnt das Management wichtige Einblicke in das Verhalten der Zielvariablen.

Um systematische Fehler in der Simulation zu vermeiden, sollte das Modell zunächst so simpel wie möglich gehalten werden. In einer anschließenden Analyse ist zu bestimmen, welche Zufallsvariablen am stärksten in die Gesamtschwankung eingegangen sind (Varianzbeitrag oder Varianzerklärung). Eine aussagekräftige Simulation sollte folgende Eigenschaften besitzen:

- Sie sollte aus einer Reihe von Top-Down-Simulationsreihen entstanden sein, deren Ergebnisse jeweils auf Plausibilität und Varianzerklärung geprüft wurden.
- Zufallsvariablen, die einen hohen Erklärungsgrad der Gesamtvarianz besitzen, sollten bezüglich ihrer Parameterschätzung auf fundierten Vergangenheitsdaten basieren.
- Zufallsvariablen, deren Parameterschätzung mehr auf »Intuition« als auf fundierten Vergangenheitsdaten basieren, sollten möglichst wenig in die Gesamtvarianz eingehen.

Bei der Modellierung muss auf Interdependenzen der Zufallsgrößen Rücksicht genommen werden (Korrelation aber auch Pfadabhängigkeit: Meldet ein Kreditor beispielsweise Insolvenz in t_1 an, so darf seine Zinszahlung in t_2 der Simulation nicht mehr berücksichtigt werden). Bei zuverlässigen und zahlreichen Vergangenheitsdaten und Zeitreihen kann auf eine Varianz-Covarianz-Matrix zurückgegriffen werden. Diese ist vor allem in der Finanzmathematik unabdingbar. Sie zeigt die Volatilität einzelner Variablen und deren Korrelation mit anderen Variablen. Eine mögliche Fragestellung im Rahmen einer Simulation könnte sein: »Wie stark hängt mein Umsatz mit der Entwicklung des Ölpreises zusammen und wie kann ich dies modellieren?«. Aus der so genannte »Varianz-Covarianz-Matrix« lassen sich die Varianzen der einzelnen Variablen aus der Hauptdiagonalen und die Covarianzen zwischen je zwei Variablen aus den einzelnen Elementen extrahieren. Unter Verwendung der Formel

$$\rho_{XY} = \frac{CoVar(X,Y)}{\sqrt{Var(X) \cdot Var(Y)}}$$

lässt sich der Korrelationskoeffizient zwischen zwei Variablen ableiten. Die Matrix ist symmetrisch, somit ist die Darstellung der unteren linken Hälfte überflüssig, da sie lediglich eine Spiegelung an der Hauptdiagonalen ist.

Abbildung 12.14 zeigt eine typische Simulation zur Cashflow-Entwicklung einer Abteilung. Hier ist zu erkennen, dass der Cashflow in diesem Beispiel mit knapp 95 % Wahrscheinlichkeit nicht unter einen Wert von 1 418 736 fallen wird (das Gegenereignis tritt in 5,005% der Fälle ein, siehe mittlerer Kringel).

»X« at Risk

Die wohl meist angewandte Methode zur Darstellung von aggregierten Risiken nach einer Simulation ist der »Value at Risk«-Ansatz. Aus diesem haben sich inzwischen zahlreiche Varianten UL (Unexpected Loss) entwickelt. Im Wesentlichen misst der Value at Risk den maximalen Wertverlust einer riskanten Anlage zu einem vorher definierten Konfidenzniveau. Folgende beispielhafte Frage kann somit beantwortet werden: »Welchen Wert wird meine Anlage mit einer Wahrscheinlichkeit von 99% in den folgenden x Tagen nicht unterschreiten?«. Zentrale Bedeutung kommt der Wahl der Ver-

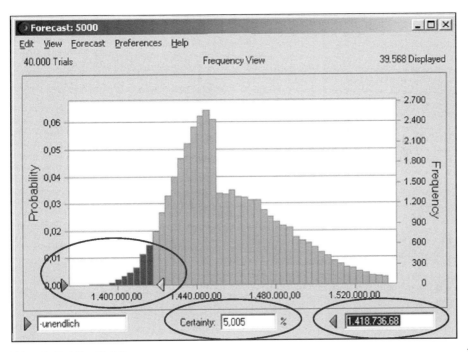

Abb. 12.6: Cashflow-Verteilung

teilungen zu. Jede für den Anlagewert relevante Einflussgröße bedarf einer Verteilungsannahme. Diese Verteilung fließt letztlich in die Verteilung des Wertes und beeinflusst direkt dessen Varianz. Für die Modellierung von Renditen wird gerne eine Lognormal-Verteilung angenommen, dessen Mittelwert die erwartete Rendite ist. Bei der Modellierung von Schadensverteilungen in der Versicherungsindustrie eignet sich beispielsweise eine Gammaverteilung sehr gut, da sie nur positiv definiert ist und relativ zur Normalverteilung sehr große Abweichung jenseits des Mittelwertes zulässt. Mit gängigen Risikomodellierungsprogrammen wie Matlab oder Crystal Ball können anschließend verschiedene Fragestellungen beantwortet werden:

- Wie wahrscheinlich ist eine Über-/Unterschreitung einer kritischen Schwelle der Zielvariablen?
- Wie wahrscheinlich ist es, dass die Zufallsvariable in eine bestimmte Bandbreite fällt?
- Welchen Wert wird die Zielvariable mit 90/95/99/… % Wahrscheinlichkeit in den nächsten x Tagen nicht über-/unterschreiten?

Letztere ist die klassische VaR-Fragestellung.

Die meisten Simulationsprogramme können allerdings noch mehr: Interessant wird es, wenn über gewisse Zielvorgaben und Nebenbedingungen optimiert wird. In der Regel werden den Inputfaktoren Kostenmaße zugeordnet und die Outputgröße, wie Gewinn oder Überschuss, ebenfalls mit Geldeinheiten/Stück belegt. Durch iterative Verfahren kann der optimale »Risikomix« ermittelt werden. Dabei bleibt das Gesamt-XaR-Niveau als Restriktion konstant gehalten und jede Iteration testet alternative Inputkombinationen.

Realoptionsansatz

Bei Projektunsicherheit hat sich in jüngerer Zeit ein neuer Bewertungsansatz herausgebildet, der die Barwertmethode und die Bewertung von Finanzoptionen miteinander vereint: Der Realoptionsansatz. Er betrachtet ein Projekt als Bündel von Optionen, die während der Laufzeit des Projektes entweder ausgeübt werden oder verfallen . Je mehr Flexibilität dem Projekt innewohnt, desto wertvoller ist es, da es mehr Realoptionen beinhaltet. Dem Management fließen im Zeitverlauf neue Informationen zu, die die ökonomische Entscheidungsgrundlage bezüglich der Ausübung oder dem Verfallenlassen sämtlicher Optionen darstellen. Die sechs Haupttypen dieser Optionen sind:

- Ausweitungsoption (die Kapazitäten des Projektes können durch zusätzliche Investition ausgeweitet werden)
- Warteoption (Wahrung des Status Quo, Ressourcen bleiben auf »Stand-By«)
- Aussetzungsoption (das Projekt kann ohne hohe Kosten auf Eis gelegt werden; es sind allerdings mögliche Kosten der Wiederaufnahme zu berücksichtigen)
- Wiederaufnahmeoption (das Projekt kann wiederaufgenommen werden; dies impliziert allerdings in aller Regel zusätzliche Kosten)
- Flexibilitätsoption (das Projekt wird anderweitig verwendet; dies ist in aller Regel verbunden mit »versunkenen« Kosten der Anpassung)
- Abbruchoption (verbunden mit Abbruchkosten)

Um Realoptionen zu verstehen, ist zunächst ein Grundlagenverständnis zu Finanzoptionen notwendig.

Eine Call-Option ist das Recht, aber nicht die Verpflichtung, einen Finanztitel zu einem zukünftigen Zeitpunkt zu einem vorher festgelegten Preis (Strike) zu kaufen. Eine Put-Option gilt analog für den Verkauf eines Titels. Dabei spielen für die Bewertung solcher Rechte die folgenden fünf Faktoren die zentrale Rolle:

- Die (erwarteten) Dividendenzahlungen des Titels
- Der risikofreie Zins
- Die (Rest-)Laufzeit
- Die Volatilität des Titels
- Der Strikepreis der Option

In Tabelle 12.5 sind die Sensitivitäten für Call- und Put-Optionen bezüglich der fünf Einflussfaktoren zusammengefasst.

Tab. 12.2: Sensitivitäten von Optionen

Einflussfaktor	Call Option	Put Option
Höherer Kassakurs	↑	↓
Höherer risikofreier Zins	↑	↓
Längere Restlaufzeit	↑	↓/↑
Höhere Volatilität	↑	↑
Höherer Strike	↓	↑

Angewendet auf die Projektbewertung werden diese Faktoren uminterpretiert. Tabelle 12.6 zeigt die korrespondieren Realoptionen-Variablen im Vergleich zu Finanzoptionen.

Tab. 12.3: Finanzoption vs. Real Option

Finanzoption	Realoption
Kurs von Aktien oder anderer Finanztitel	Projektwert
Strike	Investitionskosten für das Projekt
Dividenden	Cashflows aus dem Projekt
Risikofreier Zins	Risikofreier Zins
Volatilität der Aktie/ des Finanztitels	Projekt Volatilität (oder Proxy- Variable)
Restlaufzeit der Option	Restlaufzeit bis zum spätesten Investitionszeitpunkt

Der zentrale Unterschied zwischen Finanzoptionen und Realoptionen ist deren Unabhängigkeit respektive Abhängigkeit untereinander. Finanzoptionen können in beliebiger Menge und von beliebiger Sorte erworben werden, wohingegen die Zusammenstellung von Real-Optionen sowohl pfadabhängig, als auch zustandsabhängig ist: Hat man beispielsweise eine Abbruchoption ausgeübt, können annahmegemäß keine Warteoptionen mehr folgen.

Abbildung 12.7 zeigt einen Drei-Perioden-Entscheidungsbaum, der mehrere Pfade als Bündel von Real-Optionen umfasst.

Fallbeispiel

Angenommen, eine großer Luxusartikelhersteller hat heute die Möglichkeit, in eine neue Produktlinie zu investieren. Die Investition soll sechs Mio. Euro kosten. In der Branche ist es kritisch, dass neue Produktlinien vom Konsumenten angenommen werden. Viele Produkte werden wegen Misserfolg bereits innerhalb der ersten Jahre wieder vom Markt genommen. Stellt sich ein Erfolg ein (Erfolg = die Konsumenten nehmen das Produkt an), rechnet der Hersteller mit jährlichen Cashflows in Höhe von 500 000 Euro. Bei Misserfolg wird die Produktion eingestellt und die Cashflows betragen fortan null Euro. Die (risikoneutrale) Erfolgswahrscheinlichkeit wird mit 50 % angesetzt.

Ist das Produkt erfolgreich, besteht in jeder darauffolgenden Periode die Möglichkeit, die Produktionskapazitäten für weitere sechs Mio. Euro zu verdoppeln. Das Management kann also eine »Expansionsoption« jederzeit ausüben. Nach erfolgter Ausübung wird mit jährlichen Cashflows in Höhe von einer Mio. Euro gerechnet.

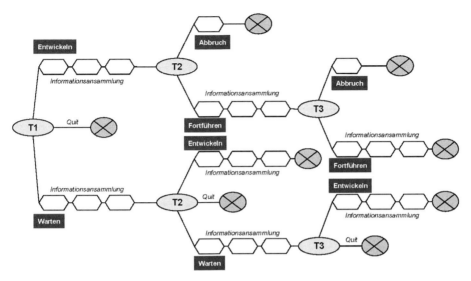

Abb. 12.7: Ein Projekt als Bündel von Realoptionen

Bei einem Opportunitätskostensatz in Höhe von 5 % ergibt die herkömmliche Discounted Cashflow-Methode, ohne Berücksichtigung der Expansionsoption, einen negativen Barwert:

$$BW_{ohne\_Option} = 0,5 \cdot \frac{500.000}{5\%} + 0,5 \cdot \frac{0}{5\%} - 6.000.000 = -1.000.000 \text{ Euro.}$$

Ohne die Expansionsoption sollte der Luxusartikelhersteller nicht in diese Produktlinie investieren. Es drängt sich daher die Frage nach der Bewertung der Expansionsoption auf. Hier punktet nun die Realoptions-Theorie. Es ist sinnvoll, die Situation als Entscheidungsbaum aufzumalen (Abbildung 12.8).

Angenommen, man entscheidet sich zu investieren und die Produktlinie wird ein Schlager. Eine Ausübung der Expansionsoption ist dann immer vorteilhaft und der (pfadabhängige!) Wert der Option ist abdiskontiert auf T_1:

$$BW_{Optionsausübung\_T_0} = \frac{0,5 \cdot 1.000.000}{5\%} - 6.000.000 = 4.000.000 \text{ Euro.}$$

Dieser Barwert stellt sich nur im Erfolgsfall ein. Falls das Produkt floppt, ist auch der Wert der Real-Option null. Um den Barwert der Realoption be-

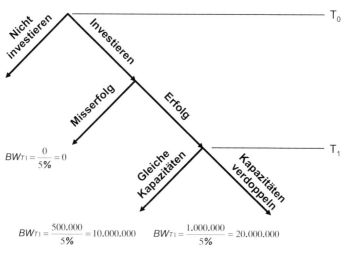

$$BW_{T1} = \frac{0}{5\%} = 0$$

$$BW_{T1} = \frac{500.000}{5\%} = 10.000.000 \qquad BW_{T1} = \frac{1.000.000}{5\%} = 20.000.000$$

Abb. 12.8: Entscheidungsbaum

rechnen zu können, müssen die vier Mio. Euro mit 50 % gewichtet und auf T_0 abdiskontiert werden:

$$BW_{Option\_T_0} = 0,5 \cdot \frac{4.000.000}{1 + 5\%} = 1.904.762 \text{ Euro.}$$

Zusammenfassend hat der Hersteller Zweierlei berechnen können:

i)   den Barwert seines Produktes ohne Option zu expandieren
ii) den Barwert der Expansionsoption

Der Wert der Produktlinie ergibt sich nun aus der Summe der beiden Barwerte:

$$BW_{Pr\,oduktlinie\_inkl\_Option} = -1.000.000 + 1.904.762 = 904.762 \text{ Euro.}$$

Die Flexibilität des Luxusartikelherstellers stellt also eine wertvolle Realoption dar, welche bei der Entscheidung zur Produkteinführung mit berücksichtigt werden muss. Bislang war dies eher schwierig. Der Realoptions-Ansatz preist diese Flexibilität mit ein und führt letztendlich zur richtigen Entscheidung: Das Produkt sollte eingeführt werden.

Der Realoptions-Ansatz erfreut sich in der Praxis immer größerer Beliebtheit und wird vor allem in Unternehmen mit sehr unsicheren zukünftigen Entwicklungen, wie der Pharmaindustrie oder bei Ölexplorationsunternehmen genutzt. Vor allem in sehr frühen Phasen explorativer Forschung kann ermittelt werden, wie viele Mittel für die Projekte gerechtfertigt sind und wie lange die »Lernphase« sein sollte, bevor man über Folgeinvestitionen entscheiden kann.

12.14 Literatur

Altman, Edward I. (2006) : »Default Recovery Rates and LGD in Credit Risk Modeling and Practice: An Updated Review of the Literature and Empirical Evidence«, Working Paper NYU.

Atzner P., Delbaen F., Eber J., Heath D. (1999), »Coherent Measures of Risk«, Mathematical Finance 9 (3), S. 203–228.

Bloos, Uwe-Wilhelm (2006): »On the Organization of Risk Management«, Working Paper Universität Frankfurt.

Bloos U., Laux C., Kiep W. (2005): »Integriertes Risikomanagement«, Managementkompass Risikomanagement 1000, 2005, S. 10–15.

Brealey, Meyers (2000): »The Principles of Corporate Finance«, New York: McGraw Hill, 6th edition.

Chavez-Demoulin V., Embrechts P. (2004): »Advanced Extremal Models for Operational Risk«, Working Paper ETH Zürich.

Copeland T., Tufano P. (2004): »A real-world way to manage Real Options«, Harvard Business Review, March 2004, S.90–99.

Froot, Kenneth A. (2001): »The Market for Catastrophe Risk: A Clinical Examination, Journal of Financial Economics, Volume 60, Issues 2–3, S. 529–571.

Gleißner, Werner (2001): »Risikomanagement im Unternehmen«, Augsburg: KognosBraun.

Ross S., Westerfield R., Jordan B. (2007): »Essentials of Corporate Finance«, New York: McGraw Hill, 5th edition.

Laux C., Probst D. (2004): »One Signal, Two Opinions: Strategic Heterogeneity of Analysts' Forecasts«, Journal of Economic Behavior and Organization 55, 2004, S. 45–66.

Laux, Christian (2004): »Integrating Corporate Risk Management«, in: M. Frenkel, U. Hommel, M. Rudolf (2004): 'Risk Management: Challenge and Opportunity', 2nd Edition, Berlin: Springer, S. 437–453.

Laux, Christian (2005): »Insurance, Risk Management, and Cost of Capital«, Working Paper Universität Frankfurt.

Laux, Christian (2005): »Multiline Insurance and Securitization: Bundling Risks to Reduce Moral Hazard«, Working Paper Universität Frankfurt.

McNeil, Alexander (1999): »Extreme Value Theory for Risk Managers«, Working Paper ETH Zürich.

Moody's Investors Service (2006): »Probability-of-Default-Ratings and Loss-Given-Default-Assessments für Schuldner aus dem Industriesektor in Europa, dem NAhen und Mittleren Osten sowie Afrika: Empfohlenes Rahmenkonzept«, Diskussionspapier Ratingmethodik.

Mürmann A., Oktem U. (2002): »The Near-Miss Management of Operational Risk«, Wharton Working Paper.

Oehler A., Unser M. (2002): »Finanzwirtschaftliches Risikomanagement«, Berlin: Springer- Verlag.

Triantis, Alexander (2000): »Real Options and Corporate Risk Management«, Journal of Applied Corporate Finance 13 (2), S.64–73.

Zimmer, Conrad (2006): »Credit Risk Transfer and Bank Lending«, Working Paper Universität Frankfurt.

13
Autorenprofile

Dr. Roland Franz Erben ist Chefredakteur der Zeitschriften RISIKO MANAGER sowie Risk Fraud & Governance (ZRFG). Zudem ist er Habilitand an der Wirtschaftswissenschaftlichen Fakultät der Universität Würzburg. Am dortigen Lehrstuhl für BWL und Wirtschaftsinformatik sowie am Institute Risk & Fraud Management der Steinbeis-Hochschule Berlin hat er auch Lehraufträge zum Thema Risikomanagement inne. Schließlich ist Dr. Erben Gründungsmitglied und Vorsitzender des Vorstands der Risk Management Association e. V. Herr Dr. Erben studierte Betriebswirtschaftslehre an der Universität Würzburg. Nach seinem Abschluss war er dort als wissenschaftlicher Assistent am Lehrstuhl für BWL und Industriebetriebslehre tätig. Im Anschluss an seine Promotion arbeitete Herr Dr. Erben als Consultant bei einer der führenden internationalen Unternehmensberatungen. Er ist Gründungsmitglied der European Academy of Management (EURAM), Mitglied in zahlreichen Fachverbänden und kann auf eine Vielzahl von Publikationen zu den Themengebieten »Controlling« und »Risikomanagement« verweisen.

Herwig R. Friedag ist Geschäftsführer Friedag Consult- Moderation im Unternehmen. Das »balanced« macht ein interessantes und spannendes Leben aus! In den letzten Jahren habe ich mich – zumeist zusammen mit meinem Kollegen Dr. Schmidt – im deutschsprachigen Bereich für die Verbreitung und Weiterentwicklung der Management-Methode Balanced Scorecard gekümmert. Mit Erfolg, denn immer mehr Unternehmen erkennen inzwischen, dass es nicht ausreichend ist, ein strategisches Kennzahlentableau zu haben; Zukunft muss zusammen mit allen Mitarbeitern erarbeitet und gelebt werden! Aber ob bei diesen oder bei anderen Aktivitäten, wichtigstes Ziel ist mir immer, dass ich Ihnen helfe, sich selbst zu helfen! Denn wenn ich weg bin, fängt bei Ihnen die Arbeit erst richtig an. Ihr Nutzen in der Zusammenarbeit mit dem Moderatorenteams Friedag/Schmidt bei der Erarbeitung und Planung der Umsetzung Ihrer Strategie ist Sicherheit. Wir geben Ihnen die Sicherheit eines erfahrenen Moderatorenteams, das sich seit 1997 ausschließlich mit Fragen der Strategieerarbeitung und –umsetzung beschäftigt und die Ansätze von Kaplan/Norton konsequent weiterentwickelt hat, deren Veröffentlichungen zur BSC die meistverkauften im deutschsprachigen Raum, in Polen und in Finnland sind, die die Autoren des Statements zur BSC des renommierten Internationalen Controller Vereins sind, das in über 300 Seminaren und Workshops zur BSC mehr als 4.000 Führungskräften Lust auf strategische Herausforderung gebracht hat, das mit den Führungskräften von mehr als 100 Unternehmen Strategien erarbeitet hat, die die Unterstützung aller im Unternehmen erfahren haben.

 Dr. Werner Gleißner ist Vorstand der FutureValue Group AG. Er ist Diplom-Wirtschaftsingenieur und hat an der Universität Karlsruhe in Volkswirtschaftslehre promoviert. Seine Beratungsschwerpunkte liegen im Bereich Risikomanagement, Rating und Strategieentwicklung sowie in der Weiterentwicklung von Methoden der Risikoaggregation und der wertorientierten Unternehmenssteuerung. Er nimmt u.a. Lehraufträge an der TU Dresden, der Universität Stuttgart und Hohenheim sowie an der European Business School wahr. Zudem ist er Vorstand des Bundesverbandes der Ratinganalysten und Ratingadvisor e.V. (BdRA) und im Beirat der Risk Management Association (RMA e.V.). Dr. Werner Gleißner ist Autor zahlreicher Fachbücher und Artikel (www.werner-gleissner.de). Forschungsschwerpunkte sind Bewertungs- und Entscheidungsverfahren bei Unsicherheit und unvollkommenen Kapitalmärkten. In diesem Kontext hat er spezielle Verfahren für die Bewertung und wertorientierte Steuerung von Beteiligungen von Konzernen und Private-Equity-Gesellschaften entwickelt und umgesetzt. Im Bereich Rating hat Werner Gleißner viele Forschungs- und Entwicklungsprojekte betreut (u.a. die Entwicklung prognosefähiger Ratingsoftware, www.risiko-kompass.de), ist Autor von Rating-Literatur (u.a. »Leitfaden Rating«, »Rating Lexikon«, »Rating-Software«) und für die RatingAnalyst-Ausbildung der Universität Augsburg tätig.

Dr. Rainer Kalwait ist Professor für Controlling und Internationales Management, Fachbereich Betriebswirtschaftslehre an der Fachhochschule Coburg. Zugleich ist er Leiter des Steinbeis-Zentrums für BWL und Controlling, Coburg.

Kalwait lehrt an der Fachhochschule Coburg sowie an ausländischen Universitäten Controlling und Internationales Management. Zuvor war er viele Jahre Leiter Controlling und Mitglied der Geschäftsführung in einer internationalen Unternehmensgruppe. Darüber hinaus leitet Kalwait zahlreiche Forschungs- und Beratungsprojekte u.a. zu Controlling-Themen und Risiko-Controlling, u.a. als Leiter des Steinbeis-Transferzentrums für Controlling. Er hat zahlreiche Veröffentlichungen auf den Gebieten Controlling, Internationales Management und Risikomangement. Er ist Mitglied in Aufsichtsgremien diverser Unternehmen in der Versicherungswirtschaft.

Ralf Kimpel, Certified Internal Auditor, ist seit 1. Mai 2008 als Revisionsleiter für die Durchführung risikoorientierter Prüfungen im Hubert Burda Media-Konzern verantwortlich. In dieser Rolle zeichnet er sich gleichzeitig für zentrale Fragen des Risiko- und Compliance Managements verantwortlich. Zuvor war er als Wirtschaftsprüfer in verschiedenen Funktionen bei internationalen Prüfungs- und Beratungsunternehmen im In- und Ausland tätig. Herr Kimpel hat dabei sowohl klassische Jahres- und Konzernabschlussprüfungen als auch Beratungsprojekte in den Bereichen Interne Revision, Risikomanagement und Corporate Governance durchgeführt. Seine Branchenschwerpunkte lagen dabei in der Telekommunikation, Medien- und Technologieunternehmen, im Großhandel und zu Beginn seiner Laufbahn auch in klassischen, produzierenden Unternehmen. Im Bereich des Risikomanagements hat er sich in der Vergangenheit intensiv mit der Frage der internen und externen Risikoberichterstattung auseinandergesetzt und war dabei auch als Seminarleiter und Referent tätig.

Hendrik F. Löffler, Diplom-Betriebswirt (BA), Prokurist, Leiter Risikomanagement-Beratung; Funk Gruppe Internationale Versicherungsmakler und Risk Consultants, Hamburg; Leiter Business-Development, RMCE RiskCon GmbH, Hamburg; Studium der Betriebswirtschaftslehre an der Berufsakademie Stuttgart (staatliche Studienakademie, University of Cooperative Education) mit dem Fachschwerpunkt Versicherungswirtschaft und strategisches Management; Von 1995 bis 2002 Sales-, Account- und Projektmanager bei einer renommierten angloamerikanischen Industrieversicherungsmaklergesellschaft; Lehrauftrag als nebenberuflicher Dozent für spezielle Betriebswirtschaftslehre an der Berufsakademie Stuttgart; Referententätigkeit im Rahmen von Fachtagungen und Weiterbildungsveranstaltungen; Publizist im Kontext des integrierten Risiko- und Versicherungsmanagement; Beratungsschwerpunkte Risikomanagement, Versicherungsmanagement, Total Cost of Risk und Risikotransferlösungen. Zahlreiche Publikationen.

Ralf Meyer ist Unternehmensberater bei Oliver Wyman und berät Unternehmen in Fragen des Risikomanagements. Zuvor war er als Unternehmensberater bei A.T. Kearney, als Prokurist bei der Commerzbank AG in New York und in der Abteilung Bankenaufsicht der Deutschen Bundesbank tätig. Ralf Meyer besitzt einen MBA-Abschluss der Case Western Reserve University und einen Abschluss als Betriebswirt (FH) der Fachhochschule Hachenburg. Herr Meyer verfügt über einen MBA der Case Western Reserve University sowie einen Abschluss als Diplombetriebswirt der Fachhochschule Hachenburg. Außerdem ist er Mitglied bei GARP (Global Association of Risk Professionals) und hat das Financial Risk Manager Examen (FRM) abgelegt.

Marcus Pauli ist wissenschaftlicher Mitarbeiter am Lehrstuhl für BWL und Wirtschaftinformatik (Prof. Dr. R. Thome) an der Universität Würzburg und Managing Diretor des MBA-Programms der Universität. Er forscht im Bereich der Corporate Governance und integrierten Risikomanagementsysteme. Im Risk-Lab des Lehrstuhls wird die Leistungsfähigkeit an Risikomanagementinformationssystemen untersucht.

Daneben koordiniert er die interdisziplinäre Forschungsgruppe Risikomanagement an der Wirtschaftswissenschaftlichen Fakultät.

Frank Romeike ist geschäftsführender Gesellschafter der RiskNET GmbH und stv. Vorstandsvorsitzender der Risk Management Association (RMA e.V.). Er coacht seit mehr als zehn Jahren Unternehmen aller Branchen rund um die Themengebiete Risiko-/Chancenmanagement und wertorientierte Steuerung. Zuvor war er Chief Risk Officer (CRO) bei der IBM Central Europe. Er hat ein betriebswirtschaftliches Studium (u. a. mit Schwerpunkt Versicherungsmathematik) in Köln abgeschlossen. Im Anschluss hat er Politikwissenschaften, Psychologie und Philosophie studiert.

Er ist Mitglied in verschiedenen Fachverbänden und Autor zahlreicher Publikationen rund um den Themenkomplex Risk Management, Balanced Scorecard, VBM und Rating. Frank Romeike hat einen Lehrauftrag an der FHTW Berlin (Master of Business Administration and Engineering; Schwerpunkt: Innovatives Controlling, Risikomanagement), der Fachhochschule Coburg (MBA-Studiengang Versicherungsmanagement; Schwerpunkt: Risikomanagement in Versicherungsunternehmen) sowie der Fachhochschule Wiesbaden (Master of Arts in International Insurance; Schwerpunkt: Asset Liability Management).

Mit RiskNET (www.RiskNET.de) hat er das führende, deutschsprachige Internet-Portal zum Thema Risk Management aufgebaut.

Dr. Palmberger studierte von 1965 bis 1969 an der Universität Bonn deutsches Recht. Sodann schlossen sich sowohl in den USA als auch in Frankreich Studien der entsprechenden Rechtsordnungen an, die er mit qualifizierten Abschlüssen beendete (Master of Comparative Jurisprudence an der New York University und Examen Préalable du Doctorat d'Université Paris 2). 1975 wurde er zum Dr. iur an der Universität Bonn promoviert. Nach mehr als 20 Jahren in führenden Positionen der deutschen und ausländischen Versicherungs- und Rückversicherungswirtschaft wechselte Dr. Palmberger 1998 in die Anwaltschaft. Er war Partner in zahlreichen deutschen und internationalen Rechtsanwaltssozietäten und -kanzleien. Er ist heute Partner der Rechtsanwalts- und Steuerberater- und Attorney-at-Law-Gesellschaft Heuhing, Kühn, Luer und

401

Wojtek in Köln. Darüber hinaus ist Dr. Palmberger regelmäßig als Schiedsrichter in internationalen Schiedsgerichten der Rückversicherung tätig.

Fachanwalt: Versicherungsrecht; Schwerpunkte: Internationales Privatrecht, Mediation, See- und Schiffahrtsrecht

Dr. Walter Schmidt ist Vorstandsmitglied des Internationalen Controllervereins ICV, davor war er zehn Jahre lang Leiter des Controller-Arbeitskreises Berlin-Brandenburg und Inhaber des Unternehmens ask – angewandte strategie und kommunikation. Dr. Walter Schmidt zählt zu den Praktikern mit der größten Scorecard-Erfahrung in Deutschland. Als Spezialist für Strategieentwicklung und –umsetzung sowie als Berater hat er zahlreiche Einführungsprojekte in Unternehmen verschiedener Größen und Branchen erfolgreich durchgeführt. Seine zahlreichen Bücher zu diesem Thema gehören zu den meistgelesenen praktischen, betriebswirtschaftlichen Veröffentlichungen. Er nimmt Lehraufträge an verschiedenen Universitäten und Fachhochschulen wahr.

Oliver Schellenberger ist derzeit wissenschaftlicher Mitarbeiter am Lehrstuhl »Corporate Finance and Risk Management« an der Johann Wolfgang Goethe-Universität, Frankfurt. In seiner Diplomarbeit beschäftigte er sich fallstudienartig mit dem Status Quo des Risk Managements in der Energie- und Pharmaindustrie. Sein Studium der Betriebswirtschaftslehre absolvierte er in Frankfurt und an der Wharton Business School, Philadelphia. Mit finanzwirtschaftlichen Fragestellungen befasste er sich neben dem Studium zusätzlich während Praktika bei verschiedenen Unternehmensberatungen.

Stichwortverzeichnis

Risikomanagement in der Unternehmensführung. Rainer Kalwait, Ralf Meyer, Frank Romeike,
Oliver Schellenberger und Roland Franz Erben
Copyright © 2008 WILEY-VCH Verlag GmbH & Co. KGaA, Weinheim
ISBN 978-3-527-50302-5

405